武宁年鉴

（2021）

中州古籍出版社
·郑　州·

图书在版编目（CIP）数据

武宁年鉴. 2021 / 武宁县年鉴编辑委员会编.—郑州：中州古籍出版社，2021. 11
ISBN 978-7-5348-9910-2

Ⅰ.①武… Ⅱ.①武… Ⅲ.①武宁县 - 2021 - 年鉴
Ⅳ.① Z525.64

中国版本图书馆CIP数据核字(2021)第230912号

WUNING NIANJIAN（2021）
武宁年鉴（2021）

责任编辑 谢晓敏
责任校对 梁 郁
美术编辑 古青风

出 版 社 中州古籍出版社（地址：郑州市郑东新区祥盛街27号6层 邮编：450016 电话：0371-65788693）
发行单位 新华书店
承印单位 南昌三联印务有限公司
开 本 889 mm × 1194 mm 1/16
印 张 22.5
字 数 400 千字
印 数 1—400 册
版 次 2021 年 11 月第 1 版
印 次 2021 年 11 月第 1 次印刷
定 价 200.00 元

《武宁年鉴》编纂委员会

《武宁年鉴》编辑部

《武宁年鉴》(2021卷)撰稿单位主审人

(按年鉴分目顺序排列)

县委办	吴传星	组织部	胡伟军	编办	成晨阳
宣传部	胡晓斌	统战部	瞿明和	信访局	黄彦乔
接待办	柳舒	档案局	朱学	党校	涂东亮
人大办	韩向阳	政府办	汪星山	行政服务中心	张聘华
机关事务管理局	陈江娥	政协办	汤小勇	纪委	叶心勇
总工会	付林斌	团县委	李欣阳	妇联	刘姗姗
工商联	汪艺玲	文联	雷鸿尧	社联	刘华平
残联	谢守梅	红十字会	邵志华	人武部	瞿新国
政法委	孔令武	公安局	梅国煌	检察院	王新生
法院	李季刘	司法局	张炜	交管大队	毕刘武
森林公安局	许勤	农业农村局	余正兴	林业局	卢张才
扶贫办	卢东平	工信局	施月清	供电公司	杨俊
工业园区	朱烈松	网信办	何悦	信息办	付标
电信公司	曹春江	移动公司	吴健	联通公司	张大权
广电网络公司	王兴华	铁塔公司	宁李伟	商务局	朱必龙
供销社	熊春生	烟草公司	田丰	石油公司	张金根
交通运输局	刘会琳	公路分局	刘晓刚	港航分局	刘晓明
邮政公司	王珂	人民银行	查美俭	银保监组	成蹉跎
工商银行	杨长征	农业银行	王磊	中国银行	万千
建设银行	刘慎	农发行	赵守富	农商银行	陈明华
江西银行	廖刚	九江银行	朱福英	邮政储蓄银行	李云

恒通村镇银行	吴忠靖	财保公司	万勇	寿保公司	刘家荣
财政局	王宁	税务局	刘燕	发改委	柯芳芳
市场监督管理局	赵友明	自然资源局	杨毅	统计局	陈才富
审计局	戚明	城投公司	方文平	旅游产业公司	黎高峰
发电公司	宁通	武宁宾馆	刘汶华	物资总公司	张秉铧
住建局	刘文丰	城管局	熊剑彬	住房公积金办	戴定富
水利局	王彬	生态环境局	葛明霞	教体局	柯水生
科技局	柯美兰	科协	黄华军	气象局	倪彬
文广新旅局	蒋德标	融媒体中心	陈洪遗	新华书店	方小军
卫健委	李若森	应急管理局	汪明安	消防救援大队	伊相兴
人社局	万里	退役军人事务局	陈勇	医保局	余著凌
民政局	段日华	武宁调查队	叶新	大洞乡	秦峰
泉口镇	董安华	横路乡	余心妍	鲁溪镇	何路路
官莲乡	卢想想	宋溪镇	陈强	甫田乡	翁华宇
澧溪镇	许丽萍	船滩镇	张炳勤	东林乡	汪小康
上汤乡	程丁丁	石渡乡	平玉	清江乡	尹传胜
石门楼镇	黄嫘禹	罗溪乡	陈翼飞	新宁镇	夏笠
罗坪镇	范海强	杨洲乡	汤宁	街道办	严德宁

编辑说明

一、《武宁年鉴》是武宁县综合性地方年鉴，由中共武宁县委、武宁县人民政府主办，《武宁年鉴》编纂委员会组织实施，武宁县史志办公室负责编辑。全面记录武宁改革开放、经济建设和社会发展基本情况，每年出版一卷，为加快武宁经济社会发展服务。

二、本卷年鉴主要记载2020年1月1日至12月31日武宁县自然、政治、经济、社会、文化等方面的情况。

三、本卷年鉴分为综合情况、动态信息和辅助资料三大部分。结构分类目、分目、条目三个层次，以条目为记述的基本形式。为方便编辑和读者系统阅读，不严格受分类的限制，乡镇、部门和企事业单位排序不代表其地位和规模。

四、本卷年鉴资料均由全县各乡镇、部门和单位提供，其中：全县副科级以上领导名录由中共武宁县委组织部提供；条管单位领导干部名录由所在单位提供。卷内设单位主审人名单，撰稿人列于条目之后。凡刊载数据与统计部门数据不一致的，以统计部门公布的数据为准。

五、《武宁年鉴》编辑工作得到全县上下和社会各界大力支持和帮助，在此表示衷心感谢。因经验不足和水平有限，难免有疏漏和不完善之处，敬请批评指正。

山水武宁全域旅游全景图

Landscape Wuning Global Tourism Landscape

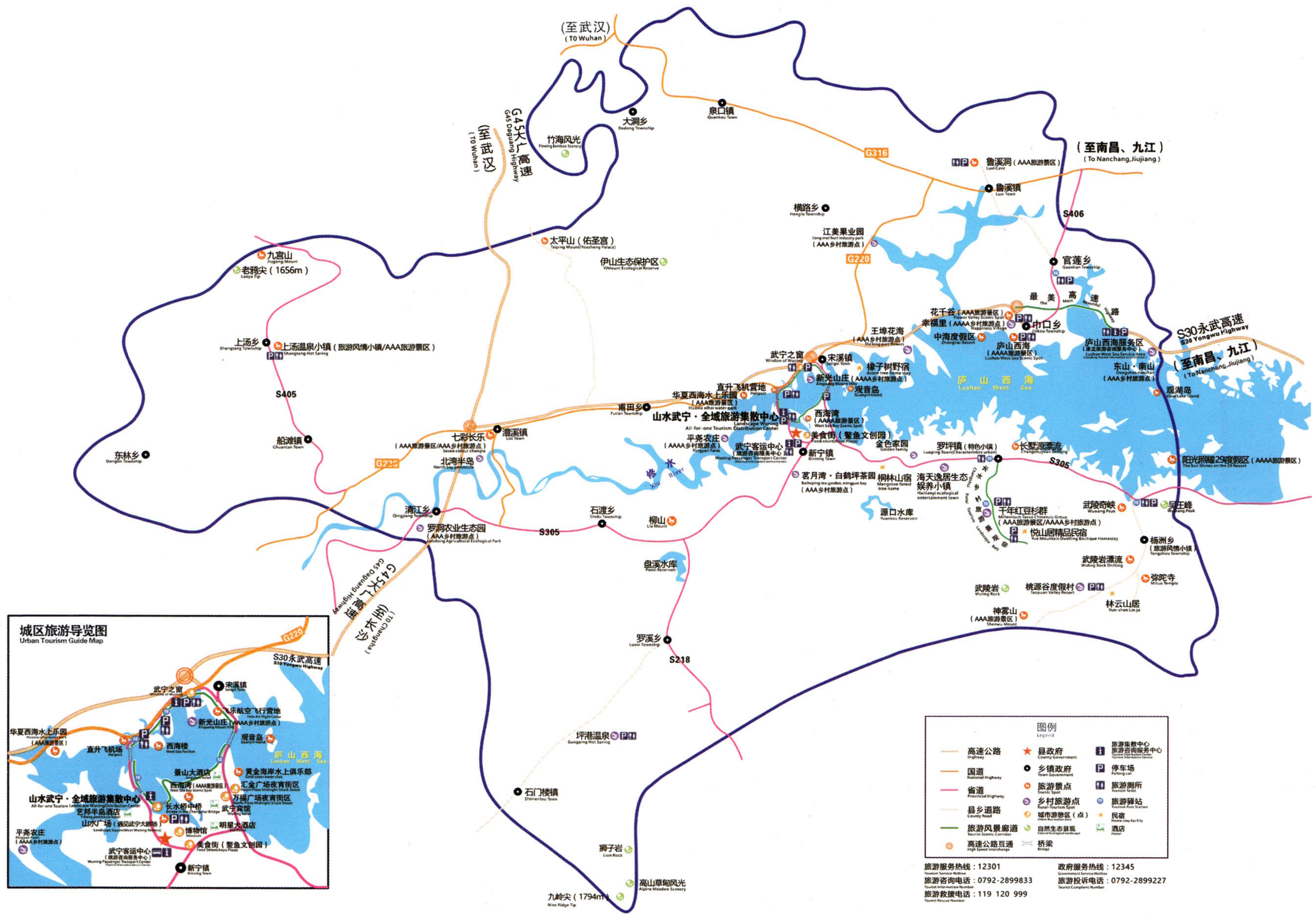

指挥调度

摸排登记

交通管制

忠诚卫士

防疫一线

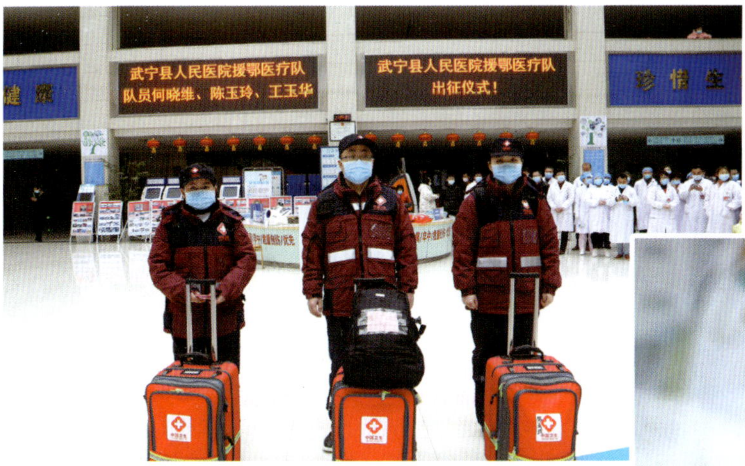

英雄出征

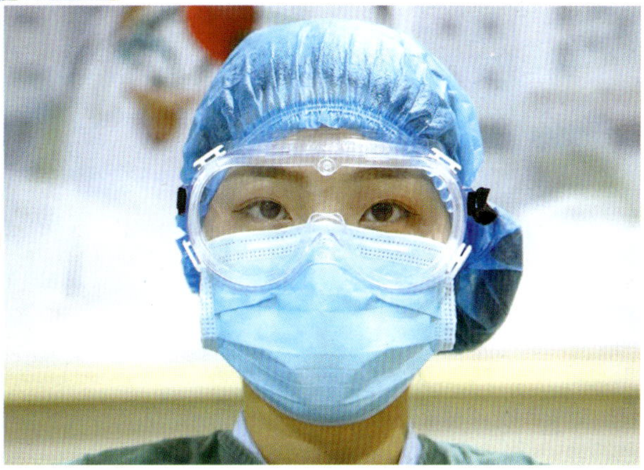

抗疫战士

例行消毒

战友情深

患者出院

誓师大会

结对帮扶

消费扶贫

电商培训

农旅结合

扶贫车间

扶贫基地

帮扶一线

上门摸排

新城晨雾

西海楼

西海长虹

茶园丽景

湖滨新村

秀美长水

永武高速

王埠花海

东山蔬菜基地

花卉产业

英山白茶基地

双新高山辣椒

春迅电子

奥普照明

聚宏化工

茶香客来

南皋田园

北湾荷田

山水骑行

神圣履责

引导

开学第一天

农家书屋

上岗之前

晨练

秀一个

东林采风

春晚演出

柳山晨曦

九岭云海

花源谷

启动仪式

樱花开满太平山

自由滑翔

梦幻金沙滩

华夏水上乐园

罗坪镇

开展“四镇同创”　建设秀美乡镇

2020年，罗坪镇“始终坚持生态立县，全面推进绿色崛起”的总要求，开展全省特色小镇、国家卫生乡镇、全省美丽宜居示范乡镇、九江市“双十”示范乡镇四镇同创，并全部取得荣誉。投资6000余万元大力提升集镇基础设施，所有街道进行“白加黑”工程，集镇污水处理厂及分支管网建成并投入使用，完成省道305沿线外立面改造。投资1000余万元历时5个月建成长水村美丽宜居示范村，整体推进长水公路沿线村庄美丽庭院建设。争取资金4000余万元为民办实事30余件。先后荣获国家卫生乡镇、全省首批“五型”政府示范乡镇、全省美丽宜居示范乡镇等称号20多个。全省5G＋长效管护现场会和全市新农村建设暨美丽宜居示范县建设现场推进会在长水召开，全年共接待参观学习人居环境管护批次30余次。

5G人居环境信息平台

集镇一角

集镇红豆杉广场

秀美乡村路

建设中的长水游客服务中心

长水村秀美乡村建设

悦山居民宿

长水千年红豆杉景区

引进的金卫士铝艺项目

集镇污水处理厂项目

环境质量持续改善　生态优势显著增强

● 生态环境局

2020年，深入贯彻习近平生态文明思想，牢固树立并坚决贯彻新发展理念，坚持方向不变、力度不减，进一步提升生态环境保护水平。突出精准、科学、依法治污，有序推进污染防治攻坚战各项重点任务。全县生态环境质量持续改善，水环境整体状况良好，庐山西海断面水质稳定在Ⅱ类以上，县城及各乡镇饮用水源地水质达标率100%；土壤环境安全情况总体平稳。成功创建国家生态文明示范建设县和“绿水青山就是金山银山”省级实践创新基地。荣获省市生态环境系统目标考评先进单位称号，荣获全县内涵式高质量发展目标管理考评一等奖，绿色生态工作先进单位、招商引资工作先进单位、服务中心工作先进单位、平安建设优胜单位等多项荣誉称号。

生态环境部领导在武宁调研

县委副书记、县长李广松在北京领奖牌

国家生态文明建设示范县现场会

世界环境日人大代表、政协委员参观污水处理设施

乡镇空气质量自动监测站

黄沙瀑布

加强行业治理 提升服务质量

● 县交通运输局

2020年，以“三大攻坚行动、三大提升工程”为抓手，加快交通项目建设，加强运输行业治理，提升交通运输服务质量，全力推进交通运输高质量发展。扎实推进重点工程建设，认真做好高速及国省道路的协调服务工作，武宁至通山高速公路前期准备工作已基本完成，武宁至阳新、武宁至靖安高速公路开展设计。加快农村公路升级改造，开工建设巷口至彭坪县道升级改造项目长13.2千米，株林至横路县道升级改造项目长5千米，完成原省道宋溪至三贤、澧溪至麻源里、甫田至塅湾及茶场至粮站公路路面改造4条24.6千米。切实加强示范路建设，完成了澧溪至北湾、杨洲至神雾山、船滩至南岳、伊山至伊山口、焦武线至龙石、罗坪至长水6条美丽生态文明农村路建设。罗溪至庙岭、船滩至东林、巷口至彭坪等7条示范路基本完工。加大行业管理力度，开展道路交通运输领域“打非治违”专项整治工作，确保道路运输市场安全、稳定。

市交通局局长江彪到武宁查看水毁情况

县委书记杜少华调研交通运输工作

成立交通运输综合行政执法大队

华夏旅游公路建设

目　录

中国共产党武宁县委员会

武宁县人民代表大会常务委员会

武宁县人民政府

中国人民政治协商会议武宁县委员会

纪检监察

人民团体

军 事

法 治

农业农村

工　业

信息化建设

旅 游 业

国内贸易·对外贸易与经济合作

交　通

金　融

财政税收

经济管理与监督

县属国资企业

城乡建设

水利

环境保护

教育·体育

科学技术

文化新闻出版传媒

卫生健康

应急管理

人力资源

退役军人事务局

社会保障

社会事务管理

乡镇（工业园、街道办）

人物·荣誉录

附　录

索　引

CONTENTS

Special Reports

Memorabilia

Monographs

General Survey of Wuning

Wuning Municipal Committee of the CPC

Wuning Municipal Committee of the People's Congress

Wuning Municipal People's Government

Wuning Municipal Committee of the CPPCC

Discipline inspection and Supervision

Mass Organizations

Military Affairs

Political Science and Law

Agricultural and Rural Development

Industry

Information Construction

Tourism

Domestic Trade, Foreign Trade and Economic Cooperation

Transportation

Finance

Finance and Taxation

Economic Management and Supervision

State - owned Enterprise

Urban and Rural Construction

Water Conservancy

Environmental Protection

Education · Sports

Science and Technology

Culture, Press, Publication and Media

Public Health

Emergency Management

Human Resources

Bureau of Veterans Affairs

Social Security

Social Affairs

Towns (Industrial Parks, Street Offices)

People · Honor List

Appendix

Indexes

特　　　载

持续放大新优势　主动融入新格局
为建设秀美富裕幸福的现代化山水武宁而不懈奋斗
——在县委十四届十二次全体（扩大）会议上的讲话

杜少华

（2020 年 12 月 30 日）

同志们：

这次全会的主要任务是，高举习近平新时代中国特色社会主义思想伟大旗帜，深入学习贯彻党的十九届五中全会和中央经济工作会议精神，全面落实省委十四届十二次全会和省委经济工作会议、市委十一届十九次全会部署，审议县委常委会工作报告，审议通过县“十四五”规划和 2035 年远景目标建议，总结“十三五”和今年的工作，谋划部署 2021 年以及“十四五”的工作任务，动员全县上下进一步把思想和行动统一到持续放大新优势、主动融入新格局的目标要求上来，为建设秀美富裕幸福的现代化山水武宁而不懈奋斗。下面，我代表县委常委会，讲四点意见。

一、星光不误赶路人，我们必须戒骄戒躁扬优成势再夺新胜利

科学谋划更加精准的“十四五”，必须从实践检验的成果中坚定最适合的路径，必须在百舸争流的态势中跑好最擅长的赛道，必须于绿色崛起的大局中找到最精确的落点。回望“十三五”，在内外环境严峻复杂、风险隐患积聚增多的情况下，在矛盾问题交织叠加、改革发展极为不易的历程中，我们不负重托、不辱使命，解决了许多长期想解决而没有解决的难题，办成了许多过去想办而没有办成的大事。一路走来，洒下的是汗滴，收获的是希望，大家仍需奋勇前行。

最受鼓舞的是，重量级的金字招牌在示范领跑中载入史册。五年来，我们积极争当同类县（市、区）“领跑者”，一大批重磅荣誉花落武宁。国家生态文明建设示范县、国家生态保护与建设典型示范区、国家全域旅游示范县、全国文旅融合高质量发展十佳县、国家森林城市、全国森林旅游示范县、全国绿化模范县、全国村庄清洁行动先进县、全国财政管理绩效综合评价先进县、全国弘孝示范城市、中国天然氧吧、全国百佳深呼吸小城、中国候鸟旅居小城、中国十佳避暑康养小城等一批“国字号”殊荣先后载入山水武宁发展史册，全国平安建设县、国家卫生县城、国家义务教育发展均衡县、国家公共文化服务体系示范区、全国基层中医药工作先进县顺利通过复审验收。连续四年蝉联全省高质量发展先进县、全省旅游产业发展先进县，连续两年荣膺全省全面深化改革先进县，获评“绿水青山就是金山银山”省级创新基地、江西省“生态文明建设十大领跑县”、全省工业高质量发展先进县、全省实施乡村振兴战略实绩考核“优秀县”、全省首批美丽宜居示范县、江西省首批全域旅游示范区、江西省旅游强县、全省“最干净县”、全省新农村建设先进县、全省“四好农村路”建设示范县、全省国有林场改革先进县、省级健康促进县等重量级荣誉，获批全省首批生态产品价值实现机制试点县、全省绿色低碳试点县、全省首个绿色生态现场教学基地。同时，各乡（镇）村、各基层单位也获得了许多“国字号”“省字号”荣誉，就不一一枚举。这些曾经以为遥不可及的荣誉，被我们一一收入囊中，全县上下辛勤的汗水和付出功载史册！

倍感欣慰的是，标志性的特色优势在内涵提升中持续放大。五年来，我们深入践行“绿水青山就是金山银山”的理念，持续放大特色优势，着力提升生态“含金量”和发展“含绿量”。厚植山水内涵，高水准建设生态文明示范区。常态化实施“河（湖）长、林长、路长+生态管护员”的管护机制，打好污染防治攻坚战，综合治理河道52.4公里、修复水土流失面积52.22平方公里，森林覆盖率提高3.86个百分点达到75.96%，湿地保护率提高至84.73%，界牌国控断面被认定为全省唯一Ⅰ类水质水域，水质位居全国56个重要湖泊前三位，空气质量达到“十三五”以来最好水平，稳居全市第一。连续五年在美丽中国“江西样板”考核中得到满分。深挖产业内涵，高质量建设绿色发展先行区。全方位升级生态产业链，积极发展生态工业、“七彩”农业和生态旅游，推动“点绿成金”。引入主导产业项目415个，打造省市农业产业示范园4家，引导线上经济有序发展，推动“生态美”向“产业美”“经济美”转变。合理布局特色产业，大力培育发展森林康养、怡情研学等新业态，成功创建国家AAAA级景区3个、AAA级景区7个，省AAA级以上乡村旅游点14个，全市唯一的旅游演艺项目《遇见武宁》在全省旅游产业发展大会武宁启幕仪式上精彩亮相并常态化运营，获评“江西省第三届文旅产业‘金杜鹃奖’示范项目十强”，涌现出罗坪长水、澧溪北湾、官莲东山等一批美丽经济示范。全县产业结构不断优化，第三产业占GDP比重由“十三五”初期的35.1%提高至期末的45.8%，其中旅游综合收入年均增长22.5%。《武宁“点绿成金”样本解读》被省发改委列为培训教材。激活城市内涵，高品质建设最美小城样板区。以全域旅游视野推动城市功能与品质提升，改造提升城市主干道19.8公里，全面实施污水处理厂提标扩能和综合排污口生态湿地工程，城市生活污水处理率提高至85%，精心打造六条风景线和125公里长的幕阜风情、九岭风光美丽示范风景线，全面完成农村“厕所革命”三年攻坚行动目标，在省市城乡环境综合整治工作考核和专项行动中多次名列第一，武宁全域被誉为“AAAAA级大景区”，连续两年以全省第一的成绩荣登“中国最美县域”榜单。山水武宁获评全国乡村旅游“夏季避暑纳凉”主题精品线路，西海湾、黄金海岸水上运动中心、飞乐航空飞行基地已成为广大游客城区旅游的打卡胜地。

极为不易的是，被搁浅的棘手难题在盘活存量中得以纾解。五年来，我们扎实开展“盘活存量攻坚”行动，尽最大努力优化配置资源，推动资源变资本、资本变资产、资产变资金。在园区，依法处置“僵尸”倒闭企业，盘活土地1017.8亩、厂房37.34万平方米，上峰上水、三同生物、美丽达等一批优质项目从过去的闲置厂房中顺利入驻、快速见效，沉睡的资源在“腾笼换鸟”后得到高效利用。县工业园区获评“江西省绿色光电产业基地”“江西省绿色园区”、全省“两率一度”先进园区。在城区，盘活改造拆迁、划行规市后腾出的建设存量用地，新建环湖骑行绿道32公里、慢行道23.3公里、绿地小游园小广场26个、旅游免费公厕50个，新建扩建公共停车场94座、停车位46650个，“人在画中的城市”更具品位。在景区，建立闲置低效土地回购和退出机制，艺邦半岛酒店、欢乐湾康养小镇、华夏国际旅游休闲度假区等一批曾经停滞不前的项目实现凤凰涅槃，鲁溪洞、神雾山等一批优质旅游资源收归国营，按国家级AAAA景区标准精心打造；出台《武宁县旅游民宿产业扶持和管理暂行办法》，努力盘活利用闲置的民房资源，新增民宿床位1439张，悦山居、林云山居、桐林山宿、北湾人家、天天惦记等民宿点获评“九江十佳网评最美民宿”。

十分提气的是，可复制的改革经验在创新探索中大力推广。五年来，我们勇当“国家生态文明试验区”江西样板“马前卒”，争第一、创唯一，探索出了一批可复制可推广可借鉴的改革经验，《人民日报》专门为我县“做好生态与发展两张答卷”经验做法配发《选对路，走得远》的点评，受邀参加第三届国家生态文明试验区建设（江西）论坛并作经验介绍。首创的“林长制”改革经验在《新闻联播》头条播出，正式写入《森林法》，并由中央深改委确定在全国推广；其间，安徽、广西等地慕名前来学习借鉴我县“山更青、权更活、民更富”的改革文件。“多员合一”生态管护制度入选《国家生态文明试验区改革举措及经验做法推广清单》，是我省生态扶贫类唯一入选的改革成果，被国家发改委向全国推广。率先建成全省首个“涉农项目资金监管平台”，将扶贫和移民资金纳入平台管理的经验做法在全国大中型水库移民后扶项目全过程咨询研讨会上作典型交流发言，被水利部向全国推广。发展民宿经济模式，由省政府办发文在全省推广。探索建设的全省农村人居环境治理“万村码上通”5G＋长效管护平台成功上线，平台启动仪式在武宁举行。老旧小区改造“三清四改五提升”、牛皮癣治理“公安＋城管”工作模式、平安武宁建设“三访”经验在全省推广。《生态产品价值转换的武宁实践》在人民网、新华社刊发。长水村环保入家训的理念全省知名，“生态产品储蓄银行”改革项目稳步推进，即将形成制度成果。

蓄能攒劲的是，城镇化的发展基础在取舍有度中不断夯实。五年来，我们从打基础、管当前、利长远的角度，做了大量蓄能攒劲、久久为功的铺垫性工作。舍得投入，换得城乡功能品质大提升。从2016年拉通婺桃线到2019年宋店线改造，再到武宁至通山、武宁至阳新高速以及伊山线、横株线动工改造建设，全县各类公路里程达3031公里，较“十二五”期间增加35%。将“武宁之窗”“武宁之眼”“桥中桥”、滨湖生态新城以及环西海游步道串点成线，打造25公里“环城—滨湖”景观链，同步实施雨污分流和截污纳管工程，改造城区污水管网156.2公里、园区污水管网60.7公里，山水武宁品质“表里如一”。舍得留白，换得持续稳健发展后劲足。严守生态“红线”，将集中式饮用水水源地保护区、自然保护区、风景名胜区、城镇居民区等区域设为养殖业禁养区，滨水区域从严管控地产开发，多做生态修复和适当的景观节点。城市重点区域的可建设用地，在条件不成熟时宁可不卖，为最美小城“留白”。五年来，共收储城市规划区内建设用地15753.4亩（其中可用于商服开发土地9500余亩，折算地价210亿元），不为眼前利益肆意贱卖，不为显绩盲目扩张，给未来新型城镇化建设留足了空间。舍得虚名，换得打通堵点重现艳阳天。我们不避事、理旧事，困扰多时的违规填湖、违建别墅清理等生态环保问题整改到位。我们攻难关、破难题，敢于直面困扰经济社会发展的拦路虎和绊脚石，坚持不懈抓好未竟之业、未成之事，经受了国土空间规划调整、项目推进手续受阻等重大考验，切实解决了多年来困扰群众的桐林垃圾填埋场、茶场改制、工业园区土地以租代征等历史遗留问题。

更加可喜的是，有温度的幸福指数在尽锐出战中显著提升。五年来，我们坚持以人民为中心，从老百姓身边的事入手，积极顺应了人民对美好生活的新期盼。扎实推进乡村振兴战略，以景区标准打造“生态旅游＋养生养老”示范村庄53个，建成新村点998个，16.2万名群众从中受益。尽锐出战打好脱贫攻坚战，全县24321名建档立卡贫困群众全部脱贫，易地扶贫搬迁安置区武安锦城获评全国“十三五美丽搬迁安置区”。村级集体经济也从一穷二白到村村收入过5万元，薄弱村全部消除，12个行政村集体经营性收入突破20万元。紧盯“产业”和“就业”精准发力，越来越多的群众由“外出打工”走向“回乡创业”，在发展产业、投身旅游、兴办农家乐等实体经济中获利。新建第八小学、尚美中学并投入使用，稳步推进一批城乡中小学校改扩建，“大班额”问题得到有效化解，乡镇和2000人以上行政村幼儿园“全覆盖”，教育均衡发展水平不断提升。新中医院投入使用，县疾控中心和县人民医院核酸检测实验室通过市级验收，完成125个村级卫生计生服务室标准化建设，基层卫生供给能力显著提升。建成燃气管网56公里、保障性安居住房2505套，97个简易老旧小区改造和11个老旧小区精品提升工程全面竣工。扫黑除恶战果辉煌，公共安全感测评指数稳居省市第一方阵，受到中央督导组的高度肯定，人民群众的安全感不断增强。与此同时，完善干部收入增长机制，广大干部在以“辛苦指数”换取群众“幸福指数”中，自身获得感也切实提升。

一代人有一代人的使命和担当。这些沉甸甸的成绩，饱含着在座各位和全县各级干部的智慧和汗水，都应归功于全县人民。在此，我代表中共武宁县委向长期以来奋战在各条战线辛勤耕耘、默默奉献的各级党员干部和各界人士，表示衷心的感谢和崇高的敬意！成绩的背后，折射的是精诚团结、勇创实干的精神伟力，必须倍加呵护、继续弘扬，一以贯之地体现在“十四五”发展中。艰难困苦，玉汝于成，回望走过的路，让我们深切地感受到：

五年来的实践证明，精准对表是我们顺势而为、一往无前的不竭动力。我们能有今天这样的良好局面，关键是始终坚持正确政治方向，自觉贯彻党中央、省委和市委决策部署，精准对标对表，各项工作有的放矢、蹄疾步稳、亮点纷呈，才赢得了上级更多的支持和群众的认可。只要我们顺应时代潮流，坚定不移对准表，心无旁骛谋发展，就一定能书写更加精彩的县域之治“武宁代表作”，就一定会有更多的工作进入同类县(市、区)“领跑圈”！

五年来的路径证明，绿色发展是我们厚植优势、行稳致远的现实选择。我们“始终坚持生态立县，全面推进绿色崛起”不动摇，着力构建“五大生态”，全力打造“三个示范”，以“生态产业化，产业生态化”理念精准落子，交出了“绿水青山就是金山银山”的精彩答卷，蹚出了一条独具武宁特色的绿色崛起之路。这一探索过程，是审视县情、厚植优势、补齐短板的过程，是转变思维、把握契机、生动演绎的过程。只要我们保持定力阔步前行，就一定能把“点绿成金”的事业干得更红火，就一定能勇立时代潮头！

五年来的经验证明，人民至上是我们共克时艰、迎接挑战的行动指南。我们始终坚持以人民为中心，直面群众最直接最关心最现实的利益问题，既做显绩，也做潜绩，着力解决群众的操心事、烦心事、揪心事，群众的获得感、幸福感、安全感显著提升。针对人们渴求有更多的公共服务新需求，我们既量力而行、又尽力而为，努力把群众想干的事，变为党委政府要干的事；把党委政府在干的事，变成群众积极支持参与的事；把党委政府干成的事，变成群众受益的事。只要我们切实站在群众角度，将群众所需、所盼、所急的事情办实办好，就一定能在共同富裕的道路上同向而行、携手并进！

五年来的收获证明，党员干部是我们担当作为、继往开来的宝贵财富。如果说生态是武宁最大的优势，党员干部就是武宁最大的财富。我们欣慰地看到，无论是在脱贫攻坚、乡村振兴、示范创建、项目建设、扫黑除恶、疫情防控等重点工作一线、重大活动现场，还是在信访矛盾调处、网络传销侦查、平台建设运维等日常工作岗位，大家都不厌其烦，争当“头雁”，呵护着全县人民的幸福安好，为山水武宁的美好未来努力奔跑。只要我们用担当的宽肩膀挑好重担，干成事的真本领克难攻坚，就一定能为山水武宁争得应有地位，也一定会成为先进行列中的一员、实现自我人生价值！

即将过去的2020年，是极为不易、极不平凡、极其艰辛的一年，抗疫救灾历史罕见，大战大考应接不暇。即便如此，我们依然走得很从容，走得很稳健，充分展示了武宁干群团结一心干大事、众志成城破难题的时代风采。回首一年来的艰辛历程，让我们感到由衷的欣慰和自豪。

1. 聚力项目见效，绿色经济生态彰显新优势。深入开展“服务项目见效年”活动，建立重点产业链链长制，以项目建设支撑经济高质量发展。全年引进各类项目84个，签约资金215.88亿元。其中亿元以上项目67个，“1+3”主导产业54个，无论是项目单体规模，还是产业类别都有了新的突破，绿色“产业树”更加枝繁叶茂。出台稳定经济增长“30条”，以金融扶持、减税降费、财政奖励激活发展新动能，全县新增市场主体2619户，同比增长13.6%。拓展“生态+”多业融合发展路径，统筹推进文旅融合和消费复苏，打响“住在武宁”民宿品牌，全县旅游接待人次和旅游收入分别同比增长19.7%、20%。

2. 聚力河清岸美，优美自然生态释放新活力。深入践行“绿水青山就是金山银山”的理念，纵深推进“全境护山、全域理水、全面治污”，坚决打好污染防治攻坚战，全面推进禁捕退捕，空气质量、地表水质持续改善。全面完成乡镇（工业园区）空气自动监测站建设，探索建立“恢复性司法实践+社会化综合治理”审判结果执行机制，加快推动生态恢复。成功举办“上峰上水杯”迷你马拉松暨全县干职工徒步健身活动，生态环保、绿色低碳工作生活的理念进一步彰显。

3. 聚力内外兼修，养生宜居生态孕育新生机。以全国文明城市等各项示范创建为抓手，统筹安排城东滨湖生态新城综合开发、智慧城市建设等城市功能与品质提升项目53个，巩固提升“人在画中的城市”品位。深入开展乡村振兴“大竞赛”活动，高标准打造257个新村点，实施5个美丽宜居示范片建设，全面完成54个村庄生活污水处理站建设。全市新农村建设暨美丽宜居示范县建设现场推进会在我县召开。在今年5—10月全市城乡环境综合整治考核中再次荣获第一名。

4. 聚力民生改善，和谐人文生态呈现新气象。设立产业扶贫专项资金1500万元，推动“十大扶贫工程”落地见效，“一领办三参与”模式助推贫困村、贫困户造血功能不断提升。建成农村颐养之家、社区嵌入式养老中心48个，让老人们老有所养、老有所依、老有所乐。扎实推进“赣服通”武宁分厅建设，群众足不出户“在线”办理事项更多更便捷。积极践行县域治理体系和治理能力现代化建设总要求，及时破获一批非法吸收公众存款、电信网络诈骗、危险驾驶逃逸等社会关注的大案要案，扩大扫黑除恶战果，涉黑涉恶网上逃犯全部归案，公众安全感和群众安全指数不断提升。

5. 聚力党建引领，清明政治生态展示新局面。全面落实党的建设总要求，严明党的政治纪律和政治规矩。以集体约谈方式释放和传导压力，切实推动“六稳”“六保”工作、厉行节约等责任压紧压实。高质量完成十四届县委巡察全覆盖政治任务，县直单位、乡镇、村（社区）党组织巡察覆盖率均达100%。聚焦“怕、慢、假、庸、散”等突出问题，深入开展“放管服”改革、“降成本、优环境”专项行动。支持人大对“一府一委两院”依法开展监督，支持政协依章履职，全面落实党管武装责任，深入推进军民融合发展和国防动员建设。大力推进基层党建“三化”建设，在疫情防控、复工复产和抗洪救灾中，基层党组织战斗堡垒作用和党员先锋模范作用得到充分发挥。

二、机遇垂青奋进者，我们必须志存高远快马加鞭谋求新跨越

“十四五”时期，是新发展格局加速构建期、乡村振兴重大战略机遇期，城乡融合发展关键演变期、重大基础设施建设窗口期，更是县域经济赶超倍增发展黄金期，我们必须准确把握发展阶段之变、发展理念之变、发展格局之变，胸怀大局、服务全局、开辟新局。

1. 要在新发展阶段历史方位中精准定位。站在“两个一百年”历史交汇点上，身处中华民族百年复兴战略布局和世界百年未有之大变局，新一轮科技革命和产业变革深入发展，国际力量对比深刻调整。我们要顺应世界历史潮流、把握中国发展大势，回应人民期盼，深刻认识危与机、时与势、近和远、内和外的辩证统一关系，以战略思维、辩证思维、法治思维、历史思维、底线思维，充分发挥武宁比较优势和禀赋优势，在变与不变中坚守，在得与不得中向前，把优势用好用足，把差距迅速缩小，最大限度激发县域经济赶超倍增的动能和活力，努力在新征程中开好局、起好步。

2. 要在新发展理念重大举措中精准发力。理念是行动的先导，破解发展难题必须依靠新发展理念，增强发展动力必须贯彻新发展理念，厚植发展优势必须坚持新发展理念，新发展理念（创新、协调、绿色、开放、共享）是管全局、管根本、管长远的战略性、纲领性、引领性要求。我们必须深刻认识到新发展理念是相互贯通、具有内在联系的整体，又是全方位、多层面的改革实践，真正以新发展理念为引领，从“重视数量”转向“提升质量”，从“规模扩张”转向“结构升级”，从“要素驱动”转向“创新驱动”，聚焦聚力高质量、竞争力、现代化，加强前瞻性思考、全局性谋划、战略性布局、整体性推进，实现经济增长方式从粗放型外延式发展转向集约型内涵式发展。

3. 要在新发展格局战略考量中精准融入。党的十九届五中全会将“十四五”规划与二〇三五年远景目标统筹考虑，全面系统回答了新形势下实现什么样的发展、如何实现发展这个重大问题；省委十四届十二次全体（扩大）会议和市委十一届十九次全体（扩大）会议擘画了新时代江西和九江作示范、勇争先的宏伟蓝图。中央和省委、市委全会精神是我们开启全面建设社会主义现代化国家新征程、向第二个百年奋斗目标进军的宣言书、路线图和作战图，加快构建以国内大循环为主体、国内国际双循环相互促进的新发展格局对我们实现更高质量、更有效率、更加公平、更可持续、更为安

全的发展影响深远。随着“十四五”时期“两新一重”重大基础设施的快速推进，武宁的产业结构正趋合理、生态优势厚积薄发、城镇建设竞相出彩、乡村振兴百花齐放、治理能力愈加成熟、政治生态积极向好，高速公路等重大基础设施建设步伐加快，融入大南昌都市圈、九江长江经济带绿色发展示范区多重优势叠加。新时代的山水武宁，岁月可待，未来可期，我们必须主动融入新发展格局，不断激发战略势能、发展动能、创新赋能，才能在省市乃至国家的发展格局中乘势而上，争得应有地位。

三、远航需要行动派，我们必须不忘初心接续奋斗开启新征程

2021年是建党100周年，是全面建设社会主义现代化国家和“十四五”规划的开局之年，做好明年的工作，必须以习近平新时代中国特色社会主义思想为指导，全面贯彻党的十九大和十九届二中、三中、四中、五中全会精神，深入贯彻习近平总书记视察江西重要讲话精神，认真落实中央和省委经济工作会议、省委市委全会决策部署，坚持稳中求进工作总基调，主动适应新发展阶段，全面贯彻新发展理念，积极融入新发展格局，以推动高质量发展为主题，以深化供给侧结构性改革为主线，以改革创新为根本动力，以满足人民日益增长的美好生活需要为根本目的，坚持系统观念，巩固拓展疫情防控和经济社会发展成果，更好统筹发展和安全，扎实做好“六稳”工作、全面落实“六保”任务，聚焦做大经济总量、做亮生态品牌、做活全域旅游、做旺城市人气、做强秀美乡村、做实民生事项等“六项”重点工作，确保“十四五”开好局，以优异成绩庆祝建党100周年！

1. 做大经济总量，在推动产业升级上出实招添新彩。紧扣高质量发展新要求，聚焦实体经济，强化创新引领，着力壮大产业规模和总量，提升产业档次和品质。一是推进产业规模能级扩张。以产业链长制为抓手，聚焦主导产业集群发展方向，持续加大招商引资和承接产业转移力度，抢抓沿海发达地区产业外溢、央企二次布局、领军型企业“二次创业”的机遇，着力在招大引强上下功夫，争取更多高端资源、先进产业、优质项目落户武宁，确保引进落户2个“5020”项目，并且做到上半年完成签约、下半年全面开工。深入开展培优扶强活动，持续打造“四最”营商环境，集中力量、集聚资源、集成政策，培育推动骨干企业攀十亿，主导产业超百亿。二是推进产业结构优化升级。发挥“国家生态文明建设示范县”“国家全域旅游示范区”等品牌优势，以武宁至通山、武宁至阳新高速等重大交通枢纽建设为契机，顺应消费升级趋势，大力发展旅游、康养等多元融合的服务业业态，着力构建以武宁为中心的区域性“生活圈”“服务圈”“商业圈”，不断提高现代服务业占经济总量的比重，推动我县产业结构由“二三一”向“三二一”转变，发展动能由投资拉动为主向投资消费双拉动转变。三是推进数字产业加速集聚。顺应新一轮科技革命和产业变革，运用互联网、大数据、5G等技术推动传统产业技术改造、升级换代，让传统产业在新技术的驱动下焕发出新活力。强化企业技术创新主体地位，引导有条件的中小企业走“专精特新”发展道路，向“小巨人”“独角兽”“瞪羚”企业梯次攀登。抓住产业数字化、数字产业化机遇，加快5G网络、数据中心、物联网等新型基础设施建设，抢先布局“宅经济”、电子商务、平台经济等数字产业，积极培育新产业、新动能、新增长极，打造未来发展新优势。

2. 做亮生态品牌，在加快生态产品价值转换上出实招添新彩。继续深化生态文明建设新探索，推动生态“含金量”和发展“含绿量”齐头并进，做实“绿水青山就是金山银山”省级实践创新基地。一是治理上再发力，提升生态环境承载力。加强山水林田湖草生命共同体建设，加快推进矿山治理与生态修复、湿地生态保护修复、水生态保护修复等重点生态工程，推动生态环境持续向好，增强优质生态产品供给能力。全面落实长江流域重点水域禁捕退捕，严厉打击非法捕捞，确保“禁”得坚决，“退”得彻底。围绕水美、岸美、产业美、环境美要求，高标准实施最美岸线建设，完善游步道、健身广场、文化墙等休闲娱乐基础设施，打造一条集生态保护、景观体验、休闲运动、文化展示等于一体的生态人文景观带，让市民和游客分享到优美生态带来的获得感、幸福感。二是转换上再加快，提升生态产业贡献力。深化生态产品价值实现机制探索，积极推进“生态产品储蓄银行”建设

和上线运营，将碎片化、分散化的生态资源进行规模化收储、整合、优化，引入市场资本和专业运营商，实现存入“绿水青山”，取出“金山银山”，拓宽生态产品价值转换通道。坚持生态民生观，健全共享机制，让群众成为生态产品价值转换的主要受益者，带动群众自觉推行绿色生产方式，主动养成绿色生活习惯。三是机制上再完善，提升生态制度约束力。用最严格制度最严密法治保护生态环境，健全完善河长制湖长制林长制，加强节能减排、PM2.5、地表水水质、耕地红线、生态红线等约束性指标管控，严格执行党政领导干部生态环境损害责任终身追究、自然资源资产离任审计等制度。积极推进生态文明体制机制改革，努力在自然资源资产有偿使用、山水林田湖草综合治理等方面形成一批典型成果，以制度创新推进国家生态文明示范区建设。

3. 做活全域旅游，在构筑“全景武宁”上出实招添新彩。随着“国家全域旅游示范区”的创建成功，武宁全域旅游即将迎来新一轮发展的春天，必须坚持AAAAA标准、AAAAA理念、AAAAA服务，在做好“快乐游”“国标游”“惠客游”“安全游”“回头游”上下功夫，奋力推进“全域AAAAA级大景区”创建。一是突出抓好有核心竞争力的景区打造。在发展旅游方面，国家今后将在项目、资金、创A等方面向全域旅游示范区倾斜。我们要抢抓这一新的机遇期、窗口期，着力引进打造一批有特色、有个性、有规模的旅游项目，以丰富的业态布局和有机的项目组团，为游客提供多元供给。要根据武宁地域广、旅游资源分散的状况，重点推进武陵岩、神雾山、鲁溪洞、温泉等优质旅游资源开发，并以此辐射周边，加强旅游资源整合，分区域打造几个大景区、大本营，形成规模效应、品牌效应。启动有条件的AAAA级景区创建国家AAAAA级景区，其他各类景区全面创A升A，宾馆和民宿创牌升级。二是突出抓好有核心竞争力的消费供给。坚持文旅融合丰富旅游产品和业态，深入挖掘生态文化、移民文化、民俗文化、农耕文化，打造具有唯一性的体验项目，开发特色化、时尚化、生活化旅游文创产品，更好满足游客“晒”的需求。主动顺应后疫情时代人们回归自然、追求健康的需求，大力发展生态旅游、森林康养、寻找乡愁、休闲度假等“治愈系”旅游品牌，让游客慢下来、停下来、留下来，在远离喧嚣、亲近自然中养眼、养心、养生。三是突出抓好有核心竞争力的服务提升。如果说用优美的风景吸引游客的“眼”，用独特的美食满足游客的“胃”，最终赢得游客的“心”，还得靠更精细的服务。我们要始终坚持服务至上，从细节上推动全域景区景点服务设施、游客服务体系、智慧旅游体系等提档升级，培养服务标准化的人才队伍，坚决打击欺诈、宰客、强制消费等不良市场行为，让游客在武宁全过程满意、全要素受益、全身心享受。

4. 做旺城市人气，在提升功能品质上出实招添新彩。按照打造“人在画中的城市”要求，用心经营城市，推动城市由外延式扩张向内涵式提升转变，打造宜居、宜业、宜游、宜学、宜养的城市。一是打造精细城市。进入新时代，城市发展已由增量建设向精细治理转变。要把握好开发节奏，推动城市能级与城市秩序、城市功能、城市品质协调发展，打造与经济发展相匹配，与群众需求相适应的幸福城市。要以“螺蛳壳里做道场”的功力推进城市“双修”，从补齐基础设施短板、老旧小区改造、特色街区建设、增补城市绿地、地下管网提升等方面，推动城市细部的改造、修复、再生和塑造，以微改造、微更新实现城市功能的完善、城市品质的提升和人文美丽的彰显，让市民更舒适、更宜居、更幸福。二是打造人气城市。城市的吸引力不在于“什么都要有”，而在于“偏偏我独有”。武宁炖钵、打鼓歌、采茶戏、精品民宿、网球，等等，这些都是具有独特武宁气质的“标签”。要立足自身特色，抢抓庐山西海成功创建国家AAAAA级景区机遇，主动融入南昌、九江、武汉、长沙都市圈，做好市场细分和定位，瞄准大城市旅游休闲、健康养老、研学等消费群体，以优美的自然风光、独特的人文风情、舒适的慢生活体验，赢得越来越多的城市消费者，将武宁打造成中部城市群、都市圈的“后花园”，康养和旅游目的地。大力发展“夜经济”，丰富完善游、购、娱、体、演等“夜消费”内容，服务“夜生活”，打造“不夜城”。三是打造文明城市。在第六届全国文明城市创建中，我们以微弱差距遗憾落选。但落选不是落后，必须重整行装再出发。创建全国文明城市，根本目的不是为了争一项称号、拿一块牌子，而是以此为契机，不断完善城市功能，提升城市品质，培育人文精神，让城市更美好，让城市更幸福。我们要永葆“创文”初心，坚持常态长效的工作理念，以更高的热情、更严的标准、更大的干劲投入到新一轮全国文明城市创建，真正使“创文”的过程，成为社会环境持续改善、社会秩序持续优化、社会福祉持续提高的过程。文明城市的根本是市民素质，有文明的市民才有文明的城市，要常态化开展志愿服务、文明劝导、身边好人评选等活动，挖掘凡人善举，用身边事教育身边人，引导市民从自己做起、从点滴做起，注重日常经常平常，真正让文明成为武宁360度的全景，365天的日常，奋力在新一轮创建中夺得“全国文明城市”桂冠。

5. 做强秀美乡村，在全面推进乡村振兴上出实招添新彩。党的十九届五中全会提出“优先发展农业农村，全面推进乡村振兴”。我们要乘势而上，在扩面提质上持续发力，全面推进乡村振兴战略，打造乡村振兴的“武宁样板”。一是发展现代农业促进乡村产业升级。紧紧围绕发展现代农业，积极发展设施农业、智慧农业、休闲农业等新业态，全力创建国家级现代农业产业园，做大做强蜂蜜、茶叶、油茶、高山辣椒等一批区域性特色产业，打造国家地理标志产品。大力发展农产品精深加工，引进和培植龙头企业，推动一二三产业融合发展，延长产业链，提升附加值。提升田园风光、历史文化村落、现代农业产业园、民宿的产业化运营水平，植入旅游休闲元素，走特色乡愁之路，吸引更多游客吃在村里、住在村里、消费在村里。大力发展农村电商产业、订单农业，以“线上农业”带动“线下农业”转型升级。以清产核资成果为基础，大力推进农村集体资源参与社会化配置、市场化经营，增强自身“造血”功能，拓宽村集体及村民增收渠道。二是推进环境整治促进乡村生态宜居。统筹乡村规划管控，优化乡村发展空间布局，立足特色自然风貌、人文资源，充分整合农村闲置资源，建设美丽乡村、美丽庭院。用好“多员合一”生态管护员、农村人居环境“万村码上通”5G+长效管护平台，突出抓好农村人居环境整治、农村生活污水治理、农村“厕所革命”等重点任务，优化完善农村公共基础设施，全方位打造舒适宜居、优质共享的美丽乡村。三是创新乡村治理促进乡村和谐有序。办好农村的事，要靠好的带头人，靠一个好的基层党组织。要以村“两委”换届为契机，注重从在脱贫攻坚中有想法、有经验、有办法的优秀人才中，从返乡大学生、退伍军人、创业致富带头人中选优、配强村“两委”班子，打造一支带动乡村振兴的骨干队伍。创新自治、法治、德治“三治融合”的乡村治理体系，广泛开展村民说事、民情恳谈等基层民主协商活动，真正做到有事好商量、众人的事情由众人商量，全面提升乡村治理能力，让农村既充满活力又和谐有序。

6. 做实民生事项，在增进民生福祉上出实招添新彩。始终把人民美好生活向往作为奋斗目标，切实解决群众“急难愁盼”问题，让全县人民的获得感、幸福感、安全感更加实在，更有保障，更加充实。一是在脱贫成果上下“久”功夫。脱贫摘帽不是终点，而是新生活、新奋斗的起点。虽然我们完成了现行标准下农村贫困人口的全部脱贫任务，但脱贫攻坚的成果还需持续巩固。要严格落实摘帽不摘责任、摘帽不摘政策、摘帽不摘帮扶、摘帽不摘监管的要求，接续推进巩固拓展脱贫攻坚成果与乡村振兴战略有效衔接，以乡村经济社会的全面发展实现脱贫成果的可持续、能稳定。要坚持因地制宜，培育和发展优势产业和主导产业，加强对贫困户的动态监测，建立健全防止返贫长效机制，增强扶贫政策的延续性和扩展性，促进贫困群众稳定就业、持续增收、稳定脱贫、稳步致富。二是在民生实事上下“真”功夫。坚持经济发展就业导向，鼓励返乡创业、草根创业，以产业发展创造新就业形态。加大稳企稳岗支持力度，扎实做好高校毕业生、退役军人、农民工等重点群体就业工作，扩宽灵活就业渠道，提升就业质量，促进更充分就业。努力办好人民满意教育，稳步推进第三幼儿园、尚美中学二期等城乡中小学校、幼儿园新建和改造提升，努力化解“大班额”“入园难”问题，提升教育均衡化、优质化水平。着力提升普通高中办学水平，千方百计留住本地优质生源、教师，引进外地优质生源、教师，推动教育质量不断提升，重塑武宁教育辉煌。全面启动武宁中专新校区建设，实现“提质扩容”，加大实用型技术技能人才培养力度，助力县域经济发展。把保障人民健康放在优先发展的战略位置，坚持预防为主、防治结合、联防联控、群防群控，加强公共卫生服务体系建设，为群众提供全方位全周期健康服务。深入推进医药卫生体制改革，促进中医药传承创新发展。三是在社会稳定上下“深”功夫。持续提升防范化解重大风险的定力和能力，牢牢守住不发生系统性风险的底线，建设更高水平的平安武宁。坚持和发展新时代“枫桥经验”，积极推进市域社会治理现代化试点，继续推进“三访”活动，强化矛盾纠纷源头防范、多元化解，以网格“微治理”来构筑全局“大平安”。大力推进法治社会建设，加强法治宣传教育，引导群众依法表达合理诉求，对恶意上访、重复上访、缠访闹访等依法予以坚决打击，推动扫黑除恶常态化。严格落实安全生产责任制，完善应急管理和防灾减灾体制机制，坚决防止重特大安全事故发生，确保人民群众生命财产安全。

四、时代呼唤实干家，我们必须勇挑重担笃定前行展现新作为

推动“十四五”规划落地见效关键在党、核心在人，推动县域经济高质量跨越式发展使命光荣、责任重大、任务艰巨，我们更要在党的旗帜下不忘初心永向前，牢记使命再出发。

1. 把党的绝对领导作为最高原则，全面增强政治定力。党的绝对领导是做好各项工作的根本保证、是战胜一切困难和风险的“定海神针”，是检验干部政治品质的“试金石”，要全面加强党对经济社会发展的领导，确保党有号召、武宁有行动，上级有部署、基层能落实。一要以政治立场举旗定向。面对“乱花渐欲迷人眼”的国内外环境，面对新征程上的重大挑战、重大风险、重大阻力、重大矛盾，我们更要把讲政治摆在首位，时刻扪心自问，在大是大非面前是否瞻前顾后、畏首畏尾，在重大原则面前是否讳莫如深、语焉不详，对“国之大者”是否始终做到脑子里装着、心里面想着、手里头抓着，真正做到树牢“四个意识”，坚定“四个自信”，坚决做到“两个维护”。二要以政治信仰铸魂聚气。理想信念是共产党人安身立命的“精神之钙”。中国奇迹的背后，是党领导亿万人民一路跋山涉水、一路砥砺奋进，是无数中国共产党人不忘初心、牢记使命的奉献与担当，我们党以历史性变革、历史性成就，用实践创新和理论创新诠释了马克思主义为什么“行”、中国共产党为什么“能”的时代之问。必须坚定不移以习近平新时代中国特色社会主义思想为行动指南，以庆祝建党100周年为契机，始终与党和人民同呼吸、共命运、心连心。三要以政治规矩总揽全局。政治规矩是党总揽全局协调各方的坚强保证。县委巡察发现，个别党组织对巡察反馈问题整改不彻底，这首先就是不讲政治规矩的表现，长此下去就会言行失当、失范、失控、失节。县委将一如既往发挥统揽全局、协调各方作用，进一步加强政治纪律和政治规矩建设，持续营造风清气正的政治生态。支持人大、政府、政协以及人民团体依法依章程开展工作，坚决扛起党管武装政治责任，全面加强国防动员和后备力量建设。切实维护意识形态领域安全，让党的主张占据制高点，让党的声音成为时代最强音。

2. 把提高党建质效作为最大政绩，全面凝聚强大合力。党的建设关系重大、牵动全局，党建成效好不好、组织强不强是带有方向性、根本性、全局性、战略性的重大问题，也是打通党的方针政策下到基层“最后一公里”的时代命题。一要筑牢基层战斗堡垒。2021年是换届之年，选什么样的人、用什么样的干部，如何选人、怎样用人，历来是关乎干部队伍战斗力、关乎党和国家事业兴衰成败的关键性、根本性问题。我们必须以对组织、对事业高度负责的态度，选好班子，配强队伍，把有限的岗位让给真正想干事、能干事、干成事的人，坚决不能让投机钻营者得利、吃苦受累者心寒，切实增强基层党组织的创造力、凝聚力、战斗力。全县有很多优秀干部在基层奋斗了一辈子、奉献了一辈子，我们要把他们好的精神传承下来、好的做法推广开来，让党的事业始终焕发光彩。二要积蓄人才源头活水。突出党管人才、市场导向、产业聚焦、战略服务、改革创新和高端视野，深化重点领域人才发展体制机制改革，发挥市场的人才配置作用，构建有力的人才支撑体系，聚人才而用之、育人才而强之，把武宁打造成“万类霜天竞自由”的人才“洼地”、发展“高地”，为武宁实现高质量跨越式发展积蓄人才活力。三要彰显党建品牌效能。以提升组织力为重点，继续深化“党建+”内涵，不断提升基层党组织“三化”建设水平，让党组织成为团结干群的主心骨、攻坚克难的主力军，真正将党建优势转化为发展优势，党建资源转化为发展资源，党建成果转化为发展成果，让党建成为看得见的生产力。

3. 把能力素质建设作为最强保障，全面激发内生动力。温室里养不出万年松，庭院里跑不出千里马。社会主义现代化的核心在于人的现代化，重中之重在于党员领导干部能力素质建设的现代化。当下我们有的干部遇到领导“不敢说”、对接企业“不愿说”、接待群众“不想说”、建言献策“不会说”，折射的是综合能力素质的短板与缺陷，新时代欲有所作为，必须经风雨、见世面，在大风大浪中锻炼成长。一要有敢为人先的勇气。千帆竞发之时，倘若我们行动慢人一拍、力度稍逊半筹，再美的蓝图都是“镜中花”“水中月”。面对新时代新挑战，我们更要把解放思想作为一切行动的逻辑起点，自觉按照习近平总书记对新时代干部提出的“五种思维”“七种能力”“八项本领”要求，修好内功，着力提高解决实际问题的能力和水平。二要有敢当率先的魄力。改革发展如果还是因循守旧、四平八稳、亦步亦趋，那么我们就谈不上高质量跨越式发展，更实现不了“绿色崛起”的战略目标。在全面深化改革的关键领域、关键环节，要用好用足改革“关键一招”，打破一切束缚武宁的条条框框，让改革成为武宁最鲜明标识，探索更多改革经验，释放更多改革红利。三要有敢拼争先的韧性。狭路相逢勇者胜。差距不是一天拉开的，但也绝不能讳疾忌医、回避矛盾和问题。我们前有标兵、后有追兵，稍有松懈就会落后于人、滞后于人。推进县域经济高质量跨越式发展，没有无关的人、没有无关的事，人人都是参与者、个个都是主力军，不管对手是谁，都要有敢拼必胜的信心，以百折不挠的韧劲主动解决问题，补牢短板，攻克一个又一个难关、战胜一个又一个困难，过了一山再登一峰，跨过一沟再越一壑，真正行稳致远、进而有为，用自己的一言一行为党旗增辉、为党的形象添彩。

4. 把全面从严治党作为最严举措，全面革除发展阻力。严管就是厚爱，监督也是保护。全面从严治党绝不是不作为、慢作为的借口。恰恰相反，全面从严治党，不仅是整治一些干部乱作为的利器，也是督促党员干部敢于担当、勇于负责，防止不作为慢作为的利器。一要坚持“严”的主基调。不妄求则心安，不妄做则身安。腐败问题是社会的“毒瘤”，也是为政的“大忌”，一旦陷入贪腐的沼泽，身上曾经的“泥垢”是擦不掉、除不去的，带来的只有无穷无尽的后悔。党员领导干部要洁身自好，时刻保持清醒头脑，远离诱惑和“围猎”者，真正做到不敢腐、不能腐、不想腐，让苍蝇蚊子无缝可钻，确保党的事业和个人成长一帆风顺、行稳致远。二要发扬“实”的硬作风。口号喊不来经济发展、空谈更带不来美好前景，只有干在实处，才能走在前列。实现“十四五”规划和远景目标，可能不会在我们这届工作时间内立马见效，但会在武宁发展史上留下浓墨重彩的一笔，都是后来者评判和街头巷议绕不开的话题。我们更要以“功成不必在我”的精神境界和“成功必定有我”的历史担当，磨炼历史耐心，保持政治定力，只争朝夕又不只看朝夕，着眼长远又不好高骛远，以“俯仰无愧天地，褒贬自有春秋”自励自省，真正把工作放到历史的长河中去大浪淘沙，经受历史的检验；放到历史的大坐标和大背景下去观照，经受历史的考验。三要营造“干”的好氛围。新时代，我们的前进之路必将有更多未知的风险挑战去破解，大家要铭记一些地方个别干部不作为、乱作为带来的沉痛教训，坚决破除“怕、慢、假、庸、散”作风顽疾，尤其要谨防担心干得多错得多的杞人之忧、无稽之谈影响干事氛围。县委将积极落实容错纠错机制“三个区分开来”，为大家扑下身子干事业，甩开膀子闯未来，持之以恒求突破保驾护航，希望大家始终将“人民至上”作为最鲜明的价值取向，不弃微末、不舍寸功，继续用掌声喝彩、用汗水浇灌、用成绩献礼这个伟大的时代。

同志们，鲜花因汗水而绽放，事业因奋斗而勃兴。让我们更加紧密地团结在以习近平同志为核心的党中央周围，在省委和市委的坚强领导下，持续放大新优势，主动融入新格局，推动“五大生态”“三个示范”迈向新境界，为建设秀美富裕幸福的现代化山水武宁而不懈奋斗！

（中共武宁县委办公室提供）

政府工作报告

（在武宁县第十六届人民代表大会第六次会议上）
县人民政府县长　李广松

各位代表：

现在，我代表县人民政府向大会报告工作，请予审议，并请各位县政协委员和列席会议的同志提出意见。

一、2020 年及“十三五”工作回顾

2020 年是全面建成小康社会和“十三五”规划收官之年。在省委省政府、市委市政府以及县委的坚强领导下，在县人大和县政协的监督支持下，团结带领全县人民坚持以习近平新时代中国特色社会主义思想为指导，认真贯彻落实中央、省市和县委决策部署，紧紧围绕“始终坚持生态立县，全面推进绿色崛起”发展主题，统筹疫情防控和经济社会发展，扎实做好“六稳”工作，全面落实“六保”任务，奋力实现“五大生态”“三个示范”再添新彩。预计完成生产总值 175.79 亿元，同比增长 4%；财政总收入 22.57 亿元，同比增长 7.8%；全社会固定资产投资同比增长 9%；社会消费品零售总额 58.67 亿元，同比增长 2.5%；城镇和农村居民人均可支配收入同比分别增长 7%、8%。

一年来，我们主要做好了以下几个方面工作。

（一）团结一心筑防线，疫情防控有力有序。一是全程管控守红线。坚决贯彻落实习总书记重要指示精神，快速响应、高效指挥，推动疫情防控取得重大战略成果。3 例确诊病例在 30 天内“清零”，实现确诊病例零死亡、医务人员零感染、输入病例零传播。3 名医护人员最美逆行、驰援随州，为打赢湖北保卫战贡献了武宁力量。二是全盘统筹抓双线。及时出台稳增长 30 条，扎实推进复工复产、复商复市、复学复课，企业同期复工率、产能恢复率、员工返岗率居全市前列。积极做好秋冬季疫情防控，集中隔离医学观察入境人员 205 名，严格进口冷冻产品检测检疫，牢牢守住“两条底线”。三是全面提升筑防线。建立核酸实验室 3 个，组建核酸检测采样工作队 203 支，可一周内完成全员检测。投入 7200 万元，完成疾控中心和 6 家乡镇中心卫生院实验室提升，新增规范化发热门诊 1 处以及 CT、呼吸机等一批医疗器械。医疗物资储备可 30 天满负荷运转。完成九类重点人群新冠疫苗接种 4200 人。

（二）做大产业促转型，经济发展企稳回升。一是工业经济蓄势向好。深入实施链长制，全年引进工业项目 70 个，其中主导产业项目 54 个，“5020”项目 1 个。安谱达新能源、上峰上水、朗拓电子等一批项目竣工投产，吴淞机械、三同生物、泓祥盛纺织等一批项目落地实施。新增规上工业企业 26 家、高新技术企业 11 家，认定科技型中小企业 35 家。实施耀润新材料等市县传统产业优化升级项目 8 个，扶持资金 2550 万元。奥普照明、宏辉新材料获评江西名牌。小微企业普惠性减税 4822 万元，社会保险费减免 5100 万元；发放财园信贷通、转贷通 16.5 亿元、科贷通 2100 万元、科技创新奖励基金 85 万元。园区完成体制改革和调区扩区，总规划面积扩至 570 公顷。盘活闲置厂房 9.7 万平方米、闲置土地 334 亩，新建标准厂房 15 万平方米，领诺电子、群茂电子、楚新电子等一批优质项目“拎包入驻”。盘溪工业园拆除老旧厂房 1.4 万平方米，盘活土地 80 亩。二是文旅产业蓬勃发展。引进九岭云栖小镇、天德房车、金色家园等项目，长水景区道路拓宽、民俗工坊等一批项目

全面完工，欢乐湾小镇、西海嘉华国际网球中心、鲁溪洞和神雾山景区改造提升等重点项目有序推进。“遇见武宁”获评省文旅融合示范项目十强。成功举办文旅促进消费月系列活动，国家级媒体聚焦报道110余次。全县旅游接待人次970.9万，同比增长20.9%；实现旅游收入80.9亿元，同比增长21.2%。成功创建第二批国家全域旅游示范区，长水、北湾分别获评国家、省乡村旅游发展重点村，杨洲评为省旅游风情小镇，逍遥岛入选省旅游度假区，情缘谷、云水湾获评国家AAA景区，七彩长乐获评省AAAA乡村旅游点。三是现代农业特色呈现。完成水库除险加固10个、山塘整治41座。建设高标准农田3.1万亩，播种粮食43.7万亩，出栏生猪13.4万头。新增新宁、横路等6个市级现代农业产业园，认定市级以上龙头企业9家。引进农业产业化项目10个，签约资金8.5亿元。打造种养标准化示范区10个，新增特色种植5000亩、设施蔬菜2000亩。培育新型农业经营主体65家，产业联合体4个。创建绿色有机食品12个，“武宁蜂蜜”“武宁宁红”地理性标志通过省级评审。挂牌成立箬溪生态农业专家工作站、江西农大茶叶教育基地等科研平台。“纱坦太阳红”野生有机茶荣获国际茶博会两项金奖。全面完成农村集体产权制度改革，经省市验收获评优秀。

（三）完善机制抓长效，生活环境更加宜居。一是生态环境持续优化。全面打好污染防治八大标志性战役、30个专项行动，“8+1”类环保督察审计反馈问题及水利部河湖“清四乱”进驻式暗访督查反馈问题基本销号。全面推行禁捕退捕，船网回收率、转产就业率、参保率均达100%。石渡洞口、甫田烟港清洁小流域国家水土保持重点工程有序实施，生活污水处理厂完成提标改造。一般工业固废填埋场建成使用。实现乡镇（工业园）空气质量自动监测站全覆盖。在全省率先启动生态产品储蓄银行试点。成功创建国家生态文明建设示范县和省级“两山”实践创新基地。二是城市品位不断提升。投资17.3亿元实施重点项目53个。完成女人街周边、古艾城市花园、豫宁市场周边等8个老旧小区精品式改造，既有住宅加装电梯20部。新改建垃圾中转站7座、公厕11座，建设城市驿站2座。豫宁西护岸防洪工程、生活污水厂扩容工程、第三幼儿园等重点项目有序推进。持续开展车乱停、道乱占、线乱拉、餐饮油烟等专项整治，施划各类停车位1.6万个。三是秀美乡村亮点纷呈。农村人居环境整治三年行动胜利收官，高标准建设新村点257个、美丽宜居示范村5个。农村垃圾分类试点全域推进，无害化处理率达98%。无害化改厕6780户，普及率达95.1%。建成村庄污水处理点41个。“万村码上通”5G+长效管护平台在全省率先投入使用。罗坪荣获国家卫生乡镇，官莲东山获评全国文明村镇，宋溪南皋、甫田太平、清江龙石等12个村入选第一批国家森林乡村。

（四）以人为本惠民生，全面小康胜利在望。一是脱贫攻坚成果丰硕。出台“两业”扶贫举措33条，统筹涉农资金2.9亿元，教育、医疗等各项政策有效落地实施，全面完成危房改造、饮水安全检测及整改，剩余贫困人口1108户1700人全部脱贫。规范发展扶贫龙头企业7家、“一领办三参与”合作社70个、扶贫基地39个、扶贫车间38个，贫困劳动力就业同比增长9.3%，贫困户收入同比增长26.2%。武安锦城获评全国“十三五”美丽搬迁安置区，入选全国易地扶贫搬迁典型案例。全国水库移民暨扶贫资金全过程咨询现场会在我县召开。官莲东山第一书记谭翊泉荣获全国先进工作者，大洞彭坪第一书记冷秋红获评全省最美扶贫干部。二是民生事业全面发展。县人大代表票决民生实事项目17个竣工、3个正在积极推进。新增城镇就业3400人，转移农村劳动力4750人，开展职业技能培训9916人次，发放小额创业担保贷款1.5亿元。支付养老金6亿元、医保金4.5亿元；发放低保金5042万元、残疾人两项补贴565万元、医疗救助和临时救助1955万元、优抚资金1710万元。深化高中办学体制改革，振风高级中学挂牌并启动改扩建。投入2691万元，改造薄弱学校26个。新建乡镇敬老院2所、农村颐养之家和社区嵌入式养老中心65个。文化馆入选国家一级馆，新改建村级文化活动场所68个。认定市级非遗项目4个、传承人21名。改造巷口至彭坪等县乡道路72公里，武通高速、盘溪至罗溪二级公路改造有序推进，建制村实现客运全覆盖。完成35千伏泉口主变扩建工程，新增配变178台，新改建线路398公里。圆满完成第七次全国人口普查、第三次全国国土调查，农村房地一体确权发证通过省级验收。三是社会大局和谐稳定。成功抵御历史罕见大洪水，积极筹措资金3270万元，顺利完成灾后重建。深入开展“三访”活动，着力化解信访矛盾。“七五”普法圆满收官。扫黑除恶专项斗争走好“最后一公里”，社会治理现代化稳定推进，完成“雪亮工程”、智能安防工程、多元调解中心建设，公众安全感位列全市第一，政法工作满意度位列全省、全市第一方阵。严格落实安全生产责任制，扎实开展专项整治三年行动，安全生产形势总体稳定。

（五）转变作风提效能，自身建设不断增强。巩固深化“不忘初心、牢记使命”主题教育成果，持续推进“五型”政府建设，大力整治“怕慢假庸散”等作风顽疾。推动政务服务标准化，“一门式服务、一窗式受理”模式基本成型，全年办理“一次不跑”“只跑一次”106万件。推行“宁静生产日”“首查不罚，首罚取下限”等制度，严格控制和规范涉企检查行为。“赣服通”3.0武宁分厅上线运行。“智慧武宁”加快推进，完成数据中心、指挥中心主体建设。乡镇（街道）机构改革基本完成，罗坪入选省级“五型”政府示范乡镇。持续推进“三减三强两倡导”，精减文件简报18.2%、精减会议活动10%。牢固树立过紧日子思想，一般性支出压缩15%；加强财政预算执行管理，盘活存量资金1.1亿元，政府性债务风险可控。自觉接受人大法律监督、政协民主监督和社会舆论监督，办结市人大代表建议及政协提案5件、县人大代表建议123件、县政协提案165件。

与此同时，统计、审计、金融、气象、邮政、通信、无线电、档案、保密、编制、史志、对台、外事侨务、民族宗教等工作进一步加强；国防动员、民兵预备役、人民防空、消防救援等工作取得新成绩；妇女儿童、老龄、残疾人、青少年、工商联、红十字和慈善等事业进一步发展。

各位代表，2020年各项工作任务的圆满收官，标志着“十三五”规划目标的全面实现。预计“十三五”时期，全县生产总值由97.01亿元增长到175.79亿元，年均增长12.6%；财政总收入由17.37亿元增长到22.57亿元，年均增长2.7%；社会消费品零售总额年均增长10.3%，固定资产投资年均增长10.2%，城镇、农村居民人均可支配收入分别年均增长8.2%、8.8%。

五年来，我们聚力构建绿色经济生态，产业实力显著增强。三产结构由14.9∶50∶35.1优化为12.5∶43.2∶44.3。新型工业加快向集约化集群化转型，规上工业企业由98家增长至138家，其中主导产业企业占比75%，产值占比85%。绿色光电总产值由99亿元增加到135亿元，入选全省首批产值过百亿重要产业集群。高新技术企业由3家增长至35家。园区先后被评为省绿色光电产业基地、省绿色园区、省“两率一度”先进园区。旅游业态更加丰富，六条风景线、四季主题、海陆空、昼+夜开启全时全季全域全业旅游新模式。成功创建国家AAA景区8个，A级景区数跃升至全市第一；认定省AAAA乡村旅游点3个，省AAA乡村旅游点5个，省旅游度假区1个，省生态旅游示范区2个。大力发展民宿经济，打造特色民宿30余家、床位1439张。连续四年获评省旅游产业发展先进县。现代农业更具特色，建成高标准农田8.9万亩、高效节水农田1.3万亩，新增省级现代农业示范园3个、市级8个；百亩以上特色产业基地52个，其中千亩以上5个；国家级休闲农业品牌4个、“三品一标”产品认证65个。种植特色水果13万亩、茶园3.7万亩、油茶9.2万亩，鲁溪白茶、石渡福橙等一批特色种养产业蓬勃发展。

五年来，我们聚力构建优美自然生态，绿色发展扬优成势。污染防治攻坚战阶段性目标基本实现。林地面积增长至418万亩，森林覆盖率达75.96%。城区PM2.5浓度均值控制到21微克/立方米，空气质量稳居全市第一。县域饮用水源地水质达标率100%，界牌断面柘林湖水域被评为全省唯一的I类水质水域，庐山西海（武宁段）水质在全国56个重点湖泊中位居前三。林长制写入《森林法》，在全国推广；“多员合一”生态管护员制度被列入《国家生态文明试验区改革举措和经验做法推广清单》，为生态扶贫类全省唯一入选项目。建成省级生态文明示范基地5个，入选全省首批生态产品价值实现机制试点县、省绿色低碳试点县。

五年来，我们聚力构建养生宜居生态，城乡面貌深刻变化。匠心勾勒城市轮廓，湖滨桥和“环城—滨湖”最美岸线景观链成功打通城市外环瓶颈，中心城区开始迈入西海湖时代，面积扩展19.6%，城镇化率达51.7%，绿地率38.4%。打造桥中桥、鳌鱼商贸综合体、新客运中心、新党校、老年体协活动中心、建材大市场等功能性项目，宜居宜业宜游品质更加凸显。实施12个老旧小区改造、20公里道路“白改黑”、6公里沿街外立面改造、50公里雨污管网升级、5条主干道网线下地和3个行业划行规市，老城区旧貌换新颜。获评省特色小镇1个、省旅游风情小镇2个。省道婺桃线、宋水线罗溪至靖安段全线通车，国道长同线完成全线“白改黑”，硬化道路800余公里，改造危桥59座，25户以上自然村实现水泥路“组组通”，获评“四好农村路”省级示范县。新改建电网2157公里。完成农村饮水安全项目128处，惠及村民11.3万。全面推进城乡环卫一体化，农村环卫设施及保洁员队伍实现全覆盖。建成农村污水处理终端设施194个，所有行政村基本达到“五无五净”标准。建设新村点998个，打造美丽宜居示范乡镇4个、示范村庄40个、美丽庭院4000余户，110公里美丽示范风景线基本成型。创建国家文明村镇4个、省文明村镇7个。获评全国村庄清洁行动先进县、全省首批美丽宜居示范县、全省最干净县，连续两年以全省第一成绩荣登中国最美县域榜单。

五年来，我们聚力构建和谐人文生态，幸福指数明显上升。累计投入民生资金114.7亿元，占公共财政支出70.5%。脱贫攻坚取得决定性胜利，贫困群众人均纯收入由3422元增长到12422元，11个贫困村全部出列，7773户24321人全部脱贫。全面消除“薄弱村”，12个村集体经营性收入突破20万元。教育经费由5.5亿元增至21.5亿元，新改建校舍20万平方米，招录教师1074名，通过义务教育发展基本均衡县国家复查。各乡镇新建幼儿园1所以上，普惠性幼儿园在园人数占比达87.1%。医疗改革顺利推进，建成新中医院，改扩建乡镇卫生院9所。通过国家卫生县城两轮复审和全国健康促进县省级初审。改造提升文化广场，建成甫田、泉口等乡镇综合文化服务中心。获评江西省民间文化艺术之乡。武宁剧院成为首个纳入全省剧场联盟的县级剧场，上演优质剧目40场。完成城区棚改2293户、农村危旧房改造3757户。绿色殡葬改革扎实推进，遗体火化率达100%。扫黑除恶专项斗争全胜收官，共破获涉黑涉恶案件140起，抓获涉案成员356人，其中打掉黑社会性质组织2个51人，恶势力犯罪集团6个58人。通过全国平安建设县复审。

五年来，我们聚力构建清明政治生态，行政效能不断提高。坚定发展理念。坚决贯彻落实习近平新时代中国特色社会主义思想，把新发展理念贯穿发展全过程和各领域，在贯彻落实中央重大决策部署方面获国务院表彰。破解发展桎梏。解决禁捕退捕、砂石采运、中介市场规范整顿、计生临聘人员安置、茶场改制、园区土地“以租代征”等一批棘手难题和遗留问题。顶住发展压力。彻底摆脱土地财政怪圈，累计出让城市居住用地543.9亩，完成收入5.9亿元，占“十二五”土地收入的14.8%。全面提升财政保障能力，公务费人均保障标准由6000元提高到3万元，落实义务教育教师工资收入不低于公务员平均工资收入水平。增强发展后劲。推动低效规上工业企业退库90家，切实提升工业内涵质量。实施“三区”重点项目205个，完成政府性投资49.8亿元。组建城投集团，融资成本明显降低，平均利率降幅达24%。释放发展活力。“放管服”改革纵深推进，行政许可事项精简到163项，精简率达47.2%；“一次不跑、只跑一次”1431项，占所有依申请类政务服务事项88%，网上可办率100%；推行错时延时预约服务；社会投资项目行政审批时限压减至27个工作日。

各位代表，奋斗历程铿锵激越，发展成就催人奋进。五年来，我们着力构建“五大生态”，全力打造“三个示范”，在收获全面建成小康社会决定性成就的同时，山水武宁魅力尽显，声名远扬。先后荣获国家生态文明建设示范县、国家全域旅游示范区、全国森林旅游示范县、国家森林城市等30余项“国字号”殊荣，连续4年蝉联全省高质量发展先进县。回顾过往，我们深切地感受到：所有成绩的取得，离不开市委、市政府和县委的正确领导，离不开县人大、县政协以及社会各界的关心支持，离不开历届班子打下的坚实基础，离不开全县人民的共同努力。在此，我谨代表县人民政府，向所有关心、支持和参与武宁经济社会发展，为武宁建设作出积极贡献的同志们、朋友们，表示衷心的感谢并致以崇高的敬意！

在肯定成绩的同时，我们也清醒地认识到，我县经济社会发展还存在不少困难和问题，主要表现在：经济总量不大，综合竞争力不强；新经济新业态培育相对落后，工业发展质量和效益不高，具有支撑引领作用的大项目好项目不够多；环境和资源约束趋紧，发展与保护的矛盾仍然突出；教育、卫生、养老等民生事业与群众的期盼还存在一定差距；防灾减灾体系存在薄弱环节，应急保障能力需要进一步提高。同时，部分干部改革创新、干事创业的精气神不足，“四风”问题仍有发生。对此，我们一定采取有力措施，认真加以解决。

二、“十四五”发展的主要目标任务

“十四五”时期是全面建设社会主义现代化的开局起步期，是我国向第二个百年奋斗目标进军的第一个五年。我们将深刻学习领会“两个大局”重要论述，科学把握当前发展重要战略机遇期的新变化新特征，辩证看待新发展阶段的新机遇新挑战，努力在危机中育先机，于变局中开新局，以更大信心和决心奋力开启建设现代化山水武宁新征程。

“十四五”期间经济社会发展的指导思想是：高举中国特色社会主义伟大旗帜，深入贯彻党的十九大和十九届二中、三中、四中、五中全会精神，坚持以马克思列宁主义、毛泽东思想、邓小平理论、“三个代表”重要思想、科学发展观、习近平新时代中国特色社会主义思想为指导，全面贯彻党的基本理论、基本路线、基本方略，坚决贯彻习近平总书记视察江西重要讲话精神和新发展理念，聚焦“作示范、勇争先”目标定位和“五个推进”重要要求，统筹推进“五位一体”总体布局、协调推进“四个全面”战略布局，以生态立县为总方向，以绿色崛起为总路径，以畅通“两山”转化通道为总抓手，以建设武宁特色的现代化经济体系为总目标，坚持内涵式高质量跨越发展，持续推进县域治理体系和治理能力现代化，实现经济行稳致远、社会安定和谐，在更高层次把武宁打造成国内闻名，省内一流的生态文明标杆、全域旅游典范、城乡建设样板、乡村振兴热土，享誉全国、接轨国际的康养福地、最美小城、新型旅游城市、投资洼地，远近闻名、人人向往的宜居宜业宜游宜学宜养“人在画中的城市”和中部城市群、都市圈“后花园”，为到2035年与全国、全省、全市同步基本实现社会主义现代化奠定坚实基础。

“十四五”时期我们的主要目标是：经济社会平稳较快发展，发展质量和效益明显提升，人民群众生活更加美好，主要经济指标实现在同等条件县域争上游、全省年年有进位，确保我县社会主义现代化建设新征程开好局起好步。

未来五年，将重点抓好以下六大任务：

（一）抓好优化升级，构建现代产业体系。以经济结构优化调整为导向，纵深推进主导产业高质量跨越式发展行动。大力实施创新驱动发展战略，推动创新要素向企业集聚，全面提升创新能力和创新活力。深入推进链长制，聚力打好产业基础高级化、产业链现代化攻坚战，加快提升产业链水平和竞争力，构建以“1+3”主导产业为支撑的现代高端产业体系。培育壮大龙头企业，做好延链补链强链文章，打造一批产业链畅通完善、产业配套齐全的产业集群。力争地区生产总值保持年均7%的增长，主导产业总营业收入过千亿。

（二）深化改革开放，增添经济发展动能。持续深化“放管服”改革，推动政府职能向全面履行政府公共服务、市场监管、社会管理转变。加快适应国内国际双循环发展新格局，全面参与江西内陆开放型经济试验区、长江经济带绿色发展示范区、九江跨境电商综合实验区等大战略的实施，积极融入共建“一带一路”、长江经济带、粤港澳大湾区、大南昌都市圈的发展建设中，扩大内外双向开放，构建全方位、宽领域、多层次的开放大格局。

（三）聚焦生态建设，打造绿色发展样板。深入推进长江经济带“共抓大保护”攻坚行动，持续打好污染防治攻坚战。重点实施三大生态修复工程，推动山水林田湖草一体化保护与修复。拓展“两山”转换通道，推广“两山”银行、生态银行等模式，加快建立以产业生态化和生态产业化为主体的生态经济体系。健全生态产品价值实现积势蓄能、路径转化、支撑保障等三个机制，全面推行生态环境损害赔偿制度，探索建立重点领域资源环境价格制度、环境修复与开发建设占补平衡机制，创建全国生态产品价值实现示范县。

（四）实施品牌战略，推动全域旅游提标。紧盯建设全国旅居时代最佳目的地战略目标，重点打造欢乐湾小镇、华夏度假区、九岭云栖小镇、太平山、东山等一批景区，着力推进西海湾、鲁溪洞、神雾山等景区创 A 升级。以易省长在武宁视察时提出的“五游”理念继续写好“旅游 +”融合文章，完善服务配套设施，丰富深度体验业态，创新特色产品供给，打造不可不去的打卡胜地，提供不能没有的游乐体验，推出不买后悔的旅游商品，将武宁打造成“江西风景独好”的靓丽名片。

（五）推进乡村振兴，促进城乡协调发展。全面实施乡村振兴战略，推动农业全面升级、农村全面进步、农民全面发展，打造新时代“五美”乡村武宁样板。扎实推进高标准农田、农业水利设施建设，提高粮食综合生产能力，确保粮食面积和产量保持稳定。加快发展乡村产业，实施农产品加工、农产品品牌和新型农业经营主体提升行动，推动“一乡一园”“一乡一业”“一村一品”差异化发展，让农民更多分享产业增值收益。深入开展乡村建设行动，推进城乡基本公共服务制度并轨、标准衔接。持续整治提升农村人居环境，梯次推进“管线下地”。加强农村思想道德建设，推动形成文明乡风、良好家风、淳朴民风。加快城乡融合发展。完成滨湖生态新城综合开发，持续打造最美修河岸线。实施朝阳坝片区拆迁，连通朝阳湖与西海湖。老城区道路“白改黑”全覆盖，老旧小区精品式改造提升应改尽改。创建全国新型城镇化建设示范县，常住人口城镇化率达到60%。

（六）完善保障体系，建设和谐幸福武宁。千方百计稳定和扩大就业。改扩建二中、特教学校及一批乡村学校，推进教育优质均衡发展。建设革命烈士纪念广场、新图书馆，完善乡村公共文化设施，促进公共文化服务普惠升级。全面推进健康武宁建设，支持人民医院、中医院提标提级，建设应急救治中心，推动疾控中心整体搬迁。积极争取常岳昌高铁途经武宁并设站，建成通用机场和武通、武阳、武靖高速，推进修河两岸公路连通。创建全国文明城市。加强和创新社会治理，纵深推进平安武宁建设。

三、2021 年工作任务

2021 年是我县现代化建设进程中具有特殊重要性的一年，做好今年政府工作意义重大。2021 年政府工作的总体要求是：以习近平新时代中国特色社会主义思想为指导，全面贯彻党的十九大和十九届二中、三中、四中、五中全会精神，深入贯彻习近平总书记视察江西重要讲话精神，认真落实中央和省委经济工作会议、省委市委县委全会决策部署，坚持稳中求进工作总基调，主动适应新发展阶段，全面贯彻新发展理念，积极融入新发展格局，以推动高质量发展为主题，以深化供给侧结构性改革为主线，以改革创新为根本动力，以满足人民日益增长的美好生活需要为根本目的，坚持系统观念，巩固拓展疫情防控和经济社会发展成果，更好统筹发展和安全，扎实做好“六稳”工作、全面落实“六保”任务，聚焦做大经济总量、做亮生态品牌、做活全域旅游、做旺城市人气、做强秀美乡村、做实民生事项等“六项”重点工作，确保“十四五”开好局，以优异成绩庆祝建党 100 周年。

全县经济社会发展主要预期目标是：生产总值增长 8% 左右；财政总收入增长 6% 左右；固定资产投资增长 8% 左右；社会消费品零售总额增长 5% 左右；规模以上工业增加值增长 8% 左右；城镇、农村居民人均可支配收入分别增长 7% 和 8% 左右；完成省下达的节能减排任务。

为实现上述目标，重点抓好以下几个方面工作：

（一）推动产业结构升级，持续提升工业实力。坚定不移实施产业转型升级战略，促进产业发展层次向中高端迈进。

提升产业链现代化水平。深入推进链长制，加快推动产业集约化集群化发展。绿色光电。支持奥普照明、恒益电子、耀润磁电等龙头企业一体化延伸，吸引上下游配套企业入驻；重点推进精锋电子、利浦光电等一批项目落地见效，加快形成全产业链循环。大健康。围绕“一谷一园两区三带”布局，积极推进人民医院和中医院康养中心、昂泰大健康一体化等项目，支持上峰上水延伸链条、做大做强，着力构建医疗卫生与养老、现代中医药、绿色健康食品、健康养生旅游、运动健身等五大产业体系。矿业。推动官莲灰岩矿投产见效；加快钨、锑、大理石、砂石等资源整合，促进优势资源向优势企业集中，构建矿产品精深加工产业体系。新能源新材料。依托安谱达新能源、诚辉机动车等龙头企业，重点发展锂电池、5G 新材料、机动车配件等，推动形成新的产业集群。数字经济。围绕数字经济智慧园区，大力发展电子商务、跨境电商，快速形成集聚效应，以数字赋能延长园区产业链，打造产城融合新典范。

扶持企业做优做强做大。深入开展优质企业梯次培育行动，集中力量打造主营业务收入十亿级、税收千万级的头部企业，加快培育一批“专精特新”“小巨人”“独角兽”“瞪羚”企业，新增规上工业企业 20 家。发挥技改资金、科技创新奖励基金、科贷通等撬动作用，鼓励企业与科研院所、博士联合会对接联姻，切实加大全社会研发投入，新增高新技术企业 10 家。实施企业上市“映山红行动”，支持辽燚等企业开展资本化运作，力争实现上市零突破。

强化园区平台承载能力。启动自来水管网改造(三期)、巨通大道污水管网改造和南市集镇生活污水管网建设等工程。深入建设智慧园区，实施新企业服务中心、智慧物流园等项目，健全企业融资、创新孵化、物流配送、人力资源等服务载体，加快创新资源要素集聚。用好用活中城产业园平台，新建标准厂房 40 万平方米，推动集群式项目“满园扩园”。强化“亩产论英雄”导向，实行投资强度和税收双责履诺制；扎实做好“腾笼换鸟”文章，力争盘活闲置土地 300 亩。

（二）推动改革开放升级，持续增强发展动力。通过全面深化改革、全面扩大开放打通经济循环堵点，为构建新发展格局提供强大动力。

实现更高质量的招商。以江西内陆开放型经济试验区建设为指引，积极参与长江经济带投资洽谈会等省市经贸活动，力争引进“5020”项目 2 个。突出“1 +3”主导产业，紧咬产业链缺失、高端环节，开展产业链招商和点对点精准招商，加快延链补链强链步伐。强化“投资”理念抓招商，大力推行“园区 + 平台公司 + 投资基金 + 项目 + 产业”的招商模式。深入实施“五个一”工作机制，全面提升项目履约率、资金到位率、项目开工率、开工项目投产率。聚焦“十四五”开局，紧盯国家、省、市重大战略部署，争取把更多武宁元素纳入省、市“总盘子”。

推进更深层次的改革。持续深化“放管服”改革，积极推广“赣服通”平台，加快推行“不见面”办事。深化商事制度改革，探索实施“证照分离”“一照多址”；全面落实市场准入负面清单制度，坚决消除隐形壁垒，实现清单之外“零门槛”。深化要素市场化改革，畅通土地、劳动力、资金、技术、水电油气网以及数据等各类生产要素流通渠道。深化财税金融体制改革，强化预算绩效管理，确保财政资金花得其所、用得安全；加强政银企对接，扩大金融普惠覆盖面和有效性。

营造更具活力的环境。坚持把优化营商环境作为基础性战略性工作来抓，加快打造“四最”营商环境。持续抓好“降成本、优环境”专项行动，巩固减税降费成果。加快政务服务标准化建设，推动政务服务“一窗受理”向乡镇（街道）延伸。大力推行工程领域“六多合一”改革和“容缺审批 + 承诺制”办理模式，最大限度压缩全流程审批时间。完善“双随机、一公开”监管、信用监管、“互联网 + 监管”，建立健全以信用为基础的新型监管机制，降低企业合规成本。全面开展政务服务“好差评”，依托 12345 市民服务热线平台，实现企业群众诉求“一号响应”。

（三）推动绿色发展升级，持续做优生态环境。践行“两山”理念，做好治山理水、显山露水文章，绘就山水人城和谐画卷。

提升生态环境质量。深入推进长江经济带“共抓大保护”专项行动，巩固提升问题整改成效。开展森林抚育和退化林修复 5 万亩，全面落实重点水域禁捕退捕和松材线虫病防控，严厉打击破坏野生动物资源行为，筑牢绿色生态屏障。坚决打好蓝天、碧水、净土保卫战，建立完善大气污染监测平台，继续抓好“四尘三烟三气”整治，力争空气质量优良天数比率达 95%、排名进入全省前十；完成湖滨水生态提升、生活污水厂扩容，实施澧溪、泉口中小河流治理和石渡、新宁小流域生态清洁治理；开展国土空间全域综合整治，深入推进化肥农药减量和土壤污染治理。

打通“两山”转换通道。积极申报全省生态文明示范基地，新增省级乡村森林公园2个、省级森林乡村6个。推进自然资源资产统一确权登记，健全生态产品价值核算体系，拓宽生态产品价值实现路径。加快生态产品储蓄银行试点，实行市场化、多元化生态补偿，探索环境修复与开发建设占补平衡，实现生态环境质量和居民收入双提升，生态系统生产总值和地区生产总值双增长。

健全环境治理体系。打造河（湖）长制、林长制升级版，完善5G＋长效管护平台和生态管护员制度，形成全方位、多手段、快响应的生态管护综合处置系统。优化环境资源司法保护机制，推行生态环境损害赔偿制度。探索建立网格化监管和责任落实机制，形成生态治理合力。充分发挥领导干部自然资源资产任中和离任审计制度作用，推动生态治理常态化。

（四）推动服务体验升级，持续发展全域旅游。以“各行各业＋旅游”推进旅游供给侧改革，打造国家级全域旅游示范区典范。

聚力旅游理念创新。对标“五游”全面推动景区景点提标改造，完善交通、卫生、网络、信息咨询等旅游基础设施。启动西海湾创国家AAAAA景区和国家旅游度假区、长水创国家AAAA景区；新增AAA景区2个、省AAA及以上乡村旅游点3个。积极促进要素增值，突出武宁文化元素，增强游客深度体验。围绕四季游主题产品和六条精品线路，发展定制游、家庭游、自驾游等模式。健全旅游综合监管机制，针对性开展市场秩序专项整治，强化从业人员服务监管和诚信体系建设，切实维护消费者合法权益。

聚力旅游业态创新。加快推进欢乐湾小镇、华夏度假区等大型综合性旅游项目，完成鲁溪洞、神雾山等经典景区改造提升。支持国际网球中心承办十六届全省运动会网球赛事。大力发展民宿经济，引导民宿主体走差异化、精品化发展道路，创建星级民宿8家。集聚壮大文创产业，培育本土特色文创企业，推进文创园迅速发展。实施商贸消费升级行动，重点围绕夜间造景、民俗活动、商街夜市、演艺活动等，精心开发夜游主题活动和沉浸体验式夜生活项目。

聚力旅游营销创新。对“山水武宁”品牌特质进行深度分析和有效延展，深入挖掘易炼红省长“人在画中，一座大AAAAA级景区”赞誉的深刻内涵，打造“山水武宁＋”系列子品牌。积极培育本土网红、媒体达人，以带货体验、户外真人秀、影视综艺节目等方式开展宣传营销。用好“云游江西”平台，充实武宁上云内容、提高内容质量，实现足不出户“云游武宁”。办好“一季一主题，一月一活动”，真正将武宁打造成游客“来了不想走，走了还想来”的全国旅居时代最佳目的地。

（五）推动美丽宜居升级，持续建设最美小城。坚持以人为核心，加快城市功能与品质提升步伐，努力创建全国新型城镇化建设示范县。

完善国土空间结构。优化城乡功能布局，构建以新老城区为主体，滨湖生态新城与特色乡镇协调发展的城镇格局。完成国土空间总体规划，严守“三条红线”，建设“一张图”实施监督信息系统，实现一张蓝图统筹全县空间布局。编制老城区及滨湖生态新城控规，陆续启动宋溪片区及乡镇集镇控规修编，进一步完善规划体系，夯实城乡发展基础。

提升城市功能品质。实施城市更新行动，完成6个老旧小区精品式改造和豫宁市场、东门市场整治提升，启动环城大道、九岭大道等主次干道改造。推进城市生态修复，实施城东庐山西海最美岸线、湖滨西路景观提升等工程，打造最美修河岸线升级版。补齐城市功能短板，推动综合运动馆、通用机场、快递物流中心、第三自来水厂等项目建设，完成生活污水处理厂扩容工程，提升天然气管网覆盖面。贯彻海绵城市理念，推进城市易涝点整治，有力消除城区内涝。

提高城市治理水平。完成“智慧武宁”一期建设，构建多渠道、多手段、全覆盖的感知网络和统一的信息共享平台，实现城市治理“一网统管”。创新城市管理机制，全面落实网格化管理、“路长制”；常态化开展环境综合整治，继续推行划行规市，持续改善市容市貌。探索建立城市运行安全管理机制，加强城市应急和防灾减灾体系建设，提高城市安全和韧性。重启全国文明城市创建，营造全域精神文明创建浓厚氛围。

（六）推动农业农村升级，持续推进乡村振兴。巩固拓展脱贫攻坚成果，做好脱贫攻坚与乡村振兴有效衔接，深入开展乡村振兴大竞赛，努力建成全国乡村振兴示范样板。发展现代农业。严守耕地保护红线，严禁乱占耕地及耕地非粮化。坚持稳粮保供，落实粮食作物播种43.7万亩，保障生猪复产增养。建设高标准农田4.4万亩，实施小（Ⅰ）型水库除险加固2个、山塘整治41座。加快推进“一乡一园”，实现市级现代农业示范园全覆盖，新增省级示范园2个。支持鲁溪、宋溪打造国家级产业强镇，新建种养标准化示范区15个。聚焦绿色食品产业链，引进3000万元以上农业加工企业10家。加大农产品品牌创建力度，新增绿色有机食品10个。

实施乡村建设。强化乡镇综合服务能力，加快把乡镇建成服务农民的区域中心，支持条件成熟的乡镇创建特色小镇。推进城乡一体化供水，完善硬化路面、环卫设施、公共照明等基础设施。实施城乡高效配送专项行动，实现乡村物流集中配送网络全覆盖。持续开展村庄整治和美丽宜居示范建设，开发太平山合港国家级古村落，新建美丽宜居示范片5个、提升点57个。持续改善农村人居环境，深化农村生活垃圾治理，逐步推进垃圾分类和农村管网整治；新建农村生活污水处理点40个；全面完成无害化改厕扫尾。严格农民建房管理，推进房屋安全隐患排查整治，提升农房建设质量。

激发乡村活力。探索宅基地所有权、资格权、使用权分置实现形式，积极盘活闲置宅基地和闲置住宅，拓宽村民和村集体经济增收渠道。加快培育农民合作社、家庭农场等新型经营主体，发展多形式适度规模经营。打造乡村消费综合体和服务中心，深挖农村消费潜力。引导外出农民工、退伍军人和农村大中专毕业生返乡创业创新，培养造就一批扎根农村的“土专家”“田秀才”。全面推进文明村镇建设，扎实开展新时代文明实践、乡风文明行动。

（七）推动公共服务升级，持续增进民生福祉。始终践行以人民为中心的发展思想，坚持尽力而为、量力而行，更好满足人民美好生活需要。

提升民生保障水平。建成三幼，加快振风高级中学改扩建，启动四幼、新职业中专和协和学校改扩建。推动基层文化惠民工程扩面增效，开展建党100周年系列文艺活动。运作好江西演出剧场联盟，培养文化消费习惯，繁荣文化演艺市场。一以贯之抓好疫情常态化防控，确保不出现反弹。支持人民医院、中医院创三乙，建设县人民医院分院，推动妇幼保健院整体搬迁，创成国家健康促进县。开展全民参保计划扩面专项行动，健全重大疾病医疗保险和救助制度。

扎实推进民生实事。全面落实援企稳岗政策，发放小额创业担保贷款1亿元，新增城镇就业3400人、农村劳动力转移就业4750人。推动武通、武阳高速等重大项目建设，完成罗溪至盘溪、株林至横路道路改造升级，推进烟港至太平山、鲁溪至鲁溪洞旅游公路建设，新改建桥梁20座。接入35千伏线路1条，改造电力线路763公里，扩建35千伏变电站2个。启动综合养老服务中心建设，推动农村敬老院向区域性养老服务中心升级；引导鼓励民办养老机构发展，扩大养老服务有效供给。加强城乡公墓管理，巩固绿色殡葬改革成果。

严守安全稳定底线。强化社会舆情、治安动态、热点敏感问题的分析研判，坚决维护国家政权安全、制度安全、意识形态安全。加强经济安全风险预警、防控机制和能力建设，扎实做好金融、乡村债务、房地产等重点领域风险防范化解。深入推进社会治理现代化试点。健全城乡社区治理和服务体系，加强社会矛盾纠纷排查化解。加快社会治安防控体系建设，全方位常态化开展禁毒工作，巩固深化扫黑除恶专项斗争成果，不断增强人民群众公共安全感。严格落实安全生产责任制，持续开展安全生产专项整治三年行动，加大食品药品监管力度，确保社会大局和谐稳定。

与此同时，充分发挥军民融合、民兵、统计、审计、金融、供销、人民防空、邮政、海事、气象、民族宗教、外事侨务、对台、档案、史志、保密、编制、无线电、工会、妇女儿童、共青团、老龄、残疾人、工商联、红十字、志愿者等工作在经济发展和社会建设中的促进作用。

（八）推动行政理念升级，持续强化自身建设。深入践行“五型政府”建设，全面提升政府效能，努力打造人民更加满意的政府。

全面提升政治能力。始终把握正确政治方向，把对党和人民事业的绝对忠诚贯穿政府工作的全过程、各方面，深入学习贯彻习近平新时代中国特色社会主义思想，增强“四个意识”、坚定“四个自信”、做到“两个维护”，确保中央、省、市和县委决策部署不折不扣贯彻落实到位。严格落实全面从严治党主体责任，严明政治纪律和政治规矩，营造风清气正的政治生态。

全面提升调查研究能力。切实改进调查研究作风，坚持到群众中去、到实践中去，倾听基层干部群众所想所急所盼，了解和掌握真实情况，把调查研究贯穿于科学决策的全过程，切实在解决问题中发挥作用。

全面提升科学决策能力。加强法治政府建设，自觉运用法治思维和法治方式，确保政府各项工作在法治轨道上全面推进。加大政务公开力度，主动接受县人大的法律监督和县政协的民主监督，认真办理人大议案、建议和政协提案，多方听取意见，综合评判，使政府决策更加科学。

全面提升改革攻坚能力。始终保持攻坚克难的决心和改革必胜的信心，坚持创新思维，跟着问题走、奔着问题去，准确识变、科学应变、主动求变，在把握规律的基础上实现变革创新。尊重群众首创精神，把加强顶层设计和坚持问计于民统一起来，使广大人民群众共享改革成果，共享发展红利。

全面提升应急处突能力。建立健全“事前主动预判、事中掌控化解、事后复盘完善”应急处突机制，不断增强风险意识、忧患意识，努力把风险和问题解决在萌芽状态。加强应急能力培训及实战化演练，有效掌控局势、化解危机。紧密结合应对风险实践，查找工作和体制机制上的漏洞，及时予以完善。

全面提升群众工作能力。坚持过紧日子，把更多资金投入到民生领域，切实解决群众“急难愁盼”的问题。善于运用媒体尤其是新媒体宣传教育群众，努力走好网上群众路线。整合社会资源，为群众互动参与、展示自我、实现价值创造更多平台，让群众工作更接地气、更可持续、更有实效。

全面提升抓落实能力。持续整治“怕慢假庸散”作风顽疾，大力推行一线工作法，让“事事马上办、人人钉钉子、个个敢担当”在政府系统蔚然成风。建立及时奖励制度，完善容错纠错机制，引导广大干部以改革发展实践“答卷”、用干事创业实绩“交卷”。

各位代表！扬帆“十四五”，奋斗正当时。让我们更加紧密地团结在以习近平同志为核心的党中央周围，在县委的坚强领导下，开拓创新、锐意进取，为奋力开启全面建设秀美富裕幸福的现代化山水武宁新征程，续写新时代武宁高质量发展崭新篇章而努力奋斗！

（武宁县人民政府办公室提供）

大 事 记

2020 年

1 月

3 日 全市县域经济发展现场观摩团来武宁现场视察观摩，市委书记林彬杨率队，市四家班子领导及各县（市、区）和市直有关部门主要领导参加活动。先后考察鳌鱼文旅商综合体、江西辽燚循环经济产业有限公司、武宁中城科技园、江西林力高新材料有限公司、武宁尚美中学等项目。余育民、朱必香等县四家班子领导先后陪同。

9 日 县领导杜少华、李广松、余育民、朱必香分别走访慰问部分县四家班子原成员和抗日老干部。县领导杨娟、黄蓝、潘尹陪同走访慰问。

△ 杜少华、李广松、余育民、朱必香等县四家班子领导走访慰问公安干警、驻县部队官兵、应急消防救援队员和环卫职工。县领导熊波、瞿新国、梅国煌、黄蓝、王利军、潘尹随同慰问。

17 日 由县文联、县书法家协会主办的“同心同书祖国新春”免费送春联活动在文化广场举行。书法家挥毫泼墨，现场为市民创作书写春联。

20 日 由县委、县政府主办，县委宣传部、县文广新旅局承办的 2020 年迎新春晚会在县大剧院举行。杜少华、李广松、余育民、朱必香等县四家班子领导和近千名干部群众观看演出，晚会特邀扶贫第一书记、道德模范、劳动模范、志愿者团体、博士联合会、在外商会等嘉宾观看演出。

21 日 2020 年全县重点企业、商会暨乡贤代表新春茶叙会在艺邦半岛酒店举行。县委书记杜少华出席会议并讲话，县长李广松致辞，与会人员欢聚一堂，畅叙友谊，共谋武宁发展。县领导余育民、朱必香、熊波、刘斌、杨娟、王仁华、谢风林、王静出席茶叙会。

24 日 《山水武宁》报载：为推动民宿产业发展，武宁出台《旅游民宿产业扶持和管理办法（试行）》，安排 500 万元奖励扶持资金。

25 日 全县新型冠状病毒感染的肺炎疫情防控工作调度会召开。县委书记杜少华主持会议并讲话。县领导马呈、卢恒墀、潘尹参加调度会。

△ 县委书记杜少华深入宋溪高速路口防控点和县疾控中心督查医疗机构疫情防控工作和物资储备情况，看望慰问坚守一线的值勤人员和医务工作者。县领导马呈、卢恒墀、潘尹陪同。

26 日 县委副书记、县长李广松深入高速出入口及 316 国道督查指导疫情防控工作，看望慰问奋战在一线的工作人员。

27—28 日 县委书记杜少华和县委副书记、县长李广松分别深入竹岭村社区、豫宁社区、南门市场、联盛超市和步红小区督查调度疫情防控、市场稳供保价等工作，看望慰问一线工作人员。

30 日 省住建厅厅长卢天锡来武宁调研。卢天锡先后到西海首府小区、生活垃圾二级中转站、生活污水处理厂、第二自来水厂、心怡水湾、湖滨北路等地，实地调研指导小区疫情防控、垃圾分类、城市生活污水处理、小区物业管理以及城市建设等工作。县领导杜少华、李广松、马呈、黄蓝、潘尹陪同。

31 日 市委副书记、代市长、市委应对新型冠状病毒感染的肺炎疫情工作领导小组组长谢来发深入武宁督查指导疫情防控工作。谢来发深入泉口镇纽丝村疫情监测点，实地了解卡点防控排查情况，并听取县疫情防控工作情况汇报。县领导杜少华、李广松、马呈、卢恒墀、潘尹参加活动。

2 月

4 日 武宁首例确诊新型冠状病毒患者万某，经县人民医院治愈出院。万某 1 月 22 日驾车回武宁，24 日上午出现发热咳嗽症状，到县人民医院发热门诊就诊，25 日检测为阳性。

10 日 县委书记杜少华出席县人民医院援助湖北应对新冠肺炎疫情医疗队出征仪式，现场为何晓维、陈玉玲、王玉华 3 名医护人员送行。县领导马呈、卢恒墀参加出征仪式。

11 日 市委书记林彬杨深入武宁督查指导疫情防控、企业复工复产等工作，看望慰问奋战在防控一线的工作人员。县领导杜少华、李广松陪同。

14 日 市军分区党委书记、政委余文生深入武宁督查指导工作。余文生先后到宋溪高速出口防控卡点、江西奥普照明有限公司、罗坪镇关山村棉花山自然村，督查指导疫情防控、企业复工复产、脱贫攻坚等工作。县领导杜少华、李广松、邓胜祖、马呈、潘尹陪同。

25 日 江西三同生物科技有限公司、江西省古艾生物科技有限公司，江西昂泰医疗器械有限公司等 3 个大健康产业项目在市民服务中心签约落户，总投资 7.4 亿元。

3 月

9 日 市委书记林彬杨深入武宁县调研指导脱贫攻坚、疫情防控、项目建设、复工复产等工作。县领导杜少华、李广松、宋晓妤、王利军、武文斌等先后陪同调研。

△ 由深圳前海优富投资管理有限公司投资 10 亿元创办的电子芯片及配套生产项目签约落户武宁。县委书记杜少华会见深圳前海优富投资管理有限公司董事长杨庆珊一行。县委副书记、县长李广松代表县人民政府与投资方签约。县委常委黄蓝参加签约仪式。

△ 中央农村工作领导小组办公室、农业农村部联合印发《关于通报表扬 2019 年全国村庄清洁行动先进县深入开展 2020 年村庄清洁行动的通知》，武宁县获评先进县。

19—20 日 省农业农村厅副厅长、省新农办副主任刘伟到武宁就“五定包干”村庄环境长效管护机制与村庄管护信息平台建设工作进行调研。刘伟一行先后来到罗坪镇长水村、悦山居、罗坪镇集镇等地，了解村容村貌、长效管护、污水处理、农村人居环境信息化平台建设等工作。县领导杜少华、李广松、宋晓妤、武文斌陪同调研。

24 日 市委副书记熊永强到武宁调研指导“三农”工作。熊永强实地察看甫田乡太平山农业产业建设，罗坪镇关山村脱贫攻坚工作进展，考察棉花山金色家园农旅融合项目、南冲自然村新村点建设，集镇农村人居环境信息服务平台运行情况。县领导杜少华、宋晓妤、王仁华陪同调研。

25 日 县委书记杜少华调研交通基础设施重点项目。杜少华深入省道 218 线盘溪至罗溪公路改造工程项目、宋溪镇伊山公路及危桥改造项目、伊山公路及危桥改造项目开展实地调研，并主持召开调研座谈会，调度推进项目建设，谋划筹备全县“十四五”重大交通项目。

26 日 县委副书记宋晓妤带队赴抚州市东乡区考察智慧环卫平台建设。东乡区区委副书记、组织部部长李群彪陪同。副县长武文斌参加考察学习。

27日 县委副书记、县长李广松到福瑞鸿食为天饭店点餐消费，主动接受体温测量、扫码登记，以实际行动提振市场信心，鼓励广大市民群众有序消费。县领导黄蓝、卢恒墀、潘尹参加活动。

30日 县委书记杜少华深入县职业中专、县一中、县二中调研学校疫情防控和复学准备工作。县领导刘斌、马呈、卢恒墀陪同调研。

4月

3日 县委书记杜少华深入西海燕游客集散中心、江南山水窟、西海国际网球中心、武宁之窗等地，实地调研重点旅游景区恢复开放、重点旅游项目复工和全域旅游创建等有关工作。县领导刘斌、马呈、杨桦随同调研。

8日 武宁县援鄂医疗队队员何晓维、陈玉玲、王玉华3位英雄凯旋。武宁县举行大型欢迎仪式，摩托开路，警车引导，车队由高速公路出口经迎宾大道、协和大道、豫宁大道至县人民医院，受到市民夹道欢迎。仪式现场，县委书记杜少华致欢迎辞，县长李广松宣布县人民政府奖励决定，县领导马呈、卢恒墀、潘尹出席欢迎仪式。

9日 市委常委、政法委书记杨健来县调研指导政法工作。杨健先后考察县公安局、江西生成卫生有限公司、心怡水湾小区、宋溪镇综治信访维稳中心等地，并听取县扫黑除恶工作汇报。县领导杜少华、李广松、李立为、梅国煌、吴迎春、周宝华陪同调研。

△ 市政协副主席邓君安来县视察基层协商民主建设及农业产业工作。县政协主席朱必香陪同。

△ 武宁县首届茶场开园节举行开幕仪式。县委常委、宣传部部长刘斌出席开幕式并宣布开园。县政协副主席王静参加开园节活动。

14—15日 省人大常委会党组副书记、副主任朱虹来县调研旅游产业发展工作。朱虹先后考察“武宁之窗”城市门户风光带、西海水上乐园、宋溪镇“橡子树”民宿、阳光照耀29度假区、罗坪镇长水AAA旅游景区、棉花山金色家园“天天惦记”民宿、新宁镇茶场、澧溪镇北湾半岛“情缘谷”田园综合体等地，听取县旅游产业发展情况汇报。市人大常委会副主任傅朗林，县领导杜少华、李广松、余育民、马呈、潘尹先后陪同调研。

26日 省发改委副主任周光华率调研组到县调研易地扶贫搬迁安置工作。周光华一行深入武安锦城易地扶贫搬迁安置点，现场考察了解安置点配套设施建设、空置房问题整改及相关帮扶政策落实情况。市委常委、常务副市长董金寿，县领导杜少华、李广松、马呈、王利军、潘尹先后陪同调研。

29日 省委农办副主任、省农业农村厅一级巡视员倪美堂率省乡村振兴立法调研组来县调研。倪美堂一行先后深入官莲乡东山村、新宁镇竹湾村，实地考察了解当前乡村产业发展、村集体经济建设、产权制度改革等工作情况，并召开座谈会，就《江西省乡村振兴促进条例（征求意见稿）》征求意见建议。县委副书记宋晓妤陪同调研。

5月

8日 县委副书记、县长李广松深入县工业园区督查调度重大项目推进情况。李广松先后察看中乌产业园、福克曼交通器材、瑞鸿雨实业、葆瑞生物等13个园区重点项目现场。县领导王仁华、黄蓝、谢风林、董青安、卢恒墀、武文斌、张庆文、王静、潘尹先后陪同。

9日 县委书记杜少华深入罗坪镇关山村、漾都村，杨洲乡杨洲村、霞庄村，督导脱贫攻坚专项巡视“回头看”整改、扶贫产业基地、安居扶贫、“两不愁三保障”及饮水安全等工作。县领导马呈、武文斌陪同。

19日 上午政协武宁县第十三届委员会第五次会议在县大剧院开幕。大会应到委员203人，实到170人。县政协主席朱必香作工作报告。

20 日 上午武宁县第十六届人民代表大会第五次会议在县大剧院召开。大会应到代表 199 人，实到 187 人。县人大常委会主任余育民主持开幕式。

22—25 日 县委副书记、县长李广松带队赴广东惠州市、中山市、广州市等地考察项目。李广松一行先后考察西顿照明控股有限公司总部、北京梦想天使投资有限公司中山生产基地、大德盈科旅游发展有限公司顺德区长鹿旅游休博园项目、广州未莱光电科技有限公司。县领导黄蓝、潘尹陪同。

26 日 县委书记杜少华会见市台湾同胞投资企业协会会长、艾美特电器（九江）有限公司董事长蔡正富一行，双方就招商引资项目进行深入洽谈。蔡正富一行先后实地考察澧溪镇北湾半岛樱花园、甫田乡烟港村“百合园”、滨水广场·江南山水窟、桥中桥等项目。县领导王仁华、马呈先后陪同。

23 日 九江市经开区党工委副书记、管委会主任柯尊玉率考察组来县考察城市生态修复及功能与品质提升、农村环境综合整治工作。县领导杜少华、宋晓妤、马呈、武文斌陪同。

26 日 省文化和旅游厅公示 2020 年上半年江西省旅游风情小镇名单，武宁县杨洲乡入选。

27 日 省统计局党组书记、局长万庆胜，市政府副市长李小平来县调研工业和文化旅游发展工作。万庆胜、李小平一行先后考察县工业园区、江西奥普照明有限公司、江西恒益新型电子材料有限公司、江西辽燚环保产业有限公司、罗坪镇长水村、杨洲乡房车营地等。县领导杜少华、李广松、黄蓝、马呈、杨桦先后陪同。

△ 市政府副市长严盛平来县调研全域旅游、农业农村、脱贫攻坚和防汛工作。县领导杜少华、李广松、宋晓妤、武文斌先后陪同调研。

△ 武宁县创建全国文明城市“冲刺国检”决战动员暨城乡环境综合整治、城市功能与品质提升工作推进会召开，县委书记杜少华，县委副书记、县长李广松出席会议并讲话。县领导易斌、付林斌、马呈、梅国煌、卢恒墀、汪会华、王静、杨桦参加会议。

28 日 市政协副主席陈世勇率市政协视察组来县专题视察全市宗教活动场所管理规范化建设工作。视察组先后实地视察杨洲乡弥陀寺和甫田乡太平山佑圣宫，并召开座谈会。县领导朱必香、潘尹陪同视察。

6 月

3 日 县委书记杜少华赴南昌市招商，走访南昌（武宁）商会，洽谈电子信息高科技产业园项目和以商招商事宜。

9 日 县委副书记、县长李广松督查调度“三区”重点项目建设推进工作。李广松先后考察县第一中学黄塅校区改扩建项目、民俗工坊、老旧小区改造项目、第三幼儿园、庐山西海最美岸线、滨湖生态新城、江西福克曼、江西瑞鸿雨实业、中城产业园、同拓产业园、协和大道污水管网改造等三区重点项目。县领导熊波、李立为、黄蓝、谢风林、潘剑峰、王利军、卢恒墀、王静、潘尹、杨桦随同调度。

10 日 副省长陈小平来县调研防汛备汛和秀美乡村建设工作。陈小平深入清江乡大田水库，实地查看水库运行情况，询问值班值守等防汛措施落实情况，详细了解大田街山洪隐患点相关防汛应急准备工作。深入罗坪镇金色家园棉花山实地考察，了解当地秀美乡村建设、乡村旅游发展情况。副市长严盛平，县领导杜少华、李广松、马呈、潘尹陪同调研。

△ 第六届山水武宁“新光杯”杨梅节启动仪式在西海燕码头举行。

13 日 2020 年江西省旅游产业发展大会在赣州瑞金召开。会议表彰 2019 年度全省旅游产业发展先进县，武宁获评先进县，为连续 4 年获得此项荣誉。

15 日 由香港鼎峰投资公司投资 22 亿元的新能源锂离子电池、5G 新材料研发应用生产及配套产业项目落户武宁。县领导杜少华、李广松、黄蓝等出席签约仪式。

16 日 县委书记杜少华，县委副书记、县长李广松带队深入“三区”重点项目一线督查调度项目建设情况。杜少华、李广松先后来到新光农庄、全域旅游集散中心、鳌鱼文创园、园区企业、中城新动能产业园、罗坪镇关山村南冲自然村，督查调度全域旅游、企业复工复产、秀美乡村示范点建设、脱贫攻坚以及乡村民宿发展等工作。县领导宋晓妤、熊波、李立为、刘斌、黄蓝等陪同。

18 日 省委副书记、省长易炼红深入武宁调研脱贫攻坚和文化旅游产业发展工作。易炼红先后考察全域旅游集散中心、鳌鱼文创园、阳光照耀29度假区景区和罗坪镇关山村扶贫车间等地。市委书记林彬杨陪同调研，县领导杜少华、李广松、宋晓妤先后陪同。

△ 市委书记林彬杨深入武宁调研督导乡村治理、项目建设、脱贫攻坚、产业发展、全域旅游、疫情防控等工作。林彬杨先后考察农村人居环境“万村码上通”5G+长效管护平台、江西奥普照明有限公司·SMT&驱动自动化新型生产线项目、江西瑞鸿雨实业有限公司、中城新动能产业园、新宁镇桐林村扶贫产业基地和罗坪镇长水旅游景区整体提升工程等。副市长严盛平、李小平，市委秘书长吴照友陪同调研；县领导杜少华、李广松、宋晓妤、李立为、刘斌、黄蓝、谢风林、董青安、马呈、武文斌、王静等先后陪同。

21 日 庐山市委副书记、市长李甫勇率庐山市考察团来县考察景区整改提升工作。考察团一行深入罗坪镇长水村，实地参观考察千年红豆杉群、红豆杉乐园、阅溪谷景观点、悦山居森林旅游民宿等地。县领导杜少华、李广松、刘斌、马呈、武文斌、潘尹等陪同考察。

7 月

2—3 日 全市文化旅游产业链链长制工作座谈会在武宁召开。市委常委、宣传部部长、市文化旅游产业链链长潘熙宁主持会议并讲话。与会人员实地考察武宁西海国际网球中心、华夏水上乐园、江西美丽达乐器有限公司、罗坪镇关山村天天惦记民宿项目、长水村AAAA级乡村旅游点。县领导杜少华、李广松、刘斌、杨桦等先后陪同。

6—7 日 市政协主席杨小华来县调研基层协商民主建设工作。杨小华一行深入豫宁街道白石岭社区以及罗坪镇关山村、东边村、长水村等地实地调研。县领导杜少华、李广松、朱必香、马呈、张庆文、兰浩林、汪会华、王静、潘尹等参加座谈或先后陪同。

7 日 因疫情推迟的2020年高考在县一中举行。考场入口处设立专门的通道，每位考生必须测体温进考场。相关部门制定高考防疫方案和应急预案，确保考生安全。全县考生1841人。

△ 修水县政协主席袁观云率修水县政协调研组来县调研基层协商民主建设工作。县领导朱必香、王静陪同。

7—8 日 武宁连降大雨，平均降水量118毫米，局部168毫米，县域多地发生内涝，部分乡镇农田被淹，道路损毁。县应急指挥部组织全县干部、消防、公安开展救援。

8 日 市委常委、九江军分区司令员宋朝阳，市政协副主席吴锋刚来县视察指导防汛抢险救灾工作。宋朝阳一行先后来到甫田乡龙峰水库、楼湖村等地，实地察看汛情和受灾情况。县领导杜少华、李广松、张庆文、潘尹先后陪同。

△ 省文化和旅游厅专家组组长刘长桂率领验收组来县就国家全域旅游示范区创建进行现场验收。刘长桂一行先后来到庐山西海服务区、花千谷景区、华夏水上乐园、全域旅游集散中心、西海湾景区、鳌鱼文商旅综合体、县客运中心，以及罗坪镇棉花山天天惦记民宿、长水村AAAA级乡村旅游点和七里溪悦山居康养度假区，了解全域旅游示范区创建工作成效，对武宁全域旅游发展态势和成效给予充分肯定。县领导杜少华、李广松、刘斌、杨桦先后陪同。

8—9 日 县委副书记、县长李广松主持召开防汛调度会，并深入宋溪、官莲、鲁溪等防汛一线查看灾情，指导抗洪救灾工作。县领导熊波、武文斌、潘尹参加调度。

10 日 县委书记杜少华到罗坪镇、石渡乡查看灾情，指导防汛工作。县领导马呈陪同。

13 日 县公安局组织抗洪救险百人突击队，紧急驰援永修县抢险救灾。

19 日 国家森林消防局副局长闫鹏率调研督导组来县调研督导工作。闫鹏一行实地察看县森林消防大队训练基地，调研练兵备战情况，指导水上应急救援演练。省应急管理厅副厅长钟世富，县领导熊波陪同。

29 日 全国爱国卫生运动委员会公布 2017—2019 周期国家卫生乡镇（县城）名单，罗坪镇成功创建国家卫生乡镇，是全县首个国家卫生乡镇。

30 日 市人大常委会副主任戴晓慧带领市人大调研组到县就乡镇集中式饮用水水源地环境问题整改工作情况进行调研。县领导余育民、易斌、王利军陪同调研。

31 日 杜少华、李广松、余育民、朱必香等县四家班子主要领导来到武警九江支队三大队以及县武警中队、县人武部，开展“八一”慰问活动。

8 月

2 日 县委书记杜少华会见北京中昊智达投资集团董事局黄亚雄主席一行，就大健康、绿色光电等产业项目进行招商洽谈。

4 日 省委宣传部副部长、文明办主任龚建文来县调研指导新时代文明实践站建设工作。龚建文来到罗坪镇长水村，详细了解镇村新时代文明实践站所建设和运行情况。县领导杜少华、宋晓妤、刘斌、马呈陪同。

5 日 省侨联党组书记、主席张知明到县走访慰问受灾侨资企业。张知明一行来到侨资企业武宁港华燃气有限公司，实地了解企业汛期受灾及灾后重建情况。市委常委、市政府副市长蒋文定，县领导杜少华、李广松、王仁华、潘尹先后陪同。

△ 省卫健委副主任朱烈滨来县调研疫情防控复工复产和职业健康工作。朱烈滨先后来到清江乡卫生院、江西江中饮片有限公司，实地了解职业健康工作落实情况、企业疫情防控和复工复产情况。县领导杜少华、李广松、卢恒墀先后陪同。

11 日 市政协副主席邓君安带队到县开展“推进农村人居环境整治，打造秀美宜居乡村”专题调研活动。县政协主席朱必香陪同。

△ 投资 10 亿元的青云源上 · 国际颐养乐活小镇项目签约。县委副书记、县长李广松代表县人民政府与项目投资方四川荣宸元集团代表签约。县领导杨桦参加签约仪式。

12 日 县委书记杜少华深入大洞乡、泉口镇调研脱贫攻坚、灾后重建、“三化”建设等重点工作。

18 日 市人大常委会副主任叶心林到县开展《中华人民共和国行政复议法》执法检查。县领导余育民、谢风林、梅国煌陪同。

20 日 武宁举行医疗卫生机构重大疫情应急演练与理论知识竞赛大比武活动。县委副书记、县长李广松出席启动仪式并观摩指导。县领导付林斌、卢恒墀、余凌出席并观摩演练。

20—21 日 省城投协会 2020 年信息工作会议暨专题培训在武宁县举行。省城投协会秘书长冯敏作工作报告，县委常委、常务副县长熊波致辞。

24 日 中宣部新闻局二级巡视员、新闻阅评小组副组长高梅率“走向我们的小康生活”主题采访报道团来县采访。由人民日报、新华社、经济日报、中国日报、江西日报、江西广播电视台、九江日报、九江广播电视台等中央、省市媒体记者组成的采访团先后走进官莲乡东山村、罗坪镇长水村，采访武宁县在加快绿色发展、决战脱贫攻坚、决胜全面小康工作中的显著成效和老百姓实实在在的获得感、幸福感。省委宣传部副部长傅云，市委常委、宣传部部长潘熙宁随同，县领导杜少华、李广松、宋晓妤、刘斌、马呈等先后陪同。

25日 公安部治安管理局二级巡视员亓希国率国家打击整治长江流域非法捕捞首轮联合督导组来县督导检查打击整治非法捕捞工作。亓希国一行深入黄沙岭联合执法点，对庐山西海鳡鱼国家级水产种质资源保护区工作进行现场督查指导。省公安厅二级巡视员邹永锋，副市长、市公安局长张荣先随同督导，县领导杜少华、李广松、宋晓妤、梅国煌、武文斌先后陪同。

26—27日 省人大环资委主任委员吴治云率省人大执法检查组来县开展土壤污染防治法执法检查和省土壤污染防治条例立法调研。检查组一行先后深入清江乡、工业园区和罗坪镇，实地了解贯彻实施《中华人民共和国土壤污染防治法》情况。市人大常委会副主任戴晓慧，县领导杜少华、李广松、易斌、卢恒墀先后陪同。

28日 县委书记杜少华先后会见奥普照明有限公司董事长吴建农一行和香港铜锣湾集团董事局主席陈智一行，洽谈项目落地事宜。

9月

1日 江西省农村人居环境治理“万村码上通”5G+长效管护平台启动仪式在武宁县举行。省农业农村厅厅长胡汉平出席启动仪式并讲话。中国电信江西公司党委书记、总经理黄晓庆，市人大常委会主任熊永强致辞，省农业农村厅党委委员、副厅长刘伟主持，县委书记杜少华介绍平台建设情况，县委副书记、县长李广松出席。出席活动的省、市领导和全省19个第一批美丽宜居示范县（市、区）农业农村口分管领导和农业农村局主要负责人，现场参观了解省、市农村人居环境治理“万村码上通”5G+长效管护信息化平台演示，并到罗坪镇棉花山金色家园和长水村现场考察。

4日 县委副书记、县长李广松率领县文旅、农业农村、交通运输、民政、住建、扶贫办等六个部门负责人，走进九江新闻广播《党风政风热线》节目直播间与广大群众在线沟通，接受咨询，并安排对应职能部门逐一解答。

5日 《山水武宁》报载：在中国安徽第十三届国际茶业博览会上，由武宁企业—江西省太阳红茶业有限公司选送的“沙坦太阳红”牌野生茶荣获两项金奖。

6日 香港第十届全国摄影艺术展览系列活动在武宁县拉开帷幕。活动由香港第十届全国摄影艺术展组委会、江西省摄影家协会和县旅游产业开发有限公司、县文广新旅局主办，收到全球46个国家6332名参赛作者选送的14.6万件作品。350位作者、评委和媒体记者参加活动。

21日 县人武部政委、部长任职命令大会召开。九江军分区党委书记、政委余文生宣布任职命令，邓胜祖任武宁县人武部政委，朱良光任武宁县人武部部长。

22日 市人大常委会副主任李小林来县开展对市农业农村局工作评议调研。县领导余育民、潘剑峰、武文斌陪同。

27—29日 九江市第八届老年人健身体育运动会（武宁赛区）地掷球比赛在武宁县举行。市老年体协主席魏改生宣布开幕，县委副书记、县长李广松致欢迎辞。县领导王利军、县老年体协主席杨叶青出席。

10月

10日 生态环境部发布第四批国家生态文明建设示范市县遴选工作结果，武宁县与全国其他86个市县达到考核要求，被授予第四批国家生态文明建设示范县称号。江西省5个县获得此项荣誉，武宁县排名第一。

14—15日 九江日报到武宁开展全媒体“三年赶超倍增，我们这么干”主题采访活动。县委书记杜少华就贯彻落实市委十一届十七次全会精神，优化经济结构，提升县域经济总量，全面推动县域经济高质量跨越式发展，确保三年赶超倍增目标如期实现，接受记者采访。县领导熊波、刘斌等出席座谈会或陪同采访。

15 日　总投资 10 亿元的吴淞建机智能制造项目签约落户武宁。县委副书记、县长李广松代表县人民政府与上海吴淞建筑机械厂有限公司签约，县领导黄蓝出席签约仪式。

15—16 日　全市交通运输系统安全生产工作培训会在武宁召开。县委常委、常务副县长熊波出席并致词。

22 日　武宁举行新能源新材料产业链招商推介会。县委副书记、县长李广松代表县政府与香港鼎峰投资公司、深圳国冠新能源有限公司进行项目签约。县领导余育民、朱必香、黄蓝、谢风林、董青安、王静、潘尹等出席。

24 日　市委常委、鄱阳湖生态科技城党工委第一书记陈和民来县调研工业和开放型经济工作，考察乡村旅游、民宿经济发展情况。县领导杜少华、李广松、黄蓝、马呈、潘尹等先后陪同。

25 日　江西省 2020 年第五届全国老科技工作者日健康行活动启动仪式在武宁举行。中国老科协副会长、江西省老科协会长朱张才，市委常委、鄱阳湖生态科技城党工委第一书记陈和民，市老科协会长华金国，县领导杜少华、宋晓妤等出席。

△　县领导走访看望抗美援朝老战士。杜少华李广松、余育民、朱必香等县四家班子领导分头走访看望钟兴华、吴苏、朱兵、王森常、董恩发、甘德荣、余策富、张远水、黄修海、刘诗托等抗美援朝老战士，为他们佩戴由中共中央、国务院、中央军委颁发的“中国人民志愿军抗美援朝出国作战70 周年纪念章”，并送上慰问金，详细了解他们的身体状况和生活情况，要求相关部门悉心周到做好各项保障服务工作，严格落实好各项优抚待遇，为老人安享晚年生活创造良好条件。

26 日　市委书记林彬杨深入武宁县调研。林彬杨先后到县工业园区安谱达新能源科技有限公司、绿色光电产业集群、辽燚环保产业有限公司，以及澧溪北湾半岛“情缘谷”农旅融合项目、盛元·欢乐湾康养小镇、九岭桃源谷生态度假村，了解企业生产经营情况和发展中存在的困难，对发展循环经济，加快农旅融合发展，推进生态旅游康养产业的举措及成效表示赞赏。副市长严盛平，市委秘书长吴照友，县领导杜少华、李广松、宋晓妤等陪同调研。

28 日　省军区来县检查验收 2020 年度民兵调整改革工作。县委常委、人武部部长朱良光，县人武部政委邓胜祖陪同。

30 日　武宁宜居宜游宜商智慧园区项目正式启动。广东星宝集团董事长许永明，上海市智慧园区发展促进会秘书长王新南，县委书记杜少华，县委副书记宋晓妤，县政协主席朱必香等出席启动仪式。宜居宜游宜商智慧园区由广东星宝集团联手上海市智慧园区发展促进会全方位、多层次、智能化地打造旅游休闲、商业商务和创新创业融合发展的平台。项目占地 33. 33 公顷，总建筑面积 54. 6 万平方米。

31 日　通山至武宁高速公路开工典礼在澧溪高速路口举行。副市长彭敏，县委副书记、县长李广松出席活动。通武高速全长 27. 5 千米，打通九宫山隧道，经上汤乡、船滩镇、澧溪镇接永武高速，双向 4 车道，总投资 43. 3 亿元。计划 2023 年通车。

11 月

3 日　省委改革办专职副主任张晓勇率调研组来县调研。张晓勇一行先后到官莲乡东山村、“武宁之窗”城市门户风光带、县农业农村局、罗坪镇棉花山金色家园“天天惦记”民宿、罗坪镇政务服务便民中心和长水村等地，就脱贫攻坚与乡村振兴利益联结机制、农村集体产权制度改革等进行实地考察调研。县领导宋晓妤、马呈等陪同调研。

△　国家发展改革委印发《关于全国“十三五”时期易地扶贫搬迁典型安全的通报》，武宁县武安锦城·梦想家园安置区获评“十三五”美丽搬迁安置区。

6 日　2020“欢乐湾杯”山水武宁文化旅游促

进消费活动月正式启动。县委书记杜少华出席并宣布启动，县委副书记、县长李广松致辞。“消费促进月”期间，开展主题演艺、第四届山水武宁美食节、山水武宁文化旅游推介会、首届山水武宁采茶戏经典唱腔大赛、第二届“美丽达杯”山水武宁木吉他艺术节、首届“武宁有礼”文创和旅游商品创意大赛、首届山水武宁折子戏展演、第四届山水武宁导游风采大赛、“爱在金秋·美好结桔”等系列活动。县领导宋晓妤、余育民、朱必香、刘斌、付林斌、马呈、杨桦等出席。

7—8日 2020年全国青少年网球比赛总决赛暨第二届“山水武宁杯”九江银行全省邀请赛在武宁举行。此次赛事由江西省网球运动管理中心、省网球协会和县委县政府主办，副市长孙金森出席并宣布开赛，县委副书记、县长李广松致辞，县领导卢恒墀出席开幕式。

10日 市委常委、政法委书记杨健来县调研政法工作。县领导杜少华、李立为、马呈、梅国煌陪同。

△ 省工信厅党组成员、副厅长郑正春来县调研工业经济运行情况。郑正春一行先后到奥普照明、恒益新型电子材料、江西辽燚、安谱达新能源、耀润磁电、江西生成等企业，详细了解企业生产经营、市场销售情况，并与园区一线党员干部、企业家座谈交流。县领导李广松、黄蓝陪同调研。

10日 省政协副秘书长、办公厅主任杨木生率省政协机关退休干部一行30多人到县开展“我看脱贫攻坚新成就”主题调研。老干部们先后深入“武宁之窗”城市门户风光带、西海湾湿地公园、武安锦城扶贫搬迁安置点、罗坪镇棉花山金色家园和长水村等地实地参观考察，了解武宁县经济社会发展和脱贫攻坚取得的新成就。县领导朱必香、王静陪同。

12日 县委书记杜少华深入宋溪镇、鲁溪镇宣讲十九届五中全会精神，并就统筹推进秋冬季疫情防控、脱贫攻坚、乡村振兴、项目建设和谋划“十四五”时期经济社会发展等工作实地调研。县领导马呈、武文斌陪同。

17日 武宁县第七次全国人口普查长表登记入户在豫宁街道白石岭社区正式启动。县委常委、常务副县长、县第七次全国人口普查工作领导小组组长熊波出席启动仪式并讲话。

17—18日 全国大中型水库移民后期扶持项目全过程咨询工作研讨会在武宁召开。水利部水库移民司副司长赵晓明、省扶贫办公室副主任邓丰昌、副市长严盛平出席会议。县委副书记、县长李广松到会致辞，县委副书记宋晓妤介绍县大中型水库移民后期扶持及全过程咨询实施情况。县领导武文斌参加研讨活动。

18日 文化和旅游部官网公示“第二批国家全域旅游示范区名单”，武宁县入选。

△ 县委副书记、县长李广松深入乡镇调研脱贫攻坚和产业发展工作。李广松先后到石渡乡柳山村内山福橙扶贫基地、扶贫车间和清江乡车下村蓝莓产业扶贫基地、石门楼镇白桥村香菇种植基地，实地察看各地产业扶贫工作开展情况，了解扶贫产业项目建设、产业帮扶带动和群众受益等情况。县领导武文斌、潘尹陪同调研。

20日 市委常委、宣传部部长潘熙宁到县调研民宿经济发展工作。潘熙宁先后深入杨洲乡桃源谷度假村、林云山居，罗坪镇海天美宿、桐林山宿等地实地考察，了解民宿建设规划、特色文化、旅客接待、营销状况等情况。县领导杜少华、刘斌、杨桦陪同。

△ 2020湘鄂赣边区三省九县第四届象棋赛在武宁县第一小学举行。11支代表队33名象棋选手进行为期3天的对弈。

△ 中央文明委在北京召开全国精神文明建设表彰大会，官莲乡东山村获评全国文明村。

25日 国家发展改革委印发《国家生态文明试验区改革举措和经验做法推广清单》，向全国推广14个领域形成的90项改革举措和经验做法，武宁县“多员合一”生态管护员制度入选，为生态扶贫类江西省唯一入选项目。

26 日 市委常委、九江军分区司令员宋朝阳率调研组到县调研林长制工作。宋朝阳实地考察澧溪镇北湾半岛“情缘谷”、宋溪镇新光山水开发有限公司，了解县森林康养、乡村森林公园、林业产业发展、“林长制”信息巡护系统建设等情况，听取县“林长制”工作情况汇报。县领导朱良光、王利军陪同。

30 日 武宁县荣获第四批国家生态文明建设示范县称号。县委副书记、县长李广松赴京参加颁奖大会并上台领奖。

12 月

4 日 县工商业联合会（总商会）举行第十五次代表大会。市委统战部三级调研员李邦存莅临大会指导并致辞。县委书记杜少华出席会议并讲话。会议选举产生县工商业联合会（总商会）第十五届执行委员会和新一届领导班子。县领导宋晓好、王仁华、黄蓝、谢风林、王静等出席。

7—8 日 省政协党组成员、副主席、修河省级河长刘卫平来县巡河督导。市委副书记、市长、修河九江段市级河长谢来发，副市长、修河九江段市级副河长、河长办主任严盛平，市政协副主席吴锋刚等陪同。刘卫平一行深入城乡、修河沿岸，对涉水围垦养殖、围坝养殖、乱占乱建等问题进行实地巡查，现场督办推进整改销号工作。县领导杜少华、李广松、朱必香、武文斌陪同。

9 日 市政协党组书记、主席候选人占勇来县调研经济社会发展和政协工作。县领导杜少华、李广松、朱必香、张庆文等先后陪同。

△ 武宁举行绿色光电产业招商推介会暨产业集群项目签约仪式。县委书记杜少华出席签约仪式，县委副书记、县长李广松代表县人民政府与投资方签约。此次共签约产业集群项目 11 个，投资额 60 亿元。县领导熊波、黄蓝、谢风林、董青安、王静、潘尹出席签约仪式。

12 日 闽滇赣文化市场综合执法对口交流协作培训班在武宁举行。县委常委、宣传部部长刘斌出席并致辞。

14—15 日 市委市政府综合督查组到武宁督查贯彻落实市委十一届十二次、十七次全会精神情况。督查组先后深入县农业农村局、园区企业、城区老旧小区改造项目现场、澧溪牌楼及北湾等地，通过实地核查、查阅资料、听取汇报等方式进行督查。县委书记杜少华，县委副书记宋晓好参加督查见面会。

17 日 江西省箬溪生态农业有限公司专家工作站正式授牌成立。市委组织部副部长、老干部局局长余响玲，市科协党组书记、主席周光灿，中国水产科学研究院淡水渔业研究中心主任、教授、博士徐跑，县委常委、常务副县长熊波出席授牌仪式，县委常委、组织部长杨娟主持。

18 日 举办 2020 山水武宁“上峰上水杯”迷你马拉松暨全县干职工徒步健身活动。活动由县人民政府主办，县教体局、总工会承办，2500 多名干职工和群众报名参加活动，分迷你马拉松和个人徒步两个组别。从西海燕码头出发，经武宁二桥、环城大道、迎宾大道、武宁大桥、协和大道，最终到达终点湖滨北路小广场。县委书记杜少华参加活动并宣布开幕，县委副书记、县长李广松，县委副书记宋晓好，县政协主席朱必香等参加活动。

△ “武宁博士大讲堂”进校园公益活动启动。县委副书记宋晓好出席活动，并与参加活动的武宁博士联合会会长夏明耀等武宁籍博士深入座谈交流，征询对家乡发展的意见建议。副县长卢恒塀出席。

22 日 天德房车营地项目在县商务中心签约。项目选址甫田乡平尧村，总投资 10 亿元。县委副书记、县长李广松代表县人民政府与投资方签约。县领导张庆文、杨桦出席签约仪式。

武宁县新冠疫情防控工作专记

2020年春节前夕，一场席卷全国的新冠疫情，让沉浸在新年喜悦中的人们惊愕不已。面对严峻的疫情防控形势，县委县政府始终把人民群众的生命安全和身体健康放在第一位，把疫情防控作为重点工作来抓，科学部署，沉着迎战，防控、救治、宣传、保障、警戒“五线”并进，全力打好打赢疫情防控阻击战。

防控线　科学部署上下一心

武宁与湖北交界线长达62千米，边界乡镇多，人口多，且人缘相亲，来往密切，很多村组与湖北通婚。武宁在湖北务工学习人员有1万余人。加之正值春节期间，人们纷纷返乡过年，给疫情防控带来很大难度。县委县政府科学部署，全县上下一心，确保最大限度控制疫情蔓延扩散。

1月21日，县委常委会对疫情防控进行专门安排，成立由县委、县政府主要领导为双组长的新冠肺炎疫情工作领导小组和县政府主要领导为指挥长的县新冠肺炎疫情防控应急指挥部，下设五个防控专项小组，防控指挥部成员单位全部取消休假，集中人员、集中办公，确保指挥中枢高效运转。

武宁按照“外防输入、内防扩散”的策略，严格防控措施，堵住传染源。特别是加强返乡人员排查，全面压实属地责任，以村（社区）为单位，逐栋逐户上门登记，开展全方位、无死角、地毯式排查。在疫情前期，累计摸排湖北返乡人员5410人次；其他地区返（回）武宁人员5154人次，其中包括境外入境人员36人；共追踪到确诊病例和疑似病例的密切接触者356人，全部解除医学观察，为打赢疫情防控战奠定了坚实基础。

同时，果断采取措施加强管控，控制人员流动，全面停止公众聚集性活动，暂停婚丧嫁娶等宴请活动，对出入道路实行临时管制。对大型超市、农贸市场、宾馆酒店等人员密集场所进行消毒。全县严禁野生动物交易，关闭活禽交易市场。县内各景区景点、各旅行社全面暂停营业。

警戒线　封闭管理彰显决心

为进一步切断传染源，阻止疫情扩散蔓延，2月7日，武宁通过县融媒体中心“两微一端”和电视台转发江西省《关于进一步强化疫情防控十条措施的公告》，全面落实强化疫情防控十条措施，对所有村组小区实行封闭式管理，以最大决心防控疫情。

对有物业管理的小区，小区物业公司必须履行疫情防控主体责任，小区原则上只保留一个进出通道。对无物业小区，按照属地原则，由社区干部、社区民警、网格员、志愿者组成专门队伍，落实封闭管理等防控措施。小区人员按指挥部临时通行证进出，除特殊需要外，倡导每户家庭每两天指派1名家庭成员外出采购生活物资等，所有进出小区人员必须全部戴口罩，进出测温。同时，强化值班值守责任，工作人员在小区门口协调配合，劝导非小区人员及车辆不得入内。

疫情缓解后，坚持常态化疫情防控举措，认真落实中央、省、市秋冬季疫情防控部署，县委、县政府主要领导多次进行调度，制定出台《武宁县2020年秋冬季新冠肺炎疫情防控工作方案》《武宁县2020年秋冬季新冠肺炎流行病学调查工作方案》《武宁县全员核酸检测工作实施方案》等完善的应急处置机制，严防疫情反弹。

救治线　多方聚力汇集爱心

有效应对疫情，除了排查防控，更重要的是专业医疗救治。按照“集中患者、集中专家、集中资源、集中救治”的原则，全县各专业医疗卫生机构全力救治隔离病人。

强化应对准备，医疗卫生机构医疗物资储备能够满足30天满负荷运转需求；组建8支流行病学调查队伍、5支医疗救治队伍、203支采样人员队伍、26支消杀队伍、2支心理疏导队伍，一旦发生确诊病例，能在24小时内完成流行病学调查和及时应急处置。全县以乡镇、街道（社区）为单位，共设置203个采样点，采样人员达400人。县人民医院新冠病毒肺炎核酸检测实验室日检测量可达500余例，县疾控中心完成新冠病毒肺炎核酸检测实验室建设，11月30日通过市级验收，日检测量可达300余例，具备5—7天完成全县人口全员核酸检测能力。全县采取常态化实行体温检测、查验健康码、防疫消杀等防控措施，加强对重点领域、重点场所、重点人员的监测监管。截至12月底，累计摸排监测境外入境人员204人，共进行核酸检测13870人次，血清抗体检测7039人次，均未发现确诊病例和疑似病例。

县人民医院作为全县救治定点医院，设立发热门诊，医护人员取消休假。许多医务人员主动请缨上一线。农历大年初二，县人民医院33名医护人员纷纷在“请战书”上签名，主动要求坚守岗位。

该院医生刘斌、汤明富以及护士罗林云、郭潘姣、陈水芳、郑丹丹等6名第一梯队的医疗小分队，积极投身到抗击新冠肺炎的疫情中。在他们精心救治下，2月4日，武宁首例确诊新型冠状病毒感染的肺炎患者万某治愈出院，这也是九江市县级医院首例治愈的患者。从2月14日全县3例确诊病例清零后，一直无确诊病例和疑似病例。

特别是在疫情发展最迅猛、救治形势最严峻的时候，县人民医院何晓维、陈玉玲、王玉华等3名医疗队员逆行出征、奔赴湖北随州抗疫主战场，历时53天，圆满完成任务、平安凯旋，展示了武宁医护人员的医者仁心。

宣传线　权威发布提振信心

比疫情更可怕的是人心恐慌，做好疫情防控，正确的宣传引导非常重要。武宁充分发挥县融媒体中心宣传职能，通过电视、报纸、新媒体等平台，开设疫情防控专栏，直击防控一线，全方位多角度做好宣传报道，为广大群众了解疫情相关信息提供了最权威的渠道。

1月22日，县融媒体中心发布首条疫情工作报道《武宁县委书记杜少华就做好新型冠状病毒感染的肺炎疫情防控工作作出批示》，给奋战疫情防控一线的人员极大鼓舞。1月23日，转发《致湖北来赣返赣人员的一封信》，要求近1个月从湖北来赣、返赣的人员协助做好疫情防控工作；接连几天发布《武宁县疫情防控最新通知来了，赶紧转发》等。

自2019年底以来，县融媒体中心通过各种平台发布各类消息上千条，受到广大群众的高度关注。各平台阅读量、传播量均创新高，5万+、10万+、100万+阅读量的新媒体产品相继诞生。不仅有效避免社会的盲目恐慌，更为广大群众增添了抗击疫情的信心。同时，注重基层宣传。1996条横幅、1510个宣传栏、199662张宣传单、17056张通告、168081份公开信、329个农村广播、51块大型展板、288个电子显示屏、71176条手机短信等载体，全面普及疫情防护和健康知识。

在正确宣传引导下，武宁不仅社会稳定，无数群众自发参与疫情防控。社会各界通过各种途径捐款捐物，累计接收爱心捐款1131010.52元，物资价值约108.775万元，充分展现了守望相助的大爱情怀，汇聚了最终战胜疫情的强大动力。

保障线　畅通供给稳定人心

安全充足的物资供应是战胜疫情的重要砝码。武宁强化市场监督检查，畅通食品绿色通道，确保供应安全、市场稳定。

县发改委成立价格监控、疫情摸排和生活必需品调查统计3个小组，不定期对市场进行价格监测和调查，及时调度好生活必需品的生产、流通、库存及资源保障情况，并对电、水、气供应保障和价格进行监管。县商务局每天安排专人到全县9家大型超市和5家农贸市场进行防疫工作督导，确保各大超市及市场正常营业，市民购物安全。同时协同相关部门，为运送物资车辆开通绿色通道。全封闭管理期间，武宁各大商超每天都有4至5台前往外地运输各种生活必需品。由于举措得力，即使在疫情最严重的初期，全县商品供应充足，价格稳定，电力、天然气、自来水供应有保障。

在有效防控疫情前提下，有序恢复社会生产，全力打好经济社会发展攻坚战。武宁始终把统筹做好“六稳六保”作为第一任务，推动经济运行稳中有进、持续向好。在认真执行省20条、市26条的基础上，出台《关于积极应对疫情支持企业发展稳定经济增长30条政策措施》。按照市委“营商环境优化年”部署，进一步完善环境评价、投诉处理机制、进入工业园区企业检查备案制度等，着力打造“四最”营商环境。落实省《关于应对新冠肺炎疫情支持文化和旅游企业共渡难关的10条措施》等各项优惠政策，出台“暖心工程”政策，在全县范围内开展促进消费活动，加快服务业全面复苏。

每临大事有静气，于危难处见担当。在县委、县政府的坚强领导下，武宁人民信心十足，一定能全面打好打赢这场新型肺炎疫情防控阻击战！

（谢飞鹏）

武宁县脱贫攻坚工作专记

2016年以来，武宁县委县政府深入贯彻习近平总书记扶贫开发战略思想，认真落实中央和省、市脱贫攻坚决策部署，将脱贫攻坚作为第一政治任务、第一民生工程来抓，举全县之力推进脱贫攻坚，交出了一份经得起人民检验和历史考验的高质量脱贫答卷。

尽锐出战　不获全胜决不收兵

武宁县地处赣西北，集“山区、库区、老区”为一体。2017年5月，经过精准识别：全县贫困人口8272户25717人，是全省贫困人口最多的非贫困县；贫困发生率7.4%，远远高于全省非贫困县平均水平。11个贫困村大多地处偏远，贫困人口居住分散，基础设施薄弱，产业发展滞后，脱贫攻坚任务十分艰巨。

2017年5月5日，县委书记杜少华在全县脱贫攻坚整改工作动员大会上强调：“这是一场输不起的硬仗，武宁必须打赢，向中央、省、市交上一份令人满意的政治答卷，向人民群众交上一份令人信服的良心答卷。我们干部要带着情怀抓好脱贫工作，扎扎实实沉下去，赢得百姓民心。”县委副书记、县长李广松指出：“要正视问题，突出重点，增强脱贫攻坚工作的责任感和紧迫感，提高脱贫攻坚的精准性和实效性，确保脱贫攻坚取得新进展和新成效。”武宁所有工作向脱贫攻坚聚焦，各种资源向脱贫攻坚聚集，各方力量向脱贫攻坚聚合，一场波澜壮阔的脱贫攻坚冲刺战拉开序幕。

为了全面打赢脱贫攻坚战，武宁高位推动，尽锐出战。成立县脱贫攻坚指挥部，县委书记、县长双任指挥长，亲自调度部署脱贫攻坚工作，并以身作则，做好结对帮扶，带头示范。成立县脱贫攻坚办，抽调6名干部集中办公。成立21个乡镇脱贫攻坚团，由包乡县领导任团长，乡镇党委书记、部门主要负责同志任副团长。选派187名党员干部到村担任第一书记，主抓脱贫攻坚工作。成立187支驻村帮扶工作队，下派3171名干部结对帮扶贫困户。第一书记每季度驻村不少于50天，工作队每月驻村不少于20天。全体帮扶干部自觉放弃节假日、双休日，做到“五加二”“白加黑”，和贫困户融为一体，和当地百姓打成一片，为决战决胜脱贫攻坚、筑牢基层战斗堡垒提供坚强保障。

在充分发挥党员干部扶贫主力军作用的同时，广泛动员和凝聚全社会力量积极参与脱贫攻坚大业。充分引导和调动全县非公企业（非公经济人士）、社会组织（志愿者协会、义工联等等）参与脱贫攻坚，组织召开非公经济人士参与精准扶贫推进会8次，上门走访非公企业（人士）154家（人）。11个企业主结对帮扶贫困村，11名非公经济人士担任“名誉村长”。2016年来，非公经济（企业）人士在脱贫攻坚中引进、创办、帮扶扶贫产业基地5个，投入资金600万元；非公企业吸收建档立卡贫困人口就业15000余人次。引导非公经济人士开展形式多样助学、助老、扶贫济困、救灾等活动127场次。引导非公经济企业（人士）以及社会爱心人士开展扶贫助学、扶贫济困送温暖、抗洪救灾扶贫济困等爱心活动，募集捐款（含物资折价）180余万元。

在县委县政府的有力领导下，武宁尽锐出战，全力攻坚，不获全胜，决不收兵。

全力攻坚　携手奔向全面小康

撸起袖子加油干，越是艰难越向前。在脱贫攻坚奔小康的路上，武宁县聚焦“两不愁三保障”突出问题，“十三五”期间整合投入10亿多元，集中精力打好“三大攻坚战”。

打好“两业”增收攻坚战。把帮助贫困群众增收作为扶贫第一要务，大力推进产业扶贫和就业扶贫。产业扶贫：落实从“短平快”入手、“短中长”结合的思路，累计投入近1000万元奖补贫困户发展“短平快”产业，实施“一人一亩油茶”工程1733.33公顷，建设村级光伏电站33座、分户式742户，建成“一领办三参与”合作社70家，带动贫困户2461户。就业扶贫：坚持引导“外出务工和就近就业”并举，创建扶贫车间38个、扶贫基地39个，开发扶贫专岗451个，帮助9000多名贫困劳动力就业。贫困人口人均纯收入由2015年的3422元增加到2020年的12422元，年均增幅29%。

打好“四项保障”攻坚战。全面落实四项保障，大力帮助贫困群众改善生产生活条件。义务教育：全面完成乡村学校“改薄”，夯实从学前教育到大学全覆盖的教育资助体系，义务教育阶段贫困户子女“零学费”就读（县财政对校服、保险、辅导书费用兜底），“十三五”期间累计发放教育补助6906.4万元，无因贫辍学情况。基本医疗：大力提升县乡村医疗机构设施条件和医疗水平，筑牢“四道保障线”，贫困人口住院实现报销90%的适度要求，“十三五”期间贫困群众住院和特殊慢性病门诊累计补偿2.2亿元，确保贫困群众看得起病。住房安全：对“四类对象”住房进行多轮排查和全面鉴定，按照“三个一批”（危房改造一批、搬迁安置一批、补贴安置一批）的办法，“十三五”期间危房改造3938户（其中补贴安置特困户566户），搬迁安置858户，实现住房安全保障率100%。饮水安全：对所有农村贫困人口饮用水进行检测，“十三五”期间投入6000多万元，实施农村饮水工程项目127个，帮助200多户贫困户打井，实现户户饮水安全。实施新农村村庄整治1447个，实现自然村全部通硬化路，户户通电、电视网络，群众生产生活条件大为改善。

打好“智志”双扶攻坚战。坚持扶贫先扶志，不断激发贫困群众内生动力，从思想上“拔穷根”。每年4次广泛开展“三讲一评”颂党恩活动，引导贫困群众感党恩、听党话、跟党走。选树“脱贫奋进之星”200多人，用身边的榜样教育身边的人。创新建立“公德银行+公德超市”模式，在有条件的33个村先行先试，开展“公德银行”赚取积分、“公德超市”兑换奖励竞赛评比活动，引导群众遵纪守法、勤劳致富。对好吃懒做、不赡养老人等行为，进行批评教育、张榜通报，直至运用法律手段惩戒。

接续奋斗　乡村振兴谋划新篇

历经八年攻坚克难，武宁县脱贫攻坚取得全面胜利。全县共有建档立卡贫困人口7773户24321人，通过精准帮扶，全部实现脱贫，11个贫困村已于2018年全部退出。武宁干部群众用超乎寻常的勇气和智慧，创造出了一个个脱贫攻坚的“武宁经验”。

官莲乡东山村有机蔬菜示范基地

——用好国家易地扶贫搬迁政策，建成全省规模最大配套最全的搬迁安置点武安锦城。武安锦城投资10.8亿元，占地面积46公顷。已搬迁安置3726户14904人，其中贫困户858户2918人。小区设施完善，配套3个社区、1所小学、两所幼儿园、1个卫生院、1座综合商场、1座农贸市场。获评全国“十三五美丽搬迁安置区”，入选全国易地搬迁典型案例。

——在全国率先购买第三方服务，创新扶贫和移民项目资金监管办法。水利部在武宁县召开全国大中型水库移民后期扶持项目全过程咨询工作现场会，推广武宁经验。

——充分利用县域生态优势，“生态+扶贫”结出累累硕果。成功创建省AAAA级乡村旅游点1个、AAA级乡村旅游点10个，打造了一批旅游新村、精品民宿和品牌农家乐，让贫困人口切实享受到生态红利。生态扶贫典型经验（“多员合一”生态管护员制度）入选《国家生态文明试验改革举措和经验做法推广清单》。

——优先扶持贫困村发展，贫困村“后进”变“先进”。官莲乡东山村荣获“全国脱贫攻坚先进集体”“全国文明村镇”称号，大洞乡彭坪村、清江乡龙石村、新宁镇石坪村、杨洲乡霞庄村获评“国家森林乡村”。

——高度重视培养驻村“第一书记”，涌现一批全国和省市先进典型。官莲乡东山村“第一书记”谭翊泉，荣获“全国先进工作者”“全国向上向善好青年（扶贫助困类）”称号，并获评“全省脱贫攻坚贡献奖”；大洞乡彭坪村“第一书记”冷秋红，荣获“全省最美扶贫干部”“全省最美第一书记”；石渡乡柳山村“第一书记”柯芳芳，荣获“全省最美家庭”（脱贫攻坚类），全市“扶贫之星”“脱贫攻坚先进个人”称号。

武宁县委、县政府强化政治担当，扛起历史责任，在全面致力绿色崛起、全面建成小康社会的大道上书写了独具武宁特色的脱贫篇章，向建党一百周年献上了一份组织放心、人民满意的高质量脱贫答卷！

习近平总书记在中央农村工作会议上强调：“脱贫攻坚取得胜利后，要全面推进乡村振兴。”《中共中央 国务院关于全面推进乡村振兴加快农业农村现代化的意见》于2021年2月21日发布。2021年是“十四五”开局之年，乡村振兴的号角已经吹响。站在一个新的起点，迎接新的挑战。在县委县政府的正确领导下，武宁全县干部群众正以敢为人先、善作善成的精神，以团结向上、万众一心的士气，以求真务实、接续奋斗的行动，投入到乡村振兴工作中，开启美好新征程！ （谢飞鹏）

武宁概览

自然环境

【地理位置】　武宁县地处赣西北。北纬28°52’35″—29°34’29″；东经114°28’17″—东115°26’34″之间。南北宽约77.4千米，东西长约93.3千米。东部与瑞昌、德安、永修接壤，南部与靖安交界，西与西南部紧连修水，北部与湖北阳新、通山为邻。全县国土总面积3504平方千米。

【地势地貌】　武宁县属鄂赣边缘山地、丘陵的一部分。北部幕阜山位于省境边缘，为省际界山。南部九岭山位于县境边缘，为县际界山和分水岭。两山均为东西走向，构成县域南北屏障。整个地形呈两山夹一谷，分别从南、北部向中部修河逐级层层下降。四周多山，属于平原、丘陵和山地不等的复杂地势。

【山河湖泊】　九岭山脉有壅岭山、大湖塘、大尧山、朱家山、鸡婆塘、茶子山6条支脉。幕阜山脉有仰天塘、南坪山、老鸦尖、九宫山、水壶尖、四面山、太平山、岩岭山、马公岭9条支脉。县境海拔千米以上山峰有159座，最高为九岭尖，海拔1794米，是九江市最高峰。全县共有大小河流603条，主要河流107条。江西五大河流之一的修河，发源于幕阜山脉，自西由修水进入武宁境内，贯穿于两山之间，沿武宁大向斜轴部东入永修县，修河及其支流在本县构成一个近似羽状的水系。修河流经本县地段，属中游，河面较宽，至永修柘林为一峡口，柘林水库大坝即坐落于此。庐山西海大部分在本县境内，境内东西长85千米，水域面积228.1平方千米；有大小岛屿1667个，其中6.7公顷以上岛屿308个。

（王洪江）

自然资源

【土地资源】　武宁县地层发育较全，出露较好，自元古界至新生界都有存在。最老的中元古界双桥山群主要分布在南部的九岭山区和北部的幕阜山等高山地域，为一套浅海—深海相（类）复理石建造。新生界广布于修河流域及水库地区，主要为河湖相、残坡积相红色砾岩及黏土、泥砾堆积物。山区以黄壤为主，高山地区大部分是花岗岩或者变质岩。山坡多为棕壤，山间盆地由于地下水位高，多为潜育性水稻土壤。修河沿岸多为冲击壤土。根据全国第二次土地调查成果，武宁主要地类为：耕地31260.55公顷，占8.92%；园地1243.37公顷，占0.35%；林地273725.04公顷，占78.12%；草地2966.07公顷，占0.85%；城镇村及工矿用地7080.18公顷，占2.02%；交通用地2338.51公顷，占0.67%；水域及水利设施用地28662.1公顷，占8.18%；其他土地3095.49公顷，占0.89%。

【矿产资源】　境内发现矿产30余种，其中黑色金属有铁、锰矿，有色金属主要有钨、锑、钒、铜、锡、钼、铅、锌、汞等，以铅、钨、汞为主，次为铜、锡、钼及多金属矿。贵金属（金、银）矿至今仅发现少量矿（化）点，其余为相对丰富的非金属和燃料矿床、矿点，如石灰岩、石材（板岩、大理岩、花岗岩）、硅石、瓷土、黏土、石膏、重晶石、电气石、水晶、磷及煤、石煤、面岩气等。

钨 钨矿主要集中在县境南侧罗溪乡、石门楼镇南缘及西部甫田—上汤北缘，成带分布。其中相对集中的是石门楼镇狮尾洞—大湖塘区域。矿区伴生有少量 Cu、Sn、Mo 和银矿产，是武宁县重要的有色金属矿产地。

锑 锑矿主要集中在县境内中西部地区（清江、石渡）和中东部地区（东山、马山）。

煤 煤矿是武宁开发的主要矿产种类之一，主要分布在县境北东部的泉口、鲁溪镇。沿鲁溪南冲—坑背—岭背至泉口的泉坪—直达纽丝成带分布。

锰 锰矿主要分布于石渡乡与清江乡的接合部（洞口—龙石），以矿点为主，其品位相对较高，达富锰矿石标准。

铁 铁矿主要分布在县境东部、庐山西海南北两侧区域（官莲、罗坪），受重力滑动破碎带控制，一系列矿床、矿点沿东西向构造带成串分布。

钒 钒资源含于石煤层中，石煤层产于早古生代寒武下统王音铺组底部。厚度最大可达 2 米以上，在一定范围内沿走向、倾向稳定变化，石煤资源总量约 6 亿吨。主要分布于东林乡、船滩镇、澧溪镇、甫田乡、宋溪镇、石渡乡、清江乡、横路乡等乡镇。

大理石 主要分布于船滩镇、鲁溪镇、官莲乡、大洞乡等乡镇，预计储量可达 700 万立方米以上。主要有金香玉、玛瑙红、墨玉等品种，尤其是船滩的“金香玉”品种的大理石是武宁石材开发的重点，该品牌产品在市场上深受众多商家的青睐，具有较强的市场竞争能力。

花岗岩 主要分布于罗溪乡、石门楼镇、上汤乡、甫田乡等乡镇。

石英石（硅石） 主要分布于九岭山区的罗溪乡太平洞、石门楼镇狮尾洞、九宫山区的船滩镇太阳山、上汤乡、澧溪镇太平村田坵等地。矿石 SiO^2 含量一般在 98% 以上，累计资源量大于 60 万吨以上。

瓷土矿 主要分布于石门楼镇和罗溪乡境内，目前已知矿区（点）34 处，规模较大的有金家岭、白路岭、枫树垅、凤官山、中村及上坳等 12 处。估算总资源量为 496.77 万吨，资源量在 20 万吨有 9 个。

温泉 县境内有 3 处温泉，即上汤乡温泉、罗溪乡汤里温泉和宋溪镇伊山口温泉。上汤温泉泉水出露处水温在 43～45℃，分上下汤，共有 8 处泉水出露处；罗溪汤里温泉泉水出露处水温 65℃，有 3 处泉水出露处，总流量 260 立方米/日；宋溪伊山口温泉有待进一步勘探。

矿泉水 发现饮用天然矿泉水 1 处，位于罗溪乡仙果山，此矿泉水无色、无味、无嗅、口味清凉甘甜，不受季节性影响，流量稳定。

页岩气 主要分布在修武盆地沿修河一带。

【能源资源】 主要有水能、光能、风能和能源矿产等。水能资源理论蕴藏量 14.66 万千瓦，可开发量 8.91 万千瓦，其中可建装机 500 千瓦以上的电站 106 座，占理论蕴藏量的 60.8%。能源矿产以烟煤为主，次为无烟煤、石煤。烟煤矿区面积 219.99 公顷，总储量 3383 万～4383 万吨，发热量在 6000 大卡/千克以上；石煤分布于杨洲、罗坪、新宁、石渡、清江、官莲、巾口、宋溪、甫田、澧溪、船滩、东林等 12 个乡镇，总储量达 6 亿多吨，发热量在 520～1444 大卡/千克。光能资源较为丰富，年平均日照时数 1648.4 小时，全县太阳能资源总量 4853.5 万吨。境内风能资源十分丰富，以西南部沿河乡村为甚，尚待开发利用。县内有地热能资源 3 处，分别位于上汤和罗溪两乡，总热流量为 184.3 千卡/秒。

【生物资源】 武宁野生动物资源有毛之属 25 种，羽之属 43 种，鳞之属 29 种，介之属 9 种，虫之属 41 种。全县现存森林野生动物 46 种，其中，兽类 17 种、鸟类 15 种、两栖爬行类 14 种。拥有草本和木本植物 6000 多种，其中名贵树种 200 余种。已查明野生植物资源有果之属 39 种，木之属 113 种，竹之属 19 种，花之属 58 种，草之属 41 种；

药材类有370余种。水生动物有鱼类鲤形目48种、鲈形目10种、鲶形目5种、鳗鲡目2种、鲑形目2种、刺鳅目2种、鳢形目2种、颌针鱼目、合鳃目各1种等73种；虾类有沼虾（青虾）、长臂虾；软体动物鳃类有园背角无齿蚌、背角无齿蚌、河蚬田螺和桃花水母，两栖动物有刺胸蛙（石鸡）、中华鳖和乌龟；水生植物有莲藕、荸荠、菱角、芰芭，马来眼子菜、轮叶黑藻、菹草、苦草、水浮莲、水葫芦、水浮萍等。

（王洪江）

历史概况

武宁，商代为艾侯领地，春秋战国先后属吴、越、楚。始皇二十三年（前224），秦灭楚，艾属秦。汉景帝三年（前154）析艾置海昏县，武宁属海昏。东汉建安四年（199）析海昏置西安县，县治设今武宁石渡乡西安里，武宁建县由此始。

晋太康元年（280），改西安县为豫宁县。南朝陈永定三年（559），于豫宁县立豫宁郡。隋开皇九年（589）撤豫宁郡，豫宁并入建昌县。

唐代，武宁地域辽阔，称为“望县”，旧志载“武宁向属巨邑，编乡二十”。长安四年（704）析建昌置武宁县，景云元年（710）改武宁为豫宁县，县治迁甘罗村，即今武宁石渡乡新华村，俗称新县。天宝四年（745）县治迁玉枕山，俗称老县城。宝庆元年（762）避代宗讳，豫宁仍改武宁。此后迄今未变。贞元十六年（800），观察使李巽为免除邑人赋税劳役之苦，奏分武宁西八乡置分宁县，即今修水、铜鼓地域。

宋代，人文昌盛，旧志载人口126949人。绍兴元年，邑人陈公显于柳山建书院，培植族姓子弟。城乡私塾设置普遍，尊师重教延师课读成为风尚，从兹代代相袭。武宁历代中进士94人，宋代有63人，其中罗溪廉村叶姓9人，横路冷姓11人。

元代，至元二十三年（1286）于武宁置宁州，辖武宁、分宁两县。大德五年（1301）以分宁为宁州，武宁直属隆兴路。

明清两代，武宁属南昌府。行政区划明代为九乡五十四都，清代改都为里，有九乡三坊五十一里。清道光年间，全县有16街13市，市场较为繁荣。史料记载，年产夏布20万匹，土陶瓷器70万件，土纸2000余担，油纸伞15000把；清末宁红茶驰名中外，外国商人到武宁贩茶或兴办茶庄，鼎盛时期年产120万斤，有茶庄17家，茶工2000余人。

民国时期，1911年，武宁属浔阳道。1926年废道，武宁属省辖县。1932年，属第十三行政区，区治设武宁；1942年，属第九行政区，专署驻武宁，1949年移驻九江。土地革命时期，武宁北部山区船滩、东林、南岳、温汤、大洞、泉口、横路相继建立苏维埃政权，苏区面积占全县总面积的1/5。

1949年5月30日，武宁解放。9月20日，武宁县人民政府成立，属九江分区行政公署。1955年3月，县人民政府改称县人民委员会。1968年6月，成立县革命委员会。1970年，因建柘林水库，县城迁现址南市岭。全县柘林水库水淹面积206.4平方千米。1981年3月撤销县革命委员会，成立县人民政府，隶属九江市人民政府。1992年8月，罗坪乡撤乡建镇。随后，全县有8个乡相继撤乡建镇。2002年1月，撤销南岳乡，并入船滩镇，撤销伊山乡并入宋溪镇。2003年12月，撤销黄埚镇、严阳乡、南市乡并入新宁镇，镇政府迁黄埚；于原新宁镇辖区设豫宁街道办事处。2003年10月，县工业园更名武宁万福经济技术开发区，区域面积26平方千米。2009年，启动5.02平方千米新城区建设，拉开“一河两岸”城市框架，城区规划面积扩展至25.1平方千米。

（陈修宁）

行政区划

武宁县隶属九江市，全县辖8镇11乡，1街道办；20个居委会，183个村委会。

豫宁街道　13个居委会：登高山、白石岭、古艾、樟树下、太婆堰、竹岭村、东渡、豫宁、九岭、观湖、锦宁、锦和、锦安。

新宁镇 4个居委会15个村委会：茶场、新宁、西海、胜利居委会和沙田、月田、柳村、夏柳、斜滩、黄塅、东园、渡头、宋家、凤口、源口、桐林、南市、团结、花棚、竹湾、石坪、东坑、烟溪村委会。

罗坪镇 5个村委会：洞坪、漾都畲族、长水、东边、关山村委会。

泉口镇 9个村委会：路口、杨岭、纽丝、芭蕉、楼厦、丰田、田塘、凤东、金水村委会。

鲁溪镇 1个居委会15个村委会：长宁居委会和大桥、北屏、张岭、荷洲、坑背、梅颜、枫树、鲁溪、塔湾、大堰、胡山、双溪、南冲、小源、双新村委会。

澧溪镇 15个村委会：澧溪、牌楼、罗坪、大源、太平、坎上、曹坑、上菁、岩山、小坪、山口、哨背、下坊、北湾、临江村委会。

船滩镇 1个居委会16个村委会：塘山居委会和黄沙、南岳、易溪、吴湾、白沙、辽里、石坑、辽田、堪头、船滩、殿背、东岸、莲塘、长坪、仓上、河潭村委会。

石门楼镇 1个居委会12个村委会：象山居委会和石门、银炉、中村、廒厦、西桥、新牌、青岭、炉山、河垅、白桥、田铺、镜源村委会。

宋溪镇 10个村委会：田塅、南皋、王埠、大坪、田东、塘畔、山口、堰下、天平、伊山村委会。

大洞乡 5个村委会：畈上、鲁桥、箬田、彭坪、岭下村委会。

横路乡 11个村委会：横路、南坑、港北、株林、花园、泥山、新溪、白杨、上富、儒庄、金盆村委会。

官莲乡 8个村委会：莲花、东山、泉溪、洪溪、山坪、官塘、西湾、宝源村委会。

巾口乡 5个村委会：西下、棠厦、北栎、上畈、三山村委会。

甫田乡 7个村委会：甫田、杨廖、外湖、烟港、太平山、茶棋、楼湖村委会。

石渡乡 8个村委会：新峰、石渡、安乐、官田、洞口、柳山、丰年、盘溪村委会。

清江乡 8个村委会：清江、龙石、塘里、汉桥、大田、罗洞、车下、头村委会。

上汤乡 7个村委会：温汤、洋深、九宫、店前、梅溪、石溪、刘家桥村委会。

东林乡 7个村委会：东林、山头畲族、茶畲、茅田、桥头、白水、下车村委会。

罗溪乡 10个村委会：罗溪、合源、新庄、联村、尧山、坪港、坪源、东湾、丰源、长垅村委会。

杨洲乡 6个村委会：森峰、界牌、杨洲、南屏、霞庄、江桥村委会。

（张婷婷）

2020年人口发展状况

截至2020年12月末，全县户籍总人口407620人。其中，城镇居住人口108003人，农村居住人口299617人。年末常住人口322161人。其中，城镇常住人口163506人，乡村常住人口158655人。常住人口城镇化率50.75%；全年出生人口4520人，出生率11.09‰；死亡人口2911人，死亡率7.14‰；自然增长率3.94‰。

（武宁县2020年国民经济和社会发展统计公报）

2020年国民经济和社会发展状况

【综合】 2020年，全县完成生产总值175.09亿元，同比增长3.2%。其中一产增加值22.26亿元，同比增长1.6%；二产增加值为74.12亿元，同比增长2.3%；三产增加值为78.71亿元，同比4.6%。三次产业结构为12.7：42.3：45.0。

全年实现财政总收入22.57亿元，同比增长7.8%。其中：一般公共预算收入14.81亿元，同比增长10.0%。全年税收收入19.37亿元，税占比85.8%。全年公共财政预算支出27.59亿元，同比增长-7.6%。年末金融机构人民币存款余额197.42亿元，同比增长14.2%；金融机构人民币贷款余额141.38亿元，同比增长15.3%。

【农业】 全县实现农林牧渔业总产值35.93亿元，同比增长5.9%，实现农林牧渔业增加值23.12亿元，同比增长4.5%。

全年农作物总播种面积66.98万亩。其中：粮食作物面积44.03万亩。油料种植面积14.33万亩、蔬菜种植面积5.90万亩。全年粮食产量15.46万吨、油料产量1.53万吨、蔬菜产量9.38万吨。

全年肉类总产量10875吨。其中，猪肉产量9927吨、牛肉产量172吨、禽肉产量706吨。全年水产品总产量39343吨。

【工业和建筑业】 年末，全县规模以上工业企业共114户，当年新增26户。全县规模以上工业增加值同比增长0.3%。规模以上工业实现主营业务收入239.12亿元；规模以上工业实现利润总额34.95亿元。工业增值税完成6.81亿元，同比增长-4.2%；累计消耗工业用电3.95亿千瓦时，同比增长0.3%。

全县资质以上建筑业企业9户，完成总产值19.56亿元，同比增长16.3%。

【固定资产投资】 全县5000万元以上的固定资产投资项目共计161个，其中5亿元以上项目17个。其中年内新增5000万元以上项目59个。全年固定资产投资同比增长9.0%，其中工业固定资产投资同比增长8.5%。商品房销售面积38.43万平方米，同比增长10.4%。

【国内贸易和对外经济】 全县实现社会消费品零售总额79.53亿元，同比增长4.0%。其中：批发业同比增长4.3%；零售业同比增长6.7%；住宿业同比增长-7.0%；餐饮业同比增长1.1%。

全县实际利用外资12426万美元，同比增长0.2%。全县出口总额2.67亿美元，同比增长20.5%。

【人民生活和社会保障】 全年全县新增城镇就业人数3356人，城镇登记失业率3.62%，零就业家庭安置率100%。新增转移农村劳动力就业4750人。全县养老保险参保27.36万人。全年完成职工养老保险征缴保费23957.86万元（其中企业13388.97万元，机关事业单位10568.89万元），发放职工养老保险待遇52298.57万元，发放城乡居民养老保险待遇7655.53万元。工伤保险参保2.48万人，征缴保费103.1万元，支付工伤待遇819.04万元。失业保险参保0.76万人，征缴保费378.95万元，发放失业保险金75.51万元。

【教育、卫生】 年末全县拥有小学45所，专任教师1570人，在校学生29974人。普通中学23所，专任教师1058人，在校学生14838人。职高2所，专任教师69人，在校学生3276人。特殊教育招生15人，在校生104人。学前教育在园幼儿13997人。九年义务教育巩固率为100%，高中阶段毛入学率为94%。

全年全县举办全国省市级体育比赛4场，县级体育比赛21场。全县在省级以上各类体育运动获得冠军或一等奖8个。

年末全县拥有县直医院3家、民营医院4家、乡镇卫生院19家，其中县培训中心（结核病防治所）1个，卫生监督所1个，疾病预防控制中心1个，血防站1个。拥有卫生技术人员1631人，其中医生986人。医院、卫生院核准床位数1841床。5岁以下儿童死亡率为3.52‰。婴儿死亡率为1.17‰。产妇住院分娩比例达到100%。

【生态环境】 庐山西海武宁界碑断面水质稳定在Ⅰ类—Ⅲ类，县级集中式饮用水源地水质达标率为100%，11个万人千吨乡镇镇集中式饮用水水源地达标率为100%，空气质量优良天数349天，优良率为96.56%，PM2.5浓度为21ug/m^3，排名在全市位居第一。全年污染物减排COD154.56吨，氨氮65.69吨，二氧化硫20.16吨，氮氧化物3.912吨。四种污染物较上年分别下降4.17%、8.25%、1.67%、1.48%。

（武宁县2020年国民经济和社会发展统计公报）

居民收入

【城镇居民人均可支配收入】 2020年度，城镇居民人均可支配收入37861元，同比增长6.4%。

【农村居民人均可支配收入】 2020年度，农村居民人均可支配收入18086元，同比增长7.8%。

居民消费

【城镇居民人均生活消费支出】 2020年度，城镇居民人均消费支出18873元，同比增长-1%。

【农村居民人均生活消费支出】 2020年度，农村居民人均消费支出13686元，同比增长11.2%；

（刘欣）

2020年环境质量

城区环境空气优良天数337天，优良率为96.5%，PM2.5全年平均浓度21微克/立方米。源口水库（县级饮用水源地）水质自动监测站对总有机碳、高锰酸盐指数、氨氮、总磷、总氮、水质五参数等指标进行实时监测。市环境监测站对县境内的主要河流断面进行水质监测，庐山西海（柘林湖）水质整体状况良好良好，水质稳定在Ⅱ类以上，优良率100%，饮用水源地水质达标率100%。

（周剑）

2020年气候状况

武宁属亚热带季风气候，气候温和、湿润，雨水充沛，四季分明。2020年平均气温为17.8摄氏度，8月份平均气温29.1摄氏度，年最高温度为37.5摄氏度；全年总降水量1901.4毫米，4—6月占全年总降水量的30.4%；年平均相对湿度78%。

（曹运平）

生态文明建设

【概况】 县委、县政府聚焦生态文明建设高质量发展，先后出台《武宁县生态产品价值实现机制试点实施方案》《武宁县生态文明建设2020年工作要点》《生态文明体制改革专项小组2020年工作计划》《关于进一步加强生态文明建设评价考核工作实施方案》等文件，为深化生态文明建设迈出新的坚实一步。城区PM2.5浓度均值控制到21微克/立方米，空气质量稳居全市第一；地表水水质优良率、万人千吨饮用水源地水质达标率均为100%；界牌国控断面被认定为全省唯一Ⅰ类水质水域，庐山西海（武宁段）水质在全国56个重点湖泊中位居前三；成功创建国家生态文明建设示范县、江西省“绿水青山就是金山银山”实践创新基地。

【深化改革取得新突破】 在国内率先启动“生态产品储蓄银行”试点工作，得到省、市发改委等部门领导高度肯定；在全省率先搭建农村人居环境治理“万村码上通”5G+长效管护平台，实现农村人居环境治理数字化、智能化；武宁首创的“多员合一”生态管护员制度成果被国家发改委列入《国家生态文明实验区改革举措及经验推广清单》，是全省生态扶贫类唯一入选的经验成果，在全国范围进行推广。

【生态治理提升新效能】 纵深推进“全境护山、全域理水、全面治污”，强力实施8大标志性战役和30个专项行动，全面完成生态环境约束性指标。坚持生态保护与污染治理并重，实施一批山水林田湖草生态保护和修复工程，重点实施农村生活污水治理、废弃露天矿山生态修复、乡镇空气站建设、重点流域水环境治理等项目20个，完成一般工业固废填埋场建设、生活污水处理厂提标改造，建成村庄污水处理站54个，安装20套空气质量自动监测系统，实现乡镇（工业园）空气质量自动检测站全覆盖，生态治理体系与治理能力明显提升。

罗坪污水处理厂

【生态品牌实现新提升】 2020年9月17日，县委书记杜少华受邀出席第三届国家生态文明试验区建设（江西）论坛并作题为《精准落实生态文明建设新要求，全力打通“两山理论”转化通道》专题报告，得到主办方高度肯定和现场领导嘉宾一致好评。《生态产品价值转换的武宁实践》《武宁县探索“绿水青山”与“金山银山”的价值转换》等经验文章在人民网、新华社等主流网媒刊登，反响热烈。

（胡善宝）

精神文明建设

【公民思想道德建设】 积极开展模范好人事迹宣传，印发《先进模范志愿者报告团建设方案》，积极推荐邓小金、刘雨托等5名模范好人到各乡镇、单位、社区、学校开展宣讲。在青少年活动中心、图书馆、科技馆、文化馆、博物馆等单位显著位置刊播模范好人事迹展，“文明武宁”微信公众号发布模范好人先进事迹6期，营造选树典型、学习典型的良好氛围。积极开展“身边好人”推荐发布，各乡镇各单位积极发布“身边好人榜”620余人次，2020年共向“好人网”推报“中国好人”事迹20人次，好人线索5600余人次，东山村党支部书记谭翊泉获评2020年“中国好人”荣誉称号。

【群众性精神文明创建】 印发《2020年度“我们的节日”主题活动实施方案》，在春节、元宵节、清明节等传统节日期间，契合新冠肺炎疫情防控实际，组织全县城乡、学校、机关、企业开展线上群众性节日民俗活动，培养广大干部群众和中小学生的爱国情感。深化文明村镇（社区）创建活动，官莲乡东山村荣获全国文明村镇荣誉称号，大洞乡岭下村等35个村镇荣获武宁县2019年度文明村镇，新宁镇茶场社区等2个社区荣获武宁县2019年度文明社区称号，继续保留宋溪镇等82个村镇“武宁县文明村镇”称号和豫宁街道竹岭社区等4个社区“武宁县文明社区”荣誉称号。深化文明单位创建活动。县公路分局荣获第六届全国文明单位荣誉称号。指导县11个省级文明单位积极开展文明创建工作。做好县2020年度文明单位创评工作，成功创评县建设局等61个武宁县文明单位。4月，对登高山社区、白石岭社区等城区17个社区参与市级文明单位结对帮建情况进行督查。6月，召开第十二届市级文明单位创建工作培训会，指导文明单位制作发布身边好人榜和进行志愿服务项目打卡考勤工作。指导自来水公司、长运公司等单位积极做好文明窗口创建工作。

【全国文明城市创建工作】 召开动员会议，部署创文工作。印发《武宁县创建全国文明城市指挥部关于2020年创建全国文明城市工作方案》。召开创建全国文明城市“冲刺国检”决战动员暨城乡环境整治、城市功能与品质提升工作推进会、决战国检攻坚工作调度会、材料报送培训会、迎检工作会等10余场次。开展创文督查，推动工作落实。创文指挥部成立迎检工作领导小组，组建环境整治、迎检宣传、文明交通、城市管理、迎检攻坚5个督查组，并联合“3+N”督查组开展专项督查，发放督查通报 25 期，整改督办单 78 件。打造示范引领，助力创文工作。开展“三园一区”文明创建示范点打造。制定示范点创建工作方案，进一步加强对东山村、四小、昂泰胶囊有限公司和樟树下社区示范点的对接和督导，精心打造文明创建示范点。在山水武宁新闻网、电视台等媒体开辟文明创建专栏，围绕“文明健康有你有我”等主题在城区主次干道、商业大街、公园广场等实地测评点位增添及更换一批公益广告，并先后在环城大道、朝阳湖等公园绿地（公共广场）精心设计和安装 90 余个景观小品。“文明武宁”微信公众号刊发 39 期文明创建内容，向市民群众发放“创建全国文明城市倡议书”3 万余份、创文宣传扇和笔各 2 万余把（支）。对标《全国文明城市（县级）测评体系》标准，对实地点位开展常态化督导。8 月 3 日—4 日，江西省文明办联合国家统计局江西调查总队对武宁 2020 年全国文明城市创建开展模拟测评工作，并成功赢得国检入场券。

【志愿服务制度化建设】 加强志愿服务队伍建设，全县各乡镇、各单位、各社区均成立志愿服务队伍，在江西志愿服务网上注册志愿服务队伍 281 个，注册志愿者人数 34519 人。进一步推广和规范全国志愿服务信息系统注册，注册“新时代文明实践志愿服务队”139 个。积极开展志愿服务活动，全县共发动志愿者 12000 余人次参与疫情防控，累计志愿服务时长 20 万余小时。开展城区社区志愿服务，助力全国文明城市创建活动。全县 12 个市级文明单位、6 个志愿服务团队结对豫宁街道 6 个社区，依托社区“爱心超市”建立志愿服务激励机制。在竹岭、樟树下社区开展蓝天家园“志愿导学”活动，每周末为贫困学生、留守儿童开展半天的免费授课，全年举行志愿导学活动 40 余次。各文明单位志愿服务队和社会志愿服务组织多形式开展义诊、关爱老人儿童、关爱残疾人、防溺水宣传救援等志愿服务活动累计达 2 万余人次。选树推报一批优秀志愿服务组织和个人，街道办樟树下社区和乐荣宝入围 2018—2019 年度全省优秀志愿服务组织和个人候选对象。郑琴妹获评九江市优秀志愿者，县义工联获评九江市优秀志愿服务组织，豫宁社区、竹岭村社区获评九江市优秀学雷锋志愿服务社区。县委办等 23 个单位（组织）获评武宁县优秀志愿服务组织，袁梓钦等 29 名同志获评武宁县优秀志愿者。

【新时代文明实践工作】 深入推进宋溪、鲁溪、甫田、罗坪、清江 5 个乡镇新时代文明实践试点工作，全县 178 个单位、20 个社区（胜利社区和新宁社区除外）全部建成新时代文明实践站。12 月 2 日，县委宣传部、县文明办在县文化广场举行学习贯彻《九江市文明行为促进条例》宣传活动启动仪式，县直各单位和社会志愿服务组织近千人参加。抗“疫”期间，各新时代文明实践所（站）常态化开展疫情防控宣传、志愿者巡逻、修复隔离带等志愿服务活动，积极协助村镇、社区做好疫情防控工作，开展关爱留守儿童、关爱空巢老人、关爱残疾人等志愿活动，累计组织活动 240 余次，参与人数近万人。新时代文明实践站所志愿者变身“运菜工”，将新鲜果蔬送到医院、敬老院、养老院、派出所，让防疫一线工作者专注抗“疫”不分心。志愿服务小分队还为居家隔离人员、独居老人、残疾人等困难人群送防疫知识、送贴心服务，当“采购员”，做“送货员”，开展各项便民利民志愿服务 80 余次，组织 10 多名网络志愿者通过朋友圈、微信群、微博等渠道开展虚假消息辟谣工作，坚决消除“负能量”。

【乡风文明工作】 在村镇和社区持续推进“公德银行 + 公德超市”模式，全县共建成 21 所，通过将村民的美德善行记入公德银行账簿，用积分折算成“公德币”兑换相应的志愿服务等奖励，鼓励村民崇德向善、见贤思齐，促进乡风文明。4 月 16 日，县文明办、县社联带队到官莲乡东山村就村规民约、红白理事会、殡葬改革、家风家规、三园一区的打造等方面实地指导。积极组织村民开展“星级文明信用户”“文明家庭”、移风易俗先进典型评选。成功创建县级及县级以上“文明村镇”148个，创建率85%。每个乡镇、行政村设立综合文化服务中心，设立道德讲堂、农家书屋，修建文体广场，增设健身器材，组建乡村文艺队，积极组织村民开展广场舞等各种文体活动，努力打造“一村一韵”的文化特色。

【未成年人思想道德建设工作】 建立健全未成年人思想道德建设领导体制。7月16日，召开2020年全县未成年人思想道德建设工作推进会。积极开展各类未成年人先进选树宣传，县第一小学陈高杰等20名同学荣获武宁县2020年度“新时代好少年”荣誉称号。推荐学生参与九江市2020年“新时代好少年”评选，其中上汤学校朱咏获评。加强未成年人活动场所建设，全县建成投入使用社区未成年人活动中心12个，乡村学校少年宫13所。完善乡村少年宫学校的管理考核，10月28日，组织全县13所中央和省级乡村项目少年宫参加2020年度江西省乡村学校少年宫项目建设培训会。全县青少年活动中心和县未成年人心理健康辅导站投入使用。积极推荐县第四小学、县第五小学和县第二中学参评江西省文明校园先进学校。县第一小学等5所学校荣获第一届九江市文明校园称号。积极开展“我们的节日”主题活动。全县43所中小学校全部参与清明“网上祭英烈”主题活动，参与学生人数3万余人次。在国庆节期间组织全县中小学生开展线上线下向国旗敬礼、签名寄语祝福祖国活动，参与师生3万余人次。

（曹东海）

附：2020年县级领导机构成员名录

中共武宁县委

书　　记：杜少华
副 书 记：李广松　宋晓妤（女）
常　　委：熊　波　詹宏夫　李立为　刘　斌
杨　娟（女）　王仁华
黄蓝（女，1月任）　朱良光（9月任）
李中洋（10月挂职期满）
四级调研员：王永红　卢洪温

武宁县人民代表大会常务委员会

党组书记、主任：余育民
党组副书记、副主任：谢凤林（女）
党组成员、副主任：付林斌　董青安　潘剑峰
马　呈
副　主　任：易　斌
一级调研员：徐修武

武宁县人民政府

党组书记、县长：李广松
党组副书记、副县长：熊　波
党组成员、副县长：陈绪洲　梅国煌　王利军
武文斌（3月任）
李中洋（10月挂职期满）
黄　蓝（女，任至1月）
副　县　长：卢恒墀
四级调研员：杨　桦（女）　夏清仁

中国人民政治协商会议武宁县委员会

党组书记、主席：朱必香（女）
党组副书记、副主席：张庆文
党组成员、副主席：王　静（女）　潘　尹
副　主　席：兰浩林　汪会华　余凌　刘胜
四级调研员：李正仁（4月退休）

（中共武宁县委组织部）

中国共产党武宁县委员会

综　述

2020 年，中共武宁县委常委会在以习近平同志为核心的党中央坚强领导下，团结带领全县人民紧紧围绕“始终坚持生态立县，全面推进绿色崛起”的发展主题，统筹推进疫情防控和经济社会发展，着力构建“五大生态”，全力打造“三个示范”，做到疫情防控有力有效、经济社会秩序加快恢复、重点工作稳步推进，全县党的建设和经济社会发展取得新成效。全年地区生产总值 175.09 亿元，同比增长 3.2%；财政总收入 22.57 亿元，同比增长 7.8%；规上工业增加值同比增长 0.3%；全社会固定资产投资同比增长 9%；城镇居民人均可支配收入 37861 元，同比增长 6.4%；农村居民人均可支配收入 18086 元，增长 7.8%。以全省第一的成绩获批第四批国家生态文明建设示范县、国家全域旅游示范区，获评全国村庄清洁行动先进县、连续 4 年获评全省高质量发展先进县、连续 4 年获评全省旅游产业发展先进县、连续 2 年获评全省全面深化改革先进县、全省首批美丽宜居示范县、全省实施乡村振兴战略实绩考核“优秀”县、全省第三批“绿水青山就是金山银山”省级实践创新基地，全省“五定包干”村庄环境长效管护综合考核第一名，全市城乡环境综合整治工作考核第一名。

（涂锋华）

重要会议

【县委全委会议】　2020 年，召开县委全委会议 3 次。

1 月 12 日，中共武宁县委十四届十次全体（扩大）会议召开。会议深入学习贯彻党的十九大，十九届二中、三中、四中全会和省委十四届十次全会、市委十一届十二次全会精神，全面落实中央、省委经济工作会议部署，听取和审议县委常委会工作报告，研究部署 2020 年工作。会议书面传达省委十四届十次全体（扩大）会议和市委十一届十二次全体（扩大）会议精神。审议通过《中共武宁县委常委会 2019 年度工作报告（审议稿）》。县委书记杜少华主持会议，县领导李广松、余育民、朱必香、熊波、詹宏夫、李立为、刘斌、杨娟、王仁华、李中洋等出席会议。

8 月 17 日，中共武宁县委十四届十一次全体（扩大）会议召开。全会深入学习贯彻省委十四届十一次全会、市委十一届十七次全会精神，审议县委常委会上半年工作报告。会议书面传达省委十四届十一次全体（扩大）会议和市委十一届十七次全体（扩大）会议精神，审议并通过《中共武宁县委常委会 2020 年度上半年工作报告（审议稿）》。县委书记杜少华主持，向全会报告工作。县委副书记、县长李广松总结全县上半年工作，对下半年全县经济工作进行具体部署。县委副书记、县目标管理考评领导小组组长宋晓妤宣读《二零一九年度全县内涵式高质量发展目标管理考评结果的通报》。县领导余育民、朱必香、詹宏夫、李立为、刘斌、杨娟、王仁华、黄蓝及县委委员、候补委员出席会议。不是县委委员、候补委员、县纪委委员的县四家班子领导，人武部政委、部长等参加会议。

12月30日，中共武宁县委十四届十二次全体（扩大）会议召开。县委书记杜少华代表县委常委会作工作报告，就《中共武宁县委关于制定全县国民经济和社会发展第十四个五年规划及二零三五年远景目标的建议（讨论稿）》起草情况进行说明并作总结讲话。县委副书记、县长李广松部署全县经济工作。会议分组讨论审议并表决通过《中共武宁县委常委会2020年度工作报告》和《中共武宁县委关于制定全县国民经济和社会发展第十四个五年规划及二零三五年远景目标的建议》；书面传达学习中共江西省委十四届十二次全体（扩大）会议、省委经济工作会议、中共九江市委十一届十九次全体（扩大）会议精神。县领导宋晓妤、朱必香及县委委员、候补委员出席会议。

【县委常委会议】 2020年，召开县委常委会议24次。

1月9日，县委十四届70次常委会召开。县委书记杜少华主持会议。会议议题有：传达学习习近平主席2020年新年贺词、省委经济工作会议精神、市委十一届十二次全体（扩大）会议精神、全市县域经济巡回看变化活动精神；审议县委主题教育工作领导小组呈报的《全县“不忘初心、牢记使命”主题教育工作总结报告》；研究县政府党组呈报的《庐山西海（武宁辖区）重点水域禁捕退捕工作实施方案（送审稿）》；听取县纪委监委《关于武宁县纪委监委信访举报形势分析及审查调查统计情况的汇报》；听取县委巡察工作领导小组《关于十四届县委第十一轮巡察工作综合情况汇报》；研究县委办公室呈报的《中共武宁县委十四届十次全体（扩大）会议方案（送审稿）》《中共武宁县委常委会2019年度工作报告（送审稿）》《杜少华同志在县委十四届十次全体（扩大）会议上的工作报告（送审稿）》《李广松同志在县委十四届十次全体（扩大）会议上的讲话（送审稿）》。

1月13日，县委十四届71次常委会召开。县委书记杜少华主持会议。会议研究有关干部人事问题。

1月21日，县委十四届72次常委会召开。县委书记杜少华主持会议。会议议题有：传达学习《习近平总书记在十九届中央纪委四次全会上的讲话》，传达学习《关于认真学习贯彻习近平总书记在“不忘初心、牢记使命”主题教育总结大会上的重要讲话的通知》精神，传达学习省人大、政协“两会”精神；研究县人大党组呈报的《武宁县人民代表大会常务委员会工作报告（送审稿）》；审定县政府党组呈报的《政府工作报告（送审稿）》《关于武宁县2019年国民经济和社会发展计划执行情况和2020年国民经济和社会发展计划（草案）的报告》《关于武宁县2019年生态文明建设工作的报告》《武宁县2019年财政预算执行情况和2020年财政预算（草案）》；研究县政协党组呈报的《政协武宁县第十三届委员会常务委员会工作报告（送审稿）》；研究县纪委监委呈报的《关于给予有关人员处分的请示》；研究县委宣传部呈报的《关于报请审定武宁县文明村镇、文明社区和文明单位的请示》。

1月26日，县委十四届73次常委（扩大）会议召开。县委书记杜少华主持会议。会议传达学习贯彻中央政治局常委会和省委常委扩大会议关于新型冠状病毒感染的肺炎疫情防控工作精神，听取县疫情防控工作情况汇报，研究部署县新型冠状病毒感染的肺炎疫情防控工作。

2月9日，县委十四届74次常委会召开。县委书记杜少华主持会议。会议议题有：传达学习中共中央政治局常务委员会1月25日、2月3日会议精神，中央全面依法治国委员会第三次会议精神，省委常委会1月26日、2月1日、2月4日会议精神以及省纪委十四届五次全会精神和市纪委十一届五次全会精神；听取县新型冠状病毒感染的肺炎疫情防控应急指挥部《关于我县疫情防控工作的汇报》；研究县纪委监委呈报的《关于召开县纪委十四届五次全会有关事项的请示》和《中共武宁县第十四届纪律检查委员会第五次全体会议工作报告（送审稿）》。

2 月 13 日，县委十四届 75 次常委会召开。县委书记杜少华主持会议。会议议题有：传达学习中共中央政治局常务委员会 2 月 12 日会议精神、习近平总书记在北京市调研指导“新冠肺炎”疫情防控工作时的重要讲话精神和市委书记林彬杨同志 2 月 11 日在武宁视察指导时的讲话精神；研究县政府党组呈报的关于县“三区”重点项目推进责任分解有关事宜；审定县扶贫开发领导小组提请研究的《关于当前我县有效应对疫情深入推进脱贫攻坚有关工作的请示》。

2 月 27 日，县委十四届 76 次常委（扩大）会议召开。县委书记杜少华主持会议。会议议题有：传达学习中央全面深化改革委员会第十二次会议精神、中共中央政治局 2 月 21 日会议精神、习近平总书记在中央统筹推进新冠肺炎疫情防控和经济社会发展工作部署会议上的重要讲话精神和全市推进高质量跨越式发展暨项目建设提速年动员会议精神；听取县“新冠肺炎”疫情防控应急指挥部关于统筹推进疫情防控和经济社会发展工作的情况汇报；研究县纪委监委呈报的《关于进一步加强和推进乡镇纪委标准化规范化建设的实施意见（送审稿）》；研究县委常委分工调整事宜。

3 月 13 日，县委十四届 77 次常委会召开。县委书记杜少华主持会议。会议研究有关干部人事问题。

3 月 27 日，县委十四届 78 次常委会召开。县委书记杜少华主持会议。会议议题有：学习习近平总书记在二十国集团领导人特别峰会上的重要讲话精神、习近平总书记在湖北省考察新冠肺炎疫情防控时的重要讲话精神、中共中央政治局常务委员会 3 月 18 日会议精神、《中共中央组织部关于认真做好 2020 年领导干部报告个人有关事项工作的通知》以及中央“两项法规”精神、省委书记刘奇在九江市调研疫情防控和经济恢复工作时的讲话精神和省市县三级联动推进重大项目开工大会精神；研究干部人事议题；研究县政府党组呈报的《关于抓好“三农”领域重点工作确保如期实现全面小康的实施意见（送审稿）》《武宁县 2020 年度脱贫攻坚工作要点（送审稿）》；听取县委政法委《关于中央、省、市政法工作会议精神及贯彻落实意见的汇报》和《2019 年度政法工作情况汇报》，研究《2020 年武宁县扫黑除恶专项斗争工作要点（送审稿）》；研究县委办公室呈报的《关于全国和省市保密、机要密码有关会议精神及贯彻意见的汇报》。

4 月 13 日，县委十四届 79 次常委会召开。县委书记杜少华主持会议。会议议题有：学习习近平总书记在浙江省考察统筹推进新冠肺炎疫情防控和经济社会发展工作时的重要讲话精神、习近平总书记回信勉励武汉东湖新城社区全体社区工作者的重要指示精神、习近平总书记对四川西昌市经久乡森林火灾的重要指示和李克强总理的重要批示精神、中共中央政治局 3 月 27 日会议精神、中共中央政治局常务委员会 4 月 8 日会议精神、省委书记刘奇在都昌县、鄱阳县调研防汛和脱贫攻坚工作时的讲话精神；研究县脱贫攻坚指挥部呈报的《武宁县关于中央脱贫攻坚专项巡视“回头看”反馈意见、“不忘初心、牢记使命”主题教育检视问题、成效考核指出问题整改工作方案（送审稿）》；研究县委组织部呈报的《武宁县退出科级领导岗位干部管理办法（试行）》；研究县委宣传部《武宁县 2020 年意识形态工作要点（送审稿）》《关于贯彻〈中国共产党宣传工作条例〉的若干措施（送审稿）》。

4 月 21 日，县委十四届 80 次常委会召开。县委书记杜少华主持会议。会议议题有：学习中共中央政治局 4 月 17 日会议精神、全省县（市、区）委书记座谈会会议精神、全省数字经济创新发展大会精神；研究干部人事议题；研究县政府党组呈报的生态文明及项目建设工作有关事宜、对武宁县援鄂医务人员给予政策奖励有关事宜、生态环境保护工作有关事宜、脱贫攻坚工作有关事宜；研究县政协党组呈报的《武宁县政协 2020 年工作要点》；研究县委组织部呈报的《关于召开全县党员领导干部脱贫攻坚专项巡视“回头看”整改专题民主生活会事宜的请示》；研究县委办公室呈报的《县委领导班子脱贫攻坚专项巡视“回头看”整改专题民主生活会对照检查材料（送审稿）》。

5月9日，县委十四届81次常委会召开。县委书记杜少华主持会议。会议议题有：学习《关于在全党开展“不忘初心、牢记使命”主题教育总结报告》《关于做好“不忘初心、牢记使命”主题教育后续工作巩固扩大成果的通知》、习近平在陕西考察时的重要讲话精神、中共中央政治局常务委员会4月29日和5月6日会议精神、江西内陆开放型经济试验区建设动员大会精神、全市打造“最美岸线”升级版工作调度会会议精神；研究县人大党组呈报的《县人大常委会2020年工作要点（送审稿）》《关于召开武宁县第十六届人民代表大会第五次会议有关工作的请示》；研究县政协党组呈报的《关于召开政协武宁县第十三届委员会第五次会议有关事项的请示》；研究县委组织部呈报的《关于审定县十六届人大常委会补选委员、县十三届政协常委会补选委员推荐人选的请示》《关于全省、全市组织部长会议，全省离退休干部“双先”表彰大会、全省老干部局长会议精神及贯彻意见的汇报》《武宁县村党组织书记备案管理办法（试行）》；听取县委统战部《关于全省、全市统战部长会议精神及贯彻意见的汇报》；研究县人民法院党组呈报的《武宁县人民法院工作报告（送审稿）》；研究县人民检察院党组呈报的《武宁县人民检察院工作报告（送审稿）》。

6月1日，县委十四届82次常委会召开。县委书记杜少华主持会议。会议议题有：学习全国“两会”精神、中共中央政治局常务委员会5月14日会议和中共中央政治局5月15日会议精神、习近平总书记在山西省考察时的重要讲话精神、习近平在第73届世界卫生大会视频会议开幕式上的致辞、全省领导干部会议精神、省委常委（扩大）会议精神、5月18日全省防汛工作调度会精神、全市“两会”精神、全市城乡环境综合整治暨城市功能与品质提升会议精神；听取县经济运行升级推进组《关于全县1—4月份经济运行分析暨奋战“二季度”、奋力“双过半”、夺取“双胜利”工作情况汇报》；研究县委政法委呈报的《关于建立健全长效常治机制纵深推进扫黑除恶专项斗争常态化的实施方案（送审稿）》；研究县委统战部呈报的《关于全省加强宗教活动场所管理暨佛教道教商业化治理工作推进会议精神及贯彻落实意见的汇报》；研究县委机构编制委员会呈报的《关于调整县人大常委会工委和设立县新宁中学等机构编制事项的请示》；听取县委巡察办《关于中央、省委和市委巡视巡察工作会议精神及贯彻落实意见的汇报》；听取县委党校《全省党校（行政学院）校（院）长会议精神及贯彻落实意见的汇报》和《中共武宁县委党校工作情况汇报》，并就有关事项进行研究。

6月22日，县委十四届83次常委（扩大）会议召开。县委书记杜少华主持会议。会议议题有：学习习近平在中央政治局第二十次集体学习时的重要讲话精神、习近平在中非团结抗疫特别峰会上的主旨讲话、习近平总书记在宁夏考察时的重要讲话精神、全省旅游产业发展大会会议精神，省委副书记、省长易炼红同志视察武宁时的讲话精神，市委书记林彬杨同志视察武宁时的讲话精神、全市十大重点产业高质量跨越式发展暨实施产业链链长制工作推进会会议精神；研究县政府党组呈报的《武宁天然饮用水生产项目实施方案》《武宁县推进城市功能与品质提升建设“最美小城”样本区工作方案》；研究县纪委监委呈报的《关于给予有关人员处分的请示》；听取县委编办《全市深化事业单位改革试点工作专题会暨全市基层整合审批服务执法力量改革推进会会议精神及贯彻落实意见的汇报》，研究县委编办呈报的《县农业综合行政执法大队等四支执法队伍“三定”规定》。

7月8日，县委十四届84次常委会召开。县委书记杜少华主持会议。会议研究有关干部人事问题。

7月13日，县委十四届85次常委会召开。县委书记杜少华主持会议。会议学习中共中央政治局6月29日会议精神、习近平在中央政治局第二十一次集体学习时的重要讲话精神、习近平关于统计工作重要讲话指示批示、习近平对防汛救灾工作的重要指示精神，省委书记刘奇在九江调研时的讲话精神、刘奇对防汛工作的指示精神和在九江检查防汛救灾工作时的讲话精神，全省、全市防汛紧急动员视频会议精神。会议研究县政府党组呈报的《武宁县实施重点产业链链长制工作方案（送审稿）》，听取县纪委监委《2020 年上半年武宁县纪委监委信访举报形势分析及审查调查统计情况的汇报》《关于全省设区市纪委书记座谈会及全市县（市、区）纪委书记座谈会会议精神及贯彻落实意见的汇报》；研究县委宣传部呈报的《关于报请审定〈武宁县 2020 年上半年意识形态工作报告（送审稿）〉的请示》；听取县委组织部《关于全省公务员工作推进视频会会议精神及贯彻意见的汇报》《关于全市基层党建“三化”建设推进会会议精神及贯彻意见的汇报》，研究县委组织部呈报的《2020 年度县委常委基层党支部工作联系点安排表（送审稿）》《关于 2019 年全县内涵式高质量发展目标管理考评情况的汇报》；研究县红十字会呈报的《关于召开武宁县红十字会第六次会员代表大会的请示》；研究县委办公室呈报的《中共武宁县委十四届十一次全体（扩大）会议方案（送审稿）》。

7 月 29 日，县委十四届 86 次常委会议召开。县委书记杜少华主持。会议传达学习中共中央政治局常务委员会 7 月 17 日会议精神，习近平总书记在企业家座谈会上的重要讲话精神、在吉林省考察时的重要讲话精神；中央、全省农村乱占耕地建房问题整治工作电视电话会议精神；省委十四届十一次全体（扩大）会议精神；全省设区市市委书记座谈会议精神；第六届全省“人民满意的公务员”和“人民满意的公务员集体”表彰大会精神；市委副书记、市长谢来发同志在武宁县检查调研时的讲话精神。会议听取并审定《武宁县 2020 年开放型经济工作意见》《武宁县“营商环境优化年”行动实施方案》，审定《中共武宁县委常委会 2020 年上半年工作报告（送审稿）》及其他事项。

8 月 21 日，县委十四届 87 次常委会召开。县委书记杜少华主持会议。会议传达学习中共中央政治局 7 月 30 日会议精神；习近平在中央政治局第二十二次集体学习时的重要讲话精神；习近平致全国青联十三届全委会和全国学联二十七大的贺信；习近平对“十四五”规划编制工作的重要指示精神；习近平对制止餐饮浪费行为的重要指示精神；全省县（市、区）委书记座谈会议精神；全市 2020 年第二批重大工业项目集中开（竣）工仪式暨二季度工业和重大项目推进会议精神。会议听取并审定《关于全省推进学前教育工作会和全市教育督导委员会第七次会议暨迎评工作布置会会议精神及贯彻落实意见的汇报》《武宁县 2020 年劳动模范和先进工作者推荐评选方案》《武宁县大健康产业发展实施意见（2020—2025 年）》《武宁县维护社会政治稳定工作规程（试行）送审稿》。

9 月 30 日，县委十四届 88 常委会议召开。县委书记杜少华主持会议。会议传达学习中共中央政治局 8 月 31 日会议精神；习近平在全国抗击新冠肺炎疫情表彰大会上的重要讲话精神；习近平在扎实推进长三角一体化发展座谈会上的重要讲话精神；习近平在经济社会领域专家座谈会上的重要讲话精神；习近平在科学家座谈会上的重要讲话精神；习近平在教育文化卫生体育领域专家代表座谈会上的重要讲话精神；习近平对新时代民营经济统战工作的重要指示精神。传达学习全省工业强省推进大会精神，省委常委会 9 月 22 日扩大会议精神，省委办、省政府办印发《关于认真贯彻中央有关文件精神做好下一步经济工作的意见》的通知精神。会议听取并审定《关于进一步规范进入工业园区企业检查备案制度的通知》《2020 年上半年党委（党组）落实全面从严治党主体责任情况的调研报告》《关于县工商联（总商会）换届工作的意见（送审稿）》《关于省委第四巡视组巡视反馈意见整改进展情况的报告（送审稿）》；审定并通过《关于全省、全市金融支持民营企业发展会议精神及贯彻落实意见的汇报》。审定并原则通过《武宁县归国华侨联合会机关职能配置、内设机构和人员编制规定（送审稿）》《关于县委办增设 2 名副科级职数的请示》；听取并研究《关于省、市信访工作联席会议全体（扩大）会议精神及贯彻落实意见的汇报》。

10月23日，县委十四届89常委会议召开。县委书记杜少华主持会议。会议传达学习习近平在中央政治局第二十三次集体学习时的重要讲话精神，习近平在纪念中国人民抗日战争暨世界反法西斯战争胜利75周年座谈会上的重要讲话精神，习近平在中央第七次西藏工作座谈会上的重要讲话精神，习近平在第三次中央新疆工作座谈会上的重要讲话精神；习近平在湖南考察时的重要讲话精神，习近平在中央党校（国家行政学院）中青年干部培训班开班式上的重要讲话精神，习近平在广东省考察时的重要讲话精神，习近平在深圳经济特区建立40周年庆祝大会上的重要讲话精神；中央第五巡视组巡视江西省工作动员会精神。会议审议《关于设立县红十字会党组的请示》《关于县委第十二轮巡察工作的综合情况汇报》，听取并审定《贯彻落实〈关于巩固深化“不忘初心、牢记使命”主题教育成果的意见〉任务分工方案（送审稿）》《武宁县2020年度内涵式高质量发展目标管理考评实施方案（送审稿）》。

10月28日，县委十四届90次常委会召开。县委书记杜少华主持会议。会议研究有关干部人事问题。

12月3日，县委十四届91次常委会召开。县委书记杜少华主持会议。会议传达学习中国共产党第十九届中央委员会第五次全体会议公报，纪念中国人民志愿军抗美援朝出国作战70周年大会精神；传达学习习近平在第三届中国国际进口博览会开幕式上的重要讲话精神，习近平对平安中国建设作出的重要指示精神，习近平在浦东开发开放30周年庆祝大会上的重要讲话精神，习近平在江苏考察和在全面推动长江经济带发展座谈会上的重要讲话精神，习近平在中央全面依法治国工作会议上的重要讲话精神，习近平在全国劳动模范和先进工作者表彰大会上的重要讲话精神；传达学习省委十四届十二次全体（扩大）会议精神，全市2020年工业强市大会暨第三批重大工业项目集中开（竣）工仪式精神。会议听取县政府党组《关于全县生态环境质量情况及各环保督察检查反馈问题整改进展情况汇报》；听取并审定县委巡察办《关于十四届省委第十轮巡视工作动员部署会会议精神的汇报》《关于对县委第十二轮巡察反馈意见问题整改落实的督查情况汇报》《关于县委第十三轮巡察工作的综合情况汇报》。会议审定并同意县工商联（总商会）提请研究的《关于召开武宁县工商联（总商会）第十五次会员代表大会的请示》。

12月17日，县委十四届92次常委会召开。县委书记杜少华主持会议。会议传达学习中共中央政治局常务委员会12月3号会议精神，中共中央政治局12月11日会议精神；传达学习习近平在中央政治局第二十六次集体学习时的重要讲话精神，习近平在党外人士座谈会上的重要讲话精神，习近平致首届全国职业技能大赛的贺信，习近平在气候雄心峰会上的重要讲话精神；传达学习平安江西建设暨市域社会治理现代化试点工作推进会精神。会议听取县委政法委《关于全国、省、市扫黑除恶会议精神及县扫黑除恶工作情况汇报》，县委统战部《关于全省县（市、区）党委政府分管民族宗教工作领导干部培训班和全市宗教场所规范化管理现场推进会议精神及贯彻落实意见的汇报》，2020年省市高质量发展考核工作情况汇报，2020年度全县食品安全工作情况汇报。会议审定并通过县委组织部《关于对在2020年度脱贫攻坚、疫情防控、抗洪救灾、创建全国文明城市等方面做出突出贡献的集体和个人进行表扬的通报》；听取并审定《关于全省、全市村（社区）“两委”换届选举工作会议精神及贯彻意见的汇报》；审定并通过《关于落实2020年度高质量发展考核评价工作目标任务的意见》。会议审定《江西省抗击新冠肺炎疫情先进集体和先进个人武宁县正式推荐对象》《中共武宁县委十四届十二次全体（扩大）会议方案（送审稿）》《杜少华同志在县委十四届十二次全体（扩大）会议上的工作报告（送审稿）》《中共武宁县委关于制定全县国民经济和社会发展第十四个五年规划及二零三五年远景目标的建议（审议稿）》。

12月31日，县委十四届93次常委会召开。县委书记杜少华主持会议。会议传达学习中共中央政治局民主生活会12月24日至25日会议精神；

中央经济工作会议精神，中央农村工作会议精神；传达学习省委经济工作会议精神，省委务虚会议精神，省委抗击新冠肺炎疫情表彰大会精神；市委十一届十九次全体（扩大）会议精神。会议审定并通过县人大党组提请研究的《关于召开武宁县第十六届人民代表大会第六次会议有关工作的请示》《武宁县人民代表大会常务委员会工作报告（送审稿）》；审定并通过县政协党组提请研究的《关于召开政协武宁县第十三届委员会第六次会议有关事项的请示》《政协武宁县第十三届委员会常务委员会工作报告（送审稿）》。会议审定并通过县政协党组提请研究的《关于2020年民主评议工作情况报告》。会议听取县劳模评选委员会办公室《关于2020年武宁县劳动模范和先进工作者推荐评选结果的汇报》。

【县委中心组学习会议】 2020年，召开县委中心组会议6次。

3月24日，县委举行中心组集中学习（扩大）会。县委书记杜少华主持会议并讲话。会议集中学习中央政治局常务委员会3月18日会议精神、《习近平扶贫论述摘编第六章：坚持从严要求，促进真抓实干》《习近平新时代中国特色社会主义思想学习纲要第十九章：掌握马克思主义思想方法和工作方法》《中共中央办公厅印发〈党委（党组）落实全面从严治党主体责任规定〉》《关于认真做好2020年领导干部报告个人有关事项工作的通知》、中央“两项法规”精神及全省领导干部个人有关事项集中填报工作专题部署（视频）会议精神、《关于未如实报告个人有关事项问题处理情况的通报》等文件、会议精神，观看《领导干部报告个人有关事项教学视频》。县领导刘斌、谢风林、王利军、汪会华围绕统筹做好疫情防控和经济社会发展工作进行交流发言。李广松、宋晓妤、余育民、朱必香等县委中心组固定成员参加会议。

6月19日，县委中心组集中学习（扩大）会在县财政局六楼会议室召开。县委副书记宋晓妤主持会议。会议特邀江西日报社主任编辑、江西新闻客户端副总监邱虎就《领导干部如何提高媒体素养及舆论引导能力》进行授课。会议还安排全国“两会”精神、《全国人民代表大会关于建立健全香港特别行政区维护国家安全的法律制度和执行机制的决定》《习近平总书记在全国“两会”期间重要讲话视频》《习近平总书记对安全生产工作的重要指示精神》《习近平总书记关于扫黑除恶专项斗争的重要指示精神》《习近平在决战决胜脱贫攻坚座谈会上的讲话》《中共中央办公厅通讯—脱贫专刊》《中华人民共和国民法典》《中国共产党农村工作条例》和《江西省贯彻〈中国共产党农村工作条例〉实施办法》《民族政策宣传手册》《刘奇、易炼红同志在省委常委会（扩大）会议上的讲话》（赣办通报〔2020〕第18期）《另一个香港》（中央广播电视总台专题片）等自学内容。县领导余育民、朱必香等在家的县四家班子领导参加学习。

8月6日，县委中心组集中学习（扩大）会召开。县委书记杜少华主持会议。会议特邀武宁人、复旦大学行政学院博士生导师沈夏珠作“四史”辅导报告，集中学习《习近平谈治国理政》（第三卷），中央办公厅印发的《党委（党组）意识形态工作责任制实施办法》的通知，中纪委通报〔2020〕2号《关于姜国文严重违纪违法问题及其教训警示的通报》，省纪委办公厅《关于进一步压实我省防逃工作责任的通知》等。

10月28日，县委中心组集中学习（扩大）会召开。县委书记杜少华主持。会议传达学习市委书记林彬杨视察武宁时的讲话精神；集中学习《习近平谈治国理政》（第三卷）（重点学习推动经济高质量发展、国防和军队建设、防范化解重大风险等内容）；书面学习习近平总书记关于脱贫攻坚重要讲话精神，《中共中央办公厅印发〈关于巩固深化“不忘初心、牢记使命”主题教育成果的意见〉的通知》，中共江西省委办公厅、江西省人民政府办公厅关于印发《江西省维护社会稳定领导责任制规定》的通知。县委副书记、县长李广松，县委副书记宋晓妤，县人大常委会主任余育民，县政协主席朱必香及县委中心组其它固定成员参加学习。

12月3日，武宁县召开党的十九届五中全会精神宣讲报告会。市委宣讲团成员、市监委委员何仁高作宣讲报告。县委书记杜少华主持宣讲报告。何仁高从充分认识党的十九届五中全会的重大意义、深入理解新发展阶段、准确把握新发展格局、深入贯彻新发展理念、坚持党的全面领导奋力开启新征程等方面，对全会精神作了系统阐述和精彩讲解。宋晓好、朱必香等在家的县四家班子领导聆听报告。

12月3日，县委中心组举行集中学习（扩大）会，举办专题读书班，深入学习贯彻党的十九届五中全会精神和省委全会精神。县委书记杜少华主持。会议集中专题学习《中国共产党十九届中央委员会第五次全体会议公报》《中共中央关于制定国民经济和社会发展第十四个五年规划和二零三五年远景目标的建议》，自学党章，书面学习《江西省委十四届十二次全体会议精神》《中华人民共和国档案法》《宗教工作基础知识》。县领导宋晓好、朱必香、熊波、詹宏夫、李立为、刘斌、杨娟、黄蓝等参加学习。

（涂锋华）

重要决策

【疫情防控工作】 1月26日，县委十四届73次常委（扩大）会议召开，研究部署武宁县新型冠状病毒感染的肺炎疫情防控工作。会议强调，要全员发动起来，构建自我防控、主动参与的全民作战体系，做到群防群控，坚定信心打赢这场疫情防控战；要做足充分准备，严密做好道路卡口检测登记工作，确保不漏一车、不漏一人，守好江西“北大门”；坚持科学有序应对，按照“外防输入、内防扩散”总体要求，确保各项防控工作有条不紊、忙而不乱，有力、有效；压实工作责任、严明工作纪律，以严实的作风落实防控工作，让老百姓安心放心。

【确保如期实现全面小康】 4月14日，县委、县政府出台《关于抓好“三农”领域重点工作确保如期实现全面小康的实施意见》。要求必须坚持以习近平新时代中国特色社会主义思想为指导，深入贯彻习近平总书记视察江西重要讲话精神，积极落实党中央、省、市关于“三农”工作的决策部署，对标对表全面建成小康社会目标任务，集中力量完成打赢脱贫攻坚战和补上全面小康“三农”短板两大重点任务。抓好农业稳产保供和农民增收，推进农业高质量跨越式发展，保持农村社会和谐稳定，提升农民群众获得感幸福感安全感，确保脱贫攻坚战圆满收官，确保武宁与全国同步全面建成小康社会。

【生态产品价值实现机制试点工作】 4月28日，县委办、县政府办出台《武宁县生态产品价值实现机制试点实施方案》。为贯彻落实习近平总书记“要积极探索推广绿水青山转化为金山银山的路径，选择具备条件的地区开展生态产品价值实现机制试点，探索政府主导、企业和社会各界参与、市场化运作、可持续的生态产品价值实现路径”重要指示精神和省委相关要求，顺利实施生态产品价值实现机制试点工作，要求紧扣“提供更多优质生态产品以满足人民日益增长的优美生态环境需要”主线，围绕武宁县构建“五大生态”、打造“三个示范”发展思路，探索生态产品价值实现路径。

【开放型经济工作】 7月31日，县委、县政府出台《武宁县2020年开放型经济工作意见》。为进一步落实好“六稳”“六保”工作，实现开放型经济逆势上扬，要求以习近平新时代中国特色社会主义思想为指导，深入贯彻落实党的十九大和十九届二中、三中、四中全会精神，全面落实省市“项目建设提速年”的工作要求，做好武宁县“服务项目见效年”工作，进一步强化招商引资“抢”的意识、“拼”的作风，全力以赴推进重大项目落户、建设，不断促进全县开放型经济提质增效。

【加强新时代爱国主义教育】 8月3日，县委、县政府出台《武宁县贯彻〈新时代爱国主义教育实施纲要〉的若干措施》。要求以习近平新时代中国特色社会主义思想为指导，着眼培养担当民族复兴大任的时代新人，坚持把实现中华民族伟大复兴的中国梦作为鲜明主题，坚持爱党爱国爱社会主义相统一，坚持以维护祖国统一和民族团结为着力点，坚持以立为本、重在建设，坚持立足中国又面向世界，始终高扬爱国主义旗帜，着力培养爱国之情、砥砺强国之志、实践报国之行，使爱国主义成为全县人民的坚定信念、精神力量和自觉行动，为建设秀美富裕幸福的现代化山水武宁提供强大动力。

【加强新时代公民道德建设】 8月3日，县委、县政府出台《武宁县新时代公民道德建设实施方案》。要求深入贯彻落实《中共中央、国务院关于印发〈新时代公民道德建设实施纲要〉的通知》和《中共江西省委、江西省人民政府关于印发〈江西省新时代公民道德建设实施方案〉的通知》文件精神，深入学习贯彻习近平新时代中国特色社会主义思想，坚持马克思主义道德观、社会主义道德观，坚持以社会主义核心价值观为引领，着眼培养和造就担当民族复兴大任的时代新人，全面加强社会公德、职业道德、家庭美德、个人品德建设，不断提升公民道德素质，为建设秀美富裕幸福的现代化山水武宁提供精神力量和道德营养。

（涂锋华）

政策研究

【认真撰写文稿】 高质量起草领导讲话、总结汇报、文件等文稿350余篇，200多万字。涵盖县委全会、县“两会”等重大会议领导讲话、县委“十四五”规划及二零三五远景目标规划建议。

【开展调查研究】 严格按照勤学、多思、深察、善谋的政研工作要求，扎实开展调查研究工作，为武宁经济社会发展出谋划策。全年在市级及市级以上党报党刊发表文章20篇，多篇稿件被新华社等高端主流媒体转载。

（涂锋华）

党史工作

【概况】 《武宁县革命老区发展史》完成初稿，正在修改完善。开展全县烈士公祭日、清明祭英烈等重大纪念活动，邀请复旦大学行政学院博士生导师沈夏珠为全县领导干部作党史、新中国史、改革开放史、社会主义发展史的辅导报告；认真编写《武宁大事记》，记载武宁县发生的重大事件、重要活动，及时向上级部门反映武宁的重大事件和党史工作动态，向《九江大事记》报送党史信息69条。以征订《党史文苑》为抓手推进党史宣传教育工作，圆满完成征订任务。

（涂锋华）

保密工作

【概况】 加强涉密计算机、文件和移动存储介质管理，确保“涉密不上网，上网不涉密”，坚决杜绝随意查阅、传阅涉密文件资料的现象发生。邀请市委保密机要局来县开展保密知识讲座，抽调机要、安全部门技术人员对县新冠指办、县委政法委、县委统战部和部分乡镇等单位开展进驻式涉密检查，发现内外网U盘交叉使用痕迹，对涉及当事人进行约谈。 （涂锋华）

办公室工作

【概况】 认真落实公文处理有关规定，公文制作严谨规范，收文发文准确及时，全年共办理收文696份，发文157份。精心组织每次会议、每项活动，各环节联系紧密细致、科学周到，保证会议的良好秩序和效果。共筹办县委全委（扩大）会、县三干会等大中型会议、迎检创建活动44场次。

【改革工作亮点纷呈】 大力开展“一县一点”项目、互学互鉴项目试点，对照改革工作要点，制定工作台账，武宁8大改革专项、26项自主特色改革工作亮点纷呈，150余项改革事项稳步推进。在全国范围内率先探索建立的“林长制”被写入《中华人民共和国森林法》，中办、国办印发《关于全面推行林长制的意见》；“多员合一”生态管护机制列入国家发改委《国家生态文明实验区改革举措和经验做法推广清单》。在全省率先启动“生态产品储蓄银行”试点工作。武宁县在中央改革办赣调研座谈会和全市深改委会议上作典型发言。共报送改革案例及信息40余篇（条），《江西改革动态》采用1篇，省政府《参阅文件》采用1篇，《江西生态文明》采用1篇，《新华社高管信息》《当代江西》《江西日报》《九江》《九江改革》《九江日报》多次采用，多项改革工作纳入全省、全市《改革示范案例选编》。

【督查落实持续问效】 制定《武宁县2020年督查检查考核计划》，围绕县委重大决策部署、全县重点工作、领导重要批示指示等开展督查督办。开展县委全委会和常委会决策部署督查、脱贫攻坚、“全国文明城市”创建、招商引资、生态环境等各类督查督办活动20批次，特别是持续抓好省委巡视反馈武宁问题的整改情况的跟踪问效，严格规范资料存档。聚焦形式主义、官僚主义问题，对照“基层减负年”要求，全力以赴做好市委市政府综合督查，扎实做好乡镇为民办实事工作考核。对县委全会、三干会、党务会等全县大型会议开展会风会纪督查11次，办理县委领导批示件22件、指示交办事项25件次，办结率100%。

【信息服务主动及时】 及时报送县委工作情况、经济建设和社会事业发展方面的信息，及时反映事关群众利益、带动全局的苗头性、倾向性问题，积极做好重要信息和紧急信息报送工作。向省委、市委上报信息335条，向市委总值班室报送紧急信息3条。其中：省级通报采用14条、市级采用175条。

【民声通道畅通务实】 畅通民声反映渠道，优化办理流程，加大督办力度，及时反馈办理结果，切实解决群众合理诉求。受理群众反映、咨询、建议件85件，办结回复85件，办结率100%，在县政府网站“民声通道”专栏公布办理情况2期。武宁县高质量承办群众诉求的做法获“省（市）委民声通道”充分肯定，在全省民声通道工作会上作典型交流发言。

【机要工作高效运转】 坚持24小时值守，确保密码安全与通讯畅通，全年合计收发、拟办、转办机要文件和电报36628份，无一泄密、错办、漏办和拖办现象。全县所有单位的非涉密文件都在商密网上运行，电子政务内网县级汇集点全市第一个完成并稳定运行，密码机房防火操作台和保密桌全市第一个到位，县乡商密网143家终端用户全部完成改造升级。荣获2020年度全省机要密码工作优秀单位称号。

【后勤服务高效细致】 积极做好县委机关食堂、车辆调配、办公设施等管理服务，推行绿色办公，成功创建江西省节约型机关。严格财务纪律，加强财务管理，不断提高资金使用效率，不断降低行政运行成本，确保财务收支平衡与手续规范，保证机关高效运行。全力做好后勤保障，提供细致、细心服务，确保各项工作顺利圆满。

（涂锋华）

附：2020年县委办公室领导名录

主　　　　　任：马　呈
副主任、党史办主任：孔　乐（女）
副主任、政研室主任：成晨阳
副　　主　　任：洪茂胜、朱必龙（任至3月）
正科级督查员：张欢欢（女）、冷婷婷（女）
保密局局长：刘汶华
机要局局长：刘　进
副　　局　　长：李东阳
督查室主任：王　飞
副　　主　　任：徐国富（任至4月）
改革办专职副主任：夏　凌（正科级）
民声通道工作室主任：潘　华

组织工作

【概况】 全县组织工作在县委的正确领导和上级组织部门的精心指导下，认真贯彻习近平新时代中国特色社会主义思想，深入贯彻新时代党的组织路线，坚持稳中求进工作总基调，聚焦主责主业、努力担当作为，较好地完成各项任务。2020年共提拔干部79人，进一步使用34人，其中提拔重用年轻干部37人，疫情防控、脱贫攻坚一线19人，单位骨干24人。从“四方面人员”中选拔乡镇机关领导干部4名，从优秀村（社区）干部中公开选聘乡镇（街道）事业编制人员5人。分批选派34名“90”后科级干部到项目建设、“3＋N”督导组、文明城市创建、信访维稳、工业园区及其他重点工作岗位锻炼。分批次开展公务员职级晋升工作，其中乡镇晋升77人，县直机关晋升29人，公安晋升43人。

【干部教育培训进一步优化】 将开展干部教育培训工作作为全县内涵式高质量发展目标管理考评和干部年度考核的重要内容。围绕《2020年度干部教育培训计划》，认真抓好干部教育培训工作，坚持课堂教学、实践教学相结合，确保干部教育培训取得实效。突出“山水武宁”生态资源优势，打造一批各具特色的“党建＋”“生态＋”现场教学点，市委党校将武宁作为生态文明建设现场教学基地。选派30余名县处级党员领导干部分批参加全市学习贯彻党的十九届四中全会精神集中轮训班；选派11名县处级领导干部和6名科级干部参加各类省、市调训以及脱贫攻坚、绿色发展等专题培训班。以“90”后科级干部为主体，举办全县青年干部培训班；邀请武宁籍在外博士来县作专题辅导报告，组织200余人参加学习；分两期组织全县所有科级干部开展党的十九届四中全会精神专题学习轮训，并开展结业理论水平测试。搭建空中课堂，认真组织全县2737名干部参加江西干部网络学院学习培训，定期对培训干部完成网络学习任务情况进行督查。

【扎实推进“党建＋疫情防控”】 以“党建＋疫情防控”为统领，严格按照“外防输入、内防扩散”总体要求，全面发挥党组织和党员干部“组织引领、战斗堡垒、履职担当、先锋模范”四大作用，全县690个党组织1.6万余名党员坚决听从县委指挥调度，职能部门协同合作，广大党员冲在前线、干在一线，筑起疫情防控的“铜墙铁壁”，共同打赢疫情阻击战。及时下拨32万元党费用于疫情防控相关工作，及时将组织温暖传递到防疫一线。组织动员广大党员积极响应党中央号召，踊跃为疫情防控工作捐款，全县15585名党员共计捐款142.26万元。组织全县1.6万多名优秀人才积极为疫情防控献智出力，1058名医疗专业技术人才投身疫情防控一线。协调举办“武宁籍外及港澳台青年网络募捐大会”，募集捐款3.3万元、医疗物资3000余件。

【统筹抓好各领域党建工作】 开展基层党组织“三化”建设。实行村（社区）党组织书记县级党委组织部门备案管理，及时调整7名党组织书记。摸排6个软弱涣散基层党组织并完成整顿提升。为符合条件的421名村干部购买养老保险。全县197个村（社区）中有193个村（社区）全面完成活动场所标准化建设。机关（事业）单位、中小学校、公立医院、两新组织也进一步完善党员活动室标准化建设。发展党员252名，入党积极分子储备1021名。发放慰问金33.76万元，救助、走访困难党员660名。针对性指导基层党组织开展党建活动，全面推广“党课开讲啦”活动，全面开展为党员集中过政治生日、到“初心”体验基地体验初心等活动。

【深化基层“党建＋”工作】 深入推进脱贫攻坚、扫黑除恶、乡村振兴。调整补强驻村干部30人。表彰扶贫一线干部61人。安排1147万元专项资金发展村集体经济，新增村集体基地35个。争取上级村级集体经济奖补资金135万元。所有村级集体经济经营性收入均达到5万元以上，其中，超20万元行政村12个。组织发动2800多名机关单位党员深入社区积极参与环境整治、创建文明城市等共建活动。建立县处级党委（党组）班子成员基层党支部联系点29个，科级党（工）委、党组班子成员基层党支部联系点333个。公开选聘11名城市社区工作者，充实城市社区干部队伍。

【切实推进人才队伍建设】　制定下发《武宁县2020年人才工作要点》。开展武宁籍在外高层次人才调查摸底工作，摸排出205名高层次人才，建立武宁县在外优秀人才名册。积极引进各类高层次人才14名，其中柔性引进博士6名，全职引进硕士3名，通过“绿色通道”引进高层次人才5名；牵头协调江西省箬溪生态农业有限公司与中国水科院淡水渔业研究中心专家团队达成技术合作，孙中华成功入选2020年度乡村文化和旅游能人支持项目，1人成功入选省“双千计划”人才工程，6人入选市“双百双千”人才工程。对2019年入选市“双百双千”人才工程的5名人才每人发放5000元奖励和“人才绿卡”，为省“双千计划”入选人才陈少武成功申请省级人才项目专项经费15万元；制定出台《武宁县高层次人才子女入学实施细则》，为高层次人才子女就学提供便利。落实党委联系专家制度，安排专项资金，春节期间对11名优秀人才进行走访慰问。组织全县旅游从业者300余人开展旅游服务技能培训，开展新型职业农民培训、水稻种植等培训共18期，培训1000余人；继续实行“一村一名大学生工程”，完成专升本培养计划7人，高职扩招培育高素质农民（专科）计划48人。认真落实“武宁籍人才回家”工程，依托“武宁博士联合会”开展“武宁博士大讲堂”、图书捐赠、“助力家乡医疗”等系列活动，邀请武宁籍在外优秀人才南方科技大学副校长张东晓加入江西省高层次人才联谊会。

【全面加强组织部门自身建设】　努力践行新时代党的组织路线，抓好全国、省、市组织部长会议精神落实，严格执行坚持“三会一课”、主题党日、民主生活会、双重组织生活、民主评议党员、党员党性定期分析等党内政治生活制度，及时传达各级各类违规违纪通报，切实增强全体组工干部党性观念和规矩意识。在组织系统新闻宣传（纸媒）上稿64篇，其中国家级媒体1篇，省级媒体9篇，市级媒体54篇。

（颜晓晨）

机关党建

【概况】　坚持把党的政治建设摆在首位，推动学习习近平新时代中国特色社会主义思想，教育引导机关党员牢固树立为人民服务宗旨，增强“四个意识”，坚定“四个自信”，做到“两个维护”。以基层党建“三化”建设为抓手，围绕中心，建设队伍，服务群众，努力打造“六型”党建机关。积极推动第一书记发挥“头雁”效应，涌现出一批获省市县表彰的优秀村第一书记，提拔重用扶贫干部20余人，脱贫攻坚工作全面通过国家、省、市考评验收，为全面打赢脱贫攻坚战贡献力量。

【全力抓好疫情防控】　积极组织县直机关23个“心连心”联合党支部、3600多名党员干部、11个扶贫村工作队、98名扶贫第一书记和工作队员分赴全县省级11个卡点、12社区、94个行政村落实疫情防控措施。

【抓实“三化”建设】　建立县直“三化”建设县级以上示范点4个，县直多个单位“三化”建设工作得到市委组织部高度肯定，“三化”建设实现100%全覆盖目标。发展优秀青年党员57名，占全年指导数的142.5%。

（张鸣春）

老干部工作

【概况】　截止2020年底，全县有离退休干部2700余人，其中党员1960人，建立离退休干部党支部54个。离休干部25人，享受副县（处）级及以上政治待遇和生活待遇的99人。

【抓好疫情防控】 坚决贯彻疫情防控要求，及时传达疫情防控政策，自觉落实好活动中心的各项防控措施。组织离退休干部在疫情防控中发挥应有作用，组建离退休疫情防控临时党支部2个，离退休干部疫情捐款14万多元。

【坚持政治学习和形势通报】 开展“重温入党誓词，永葆政治本色”等主题党日活动、“我看脱贫攻坚新成就”座谈活动、离退休干部网络报告会、党的十九届五中全会宣讲等活动，及时组织学习党的政治理论和政策，自觉增强“四个意识”，坚定“四个自信”，做到“两个维护”。定期开展形势通报，县委、县政府在春节前和7月中旬分别向老干部书面通报武宁的经济社会发展形势，听取意见建议，政府工作报告在起草过程中坚持征求老干部意见；重要会议和重要活动邀请老干部代表参加。

【认真组织参观考察】 11月6日，组织全县离休干部、县（处）级退休干部和离退休干部党支部书记参观考察，感受乡村振兴、脱贫攻坚、新型工业等城乡变化，感受“十三五”期间全县经济社会发展的变化，激发老同志参与社会经济建设的积极性。

【开展走访关爱活动】 开展重阳节走访慰问离休干部活动，组织全县离休干部和县（处）级待遇的退休干部进行健康体检，争取县财政支持，逐步提高体检经费标准，要求各单位为退休干部组织体检。积极帮助解决老干部在生活、住房、医疗费报销等方面的困难。共走访慰问老干部190余人次，发放慰问金8万元，组织体检150人次。

【加强离退休干部党支部建设】 制定下发《关于在全县开展离退休干部“示范党支部”创建活动的实施方案》，明确创建时间、阶段等要求和任务，加强对各单位、各行业老干支部示范创建活动的指导，按片区、行业、系统分别选树一些单位作为第一批创建申报单位。有1个退休支部申报全省“示范党支部”，有2个退休支部申报全市“示范党支部”，有8个离退休支部被授予县级“示范党支部”称号。

【加强活动阵地建设】 举办老干部钓鱼活动、第23届“夕阳红杯”全县老干部门球友谊赛、象棋赛、地掷球赛等活动。老年大学共设立17个专业，开设地方人文、书画、戏曲、诗词、摄影、舞蹈、电脑、器乐等多门学科计34个教学班次。组织开展京剧、黄梅戏送戏下乡10余场，深受基层群众的欢迎和好评。

（仇志华）

附：2020年县委组织部领导名录

部长：杨　娟（女）
常务副部长：段朝武
副部长：胡伟军（3月任）
　　　　邓卢武（3月任）
副部长、老干部局局长：缪　辉（任至3月）
副部长：张友平（任至3月）
组织员办副主任：夏　宇（女）
县直机关工委书记：张鸣春
非公经济组织和社会组织工委书记：张吉民
非公经济组织和社会组织工委副书记：
　　　　柯新生（正科级，3月任）
　　　　袁梓钦（女，3月任）
党员电化教育中心主任：杨沭浈（女）
村建办副主任：吴　昶
老干部局副局长：仇志华（保留正科待遇）
　　　　田丹华（女）
老干部活动中心主任：汪　敏（女）

机构编制

【概况】 紧扣县委、县政府工作部署，稳步推进机构改革。按照深化事业单位改革试点工作部署，密切对接市委编办，扎实有序推进事业单位改革。向49个主管部门（单位）书面征求意见，到21个下属事业单位较多的部门召开座谈会，对事业单位优化整合、职能调整、编制规模、领导职数调整、人员安置等情况进行模拟测算。梳理各单位职责，起草形成方案初稿，经县委编委会议研究通过后，12月底按时上报方案送审稿。严格规范机构编制管理，不断加强干部队伍建设，各项工作取得较好的成效。

【完成生产经营类事业单位改革】 5月初，出台《武宁县从事生产经营活动事业单位改革实施方案》（武办字〔2022〕22号），明确改革的目标任务、实施范围、完成时间、基本原则、改革方式、相关政策、工作步骤和相关要求。到主管部门进行座谈调研，了解3家经营类事业单位的法人登记、人员、资产财务、土地房产等情况及经营状况，督促主管部门做好资产清查、经济责任审计、人员安置摸底等前期准备工作。5月底，报县政府同意批复《武宁县建筑设计院撤销实施方案》《武宁县园艺场撤销实施方案》《武宁县库区渔种场撤销实施方案》。6月底，3家经营类事业单位全部办理完成资产处置、人员安置及社保关系接续、法人注销登记等相关手续。

【完成五大领域综合行政执法体制改革】 整合市场监管、文化市场、交通运输、农业四个领域的执法职责、执法机构和人员编制，经市委编办批复同意，印发四支综合行政执法队伍的“三定”规定，并报市委编办备案。

【推进基层整合审批服务执法力量改革】 优化机构设置，乡镇（街道）统筹设置7个职能机构，除公安派出所、司法所、市监分局、国土所外，不再保留原有乡镇（街道）内设机构和事业站所。支持乡镇（街道）突出地方特色，在相应的职能机构增挂旅游服务办公室、企业服务办公室、集镇建设管理办公室、“三区项目”服务办公室等牌子。

【科学合理调整学校布点】 经市委编办批复同意，设立武宁县振风高级中学。根据《江西省委编办、江西省教育厅、江西省财政厅关于完善中小学教职工编制动态调整机制的通知》（赣编办发〔2020〕63号）文件精神，重新核定全县中小学教职工编制总量3142名，并分配下达到各中小学。

【严格规范机构编制管理】 从严审批机构编制，全年共审批机构编制事项12项，所需32名编制全部通过系统内部或跨部门调剂解决，确保将机构编制总量控制在2012年底年报数内。严格编制使用管理，公务员录用、事业单位招聘、定向毕业生分配、三支一扶、特岗安置、退役士官安置等共328人和调动235人先核编再按规定的程序办理上编手续。严格执行招录用编上报审批规定，公务员招录、事业单位招聘195名计划全部报市委编办批准。加强实名制管理，及时录入机构编制调整文件和新进人员信息，确保实名制管理系统数据信息动态维护、真实准确。高标准严要求做好年报年审，仔细审核比对各部门各单位报来的机构编制人员信息，同步更新完善实名制管理系统数据信息，确保机构编制年度统计数据真实、准确、规范、完整。

【加强事业单位登记管理】 按时完成373个事业单位年度报告，新增设立登记事业单位6个，变更49个、注销103个、补领3个。部分单位印章换刻、注销单位印章收缴213枚。完成机关群团机构代码证变更26个。顺利完成交通治超站、巾口乡等单位登记资料移交工作。

（吴天淳）

附：2020年县委编委办领导名录

主　　　　任：张友平（3月任）
副　　主　　任：吴天淳
事业单位登记管理局局长：王成名（任至8月）

宣传工作

【概况】 2020年，在县委、县政府的正确领导下，全县宣传思想文化战线深入学习贯彻习近平新时代中国特色社会主义思想和党的十九届五中全会精神，牢牢把握统一思想、凝聚力量这一中心环节，自觉承担举旗帜、聚民心、育新人、兴文化、展形象使命任务，抓重点、破难点、掘亮点，守正创新，务实宣传，在全国唱响“山水武宁”品牌。

【压实意识形态“责任制”】 坚守“主阵地”，种好“责任田”，牢牢掌握意识形态工作的领导权和主动权。县委常委会研究审定印发《武宁县2020年意识形态工作要点》，压实责任，切实做到意识形态工作“五个纳入”。年度向市委专题汇报2次，党内下发通报1期，开展专项调研督查1次，下发督查通报1次，开展专题培训1次，召开联席会议2次，及时分析研判意识形态领域问题。积极开展农村意识形态专项整治和省委巡视整改工作，30个问题全部整改到位。出台意识形态阵地管理相关制度，加强文化活动场所、文艺演出市场、思想文化类学会协会、网络阵地、两新组织的管理力度。推进新时代文明实践中心、县融媒体中心、“学习强国”学习平台融通发展。新闻舆论阵地正面宣传强势有力，成立7支文明实践志愿服务队伍，常态化开展文明实践活动220场次。2020年在校园、田园、工业园、社区“三园一区”创新开展精神文明和意识形态工作示范创建，各点出经验、作示范，逐步形成可复制、可示范的文化模式，助推“山水武宁”品牌。

【筑牢理论建设“新思想”】 不断健全完善党委中心组学习制度，印发《2020年全县党委（党组）理论学习中心组专题学习重点内容计划》《关于开展党的十九届五中全会精神宣讲活动的通知》等，开展宣讲活动310场次。充分利用党课、主题党日和中心组学习契机，通过学习研讨、主题辅导、宣讲活动等形式，推动习近平新时代中国特色社会主义思想进企业、进农村、进机关、进校园、进社区、进网络、进新时代文明实践所（站），实现党的声音，党的理论全覆盖。创新开展“学习强国传帮带1+N”活动，带动近5000名群众学员参与学习，在学习强国平台发稿189篇。高质高效完成党报党刊征订工作，荣获全市党报党刊发行工作先进单位称号。

【唱响中心工作“好声音”】 坚持团结稳定鼓劲、正面宣传为主的方针，牢牢把握正确的舆论导向，形成声势效应、规模效应、引领效应，巩固积极健康向上的主流舆论。县融媒体中心完成新媒体矩阵建设，真正实现“一次采集、多种生成、多元传播”的全媒大格局。围绕县委、县政府中心工作，全媒发声，刊播宣传稿件6000余篇次。2020年在市级以上报台网发稿2000余篇（条），其中在中央大报大台上稿26篇（条），在《江西日报》发稿56篇（头版头条3篇），在江西广播电视台刊播78篇（头条2条），荣获2020年度九江报业融媒体新闻宣传先进县称号。

【扩大网络空间“正能量”】 严格落实属地管理责任、网站主体责任，规范互联网信息传播秩序。召开县委网信委全体会议，出台网信工作要点和网络意识形态工作责任制实施细则。开展国家网络安全宣传周等系列活动，网上正能量、好声音不断。印发《关于加快建立网络综合治理体系的实施方案》，打击违规平台和网络谣言等行为10次。印发《关于进一步规范舆情应对处置工作的实施意见》，做到舆情监测24小时值班制，向县疫情防控指挥部报送舆情动态40期。2020年，监测涉县负面舆情信息180余条，治理网络谣言8起，营造健康清朗的网络舆论环境。

【呈现精神文明“新风尚”】 通过全国文明城市创建载体，积极培育和践行社会主义核心价值观，倡导“做文明人、办文明事、创文明城”。积极做好身边好人选树发布工作，发布“身边好人榜”600余人次，1人获评“中国好人”荣誉称号。常态化举办模范事迹展，组建先进模范志愿者报告团到基层开展宣讲10余次。评选出“星级文明信用户”1286户，“文明家庭”220户、“文明村镇”148个，成功创评全国文明村镇1个、全国文明单位1个、省级文明单位11个。注册志愿服务队伍281个，注册志愿者人数34519人，积极参与疫情防控志愿服务，累计时长超过20万小时。持续推进农村移风易俗，建成“公德银行+公德超市”

21个。扎实开展“我们的节日”主题活动和推进未成年人思想道德建设，培养广大党员干部群众和学生的爱国情感。

【打造文旅发展“新亮点”】 精心策划群文活动，举办2020年武宁县迎新春晚会、香港第十届全国摄影艺术展暨百名摄影家看武宁特别邀请赛等活动；在市级以上刊物、展赛中发表、展出文艺作品2000多件，150余篇（件）获市级以上奖项，其中表演唱《西海畲乡等你来》和摄影《出手不凡》代表九江市参加“江西省少数民族艺术节”获得一等奖。围绕“打赢疫情防控战、人间有大爱”和“决胜全面小康，决战脱贫攻坚”两大主题，200篇（件）文艺精品在市、省、国家级线上线下各类平台展示。3幅作品入展省委宣传部“脱贫攻坚，精彩瞬间”摄影作品征集活动，武宁县被评为优秀组织机构。坚持以文塑旅、以旅彰文，多举措推进全域旅游工作，先后荣获国家全域旅游示范区、中国候鸟旅养小城、全域旅游精品目的地、第三批“绿水青山就是金山银山”省级实践创新基地称号，长水村被评为国家级乡村旅游发展重点村，杨洲乡被评为省级旅游风情小镇，“遇见武宁”荣获“省文旅融合示范项目十强”称号。

（柯善海）

附：2020年县委宣传部领导名录

部　　长：刘　斌（8月任）
　　　　　卢洪温（任至6月）
常务副部长：胡晓斌
副　部　长：何　悦（保留正科待遇）
副部长、文明办主任：孟　华

统战工作

【概况】 2020年，进一步增强“四个意识”、做到“两个维护”，扎实做好非公经济人士、党外干部、新联会、知联会、民族宗教等领域意识形态工作。巩固“不忘初心、牢记使命”主题教育成果，推动“不忘初心、牢记使命”主题教育制度化、长效化。结合省市部署，在部机关大力开展“强作风、抓落实、助发展”工作，推进部机关作风建设。加强对统一战线政策理论和统一战线经验成果的宣传报道，被各级新闻媒体、统战内刊和网站采用信息宣传稿件200余篇。

向县委推荐使用党外干部，提拔使用党外正科级干部1名，重用1人，交流1人，提拔使用党外副科级干部11名，交流2人；调整中增加3名党外人士政协委员。

【全员助力疫情防控】 全县统战干部和统战成员踊跃投身战“疫”一线，深入社区做好政策宣传、摸底排查、小区卡口、人员车辆登记等工作。民族村组召开新型冠状病毒疫情防控紧急工作部署会，对春节期间疫情防控进行安排部署。宗教界积极响应党委政府号召，从大年初一起全县宗教活动场所暂停对外开放，全县宗教活动场所、民间信仰场所暂停有人员聚集的宗教活动和民间信仰活动。一大批医疗卫生界无党派人士和近百名党外人士加班加点，坚守在抗疫一线。做好台胞、侨胞及15名留学归国人员疫情防控工作。全县统一战线共捐赠现金180万元，一次性外科医用口罩6万多个，KN95口罩1万个，医用手套2220双，防护服295套，消毒酒精、消毒水500多桶，为全县疫情防控工作解决燃眉之急。

【大力优化营商环境】 及时调整县促进非公有制经济发展领导小组，建立县领导联系走访商会和企业制度，出台《武宁县政商交往正负面清单（试行）》，为政商交往“亲而清”保驾护航。7月在工业园区分会召开习近平新时代中国特色社会主义思想进企业宣讲报告会，8月邀请县资深法律专家为全县非公经济企业家开展《中华人民共和国民法典》讲座活动，引导非公经济人士爱国、守法、敬业。深入企业、深入基层、深入一线，及时掌握并消除复工复产的障碍、困难，疏通执行政策措施的堵点、难点。扎实开展“防疫情、促发展”大走访活动和“侨资企业服务年”走访活动，为企业送政策、送温暖。推进银企对接，为企业生产解决“资金”的问题，争取上级3万元资金慰问汛期受灾的侨资企业。创新非公维权机制，经省司法厅批准，在县工商联机关设立公职律师岗，为会员企业提供义务维权服务，先后建立县工商联与县公安局警企联系点，与县法院、县检察院的非公有制企业工业园区维权联系点，通过加强与政府、工业园管委会、政法单位等协作配合，共同服务和保障县非公有制经济健康发展。

【做好商会及工商联换届工作】 制定出台《武宁县工商联基层商会暨外埠商会改革和发展实施意见》，对各基层商会开展工作考核，进一步促进各基层商会规范有序地建设和健康发展。召开广东省江西武宁商会选举大会，选举产生以华浔集团董事长夏振华为会长的商会领导机构。推动以商招商工作。宁波武宁商会开通智慧商会平台，开设“家乡动态”“招商引资”“项目合作”“商会商城”等多个栏目，对外销售武宁的扶贫产品、推动消费扶贫。引入的温州武宁商会常务副会长吴旭华先生回乡创办的九江众邦科技有限公司和会员李正发先生回乡创办的武宁百轩工艺品有限公司顺利投产。成功指导上海商会党支部完成换届选举、开展主题党日活动和党员发展工作。召开组织、税务等14家单位参与综合评价业务培训会，完成对216名非公经济人士的综合评价工作，从严把关，切实推选出一批思想政治强、行业代表性强、参政议政能力强、社会信誉好的优秀代表人士，提名新一届的工商联委员候选人，保证新一届工商联领导成员候选人的整体素质。12月4日召开武宁县工商业联合会（总商会）第十五次代表大会，选举新一届工商联领导成员。

【打赢精准脱贫攻坚战】 争取5万元新农村建设项目资金，改善帮扶村贫困户生产生活水平。大力开展安居、就业、产业、消费扶贫，全年进行危房提升2户，改厕3户，为外出务工人员申请到6000元交通补贴，创立扶贫车间吸纳贫困劳动力13人就业，户均增加年收入5000元，帮扶出售扶贫产品6000余元，协调东林寺向贫困户捐赠钱物2万余元。完成全村36户96人的全面高质量脱贫。积极引导非公企业、商会组织参与脱贫攻坚行动，大力开展“产业扶贫”“助学扶贫”“名誉村长联系贫困村扶贫”等“百企帮百村”行动，投入资金上百万元，流转土地数百亩，发展蜂蜜养殖、蓝莓、水栀子、板栗、茶叶、中药种植产业和温泉旅游等项目，为贫困户每年增收9000余元。

【打好污染防治攻坚战】 围绕打赢蓝天、碧水、净土保卫战，全力履行工业园区林长和河长第一责任人职责，继续做好矿业经济工作，制定矿业产业链长制方案，做好违法矿山整治工作，督促梅颜山、船滩大理石矿山生态修复。结合文明城市创建工作，牵头开展“心连心”片区环境整治工作，全体机关干部共同走访600多户宣传文明创建工作，指导步红南小区成立业主委员会，为联合党支部下拨5.8万元经费，开展城镇贫困群众脱贫解困、环境卫生整治、慰问社区困难老党员、党建等工作。

（汪小云）

民族宗教

【概况】 2020年5月，设立县民族宗教事务中心。举办全县民族宗教知识学习培训班（300人），邀请市委统战部副部长欧阳存风前来授课。配齐全县20个乡镇（工业园、街道）统战（宗教）干部和179个村（社区）级宗教工作联络员。举办三大宗教教职人员培训，深入开展爱国、爱教教育。动员宗教界参与社会公益事业，全县宗教界共捐助抗疫资金总额22.8万元。

【争取扶贫发展资金】 积极争取并完成少数民族扶贫资金100万元和市级少数民族发展资金30万元的分配使用，争取社会事业类资金24万元用于少数民族文化传承与发展、团结畲族村的民族团结进步创建工作和宗教场所维修。完成11个少数民族扶贫项目和支援不发达地区切块资金分配，按照扶贫工作和涉农资金监管要求，完成2014—2020

年扶贫资金项目在国扶系统中的录入和公示公开工作，完成100万元扶贫资金在民生资金监管平台的录入和调度审核工作。扶持罗坪镇漾都畲族村高产优质柑桔和东林乡山头畲族村吴茱萸药材基地的扩种，支持河潭畲族村打造槟榔芋产业基地建设。

【民族文化大放光彩】 在春节、元宵节、全县杨梅节及各级现场会期间，上演竹竿舞、畲族山歌对唱、十八般武艺等畲族节目，精选畲族美食参与美食节活动，改编畲族山歌歌颂党，编排《竹竿舞》《西海畲乡等你来》等民族舞蹈走进“遇见武宁”剧场，展示县域民族文化的魅力。在全省少数民族文化艺术节上，原创畲族山歌《西海畲乡等你来》荣获少数民族山歌一等奖，蒋德先的《出手不凡》荣获摄影作品一等奖。

【开展专项治理工作】 开展佛道教去商业化专项治理工作，5月7日召开全县各乡镇分管领导参加的宗教工作推进会，观音岛涉嫌商业化行为的标识、标牌全部清除，取消观音岛门票收费。开展基督教私设聚会点“回头看”行动，通过排查，无反弹现象、无新增聚会点出现。开展宗教场所违建整治活动，结合赋码换证工作，对全县134个宗教场所建设时间、报建手续进行重新排查建档。全面完成全县134个场所四至勘察和大部分场所土地确权测量工作。开展宗教联合执法行动，查处无证道人做道6人次，上报补办证件45人。

（汪小云）

台湾事务

【扎实开展“精准服务台企月”活动】 深入九江北湾樱花实业有限公司和九江金瑞得农业科技发展有限公司两家台资企业实地调研，了解企业复工复产情况，宣传对台有关政策，收集意见建议，坚定台资企业发展的信心与决心。积极协调推进赣台会项目。

【走访慰问台胞台属】 安排4000元专项资金，春节期间走访慰问台胞台属，为2名台胞办好居住证，为受疫情影响滞留武宁的台胞江俊恩（13岁）办好临时就读手续，保证其学业不中断。对患有唐氏综合征的台胞蔡某谙（12岁）赠送1000元慰问金，积极对接民政局和红十字会，持续跟踪开展后续帮扶活动。

（汪小云）

附：2020年县委统战部领导名录

部　　　　长：王仁华
常务副部长：瞿明和
副部长、台办主任：潘熙梅（女）
副部长、县工商联党组书记：王章军
台办副主任：张巧灵（女）
民宗局局长：付冬云（任至3月）
副　局　长：严　庆（女）

信访工作

【概况】 2020年，坚持以人民为中心的发展思想，以解决信访问题、化解突出矛盾为目标，积极做好群众来访接待和矛盾化解工作，着力推进信访工作专业化、法治化、信息化建设，更好地维护群众合法权益，促进社会和谐稳定，全县信访形势呈现总量下降、结构优化、秩序平稳的良好态势，为全县经济社会发展创造良好环境。县信访局获得全省信访工作“三无县”称号和全省信访系统“人民满意窗口”荣誉。

【凝心聚力共同抗疫】 领导班子充分发挥示范带头作用，组织全局干部深入包挂的罗坪镇洞坪村和白石岭社区开展联防联控工作，配合村、社区“两委”走访摸排300余户人员近期出行及健康情况，参与卡口值守90余天，做好片区巡查、防控宣传等工作，用实际行动共同构筑起抗击疫情的“屏障”。组织开展矛盾隐患集中排查，形成《关于新冠肺炎疫情防控时期信访维稳形势分析的报告》，提出“进一步畅通群众诉求渠道、抓好优惠政策落实、开展困难帮扶救助、加强信访稳定工作”工作建议。

【着力畅通诉求渠道】 落实县领导和职能部门坐班接访制度，畅通“信、访、网、电”等多种渠道，全年办理群众信访 1080 件次 1605 人次，群众通过各个渠道反映的问题均依规甄别受理、转送交办，做到“件件有着落、事事有回音”。信访事项及时受理率和按期办结率均达 100%，群众满意率达 90% 以上，连续 3 年获评全省信访系统“人民满意窗口”。

【攻坚克难化解积案】 开展武宁县重点信访事项“清零”攻坚行动，梳理重点领域、重点群体、重点人员、重点问题四个方面 17 件突出信访问题纳入“清零”，全部妥善办结化解。开展“重复信访治理化解信访积案”专项工作，对中央信访工作联席会议交办 51 件重复信访治理问题全部落实县领导包案，明确“四定四包”工作责任制，按照“三到位一处理”的要求，依法按政策解决问题。

【维护社会和谐稳定】 会同公安、维稳等部门协调联动密切配合，组织各地各部门认真落实好矛盾排查、问题化解、信息预警、人员稳控等工作措施。特别在全国“两会”、十九届五中全会以及中央巡视组驻赣期间，开展信访保障工作，较好的维护社会大局稳定。 （邱超）

附：2020 年县信访局领导名录

县委办副主任、局长：余定北
副　　局　　长：黄彦乔
人民群众来访接待中心主任：刘东鑫
信访调处中心主任：余　江

接待工作

【概况】 2020 年，完成各类接待任务 77 批次，人数 1467 人，其中省部级以上接待任务 7 批次，厅级以上接待任务 58 批次，协助其他单位完成接待任务 97 批次。圆满完成省长易炼红，副省长陈小平，省政协副主席刘卫平及全国脱贫攻坚检查、全国文明县城检查、全国媒体采风团、全省发展环境专项审计等重要接待活动。

【实行“N 减 1”点餐模式】 认真贯彻习近平总书记关于坚决制止餐饮浪费行为、切实培养节约习惯重要指示精神和新冠疫情防控要求，实行“N 减 1”点餐模式，与自助餐和分餐制相结合，做到热情接待不浪费，落实“一菜一筷、一汤一勺”的公筷公勺使用规范。 （柳舒）

附：2020 年县委县政府接待办领导名录

主　　　任：杨　曦（女，任至 3 月）
副　主　任：柳　舒、余莎莎（女）

档案工作

【概况】 截至 2020 年 12 月底，县档案馆馆藏档案资料总数 297069 卷（件册张盘），其中纸质档案 256181 卷（件折算成卷），本年新增 3639 件；馆藏资料总数 35628 册，本年新增 18 册，；实物档案 200 件；照片档案 1432 张，声像 397 盘（件）。

【顺利通过全省业务建设评价工作】 为确保评价工作的顺利开展，通过抓重点、补短板、强弱项，积极开展评价准备工作。通过认真梳理、摸清家底、查找不足、细化任务、倒排工期、补充完善，围绕“建筑与设备、经费与人员、档案基础业务、开发利用服务”四个方面开展业务建设评价，最终顺利通过全省业务建设评价工作并被评为“省级示范档案馆”。

【档案鉴定开放工作】 截至 12 月底，对 143 个馆藏所有全宗档案开展鉴定开放、解密工作，鉴定比例达 94%，鉴定开放 108 个全宗的文书档案，开放比例为 71%。形成开放档案纸质目录和电子目录、密级档案纸质目录和电子目录。

【积极做好档案查阅利用工作】 积极搞好档案开

发利用，提升档案服务社会的功能，以档案为依托为全县经济建设、编史、修志、落实政策、机关查考、调解纠纷、核实工龄、复退转军人、婚姻登记、学术研究等方面的利用提供便利。截至12月，共接待查阅利用者5685人次，查阅案卷7360卷（件），复印档案23560张。

【规范脱贫攻坚档案收集整理】 为进一步了解掌握县脱贫攻坚档案资料收集管理情况，为下一步规范化整理脱贫攻坚档案工作提供依据、建立基础，县档案馆业务人员汇同县扶贫办工作人员深入杨洲乡界牌村、霞庄村调研脱贫攻坚档案情况，查阅村级脱贫攻坚资料、户档资料。提出材料收集、整理、集中管理等工作意见和建议。针对村级档案意识薄弱的情况进行档案宣传，普及档案资料收集、整理常识。

【搞好宣传活动】 围绕“档案见证小康路、聚焦扶贫决胜期”的主题，6月9日国际档案日，在县八音楼广场开展“扶贫印记——武宁县脱贫攻坚工作档案图片展”主题宣传活动，此次活动主要从“异地搬迁、安居扶贫、教育扶贫、健康扶贫、就业扶贫、保障扶贫、生态扶贫、社会扶贫等领域展现全县脱贫攻坚工作历程和成果，生动讲述武宁人在脱贫攻坚战中的先进事迹，并向全县征集新冠肺炎疫情档案资料。活动现场气氛热烈，展览内容引发市民共鸣。

【推进档案信息化建设】 2020年，启动第二期馆藏档案数字化加工，对剩余的15个全宗（包含新中国成立前民国档案）的纸质档案进行数字化，第二期档案数字化项目计划完成约255264画幅新中国成立后馆藏纸质档案数字化加工和87833画幅新中国成立前档案数字化工作。

（王杜娟）

附：2020年县档案局领导名录

局　　长：熊丽丽（女）
副 局 长：潘　攀、朱　学

党校教育

【概况】 2020年，围绕县委、县政府中心工作，坚持正确的办学方向，以提高广大党员干部特别是领导干部理论水平和科学执政能力为目标，以提高教学质量为重点，不断深化以教学为中心的各项改革，充分发挥党校理论教育的主阵地作用，为县域经济社会又好又快的发展提供服务。

【培训工作】 2020年，先后举办全县第二期青年干部培训班、村（社区）党组织书记和大学生村官培训班、全县意识形态工作专题培训班、全县民族宗教知识学习培训班、全县十九届四中全会专题轮训班等主体班7期，与相关单位联合办班5期，共培训学员1509人次，充分发挥党校在干部教育培训中的主渠道、主阵地作用。

【教研工作】 2020年，全体教研人员继续保持良好的科研势头，科研成效显著。完成撰写各类理论文章13篇，其中市级论文11篇，省级论文2篇。为充分发挥党校智库作用，年初成立生态文明建设课题组，围绕生态文明建设进行相关课题的开发，开发出“习近平生态文明思想”“生态文明建设武宁实践”等课程。

（袁应来）

附：2020年县委党校领导名录

县委副书记、校长：宋晓妤（女）
常 务 副 校 长：涂东亮
副　　校　　长：卢小平
校　委　委　员：熊晓武

武宁县人民代表大会常务委员会

综　　述

2020年，武宁县县级人民代表大会1个，乡镇人民代表大会19个。县人大常委会下设联络处1个。截至12月31日，共有各级人大代表1191名，其中省人大代表3名，市人大代表31名，县人大代表201名，乡（镇）人大代表956名。

武宁县第十六届人民代表大会下设专门委员会4个，分别是法制委员会、监察和司法委员会、财政经济委员会、社会建设委员会。县十六届人民代表大会常务委员会实有组成人员29名，其中主任1名、副主任6名、委员22名；组成人员中，驻会16名，不驻会13名。县人大常委会下设6个科级工作机构，分别是办公室、选举任免联络工作委员会、教育科学文化卫生工作委员会、农业农村和环境保护工作委员会、预算审查工作委员会、备案审查工作委员会。

2020年，在县委的坚强领导下，在市人大常委会的精心指导下，县人大常委会坚持以习近平新时代中国特色社会主义思想为指导，深入学习贯彻党的十九大和十九届二中、三中、四中、五中全会精神，以及省委、市委、县委全会精神，坚持党的领导、人民当家作主、依法治国有机统一，紧紧围绕全县经济社会发展大局，主动适应疫情防控常态化要求，依法履行职责。先后召开常委会会议10次，主任会议12次，听取和审议“一府两院”专项工作报告19项，组织执法检查、工作调研14次，对3个单位开展工作评议，作出决议、决定和审议意见12项，对43件规范性文件进行备案审查，任免国家机关工作人员19人次，撤职1人次，顺利完成县十六届人大五次会议确定的各项工作任务，为全县经济社会发展和民主法治建设作出应有贡献。县人大常委会班子认真贯彻县委重大项目建设分工责任制，切实履行“3+N”工作指挥部及推进（协调）组领导职责，积极投身疫情防控、脱贫攻坚、全域旅游、招商引资等中心工作，以实际行动推进全县经济社会发展。

（徐笑蓉）

重要会议

【武宁县第十六届人民代表大会第五次会议】

2020年5月19日至21日在县城召开。会议听取和审议县人民政府县长李广松关于武宁县人民政府工作报告；审查和批准武宁县2019年国民经济和社会发展计划执行情况与2020年国民经济和社会发展计划（草案）的报告，批准武宁县2020年国民经济和社会发展计划；审查和批准武宁县2019年财政预算执行情况和2020年财政预算（草案）的报告，批准武宁县2020年县级预算；听取和审议县人大常委会主任余育民关于县人大常委会工作报告；听取和审议县人民法院院长吴迎春关于县人民法院工作报告；听取和审议县人民检察院检察长周宝华关于县人民检察院工作报告；审议县人民政府关于武宁县2019年生态文明建设工作的报告；审议县十六届人民代表大会第五次会议关于设立武宁县第十六届人民代表大会监察和司法委员会的决定（草案）；补选吴伟、段朝武、廖礼锋为县十六届人大常委会委员。通过廖礼锋、韩忠为县第十六届人民代表大会社会建设委员会主任委员、副主任委员，刘书武、邱立花（女）、张雷（女，畲族）为委员。通过熊建军（女）、徐笑蓉（女）为县第十六届人民代表大会监察和司法委员会主任委员、副主任委员，刘芙蓉（女）、林晓波、秦峰为委员。票决2020年度民生实事人大代表票决候选项目，通过相应决议。会议收到代表对各方面工作提出的建议、批评和意见123件。县委书记杜少华在会上作了讲话。大会在全体与会人员的共同努力下取得圆满成功。

【县十六届人大常委会第二十五至第三十四次会议】 2020年，县十六届人大常委会在县市民服务中心903会议室共举行10次会议，即第二十五至第三十四次会议。县十六届人大常委会主任、副主任和委员出席会议，各次会议实到人数均符合法定人数；县人民政府有关领导和部门负责人，县监察委员会、县人民法院、县人民检察院主要负责人或负责人列席会议；县人大各专工委负责人、各乡镇人大主席、部分县人大代表列席会议；邀请若干名公民旁听会议。

县十六届人大常委会第二十五次会议，1月13日举行。会议补选詹宏夫为九江市第十五届人民代表大会代表。

县十六届人大常委会第二十六次会议，1月22日举行。会议审议通过县人民政府关于提请撤销卢位刚职务的议案。

县十六届人大常委会第二十七次会议，3月4日举行。进行人事任免。

县十六届人大常委会第二十八次会议，4月30日举行。会议进行人事任免；听取和审议武宁县2019年财政预算执行情况和2020年财政预算（草案）的报告；听取和审议县人民政府《2020年度民生实事人大代表票决候选项目建议方案（草案）》；推荐2020年县人大常委会工作评议单位；审议《武宁县人大常委会工作报告（送审稿）》；审议关于部分县十六届人大代表辞职事项；听取和审议县十六届人大常委会代表资格审查委员会关于县十六届人民代表大会代表异动情况的报告；审议关于个别县十六届人大常委会委员辞职事项；传达学习习近平总书记在陕西考察时的重要讲话精神；传达学习《全国人大常委会关于全面禁止非法野生动物交易、革除滥食野生动物陋习、切实保障人民群众生命健康安全的决定》《江西省人民代表大会常务委员会关于依法全力做好新型冠状病毒肺炎疫情防控工作的决定》。

县十六届人大常委会第二十九次会议，5月11日举行。会议听取和审议县十六届人大常委会代表资格审查委员会关于部分代表的代表资格审查报告；听取和审议《关于提请武宁县第十六届人民代表大会第五次会议设立武宁县人民代表大会监察和司法委员会的议案（草案）》；审议《关于召开县十六届人民代表大会第五次会议的决定（草案）》；听取和审议县十六届人大五次会议筹备处关于县十六届人大五次会议筹备情况的报告；通报《县人大常委会2020年工作要点》。

县十六届人大常委会第三十次会议，7月31日举行。会议听取和审议县人民政府关于矿山地质环境恢复治理工作情况的报告；听取和审议县人民政府关于2018—2019年度基本公共卫生服务项目实施及资金使用绩效情况的报告；听取县人民法院2020年半年工作情况报告；听取县人民检察院2020年半年工作情况报告；传达学习王晨副委员长来赣开展“一决定一法”执法检查及视察调研时的讲话精神。

县十六届人大常委会第三十一次会议，8月31日举行。会议听取和审议《中华人民共和国农产品质量安全法》执法检查情况的报告；对县城管局、县医保局、国网武宁县供电公司进行工作评议；传达学习全国人大常委会土壤污染防治法执法检查组第一次全体会议精神。

县十六届人大常委会第三十二次会议，9月29日举行。会议听取和审议县人民政府关于县十六届人大五次会议代表建议、批评和意见办理情况的报告；听取和审议县人民政府关于政务服务营商环境工作情况的报告；听取和审议县人民政府关于中小型水利工程建设情况的报告；听取和审议县人社局、县水利局关于2019年部门预算执行情况的报告；听取和审议县人民政府关于医疗服务便民惠民工作情况的报告；听取和审议县人民政府关于研究处理县人大常委会《关于2018—2019年度基本公共卫生服务项目实施及资金使用绩效情况报告的审议意见》情况的报告；县人民政府关于研究处理县人大常委会《关于矿山地质环境恢复治理工作情况报告的审议意见》情况的报告，并进行满意度测评；听取和审议县公安局关于扫黑除恶专项斗争工作情况的报告；听取和审议县人民政府关于2020年上半年国民经济计划和财政预算执行情况的报告；听取和审议县人民政府关于国有资产经营管理情况的报告；听取和审议县人民政府2019年县本级财政决算和审计工作报告，审查批准武宁县2019年财政收支决算。

县十六届人大常委会第三十三次会议，11月26日举行。会议进行人事任免；审议通过关于接受周宝华辞去武宁县人民检察院检察长等职务的决定；审议《关于提请决定王琳代理武宁县人民检察院检察长职务的议案》，并通过相关决定；听取和审议县人民政府研究处理县人大常委会《关于办理县十六届人大五次会议期间代表建议、批评和意见情况报告的审议意见》情况的报告、研究处理县人大常委会《关于政务服务营商环境工作情况的审议意见》情况的报告、《关于中小型水利工程建设情况报告的审议意见》情况的报告、《关于医疗服务便民惠民工作情况报告的审议意见》情况的报告、《关于扫黑除恶专项斗争情况报告的审议意见》情况的报告、《关于2020年上半年国民经济和财政预算执行情况报告的审议意见》情况的报告、《关于国有资产经营管理情况报告的审议意见》情况的报告，并分别进行满意度测评；听取和审议县人民政府关于县十六届人大五次会议票决通过民生实事项目建设情况的报告；听取和审议县人民政府关于2019年度县本级预算执行情况和其他财政收支审计查出问题整改情况的报告，并进行满意度测评；听取县人民政府关于2020年生态环境保护工作情况的报告。

县十六届人大常委会第三十四次会议，12月31日举行。会议听取和审议国网武宁县供电公司、县城管局、县医保局工作评议整改情况的报告，并进行满意度测评；听取和审议县人民政府关于落实县人大常委会《关于〈中华人民共和国农产品质量安全法〉执法检查情况报告的审议意见》情况的报告，并进行满意度测评；听取和审议县人民政府《关于提请审议局部调整〈武宁县城市总体规划（2018—2035）〉的议案》；听取和审议县人民政府《关于提请审议〈2020年县级一般公共预算和政府性基金预算调整方案（草案）以及2020年地方政府债务限额〉的议案》；听取和审议县人民政府《关于2020年县人大代表票决民生实事项目调整》的请示；听取和审议县十六届人大常委会代表资格审查委员会关于个别代表的代表资格审查报告；审议《政府工作报告（征求意见稿）》。

（徐笑蓉）

监督工作

【视察“三区”重点项目建设】 围绕深入开展“服务项目见效年”活动，组织部分省、市、县三级人大代表对全县2020年“三区”重点项目建设情况进行视察，提出招商引资要做实，投资环境要提升，项目建设质量和进度要并重等意见建议，为推动项目建设提振信心，凝聚合力。

【持续跟踪监督民生实事项目实施】 详细制定监督工作方案，组成监督小组，紧盯项目计划、实施进度、工程质量等重要环节，打好监督系列“组合拳”，对县人大代表票决通过的20项民生实事项目建设情况进行督查，有效推动年度7大类民生实事项目顺利实施。

【开展《中华人民共和国农产品质量安全法》执法检查】 执法检查组就增强农产品质量安全意识、完善质量安全体系建设和强化监管等方面提出建议，推动政府新增“三品一标”农产品认证13个，安排专项资金60余万元，加快县农产品质量安全检验检测实验室“双认证”建设，促进全县监督检测水平和监管服务能力提升，切实保障人民群众“舌尖上的安全”。

【开展部门工作评议】 通过工作评议，推动县城管局完成对市民反映强烈的汇金市场17家夜市经营户劝离搬迁，对流动摊贩实行“注册制”，登记备案商贩258家；推动县医保局积极畅通“线下”缴费渠道，落实参保缴费代缴服务，优化医保经办流程，完善医疗监管机构，全面推行门诊统筹；推动国网武宁县供电公司积极申报110千伏盘溪输变电工程项目纳入市公司“十四五”电网规划，推进“降成本、优环境”政策落实，助力企业复工复产。

【开展医疗服务便民惠民工作调研】 持续关注优化公共医疗服务，县人大常委会调研组对全县医疗服务能力和管理水平情况开展调研。针对存在的医疗设施仍显落后、医技人才依然匮乏、服务流程仍需优化、信息化建设明显滞后等问题提出建议，推动相关部门工作整改落实，有力推进全县医疗机构服务能力和服务水平的提高。

【开展政务服务营商环境工作调研】 持续关注营商环境改善，常委会调研组深入40余家企业进行实地调研。针对调研发现问题提出四大类14项审议意见，推动规范入园检查备案制度落实，完善部门服务机制，优化营商环境，为企业发展创造良好条件。

【开展中小型水利工程建设情况调研】 策应乡村振兴战略新形势，专项听取和审议全县中小型水利工程建设情况报告，全面分析县中小型水利建设和管理中存在的投入不足、推进缓慢、管理不规范等亟待解决的问题，提出加强规划编制、规范管理和沟通协调三个方面建议，推动政府发挥主导作用，积极向上申报2个中小河流治理项目和39个洪患村镇治理项目列入省总体规划。

【开展矿山环境恢复治理工作情况调研】 听取和审议全县矿山环境恢复治理情况工作报告，针对环保意识不够强、管理机制不够完善和监管力度有待加强等突出问题，督促县政府科学编制矿山生态修复治理规划和整改方案，推进矿山复绿和煤矿矿井废水外排整治工作，推动相关职能部门完成废弃矿山治理15座，修复面积32公顷，矿山生态环境明显改善。

【加强财经监督】 主动适应经济发展新常态，全面落实县委内涵式高质量发展目标要求，强化财政监督，持续推进预算联网监督，对县水利局和县人社局开展“线上”与“线下”联动监督，对历年来8个重点预算审查部门预算执行整改落实情况进行“回头看”。听取和审议财政预算、预算执行、预算调整、决算等报告，督促政府加强财政资金绩效管理。加大对县级预算执行和其他财政收支审计监督力度，推动应改尽改。加强国有资产监督职能，推动建立县人民政府向县人大常委会报告国有资产管理情况制度，促进国有资产管理的公开透明和国有资产保值增值。

【监督生态环境保护工作】 听取县人民政府年度生态环境保护工作情况报告，围绕土壤污染防治、县域水质保护、空气质量净化等方面提出具体意见建议，督促政府加强组织领导，突出重点治理，不断完善监测体系，建立污染防治长效机制，持续推进全县生态环境总体向好。

【依法开展规范性文件备案审查工作】 强化备案审查工作，全年向市人大常委会报送备案规范性文件8件，依法审查县政府报备的规范性文件4件，依法审查乡镇人大报备的规范性文件39件。

【加强司法监督】 听取县公安局扫黑除恶专项斗争工作情况报告，深入了解、全面分析、交办审议意见，推动县公安局围绕宣传教育、长效机制和队伍建设等方面制定五项整改措施，为保障良好的社会治安环境奠定坚实基础。听取和审议县人民法院、县人民检察院半年工作情况报告，督促司法机关践行为民宗旨，进一步紧扣服务大局主线和执法办案主业，加强内部监管，提高办案质量，为武宁高质量发展提供优质的法治保障。

（徐笑蓉）

选举与任免

【县十六届人大常务委员会委员补选】　武宁县第十六届人民代表大会第五次会议，于 2020 年 5 月 21 日依法补选吴伟、段朝武、廖礼锋为武宁县第十六届人民代表大会常务委员会委员。

【代表资格终止与补选】　1 月 13 日，县十六届人大常委会第二十五次会议补选县委常委、纪委书记、监委主任詹宏夫为九江市第十五届人民代表大会代表。

郑庆华、戴中付等 2 名代表调离本行政区域，其代表资格自行终止。4 月 30 日，武宁县十六届人大常委会第二十八次会议决定接受邓卢武、刘锋、李刚、张友平、陈勇、武文斌、罗来虎、孟祥海、柯于生、柯美兰、谢欣欣、黎维定、罗运梅等 13 名辞去武宁县第十六届人民代表大会代表职务的报告。根据《中华人民共和国全国人民代表大会和地方各级人民代表大会选举法》第五十五条规定，张友平的武宁县第十六届人民代表大会常务委员会委员职务、黎维定的武宁县第十六届人民代表大会法制委员会委员职务、罗来虎的武宁县第十六届人民代表大会财政经济委员会委员职务相应终止，并报武宁县第十六届人民代表大会第五次会议备案。根据《中华人民共和国地方各级人民代表大会和地方各级人民政府组织法》第五十条规定，张友平的武宁县第十六届人民代表大会常务委员会代表资格审查委员会委员职务相应终止。

5 月 9 日，补选刁小君、刘书武、刘钟、刘敏、李丛、冷绪南、宋晓好、张伟、陈家发、陈韬、陈翼飞、周映明、段朝武、秦峰、徐笑蓉、曹启鹏、廖礼锋（按姓名笔画为序）等 17 人为武宁县第十六届人民代表大会代表，2020 年 5 月 11 日县十六届人大常委会第二十九次会议确认上述 17 人代表资格有效。

12 月 29 日，补选王琳、朱良光、阙广江（按姓名笔画为序）等 3 人为武宁县第十六届人民代表大会代表，2020 年 12 月 31 日县十六届人大常委会第三十四次会议确认上述 3 人代表资格有效。

【人事任免】　1 月 22 日，县十六届人大常委会第二十六次会议决定撤销卢位刚的武宁县财政局局长职务。

3 月 4 日，县十六届人大常委会第二十七次会议决定任命武文斌为武宁县人民政府副县长，决定免去黄蓝的武宁县人民政府副县长职务。

4 月 30 日，县十六届人大常委会第二十八次会议通过人事任免名单，任命吴伟为县人大常委会豫宁街道联络处主任、柯于生为县人大常委会预算审查工作委员会副主任，免去熊建军的县人大常委会内务司法工作委员会主任职务、徐笑蓉的县人大常委会内务司法工作委员会副主任职务、韩忠的县人大常委会豫宁街道联络处主任职务、邹添的县人大常委会办公室副主任职务；决定任命刘平为县财政局局长、朱必龙为县商务局局长、申国龙为县水利局局长、柯美兰为县科学技术局局长，决定免去刘平的县商务局局长职务、廖礼锋的县水利局局长职务、黄华军的县科学技术局局长职务。决定接受韩忠辞去武宁县第十六届人民代表大会常务委员会委员职务的报告，并报武宁县第十六届人民代表大会第五次会议备案。

11 月 26 日，县十六届人大常委会第三十三次会议通过人事任免名单，任命王琳为武宁县人民检察院副检察长、检察委员会委员、检察员，饶三清、余思康等两人为武宁县人民检察院检察员，免去张远平的武宁县人民检察院检察员职务；决定接受周宝华辞去武宁县人民检察院检察长、检察委员会委员、检察员等职务的请求；决定王琳代理武宁县人民检察院检察长职务。

（徐笑蓉）

代表工作

【代表培训工作】 组织3名市人大代表赴南昌、井冈山进行履职学习培训；组织部分人大代表及县、乡人大干部共计41人参加在瑞金中央苏区红色教育培训中心举办的人大代表党性教育及履职提升培训班。

【人大代表联络工作】 组织市人大代表进人大代表联络工作站接待选民、宣讲党的十九届五中全会精神、听取基层人大代表和乡村干部代表对编制市县“十四五”规划的意见、建议。

【代表建议办理】 县十六届人大五次会议期间，人大代表共提出建议、批评和意见123件，全部交县人民政府办理，所有代表建议办理结果是：得到解决或基本解决的（A1类）51件，占承办总数的41.5%；正在办理或者即将办理，年内可基本解决的（A2类）14件，占建议总数的11.4%；另有规定的（A3类）4件，占建议总数的3.3%；列入近期工作计划，自交办之日起三年内能够基本解决的（B1类）14件，占建议总数的11.4%；列入工作规划的，有解决问题的路线图和时间表的（B2类）23件，占建议总数的18. 7%；暂时难以解决，但是对加强和改进工作具有参考价值，拟在工作中研究参考的（C1类）8件，占建议总数的6.5%；因法律和政策的规定或者目前条件不具备确实无法解决的（C2类）9件，占建议总数的7.3%。

（徐笑蓉）

武宁县第十六届人民代表大会第五次会议代表名单

（分乡镇按姓名笔画为序排列，共199人）

大洞乡：4人

付华春	张小勇	徐逍峰	黄　颋	

泉口镇：12人

王新菊（女）	方华江	刘　君	杨海斌	杨　娟（女）
冷蔚珍（女）	汪维洋	张益民	陈海云（女）	柯小安
袁世忠	徐笑蓉（女）			

横路乡：10人

李高平	何宏伟	冷先桂	冷华英（女）	冷绪霞（女）
张　伟	胡晓斌	洪　媚（女）	曹　伟	潘剑峰

鲁溪镇：19人

马　呈	华允红	刘风华	刘　燕（女）	李广松
李秀珍（女）	肖龙雨	余双生	冷绪南	林　英（女）
林　敏	柯小菊（女）	柯传洪	段朝武	夏娟（女）
黄周梅（女）	雷云湘（畲族）	熊自安	熊建军（女）	

官莲乡：8人

卢真富	汪大海	张　程	陈家发	陈　磊（女）
周映明	梁以姬（女、壮族）	谢风林（女）		

巾口乡：4人				
田萍香(女)	余西香(女)	邵兴华	郑　鹏	
宋溪镇：7人				
刘东昌	李　丛	宋晓妤(女)	张　斌	易　琼(女)
鲍玉霞(女)	黎　青			
甫田乡：6人				
马　英	兰浩香(女)	余广娥(女)	冷先浪	周宝华
翁华宇				
澧溪镇：11人				
江　兵	李扬星	杨素银	肖　李	张宇巍
张项理	易光芒	梅孔模	董青安	程　燕(女)
韩向阳				
船滩镇：14人				
王　剑	付林斌	李坤连(女)	余育民	余新华
陈芒芝(女)	陈汝梅(女)	周六萍(女)	周新民	郑丽花(女)
贾林霞(女)	黄诗贵	董新乐(女)	瞿明和	
东林乡：5人				
刘　敏	吴章俭	曹启鹏	龚　健	雷云凤(女、畲族)
上汤乡：4人				
刘　云	杜明明	范继林	段中韬	
清江乡：6人				
付军荣	陈水莲(女)	陈迪森	胡坚强	夏清清(女)
黎维生				
石渡乡：8人				
艾长春	兰　海(女)	伍小青(女)	刘书武	杨叶青
冷　春	陈　琪	陈　韬		
罗溪乡：8人				
王　琦	朱必香(女)	刘　钟	李小平	吴后英(女)
陈翼飞	葛辉进	魏　蓓(女)		
石门楼镇：11人				
付梅学	刘小英(女)	吴金亮	吴艳红(女)	应　明
张丙生	周建新	郑传汉	雷国斌(畲族)	詹宏夫
熊倩倩(女)				
新宁镇：18人				
丁　锋	刁小君(女)	尹合新	毕诗荣	杨　纯(女)

邱欣红(女)	张欢欢(女)	张佐萍(女)	张灵水	林家熊
易 斌	夏润成	黄 洪	葛江明	程慧琴(女)
曾小妹(女)	游继华	雷美珍(女、畲族)		

罗坪镇：10 人

王前荣	兰土根(畲族)	杜少华	吴迎春	邵公华
周秀芝(女)	赵 钢	秦 峰	夏冬春	曾祥华(女)

杨洲乡：6 人

李欣阳(女)	李举均	张 刚	周 昊	聂 海
盛 伟				

豫宁街道：28 人

王月珠(女)	王司彬	王 法	卢建军	付荣君
刘志敏(女)	刘芙蓉(女)	严德宁	李祖霞(女)	吴 萍(女)
吴 伟	吴彭水	邱立花(女)	张小玉(女)	张 雷(女、畲族)
林晓波	周 兰(女)	周春霞(女)	钟小宁(女)	饶宜忠
唐道媛(女)	蒋 义	韩 忠	舒从船	廖礼锋
熊里媛(女)	熊 波	黎清清(女)		

附：2020 年县人大常委会工作机构领导名录

办公室

县人大党组成员、主任：韩向阳

副 主 任：刘理想、邹添（任至 4 月）

选任联工委

主 任：杨 纯（女）

副 主 任：柯洪男（保留正科待遇）

监察和司法委员会

主任委员：熊建军（女，3 月任）

副主任委员：徐笑蓉（女，3 月任）

城乡建设与环境保护工委

主 任：丁 锋

副 主 任：黎 霞（女）

农业和农村工委

主 任：李秀珍（女）

副 主 任：柯 洪

备案审查工委

主 任：贾林霞（女）

副 主 任：方 慧（女）

科教文卫工委

主 任：周建新

副 主 任：付丽花（女）

预算审查工委

主 任：雷云湘

副 主 任：柯于生（4 月任）

社会建设委员会

主任委员：廖礼锋（3 月任）

副主任委员：韩 忠（4 月任）

内务司法工委

主 任：熊建军（女，任至 3 月）

副 主 任：徐笑蓉（女，任至 3 月）

办公室四级主任科员：尹传胜（4 月任）

武宁县人民政府

综　　述

2020年是全面建成小康社会和“十三五”规划收官之年。在省委省政府、市委市政府以及县委的坚强领导下，在县人大和县政协的监督支持下，团结带领全县人民坚持以习近平新时代中国特色社会主义思想为指导，认真贯彻落实中央、省、市和县委决策部署，紧紧围绕“始终坚持生态立县，全面推进绿色崛起”发展主题，统筹疫情防控和经济社会发展，扎实做好“六稳”工作，全面落实“六保”任务，奋力实现“五大生态”“三个示范”再添新彩。

团结一心筑防线，疫情防控有力有序。坚决贯彻落实习近平总书记重要指示精神，快速响应、高效指挥，推动疫情防控取得重大战略成果。3例确诊病例在30天内“清零”，实现确诊病例零死亡、医务人员零感染、输入病例零传播，守住长约61.8千米赣鄂边界线。3名医护人员最美逆行、驰援随州，为打赢湖北保卫战贡献武宁力量。及时出台稳增长30条，扎实推进复工复产、复商复市、复学复课，企业同期复工率、产能恢复率、员工返岗率居全市前列。投入7200万元，完成疾控中心和6家乡镇中心卫生院实验室提升，新增规范化发热门诊1处以及CT、呼吸机等一批医疗器械。

做大产业促转型，经济发展稳步回升。深入实施链长制，全年引进工业项目70个，其中主导产业项目54个，“5020”项目1个。安谱达新能源、上峰上水、朗拓电子等一批项目竣工投产，吴淞机械、三同生物、泓祥盛纺织等一批项目落地实施。新增规上工业企业26家、高新技术企业11家，认定科技型中小企业35家。实施耀润新材料等市县传统产业优化升级项目8个，扶持资金2550万元。奥普照明、宏辉新材料获评江西名牌。小微企业普惠性减税4822万元，社会保险费减免5100万元；发放财园信贷通、转贷通16.5亿元、科贷通2100万元、科技创新奖励基金85万元。文旅产业蓬勃发展。引进九岭云栖小镇、天德房车、金色家园等项目，长水景区道路拓宽、民俗工坊等一批项目全面完工，欢乐湾小镇、西海嘉华、国际网球中心、鲁溪洞和神雾山景区改造提升等重点项目有序推进。“遇见武宁”获评省文旅融合示范项目十强。全县旅游接待人次970.9万人，同比增长20.9%；实现旅游收入80.9亿元，同比增长21.2%。成功创建第二批国家全域旅游示范区，长水、北湾分别获评国家、省乡村旅游发展重点村，杨洲评为省旅游风情小镇，逍遥岛入选省旅游度假区，情缘谷、云水湾获评国家AAA景区，七彩长乐获评省AAAA乡村旅游点。

完善机制抓长效，生活环境更加优化。全面打好污染防治八大标志性战役、30个专项行动，“8+1”类环保督察审计反馈问题及水利部河湖“清四乱”进驻式暗访督查反馈问题基本销号。全面推行禁捕退捕，船网回收率、转产就业率、参保率均达100%。成功创建国家生态文明建设示范县和省级“两山”实践创新基地。城市品位不断提升，投资17.3亿元实施重点项目53个秀美乡村亮点纷呈。农村人居环境整治三年行动胜利收官，高标准建设新村点257个、美丽宜居示范村5个。农村垃圾分类试点全域推进，无害化处理率达98%。罗坪成功创建国家卫生乡镇，官莲东山获评全国文明村镇，宋溪南皋、甫田太平、清江龙石等12个村入选第一批国家森林乡村。

以人为本惠民生，脱贫攻坚成果丰硕。出台两业扶贫举措33条，统筹涉农资金2.9亿元，教育、医疗等各项政策有效落地实施，全面完成危房改造、饮水安全检测及整改，规范发展扶贫龙头企业7家、“一领办三参与”合作社70个、扶贫基地39个、扶贫车间38个，贫困劳动力就业同比增长9.3%，贫困户收入同比增长26.2%。剩余贫困人口1108户1700人全部脱贫。民生事业全面发展，县人大代表票决民生实事项目17个竣工、3个正在积极推进。新增城镇就业3400人，转移农村劳动力4750人，开展职业技能培训9916人次，发放小额创业担保贷款1.5亿元。支付养老金6亿元、医保金4.5亿元；发放低保金5042万元、残疾人两项补贴565万元、医疗救助和临时救助1955万元、优抚资金1710万元。深化高中办学体制改革，振风高级中学挂牌并启动改扩建。投入2691万元，改造薄弱学校26个。文化馆入选国家一级馆，新改建村级文化活动场所68个。认定市级非遗项目4个、传承人21名。改造巷口至彭坪等县乡道路72千米，武通高速、盘溪至罗溪二级公路改造有序推进，建制村实现客运全覆盖。

（阮佳玺）

重要会议

【县政府全体会议】 2020年，县政府召开全体（扩大）会议1次。

1月20日，县委副书记、县长李广松在市民服务中心主持召开武宁县政府第十六届四次全体（扩大）会议，安排部署春节前后全县重要工作，传达学习省“两会”、省政府全体会议和市政府全体会议精神，审议通过县《政府工作报告（审议稿）》。县政府班子成员、政府组成部门和直属机构，各乡镇、条管单位、部分县直企业主要负责人参加会议。

（叶东华）

【县政府常务会议】 2020年，召开政府常务会议12次。

1月12日，在县政府常务会议室召开县政府第十六届36次常务会议。会议传达全省交通运输“三大攻坚行动、三大提升工程”动员部署暨推进“四好农村路”高质量发展现场会议精神；研究武宁县民生实事人大代表票决候选项目情况、财政工作、成立武宁县地质灾害防治指挥部、国土出让、农业农村工作有关事宜；审定《关于对招商引资“三高”企业实行“一企一策”扶持推进的意见》《武宁县小水电清理整改“一站一策”工作方案》《关于武宁县2019年国民经济和社会发展计划执行情况和2020年国民经济和社会发展计划（草案）的报告》《关于武宁县2019年生态文明建设工作的报告》《武宁县第二次全国地名普查成果转化服务项目采购方案》《武宁县公共场所安全防护设施建设实施方案》；讨论《政府工作报告（讨论稿）》。

1月30日，在县政府常务会议室召开县政府第十六届37次常务会议。会议传达学习习近平总书记关于新型冠状病毒感染肺炎疫情防控工作重要指示精神、1月25日中共中央政治局常务委员会会议精神、中央应对新型冠状病毒感染肺炎疫情工作领导小组会议精神（书面）、《中共中央关于加强党的领导、为打赢疫情防控阻击战提供坚强政治保证的通知（书面）》；传达贯彻易炼红省长1月28日来浔调研检查疫情防控工作指示精神和1月29日省新型冠状病毒感染肺炎疫情防控指挥部调度会会议精神（书面）、市政府常务会议关于疫情防控工作会议精神；研究疫情防控工作有关事宜；分管领导汇报分管部门疫情防控工作。

2月12日，在县政府常务会议室召开县政府第十六届38次常务会议。会议学习传达近期上级重要会议精神；听取县疫情防控工作汇报；审定《关于积极应对疫情支持企业发展稳定经济增长30条政策措施》《关于有效应对新型冠状病毒感染肺炎疫情深入推进脱贫攻坚工作的通知》《武宁县养老服务体系建设发展三年行动方案（2019—2021）》；研究2020年重点项目推进责任分解有关事宜。

3月5日，在县政府常务会议室召开县政府第十六届39次常务会议。会议学习传达习近平总书记近期重要讲话精神及上级有关会议精神；听取县新冠肺炎疫情防控指挥部关于统筹推进疫情防控和经济社会发展工作的情况汇报；研究审定有关应急预案、创建国家生态文明建设示范县和省级“两山”基地有关事宜、城投集团工作有关事宜、工业园区关于规划建设综合农贸市场有关事宜、县政府部分领导分工调整事宜；审定《武宁县城镇老旧小区改造实施方案》《关于抓好“三农”领域重点工作确保如期实现全面小康的实施意见》《武宁县2020年度脱贫攻坚工作要点》。

4月20日，在县政府常务会议室召开县政府第十六届40次常务会议。会议学习传达习近平总书记近期重要讲话精神及上级有关会议精神；研究生态文明及项目建设工作、对武宁县第一批历史建筑进行认定及公布、自然资源工作、旅游产业工作、对我县援鄂医务人员给予政策奖励、应急管理及安全生产工作、生态环境保护工作、脱贫攻坚工作有关事宜；审定《2020年全县工业“项目建设提速年”暨抢时间保进度强弱项补缺口努力实现全年工业发展目标实施方案》《武宁县建档立卡贫困重度失能残疾人照护和托养工作实施方案》《关于理顺园区行政村、有关社区及相关行政事业机构等管理体制的工作方案》《武宁县贯彻执行〈九江市城市道路通行管理条例〉实施方案》；听取武宁县扫黑除恶专项斗争工作情况汇报、武宁县修河支流罗溪水、西口水及坎头港水河道采砂规划修编情况的汇报。

6月9日，在县政府常务会议室召开县政府第十六届41次常务会议。会议学习传达近期上级重要会议精神；学习《统计法》及中央有关统计工作重要文件精神；听取关于县政府第十六届35—40次及历次常务会议题中未落实情况的督查汇报、武宁县“雪亮工程”建设和“智能安防小区”建设情况汇报、武宁县自然保护地整合优化工作汇报、当前脱贫攻坚工作情况汇报；审定《2020年县〈政府工作报告〉工作任务责任分工表》《县人大代表建议和政协委员提案承办责任分解》《武宁天然饮用水生产项目实施方案》《关于建立健全长效常治机制纵深推进扫黑除恶专项斗争常态化的实施方案》；研究武宁县宋溪游客集散中心码头工程（A、B标段）单笔超5万元签证及整个结算审计情况、安全生产及应急管理工作、自然资源工作、住建局提交的有关工作、卫生工作、全域旅游工作、组建武宁县长水旅游开发有限公司等有关事宜。

7月15日，在县政府常务会议室召开县政府第十六届42次常务会议。会议传达学习习近平总书记近期重要讲话精神及上级有关会议精神；研究应急管理工作、生态环境工作、标准厂房建设工作、工业园二级普通消防站选址建设、武宁县机关事业单位人员实施医疗补助政策、县住建局提交的有关工作、自然资源工作等有关事宜；审定《武宁县2020年开放型经济工作意见》《武宁县“营商环境优化年”行动实施方案》《武宁县实施重点产业链链长制工作方案》《武宁县精准服务企业保产业链供应链稳定实施方案》《武宁县有效应对洪涝灾害防范化解返贫致贫风险的保障措施》；听取关于省市扫黑除恶特派督导反馈意见整改情况汇报。

8月20日，在县政府常务会议室召开县政府第十六届43次常务会议。会议传达学习习近平总书记近期重要讲话精神及上级有关会议精神；听取关于县政府第十六届41—42次及历次常务会议未完成议题落实情况的督查汇报；研究卫生健康工作、调整县公办幼儿园保教费收费标准、关于完善政府投资工程项目结算把关分级负责制、旅游产业工作等有关事宜；审定《武宁城投集团有限公司绩效考核管理制度（试行）》《关于盘溪工业园改造升级工作的实施意见》《武宁县2020年劳动模范和先进工作者推荐评选方案》《武宁县园区集镇外立面改造工程建设方案》《武宁县大健康产业发展实施意见》。

9月27日，在县政府常务会议室召开县政府第十六届44次常务会议。会议传达学习习近平总书记近期重要讲话精神及上级有关会议精神；审定《关于加快服务业高质量发展的若干政策意见》《武宁县自然灾害救助应急预案》《关于进一步规范进入工业园区企业检查备案制度的通知》《关于进一步做好秋冬季暨“两节”期间疫情防控工作的实施方案》；研究城投集团工作有关事宜；听取武宁县修河干流河道采砂应急规划编制情况汇报。

11月12日，在县政府常务会议室召开县政府第十六届45次常务会议。会议传达学习习近平总书记近期重要讲话精神及上级有关会议精神；研究统计工作、城投集团工作、生态环境工作、民政工作、安全生产及应急管理工作、解决工业园区企业纾困资金、自然资源工作、食品安全工作等有关事宜；审定《武宁县2020年度城区棚改征收工作方案》《武宁县2020—2021年度松材线虫病防治实施方案》《武宁县河湖管护实施意见》；听取县政府十六届43—44次及历次常务会议未完成议题落实情况的督查汇报。

11月24日，在县政府常务会议室召开县政府第十六届46次常务会议。会议传达学习习近平总书记近期重要讲话精神及上级有关会议精神；学习传达全国、省、市扫黑除恶会议精神并听取武宁县扫黑除恶专项斗争工作情况汇报；研究县交通运输局提交的有关事宜、与江西省纬地公司共同开发第一期土地指标交易溢价部分处置、脱贫攻坚工作、旅游产业工作宜；听取关于眉毛山风电场220千伏送出配套线路工程途经柳山风景区的有关情况汇报；审定《武宁县科技创新奖励办法》。

12月24日，在县政府常务会议室召开县政府第十六届47次常务会议。会议传达学习习近平总书记近期重要讲话精神及上级有关会议精神；研究县政府办公室提交有关事宜、2020年县级一般公共预算和政府性基金预算调整方案（草案）以及2020年地方政府债务限额、贯彻落实城镇非居民用水超定额超计划累进加价制度、收购九江银行股份有限公司部分股权、工信工作、自然资源工作有关事宜；听取2020武宁县劳动模范和先进工作者推荐评选结果的汇报、全民科学素质工作情况汇报、县政府第十六届45—46次及历次常务会议未完成议题落实情况的督查汇报；审定《武宁县知识产权资助奖励办法》。

（叶东华）

重大政策

【实施稳定经济增长政策】 2月13日，印发《积极应对疫情支持企业发展稳定经济增长30条政策措施》的通知（武府发〔2020〕1号）。深入贯彻落实习近平总书记关于坚决打赢疫情防控阻击战的重要指示精神，全面落实党中央、国务院和省委、省政府以及市委、市政府关于积极应对疫情、稳定经济增长的决策部署，全力防控疫情，支持企业稳定生产经营，促进全县经济社会稳定健康发展。

【实施养老服务体系建设方案】 2月21日，印发《〈武宁县养老服务体系建设发展三年行动计划方案（2019—2021年）〉的通知》（武办字〔2020〕4号）。以习近平新时代中国特色社会主义思想为指导，深入贯彻习近平总书记关于养老服务工作的重要论述，充分发挥政府的主导作用和社会力量的主体作用，统筹推进养老服务事业和产业发展，全面建成以居家为基础、社区为依托、机构为补充、医养相结合的养老服务体系。

【实施城镇老旧小区改造】 4月15日，印发《〈武宁县城镇老旧小区改造实施方案〉的通知》（武府办发〔2020〕9号）。坚持以习近平新时代中国特色社会主义思想为指导，深入贯彻落实习近平总书记视察江西重要讲话精神，按照省委、省政府政策部署，努力提高保障和改善民生水平，将老旧小区改造纳入保障性安居工程，切实解决老旧小区建筑物和配套设施破损老化、市政设施不完善、环境脏乱差、管理机制不健全等问题，实现改造后的小区道路平整、设施配套、干净整洁、安全有序、管理规范、和谐宜居的目标，使老旧小区居民的居住条件和生活品质得到明显提升，社区治理体系日趋完善，群众的获得感、幸福感、安全感显著增强。

【实行科技创新奖励办法】 12 月 2 日，印发《〈武宁县科技创新奖励办法〉的通知》（武府字〔2020〕37 号）。加快实施创新驱动发展战略，大力推进“大众创业，万众创新”重大决策部署，鼓励和促进县内企业、单位和个人积极开展科技创新活动，不断增强县域经济的科技支撑力和创新驱动力。

（叶东华）

经济研究

【概况】 2020 年，围绕全县发展大局，关注中央部署，关注省市动态，关注县委、县政府要求，聚焦重点热点难点，完成《政府工作报告》、三干会报告、政府全体会、县长讲话、汇报材料、经验材料等各类重要文稿，得到领导的肯定。在文稿起草过程中，将调查研究与上级精神有机结合，将理论要求与具体实际相结合，抓学习、勤思考、做研究、出成效。

【做好信息报送工作】 2020 年，坚持质量和效率两手抓，做好信息服务工作，向省政府报送信息 87 条，通过省办平台转报国办 47 条，采用 27 条，省办采用 31 条；向市政府报送信息 310 条，市办采用 46 条。

【撰写理论调研文章】 加强调查研究，聚焦全县中心工作、重点改革事项和工作推进中的节点难点问题，积极走上去、走下去、走出去开展调研，以专题调研为重点，结合政府工作实际，对领导关心、群众关注和经济社会发展中的重点、热点、难点问题认真进行梳理分析，撰写理论调研文章，《厚植绿色基因，共享生态福祉——武宁县探索“绿水青山”与“金山银山”的价值转换》在新华社高管信息发表，《打好提振文旅消费“五游”组合拳》以省政府参阅文件专刊印发全省推广，达到推介武宁、宣传武宁和工作交流的目的。《武宁县全域旅游拓宽“两山”转化通道》在九江政务专报刊发。

（阮佳玺）

督　查

【概况】 2020 年，共报呈、印发疫情防控、招商引资、脱贫攻坚等各类督查汇报、通报 30 余次；完成政府常务会议督查汇报 4 次，办理县长批示件 23 件；组织协调县政府主要领导开展督查调度全县重点项目活动 10 余次；组织人大代表、政协委员视察“三区”重点项目各 2 次；认真做好 2020 年度市级巡回看变化现场看点活动。

【健全督查机制】 严格按照“四个同步”（重要文件出台、重要工作部署、重要会议召开、重大活动安排时均要求同步督查）抓督查落实。根据两办联合印发的《武宁县 2020 年督查检查考核计划》文件要求，严格执行督查任务，健全督查工作流程，增强督查工作的规范性。按照“一督查一汇报一通报”的形式，及时将督查结果反馈至县政府主要领导或分管领导，对工作进展快质量高的单位在一定范围内通报表扬，对工作进展不力、成效不明显的单位进行通报批评。

【突出督查重点】 坚持把抓好国务院、省市以及县委、县政府重要文件、重要会议作为督查工作的重点任务，全力推动决策部署的落地生根。对国务院“互联网 + 督查”平台转办的群众诉求件和省、市城乡环境整治、环境保护等督办反馈问题及时督办落实到位；继续加大对县政府常务会议定事项的督促落实力度，实现销号管理、滚动循环督查，确保常务会议定事项落实到位。

【加强协作配合】 加强与县委督查室以及各相关职能部门的沟通联系，“借势”“借力”，共同促进决策的落实。按照“谁牵头、谁负责”的原则，全年共牵头及配合开展各类督查20余次。积极探索与县人大、政协的依法督查，推进督查力量的整合。

办理人大代表建议和政协提案

【概况】 2020年，办理市人大代表建议和政协提案5件，承办县人大代表建议123件、县政协提案165件。县政府督查室按照“提质量、保满意、讲实效”要求，加强办理工作指导，规范办理程序，强化协调合作，提升建议提案办理的最大收益和实效。截至年底，市建议提案、县人大建议和政协提案的办理工作全面完成，办结率100%，满意率达99%以上，获得县人大代表建议办理先进单位和县政协提案办理先进单位称号。

（吴然）

外事和港澳事务

【扎实做好外事工作】 科学编制并严格执行因公出国（境）年度计划，规范因公出国（境）手续办理，从严进行报批。有效发挥外事部门优势，严格落实报告制度，积极配合县纪委监委、县委组织部、县公安局等部门，开展防逃追逃工作。

【高度重视涉外疫情防控工作】 牢固树立“外事无小事”“零增长不等于零风险”意识，对属地范围的外籍人员进行再排查、再摸底，确保底数清、动态明。发挥外事统筹协调作用，成立武宁县疫情防控涉外工作组，明确疫情防控中的外事工作职责，强化全县一盘棋、跨部门联动、上下同步的工作机制，指导督促全县开展好涉外防控工作。

【全面开展外籍新娘摸排工作】 为做到底数清，情况明，进一步强化对涉外人员的管理，根据市外事办部署，对全县外籍新娘的年龄、国籍、住址等情况进行全面摸排。至年底，全县外籍新娘25人。

（黄甜女）

金融监管

【概况】 截至2020年末，银行业金融机构11家，保险机构15家，融资性担保公司1家，小额贷款公司1家。全县本外币各项存款余额197.4亿元，同比增长14.2%，创近4年同期新高；贷款余额141.4亿元，同比增长15.3%。

【助推实体经济发展】 转贷机制更加完善，2020年成功转贷6笔5290万元，实现应贷尽贷。债券融资保持良好势头，武宁县城投集团向江西联合股权交易中心申报发行债券并获得批准，募集金额4亿元。政银企对接，在疫情初期，梳理汇总企业融资需求，并积极联系县内10家金融机构，促成对接包干解决，截至12月底，放贷658企次、22亿元，有力推动企业复工复产。

【支持企业挂牌上市】 编制武宁县上市挂牌年度规划，明确“路线图”和时间表。鼓励支持企业深度对接直接融资资本市场，江西辽燚环保产业有限公司、九江昂泰胶囊有限公司、江西奥普照明有限公司等3家企业入选2020年度省重点上市后备企业，着手股改前期准备工作。

【金融市场运行平稳】 持续加大处非工作力度，组建防范金融风险公益宣讲团，开展常态化宣传、宣传月活动和集中宣传日活动，依法依规开展案件侦查、资产处置等工作。高位推动金融放贷整治，及时下发金融领域涉黑涉恶线索及非法集资风险提示公告，加强对各类经合法审批或备案的地方金融组织的排查整治。健全完善4个金融领域相关机制，全县地方金融机构合规依法经营，金融秩序稳定有序。

【金融扶贫成效显著】 引导精准扶贫与乡村振兴有效衔接，2020年累计发放精准扶贫领域资金11.3亿元，比2019年增加11亿元；三农贷款余额达63.8亿元，新增13.7亿元，为打赢脱贫攻坚战提供有力的资金支持。

（杨海辉）

政务服务

【概况】 2020年，坚持以依法行政为基础，优质服务为主导，进一步创新服务举措，不断加强作风建设，增强服务意识，规范各项管理，深入推进效能建设，提升服务水平，围绕全县工作大局，在促进行政审批改革、推进经济社会发展、突出为广大群众和市场主体服务方面发挥积极的作用。

【打造“一站式”政务大厅】 基本实现“进一扇门办所有事”；整合关联单位集中办理，集成政务服务事项，实现“一窗受理”“并联审批”；建立政务服务网、“赣服通”平台，部署政务事项上线办理，实现更多事务“一次不跑”；建设“好差评”“12345热线”平台，畅通互动与投诉渠道，充分保障人民主体地位；实行错时延时预约服务，为企业群众提供“不打烊”的服务。

【做好精简清理审批项目】 积极服务经济社会发展，群众满意度不断提高。县投资审批项目“一窗”受理工作得到市级肯定，确定武宁为九江工程建设项目审批制度改革工作试点县。全年“一窗”受理系统办件99755件。

（黄传莎）

地方志

【《武宁年鉴》（2020）公开出版】 县政府增加年鉴出版经费5万元，列入2020年财政预算。3月13日县政府办发文《关于组织开展〈武宁年鉴〉（2020卷）编辑出版工作的通知》。至6月底，集稿基本完成。5月25日，县志办派人前往南昌联系年鉴公开出版事宜，与江西教育出版社达成公开出版协议。9月底完成年鉴初稿，送出版社审稿，签订出版合同，12月底前出版。

【按时报送省市年鉴武宁县文稿】 按照省、市年鉴编辑部的要求，3月底前，完成《江西年鉴》（2019卷）、《九江年鉴》（2019卷）武宁县的文稿编写和报送工作。

【《艾园胜概》第十七期编辑出刊】 地情资料期刊《艾园胜概》第17期于7月中旬出刊。

【开展武宁县域中小河流调研工作】 5月12日，第一次组织志办人员、摄影专业人士等4人，深入罗溪朱家山、严阳大寺里、新宁镇关门咀考证河流流向、流经地域、水利设施建设等，拍摄图片，为今后制作地图提供第一手资料。（陈修宁）

附：2020年县政府办公室领导名录

县政府党组成员、办公室主任：潘　尹
正科级督查专员：李绍宁、吴　熊
金融办主任：钟兆贵
副　主　任：刘　振（任至3月）
办公室副主任：吴　然、汪星山（3月任）
　　刘　振（3月任）
　　陈　韬（任至3月）
人防办副主任：汪星山（任至3月）
应急办副主任：徐　俊
法制办副主任：朱晓娜（女）

督查室主任：田敬明
经研室主任：阮佳玺
一级主任科员：方文平（8月任）
二级主任科员：宁 通（6月任）、黎高峰（任至8月）
四级主任科员：万 冰（女，4月任）

行政服务

【概况】 认真贯彻落实中央、省、市“放管服”改革工作精神，全面推进政务服务转型升级，提升企业群众获得感和满意度，着力打造“四最”营商环境，取得一定成效。政务服务大厅共进驻部门42个（其中政务服务部门33个，便民服务部门9个），大厅窗口工作人员142人，依申请政务服务事项1457项，2020年共办理569972件。全县20个乡镇（街道、工业园）便民服务中心和198个村（居、社区）便民服务代办点建设实现全覆盖。

【实现“一网通办”线上办理】 高标准完成江西省政务服务网“武宁分厅”建设，顺利搭建政务数据共享交换平台并投入使用，打通不动产、商品房信息、民生项目资金监管平台等3个业务系统壁垒，将行政审批、个人办事、法人办事等各类事项部署至线上“一窗”综合服务平台，全县1457项依申请类政务服务事项全部开通网上咨询和办理功能，真正实现“让信息多跑路、群众少跑腿”，2020年政务服务网上办理112168件。

【打造“赣服通”掌上办理】 高效推进“赣服通”武宁分厅建设，共挂接45项政务数据资源，接入本地证照14个，在承接省市下沉的数百项服务事项和电子证照的基础上接入本地事项122项，建设成果在第六期全省数据共享简报县区评分排名中获得第一的好成绩。申请类政务服务事项共上线318项，本地特色服务事项上线74项，上线无证办理事项6项，2020年“赣服通”武宁分厅注册人数达65349，访问量345949次，本地电子证照签发量65754次。

【推进“一窗”简化办理方式】 高效实行“一窗受理”，按照“分类综合”的方式，将大厅分为企业设立登记、不动产登记、投资项目审批、税务、医保、人社、大交通、公积金等8个业务板块，相关联业务统一受理于“一窗”，统一办结于“一窗”，实行无差别受理，简化“进出口关”。打造投资项目审批一窗受理综合服务区，推行项目审批“容缺审批＋承诺制”办理模式，探索推进工程建设项目“六多合一”改革，变部门分开办、串联办为协同办、并联办，解决部门审批互为前置问题，实现项目审批“一窗受理、统一赋码、一站办结”，将企业投资项目审批压缩至13—27个工作日以内。全年共通过“一窗”受理系统办件111992件。

【实行“一次”精简办事材料】 进一步梳理办理流程，推进所有依申请类政务服务事项标准化，所有业务“一次告知”，290项业务“一次不跑”，1141项业务“只跑一次”，在法治轨道下，协调各部门对办事环节和办事材料梳理简化，严格压缩审批时限，将不动产登记办理压缩2个工作日以内，企业注册开办压缩1个工作日以内；对企业和群众到窗口单位的即办件，实行即到即办，时间压缩至最长1个小时以内。

【持续打造公开透明交易平台】 以“公开”“公正”“透明”为原则，严格执行项目进场交易规定，严肃评标监管制度，营造规范有序的公共资源交易环境，开展交易领域专项整治，排查351个重点项目招投标流程，根据相关文件设定中介服务、评标专家劳务费用标准，切实维护企业和业主单位的利益。2020年武宁县公共资源交易中心受理交易项目305场次，交易总金额8.54亿元。其中政府采购231场次，交易金额4.01亿元，节约预算资金0.3亿元；产权交易6场次，交易金额937万元；工程建设68场次，交易金额4.44亿元。

【持续推进中介服务市场化】 2020年，共选取中介服务项目1036个，仅政府采购招标代理事项就节约代理费用163.5万元。2020年4月，《武宁县探索“互联网+中介超市”模式优化营商环境》做法先后被新华社客户端、新华社高管信息、凤凰网、省政府每日要情、九江改革、九江营商简报等多家政务媒体宣传报道。网上中介超市与省市同步建成，完成资质清单、事项清单梳理，录入中介事项69项，成功进驻2家本地中介机构。

（徐超群）

附：2020年县行政服务中心领导名录

县政府办副主任、主任：张吉均
副　主　任：聂　珑（保留正科待遇）
　　　　　　张聘华（保留正科待遇）
县公共资源交易中心主任：邹文卿

机关事务管理

【概况】 2020年，围绕全县中心工作、服务大局，不断总结工作经验，勇于创新、细化管理、优化服务、强化建设，不断提高机关事务管理工作水平，优质高效地完成各项工作任务。

【强化管理服务】 特聘武宁宾馆行政总厨兼任机关食堂运营顾问，全面负责机关食堂运行和营销管理工作，逐步实现干职工的用餐标准在营养和质量上的双提升；聘请专业管理人员，负责管理食堂包厢日常事务，并对服务员进行专业服务礼仪培训，提高各项服务工作档次和服务水平，通过公众号发布每周食谱，注重各项服务细节，为干职工提供安全、满意、舒心的就餐服务。

【开展“你光盘，我微笑”活动】 在全县范围内率先开展“你光盘，我微笑”活动。其中，“光盘赠水果”之举，赢得了广大干职工的积极参与和一致好评。开展“两色餐盘，自选餐标”的供餐模式，有力的杜绝了舌尖上的浪费，让良好的机关作风引领健康文明节俭的餐饮消费。

【全力做好安全保卫工作】 充实年轻保安人员力量，完善监控设备，联合公安部门在市民服务中心区域内新安装26个高清摄像头，并联入公安“天网”系统，做到人防、技防、物防有效结合，积极主动地消除各类安全隐患。

【全力做好疫情防控工作】 新冠肺炎疫情防控期间，积极行动、主动作为，及时召开物业部门会议部署疫情防控工作，对所有进出人员实施扫“赣通码”、测温、登记工作；备足疫情防控物资，定期对大楼公共区域消毒，在卫生间、会议室等添置洗手液，电梯内添置一次性卫生纸，方便干职工“无接触”使用电梯按键，全力保障干职工安全。

【安全高效保障用车需求】 疫情期间，公车服务中心做到人、车同部署、同防控，安全高效地保障公务出行；每月定期开展安全教育培训活动，邀请交警等相关人员精心授课，提高工作人员安全意识；每季度组织公车平台40辆公车到定点维修厂进行健康“大体检”活动，防患于未然，提高事故防范能力，确保安全出行。2020年，公车服务中心总出车次数4689次，行驶里程700337公里，出车时长31056小时。

【举办节能线上业务培训】 6月29日—7月5日“全国公共机构节能宣传周”期间，组织全县各级单位参加国管局云直播（含云课堂、云竞答活动）、省管局《江西省公共机构技能管理办法》实施十周年暨全省公共机构节能宣传周相关活动、市管局线上生活垃圾分类投放答题活动以及武宁县公共机构节能亮点线上评选活动。10月10日，举办全县公共机构节能线上业务培训会，100余名节能统计员参加次线上培训工作，进一步普及节能业务知识，提高能耗统计员报送节能数据的准确性与时效性。

（黄珊）

附：2020年县机关事务管理局领导名录

局　　　长：杨　曦（女，3月任）
　　　　　　申国龙（任至3月）
副　局　长：张翌明、陈江娥（女）

中国人民政治协商会议武宁县委员会

综　述

2020年，在中共武宁县委的坚强领导下，县政协常委会深入学习贯彻习近平新时代中国特色社会主义思想，全面贯彻党的十九大和十九届二中、三中、四中、五中全会精神，坚持团结和民主两大主题，充分发挥协商民主重要渠道和专门协商机构作用，紧扣县委决策部署，在建言资政和凝聚共识上双向发力，务实协商议政，积极建言献策，凝心聚力，为构建“五大生态”、打造“三个示范”，建设秀美富裕幸福的现代化山水武宁作出积极贡献。

旗帜鲜明讲政治，把准履职方向。始终把政治建设摆在首位，全面加强政协系统党的建设，坚决贯彻党的建设新要求，确保政协工作始终沿着正确的政治方向前进。加强政治理论学习，通过专题学习会、委员培训班、专家授课、上级调学和网络平台学习等多种形式，营造重视学习、崇尚学习的浓厚氛围。

紧扣中心献良策，深化协商议政。充分发挥协商民主重要渠道作用，完善工作机制，通过全会协商、基层协商、提案办理协商等协商方式，加大协商力度，提高协商建言水平。在全县所有乡镇（街道、工业园区）全面开展“有事先商量”协商民主建设试点工作，共建立协商议事平台45个，围绕县城既有住宅加装电梯、农村水电路建设、园区营商环境打造等议题，开展协商议事活动56次，助推解决民生实事，赢得群众的好评。牢固树立精品意识和质量意识，围绕优化营商环境、发展社会养老服务业开展专题调研。召开政协常委会，与县委、县政府领导及有关部门负责人进行面对面协商。围绕公共卫生服务体系和重点项目建设开展专题视察，实地视察医疗卫生机构、民生工程、重点企业和项目，在座谈讨论、整合多方意见的基础上，形成专题视察报告，呈送县委、县政府。

发挥优势敢担当，强化民主监督。组织委员对县财政局、县工信局开展民主评议。加大跟踪问效力度，对2019年评议的县税务局、县林业局开展“回头看”。充分发挥政协的民主优势，认真组织特约监督，加大政风行风的监督力度。向县水利局、县税务局、县人防办等部门推荐28名委员担任特约监督员。组织100余名委员参加社会评部门、教师招聘、企业开放日和世界环境日等监督活动。收到社情民意165条，编发《社情民意信息》6期，经委员微信群直接转交有关部门办理28条。

服务大局促发展，关注民生改善。县政协班子成员积极参与“3+N”主战场，全力服务“三个示范”创建。负责推进的古艾城市花园老旧小区改造、第三自来水厂等项目进展顺利。扎实开展招商引资工作，多次赴外地招商，对接客商10多批次，引进江西三同生物科技有限公司等项目3个，积极做好九江昂泰胶囊等7家企业的包挂帮扶和安商服务工作。深入包挂乡镇和帮扶村走访、调研，推进项目建设、产业发展和就业创业，协调解决脱贫攻坚工作中的困难和问题；机关干部与贫困户结对帮扶，通过发展产业、就业帮扶等措施，帮助贫困户增收，包挂的47户贫困户全部脱贫。广大政协委员全力参与脱贫攻坚，11名政协委员担任驻村第一书记，10名工商界委员担任帮扶贫困村“名誉村长”。

团结联谊增共识，促进社会和谐。大力宣传政协履职成果，全年在市级以上媒体上稿80余篇，《打造脱贫攻坚“金钥匙”》等多篇稿件在《中国政协》杂志刊登，《武宁县有事先商量结“惠民果”》荣获全省政协系统好新闻三等奖；在县融媒体中心开辟“政协工作专题”“委员风采”专栏，宣传政协履职成果。加强宣传阵地建设，办好政协网。发挥文史工作存史资政、团结育人功能，精心编辑《山水武宁》文史书籍，高质量报送市政协文史馆征集资料。

坚持不懈夯基础，加强自身建设。加强对委组工作指导和督查，坚持对专委会工作开展年终述职和评议。各专委会围绕村级公共卫生服务能力建设、林业生态保护、园区企业发展等课题开展调研视察。各委员小组发挥自身优势，开展产业扶贫、捐资助学、扶贫济困、送文艺、送教育、送医药下乡等多种活动。2020 年，各委组共开展活动 80 余次，办实事 100 多件。继续在委员中开展“五个一”活动，组织委员赴井冈山学习培训，完善委员管理等制度，坚持全会期间通报委员履职，表彰优秀委员、优秀提案和优秀社情民意。全年有 110 余名委员参加政协组织的专题调研、视察活动，有 45 名委员提交提案和反映社情民意 3 件以上，全县广大政协委员还积极参与疫情防控、扶贫济困等活动。

（方佳燕）

重要会议

【政协武宁县第十三届委员会第五次会议】 5 月 19 日 ~20 日，中国人民政治协商会议武宁县第十三届委员会第五次会议在县大剧院召开，应到委员 203 名，实到 170 名。县四家班子及县纪委、县人武部全体领导，县法院院长、县检察院检察长、县公安局政委，在职县级干部应邀出席会议；住县的市政协委员、县工商联、县科协、县台办、县台联、县文联、县社联、县佛教协会、县基督教“三自”爱国会、县道教协会、县融媒体中心负责人和县政协机关副科级干部列席会议；各乡镇、街道、工业园区党（工）委书记，县委各部门、县直及条管单位主要负责人列席开幕式和闭幕式。县委书记杜少华在闭幕会上作讲话。会议听取和审议县政协主席朱必香所作的《政协武宁县第十三届委员会常务委员会工作报告》、县政协副主席兰浩林作的《政协武宁县第十三届委员会常务委员会关于十三届四次会议以来提案工作情况的报告》；听取成晨阳、黄荔荔、周剑、周春琳、毛雪松、葛丽等 6 名委员的大会发言；谢金山、车学文、李义全、汪明安、郑熊星、陈绪文、朱婷婷等 7 名委员和县政协法制侨台民宗委员活动小组提交大会书面发言材料；表彰县政府办、县文广新旅局、县住建局、县教体局、县农业农村局、县城管局、县人社局、县市监局、县卫健委、县商务局等 10 个提案办理工作先进单位；表彰经济委员活动小组、教育委员活动小组、文艺新闻委员活动小组、农业科技委员活动小组、工商委员活动小组、乡镇片区活动三组、乡镇片区活动六组、乡镇片区活动二组等 8 个委员活动小组和邓卢武等 40 名优秀政协委员；表彰 20 件优秀提案和 14 条优秀社情民意；会议审议通过《政协武宁县第十三届委员会第五次会议提案审查情况的报告》；审议通过《政协武宁县第十三届委员会第五次会议决议》；列席武宁县第十六届人民代表大会第五次会议，听取和协商讨论《县政府工作报告》及其他报告。会议选举黎高峰同志为县政协第十三届委员会秘书长，王勇、邓卢武 2 位同志为县政协第十三届委员会常务委员。

【县政协十三届常委会议】 1 月 19 日召开第 18 次常委会议。县政协主席朱必香主持会议，副主席张庆文、兰浩林、汪会华、王静、余凌、潘尹、刘胜、秘书长陈串莲以及县政协常委会其他组成人员出席会议。县政府副县长王利军应邀参加会议。会议协商讨论《武宁县政府工作报告（征求意见稿）》；协商讨论《政协武宁县第十三届委员会常务委员会工作报告（讨论稿）》和《政协武宁县第十三届委员会常务委员会关于十三届四次会议以来提案工作情况的报告（讨论稿）》；审议通过提交武宁县政协十三届五次会议表彰的提案办理工作先进单位、优秀提案、优秀社情民意、先进委员小组及优秀政协委员名单；听取 2019 年度武宁县政协委员履职考评情况的通报；听取 2019 年度武宁县政协办公室和各专门委员会工作汇报，并开展评议工作。会议协商讨论其它事项。

5 月 9 日召开第 19 次常委会议。县政协主席朱必香主持会议，副主席张庆文、兰浩林、汪会华、王静、余凌、潘尹、刘胜，县政协三级调研员李正仁、秘书长陈串莲及县政协常委会其他组成人员出席会议。会议学习习近平总书记关于脱贫攻坚等重要讲话精神、省委政协工作会议精神和省委《关于新时代加强和改进人民政协工作的实施意见》文件精神；审议通过《县政协十三届十九次常委会议议程（草案）》；审议通过县政协十三届委员会委员调整名单；审议通过关于召开政协武宁县第十三届委员会第五次会议的决定（草案）；审议通过县政协十三届五次会议议程（草案）；审议通过政协武宁县第十三届委员会第五次会议日程、主席台就座人员名单、执行主席名单、大会秘书长、副秘书长名单及各讨论组召集人名单（草案）；协商讨论《政协武宁县第十三届委员会各专门委员会组成人员名单》《政协武宁县第十三届委员会委员分组名单》和《县政协办公室和各专委会联系委员小组安排》；协商讨论《县政协2020年工作要点》；协商讨论《县政协办公室和各专门委员会2020年工作安排》《县政协各委员活动小组2020年工作安排》。会议进行相关人事任免。

5月19日召开第20次常委会议。县政协主席朱必香主持会议，副主席张庆文、兰浩林、汪会华、王静、余凌、潘尹、刘胜，县政协三级调研员李正仁、秘书长陈串莲及县政协常委会其他组成人员出席会议。会上，县委组织部向县政协常委会通报选举政协武宁县第十三届委员会秘书长候选人、补选县政协常务委员候选人名单（草案）；会议审议并通过政协武宁县第十三届委员会秘书长、常务委员候选人名单；审议并通过政协武宁县第十三届委员会第五次会议选举办法；审议并通过政协武宁县第十三届委员会第五次会议选举大会总监票人、监票人名单。

5月20日召开第21次常委会议。县政协主席朱必香主持会议，副主席张庆文、兰浩林、汪会华、王静、余凌，县政协三级调研员李正仁，秘书长陈串莲及县政协常委会其他组成人员出席会议。会议听取各组召集人汇报政府工作报告、政协常委会工作报告以及提案工作报告讨论情况；听取各组召集人汇报政协武宁县第十三届委员会秘书长、常务委员候选人名单（草案）、选举办法（草案）和总监票人、监票人名单（草案）的协商讨论情况；审议《关于接受陈串莲同志请辞政协武宁县第十三届委员会秘书长职务的决定（草案）》；通过政协武宁县第十三届委员会秘书长、常务委员候选人名单（草案）；审议政协武宁县第十三届委员会第五次会议选举办法和政协武宁县第十三届委员会第五次会议总监票人、监票人名单（草案）；审议政协武宁县第十三届委员会第五次会议决议（草案）和政协武宁县第十三届委员会第五次会议提案审查情况的报告（草案）。

10月28日召开第22次常委会议。县政协主席朱必香主持会议，副主席张庆文、兰浩林、王静、余凌、潘尹、刘胜，秘书长黎高峰出席会议。县委常委、常务副县长熊波应邀参加会议。会议集中学习习近平总书记重要讲话精神；协商讨论《关于"优化营商环境"的专题调研报告（讨论稿）》和《关于"我县养老服务业发展"的专题调研报告（讨论稿）》。县委书记杜少华出席会议，与委员一同协商讨论两个调研报告并讲话。

12月17日召开第23次常委会议。县政协主席朱必香主持会议，副主席张庆文、兰浩林、汪会华、王静、余凌、潘尹、刘胜，秘书长黎高峰出席会议。县委常委、常务副县长熊波应邀参加会议并通报县政协十三届五次会议以来提案办理情况。会议传达学习省委十四届十二次全体（扩大）会议精神；听取县人社局关于我县人社工作情况的汇报；听取县交通运输局关于交通建设工作情况的汇报。会议对县财政局和县工信局民主评议工作进行总结和测评；听取对县税务局和县林业局2019年民主评议"回头看"工作情况的汇报。

【全市县（市、区）政协秘书长和办公室主任工作会】 9月11日，全市县（市、区）政协秘书长和办公室主任工作会在武宁宾馆9号楼三楼会议室召开。市政协党组成员、秘书长徐勇出席会议并讲话。市政协副秘书长、办公室主任邓春华介绍市政协机关上半年工作；各县（市、区）政协作交流发言。全市各县（市、区）政协秘书长和办公室主任参加会议。

【十九届五中全会精神专题学习会】 11月12日，县政协主席朱必香主持召开县政协常委会，专题学习党的十九届五中全会精神。县政协副主席兰浩林、汪会华、王静、余凌，秘书长黎高峰参加学习。

（方佳燕）

重要活动

【举行庆“七一”主题党日活动】 6月30日，县政协机关党总支举行庆“七一”主题党日活动，邀请县委党校老师为机关全体党员讲专题党课。并为杨洲乡敬老院送去鲜肉、大米、食用油等生活物品。县政协主席朱必香，副主席张庆文、王静，秘书长黎高峰参加主题党日活动。

【对县工信局、县财政局开展民主评议】 7月—12月，县政协组成两个民主评议组对县工信局、县财政局开展民主评议。评议小组通过在被评单位召开动员大会，听取被评单位领导班子述职报告、民主测评、调研谈话、问卷测评等多种方式，在充分收集各方面意见建议的基础上形成评议报告，向被评单位反馈，被评单位针对评议报告中提出的意见建议进行整改。

【省政协指导组到武宁视察指导基层协商民主建设】 7月28日，省政协副秘书长赵波率指导组深入武宁视察指导基层协商民主建设工作。指导组一行深入县政协机关、文化广场小区、新宁镇茶场社区、县工业园区锦宁社区、罗坪镇长水村等地，通过听汇报、查资料、看现场，详细了解基层协商民主建设工作开展情况。市政协秘书长徐勇，县政协主席朱必香，副主席王静，秘书长黎高峰陪同视察。

【市政协来武宁开展“推进农村人居环境整治”专题调研】 8月11日，市政协党组副书记、副主席邓君安率政协调研组，深入武宁开展“推进农村人居环境整治，打造秀美宜居乡村”专题调研。邓君安一行先后来到县农业农村局、罗坪镇关山村、长水村等地，实地视察县农村人居环境整治及信息化平台建设，了解农村生活污水治理、垃圾治理、美丽宜居示范建设、厕所革命、新农村建设等工作开展情况。县政协主席朱必香，县领导武文斌、王静陪同。

【市政协来县开展孙吴文化遗产专题视察及提案督办活动】 8月14日，市政协教科卫体委与民盟九江学院委员会及部分文史专家、市孙氏牒谱文化研究中心等组成视察组，赴杨洲乡开展孙吴文化遗产专题视察及提案督办活动。市政协副主席严平参加并讲话。市政协视察组一行先后到杨洲乡界牌村、弥陀寺、易家垅、吴王峰、乌牛岗等孙吴文化遗址，了解吴王墓现状及孙吴文化史料搜集整理进展，召开座谈会。县政协主席朱必香，副主席刘胜陪同。

【省政协老同志来县开展“我看脱贫攻坚新成就”调研活动】 11月10号，省政协副秘书长、办公厅主任杨木生率省政协机关退休干部一行30多人来武宁县，开展“我看脱贫攻坚新成就”主题调研活动。市政协副秘书长、办公室主任邓春华，县政协主席朱必香陪同。老干部们先后深入“武宁之窗”城市门户风光带、西海湾湿地公园、武安锦城异地扶贫搬迁安置点、罗坪镇棉花山金色家园和长水村等地实地参观考察，全面了解近年来武宁县经济社会发展和脱贫攻坚取得的新成就。县政协副主席王静、余凌，秘书长黎高峰陪同。

【对县交通运输局提案办理开展视察和评议】 11月24日，县政协组织相关委员对县交通运输局提案办理情况开展专题视察和专项评议。县政协副主席兰浩林参加活动。委员们先后实地视察华夏旅游公路、伊山县道改造提升项目、澧溪至北湾美丽生态文明农村路。在随后召开的提案办理专项评议会上，委员们听取县交通运输局关于县政协十三届五次会议以来提案办理情况的汇报，政协委员就提案办理情况与县交通运输局领导进行面对面协商，并对县交通运输局提案办理工作进行现场评议。

（方佳燕）

调查研究

【“优化营商环境”专题调研】 县政协常委会组织开展“优化营商环境”专题调研活动。调研期间，深入乡镇、部门、企业，开展集中研讨座谈、多方征集意见建议，并赴瑞昌市、浮梁县、万年县等地学习考察。在此基础上，调研组和主席会几经讨论，修改论证，提出6个方面的问题和4大建议，形成专题调研报告，并召开县政协十三届二十二次常委会与县委主要领导、县政府分管领导进行面对面建言献策。

【“加快我县养老服务业发展”专题调研】 6月，组织开展“加快养老服务业发展”的调研活动，成立调研组，深入乡镇、街道、社区及相关职能部门和有关养老机构，通过听取情况通报，现场察看、个别交流、集中座谈的形式充分了解情况，广泛征集意见建议，并赴新余市渝水区、赣州市崇义县等地学习考察。在此基础上，调研组和主席会几经讨论，修改论证，提出3个方面的问题和6大建议，形成专题调研报告，并召开县政协十三届二十二次常委会与县委主要领导、县政府分管领导进行面对面建言献策。

【开展全县公共卫生服务体系建设情况专题视察】 6月23日，组织开展全县公共卫生服务体系建设情况专题视察。县政协主席朱必香，副主席张庆文、兰浩林、汪会华、王静、余凌、潘尹，秘书长黎高峰，县政协常委、各乡镇（街道、工业园区）政协联络组长、委员活动小组组长参加视察。副县长卢恒墀陪同视察。上午，视察组先后来到县疾控中心、润林中医医院、县人民医院、工业园卫生院、罗坪镇关山村卫生和计划生育服务室、罗坪镇中心卫生院，实地了解县公共卫生服务体系建设取得的成效、存在的问题和困难。下午，在县政协常委会议室召开视察全县公共卫生服务体系建设情况座谈会。副县长卢恒墀代表县政府通报县公共卫生服务体系建设情况。

【开展“三区”重点项目建设情况专题视察】 11月22日，组织开展“三区”重点项目实施情况专题视察。县政协主席朱必香，副主席兰浩林、汪会华、王静、余凌，秘书长黎高峰，部分住县市政协委员、县政协常委、乡镇（街道、工业园区）政协工作联络组组长参加视察。县委常委、常务副县长熊波陪同视察。先后视察欢乐湾小镇、西海国际网球中心、尚美中学、中城产业园、安谱达新能源、江西辽燚、嘉华国际度假区、长水景区等“三区”项目建设，深入了解重点项目建设推进情况。下午召开视察座谈会，熊波代表县政府通报县“三区”重点项目建设推进情况。与会委员结合实际情况踊跃发言，积极建言献策。

（方佳燕）

专门委员会工作

【提案工作委员会】 一年来，共收到提案167件，立案165件。分别由49个单位部门承办，25件重点提案由县委、县政府、县政协领导领办督办。办理答复率和委员满意率均为100%。委员满意率为98.2%。通过电话、上门走访等形式，对承办单位提案办理工作进行督办。组织委员对县交通局提案办理工作开展专题视察和专项评议。组织参与县政协常委会民主评议县工信局工作，组织民主评议县税务局“回头看”活动；认真做好石门楼镇、罗溪乡和清江乡“有事先商量”协商民主建设指导工作，全年共组织议事活动6次；做好疫情防控、扶贫、环境整治、宣传等工作，全年提案委成员共在省、市报刊媒体发表稿件36篇，积极宣传我县政协工作和委员提案工作，其中《老表腰包鼓起来茶农笑脸露出来》荣获全省政协系统好新闻三等奖。

【文化文史和学习委员会】 积极配合市政协文史馆做好武宁史料的征集，及时上报各类资料共计文稿13.8万字、图片167张、音像数据3个片段；组织编写《武宁山水文集》和《山水武宁》两部书稿；《山水武宁》完成20座历史名山和7道河流资料的收集和整理，进入汇编和审校；继续做好与县志办联合编辑《艾园胜概》第 17、18 期；做好脱贫攻坚纪实文稿的征集、整理和汇编工作；组织开展“加快养老服务业发展”专题调研；指导对口联系的大洞、泉口、横路 3 个乡镇政协工作联络组开展好基层协商民主建设工作。

【委员工作委员会】 8 月，邀请沈夏珠博士为全体县政协委员、住县市政协委员以及县政协机关全体干职工围绕“四史”学习进行授课；9 月，组织部分县政协常委、委员参加省委党校干部教育学院学习培训；完善委员履职考核办法，协助建立智慧政协平台，完善委员履职管理数据库，做好委员年终考核和评优工作；组织委员参加社会评部门、教师招聘会、企业开放日、世界环境日等监督活动；做好所联系的东林乡、上汤乡、船滩镇的“有事先商量”基层协商民主建设指导工作，开展基层协商民主议事 6 次。

【人口资源环境委员会】 11 月，组织人资环委员会委员，就县林业生态保护工作开展专题视察；做好机关事务工作，全年共接待全国政协、本省及外地省市县政协来县学习考察、调研等活动 30 余次；加强对本委联系的工商委员小组和乡镇片区 4 组开展指导联系，工商委员小组开展精准扶贫、捐资助学、疫情捐助物资等活动，全年共计捐款捐物 82 万余元；指导片区 4 组围绕全域旅游、村有经济、脱贫攻坚、环境整治、乡村振兴等主题进行专题调研。

【经济法制委员会】 负责牵头组织开展“优化我县营商环境”专题调研活动，并形成专题调研报告，召开专题协商会与县委、政府领导面对面协商；对园区企业发展情况开展专题视察活动；完成省市政协理论征文，及时上报《做好“一二三四”深入推进基层协商民主建设》理论文章；负责对接指导宋溪、甫田、澧溪、豫宁街道、工业园锦宁社区的“有事先商量”协商议事活动。

【农业和农村委员会】 组织开展“推进我县茶叶产业高质量发展”专题调研和“推进我县优质水果产业发展”专题视察活动，形成专题调研报告和视察报告；组织开展“水投渔业公司捕捞情况”视察活动；配合省、市政协及外地政协做好调研视察考察工作；参与指导政协农业科技活动小组开展“蜂蜜产业发展情况”视察活动；对县林业局民主评议开展“回头看”活动，与提案委联合对县工信局开展民主评议工作；做好新宁镇茶场社区、杨洲乡、罗坪镇、工业园区的“有事先商量”基层协商民主建设指导工作；抓好新宁镇茶场社区基层协商民主建设试点工作，围绕“建设茶场社区游客集散中心”开展议事活动。

【教科卫体委员会】 认真抓好脱贫攻坚、村建帮扶工作；做好江桥村疫情防控工作；加强与对口单位和委组的联系交流，对巾口乡、官莲乡、鲁溪镇的“有事先商量”协商民主建设工作开展情况进行专项督查；组织委员活动小组开展送医送药义诊下乡，送科技下乡、文艺下乡、送教助学等活动；协助办公室做好县政协常委会“加强我县公共卫生服务体系建设情况”专题视察活动；加强与各对口协商部门的联系与协作，听取县市监局关于加强“食品安全”监督管理工作的情况通报；围绕“加强我县村级公共卫生服务能力建设”进行专题调研。

【民宗港澳台侨外事委员会】 开展宗教场所对口调研活动，联合县委统战部，组织县政协委员、机关相关委办 20 余人随同市政协对县弥陀寺太平山道观两处宗教场所进行调研；指导对口联系的石渡乡和街道办委员活动小组就道路建设和老旧小区加装电梯的民生热点工作积极开展协商议事活动；对县财政局开展民主评议工作。

（方佳燕）

政协九江市第十五届委员会住县委员名单

（共12名，按姓氏笔画排序）

王仁华	万里云	卢建军	申平丽（女）	朱必香（女）	肖　祎	解传信
杨海斌	易　斌	章利文	雷志清	徐臣金		

政协武宁县第十三届委员会委员名单

（共203名，分界别按姓氏笔画排序）

中共界别（18名）

王静（女）	王　勇	邓卢武	申国龙	成晨阳	朱必香（女）	汤小勇
肖　俊	张庆文	张　波	陈串莲（女）	明　月（女）	黄祖平	蔡　锋
熊森林	潘　尹	潘熙梅（女）	黎高峰			

工会界别（6名）

叶心玮	叶存平	成　珺（女）	李艳文（女）	张　炜	张一望

共青团界别（7名）

王明锋	石绍林	刘　敏	刘家华	陈　林	杨　勇	黎晓霞（女）

妇联界别（10名）

王宁华（女）	叶玲玲（女）	刘玲娜（女）	刘姗姗（女）	汪燕娟（女）	张叶西（女）	黄诗兰（女）
蔡殷瑜（女）	潘琴（女）	戴小燕（女）				

工商联界别（38名）

丁　卿	王有益	方　华	叶　斌	乐荣宝	成木林	刘水林
刘伟宁	汤　俊	陈国良	李义全	李义财	杨　艳（女）	吴伟卫
余翰林	余孟文	张和昆	张品新	陈　平	陈绪松	冷董碧
林国华	周国良	郑友谊	洪　坚	洪婷婷（女）	柯　勇	柳德昌
胡建友	姜正春	夏元章	徐金标	彭　云	彭开明	蔡九胜
蔡跃明	熊小鹏	戴玉林				

农业界别（21名）

万华宁	申和敏	刘　云	朱旭勤	吴声平	邱和民	余福林
邵云龙	张　武	张　聃	张满根	陈兆福	陈绪贵	范叶金
林显华	柯芸（女）	赵红华（女）	徐　德	黄　峰	谭翊泉	熊洪武

科技界别（10名）

甘树林	刘　胜	许　勤	孙中华	陈　伟	周　剑	周　琴（女）
周婉婉（女）	黄东华	谢金山				

社会科学界别（8名）

刘　明	刘守华	李正仁	余华东	邵志华	徐建宁	梅　刚
黎　军						

经济界别（20名）

万冬发	万　勇	王蓉蓉（女）	王　静（女）	朱小刘	刘小军（女）	刘湞泽
余旋群（女）	汪明安	吴忠靖	张　丽（女）	张　琼（女）	陈美霞（女）	周艳莉（女）

项九娟(女)	柯芳芳(女)	钟兆贵	钱三江	徐小兵	葛　丽(女)	
文艺新闻界别(6名)						
王　臻	王怡荣	周春琳(女)	柯珍珍(女)	黄荔荔(女)	魏　兵	
教育界别(15名)						
毛雪松	叶成刚	成　军	朱婷婷(女)	刘　峰	杨冠军	李从容(女)
邱燕华(女)	汪会华	陈　华	周亚明	柯五坚	黄　武	舒伟明
雷蔓萍(女)						
医药卫生界(14名)						
卢杏花(女)	叶　晶(女)	石　磊	刘　侃	李学琴(女)	邱　荣(女)	余　凌
周友忠	周迎春	洪　恩	曹木兰(女)	黄　俊	雷东鸿	熊　燕
侨台界别(2名)						
王忠燕(女)	蒋家杨					
民族宗教界别(8名)						
王四明	兰浩林	莫　明	徐臣金	雷　玮(女)	雷鸿尧	释会有
释寂光						
特别邀请人士(20名)						
王义忠	车学文	刘　辉	刘统嘉	刘　锋	严丰华	陈　永
陈　强	陈绪文	邹　添	周利民	郑熊星	段珊珊	柯有英(女)
徐新安	梅景阳	程丁丁	谢欣欣(女)	黎世定	熊小平	

附：2020年县政协机关领导名录

县政协党组成员、秘书长：黎高峰（3月任）
陈串莲(女,任至3月)

办公室

县政协党组成员、主任：汤小勇
副　主　任：方佳燕（女）

文化文史和学习委员会

主　　任：杨冠军（3月任；学习文教委办主任任至3月）

委员工作委员会

主　　任：明　月（女，3月任；委员工委办主任任至3月）

人口资源环境委员会

主　　任：肖　俊（3月任；人口资源环境委办主任任至3月）
副　主　任：何祥瑞（保留正科待遇，3月任；人口资源环境委办副主任任至3月）

提案委员会

主　　任：汪燕娟（女，3月任；提案委办主任任至3月）
副　主　任：吴家骏（3月任；提案委办副主任任至3月）

经济法制委员会

主　　任：黎　军（3月任；经济法制委办主任任至3月）
副　主　任：廖俊军（3月任；经济法制委办副主任任至3月）

农业和农村委员会

主　　任：张　武

教科卫体委员会

主　　任：张　波
副　主　任：章　帷（正科级，4月任）

民宗港澳台侨外事委员会

主　　任：王　勇（3月任）

一级主任科员：陈串莲（女，4月任）
二级主任科员：潘朝林（4月任）
四级主任科员：胡善宝（4月任）

中国共产党武宁县纪律检查委员会

综　述

2020年，武宁县纪委监委始终坚持以习近平新时代中国特色社会主义思想为指导，深入贯彻习近平总书记视察江西重要讲话精神，聚力新时代纪检监察工作高质量发展，充分发挥监督保障执行、促进完善发展作用，为建设秀美富裕幸福的现代化山水武宁提供坚强保障。

立足职责使命突出政治监督，“两个维护”有新高度。坚持以党的政治建设为统领，推进全面从严治党向纵深发展。围绕各地各单位学习贯彻落实党的十九届四中、五中全会和省委、市委、县委决策部署情况开展监督检查，推动政治学习常态化长效化。聚焦疫情常态化防控和经济社会发展，开展实地督查65次，发现问题101个，下发通报14期，组织处理5人。围绕“六稳”“六保”加强监督保障落实，约谈责任单位“一把手”和班子成员80余人次，推动解决问题42个，督促发放补贴补偿资金157万元。深入开展影响保居民就业、保市场主体若干突出问题专项整治，压实主管部门行业整风主体责任。强化对制止餐饮浪费问题监督检查，工作做法在中纪委内网刊发。认真贯彻落实省委、市委《关于开展政治谈话加强对“一把手”和领导班子监督的意见》，出台《武宁县纪委监委关于加强政治监督工作实施意见》。在常态化实行“两本三报告”的基础上，新增“巡察整改情况”向县委常委会报告，进一步推动两个责任落实。对县人大、政府、政协班子党组在内的全县各级党组织履行主体责任情况进行监督检查，向县四家班子领导发送工作提示50份、工作建议函5份。强化意识形态责任制落实情况监督执纪问责，坚持失责必问，问责必严，以问责倒逼两个责任落实，全年问责17起28人，给予党纪处分3人。

站稳人民立场厚植执政根基，民生问题有新建树。持续开展扶贫领域腐败和作风问题专项治理，查处问题43起，批评教育帮助和处理51人。聚焦“两不愁三保障”和脱贫后“四不摘”开展监督检查，下发问题督办函5份，督促县住建局开展安居扶贫（危房改造）领域专项整治，实现住房安全有保障。扎实做好中央脱贫攻坚专项巡视“回头看”反馈问题整改监督，开展专项督查3次，反馈问题全部整改到位。巩固提升“不忘初心、牢记使命”主题教育成果，开展联合督查活动2次，发现问题42个并点名通报。扎实推进扫黑除恶专项斗争，全面实现“双清零”目标，新增84条问题线索全部查结，立案15件，涉及科级干部12人。联合县委组织部、县委政法委印发《关于建立健全遏制涉黑涉恶腐败和“保护伞”问题线索滋生蔓延长效机制的若干意见》，巩固和提升行动成效，铲除滋生黑恶势力土壤。强化生态领域腐败监督执纪问责，查处非法占用耕地问题1起，给予党纪政务处分1人。对标上级要求，将涉农项目资金监管平台升级为民生资金监管平台，围绕平台建设、管理使用情况开展监督检查3次，提出工作建议11条。

持续加压发力，作风建设有新面貌。持之以恒落实中央八项规定及其实施细则精神，开展明察暗访23次，查处问题29起，处理34人，给予党纪政务处分16人，在重要节假日前发布违反中央八项规定精神、酒驾醉驾违法等典型案例实名通报6期。针对部分单位公车停放不规范问题，下发监察建议书督促县机关事务管理局出台《武宁县公车停放管理办法》。坚持整治“四风”问题，深挖细查隐形变异和反弹回潮隐患，持续整治“怕、慢、假、庸、散”等作风顽疾，坚决破除形式主义、官僚主义。聚焦“服务项目见效年”，围绕“放管服”改革强化监督执纪，深入开展专项整治，着力解决办事不畅、作风不实、执行不力等问题，以严格的监督保障优化营商环境工作落到实处。持续深入开展党员干部“八小时之外”行为监督管理，不断强化党员干部廉洁自律意识。开展“上级单位及个人在基层单位违规转嫁报销费用问题”专项治理，督促全县党员干部认真开展自查自纠。紧盯防汛救灾中不担当、不作为等失职失责问题，发现并督促推动整改问题4个，主动约谈5人。

重要会议

【县纪委第十四届第五次全体会议】 4月21日上午，中国共产党武宁县第十四届纪律检查委员会第五次全体会议在县城召开。县委书记杜少华出席会议并讲话。市纪委监委有关同志到会指导。会议总结2019年全面从严治党工作，研究部署2020年工作。全会审议通过詹宏夫代表县纪委常委会所作的《坚持和完善监督体系，为建设秀美富裕幸福的现代化山水武宁提供坚强保障》的工作报告，审议通过全会公报。会议进行分组讨论，并传达中央和省、市纪委全会精神。

【开展主题党日活动】 9月28日，为持续推进“不忘初心、牢记使命”主题教育常态化、长效化，推动纪委监委党员干部思想政治建设走在前、做表率，丰富纪检监察干部文化生活，增强团队凝聚力，在中秋节、国庆节即将来临之际，县纪委监委机关党总支组织开展主题党日活动。活动邀请九江学院团委办公室主任、九江学院驻武宁县官莲乡东山村第一书记兼东山村党支部书记谭翊泉前来授课。县纪委监委机关、派驻机构、巡察机构共计70余人参加，县委常委、纪委书记、监委主任詹宏夫参加活动。

【全县纪检监察系统工作述职暨务虚会】 12月22日，2020年武宁县纪检监察系统工作述职汇报会暨务虚会在市民服务中心召开。各乡镇、工业园区、街道纪（工）委书记，各派驻纪检组长进行述职汇报。会议通报2020年全县纪检监察系统工作情况；传达学习《中共江西省委关于开展政治谈话加强对“一把手”和领导班子监督的意见》。会议梳理总结2020年全县纪检工作，谋划部署2021年工作思路和任务。武宁县委常委、纪委书记、监委主任詹宏夫出席会议并讲话。

廉政建设

【进一步做实全员培训工作】 制定《武宁县纪委监委机关干部学习培训常态化制度化实施方案》，组织应知应会知识测试5次。做实全员培训，举办业务培训班3期，清风讲堂3期。抽调乡镇纪检干部跟班学习7人，推荐省纪委挂职锻炼2人，抽调45人次到省、市纪委实践历练，队伍业务素养不断提升。

【探索建立监察监督与村务监督贯通融合】 出台《武宁县行政村监察信息员聘任管理办法（试行）》，把村务监督委员会主任聘任为监察信息员，全县197个监察信息员聘任到位并全面履职，进一步推动监察职能向基层延伸。

【充分发挥廉政文化引领带动作用】 组织全县各级党员领导干部3000余人次到武宁县廉政教育馆接受廉政教育，筑牢拒腐防变防线。全力推进廉政文化“六进”活动，打造一批廉政建设示范点，不断浓厚廉政文化氛围。

制度建设

【深化纪检监察体制改革】 认真贯彻落实市纪委全会部署，完成派驻机构更名及派驻纪检监察组组长担任单位领导班子成员工作。坚持全县纪检监察系统一盘棋，出台《关于加强机关内设机构、派驻机构、巡察机构相互协作配合的意见》《武宁县乡镇纪委片区合作机制》，推动各类监督贯通融合、监督力量联动联合，促进提升监督质效，各片区共处置问题线索 8 件，立案 2 件 2 人。

【推动政治监督具体化精准化】 认真贯彻落实省委、市委《关于开展政治谈话加强对“一把手”和领导班子监督的意见》，出台《武宁县纪委监委关于加强政治监督工作实施意见》，县委主要负责同志与下级党组织负责人及领导班子开展集体政治谈话，推动政治监督具体化精准化。

【进一步深化乡镇纪委同级监督工作】 出台《武宁县进一步探索乡镇纪委开展同级监督实施办法（试行）》，乡镇纪委对班子成员开展谈心谈话 205 次，提出整改意见 61 条。

监　察

【坚持把纪律挺在前面】 抓早抓小、防微杜渐，深入开展廉政风险防控排查，梳理关键风险点 362 个，推动制定完善重要防控措施 96 项。认真落实《武宁县退出领导岗位干部管理办法（试行）》要求，与单位主要负责人提醒谈话 60 余人次，对退出领导岗位干部发放工作提醒函 200 多份，得到市纪委市监委主要领导的高度认可并在《九江纪检监察工作动态》刊发推广。制定下发《关于梳理“退休领导干部从业问题”有关情况的通知》，防止退休领导干部违规从业。完善农村小微权力清单，在 2018 年基础上进行调整修改，新增权力事项 19 项，取消 2 项，变更 1 项，推进基层权力规范运行。

【日常监督取得新成效】 严把党员干部政治关、廉洁关，回复党风廉政鉴定意见 1699 人次，提出否决意见 16 人次，提出暂缓意见 8 人次。强化信访监督，全面完成检举举报平台基层版建设，实现信访业务全程留痕、追踪提醒。对检举控告数量大、排名靠前的乡镇，约谈党委和纪委负责同志，同时向包挂县领导发送工作提示函。发挥派驻监督“探头”作用，围绕驻在单位集体决策制度落实情况，各派驻纪检监察组列席“三重一大”会议 230 余次，提出意见建议 121 条。扎实推进乡镇纪委“两化”建设，以“有作为”为导向，提升乡镇纪委履职能力，全年处置问题线索 161 件，立案 45 件，处分 46 人。

【精准运用监督执纪“四种形态”】 坚持重遏制、强高压、长震慑，一体推进不敢腐、不能腐、不想腐，持续保持惩治腐败高压态势。全县纪检监察组织共受理信访举报 297 件（其中县本级受理 192 件，上级转办 105 件），处置问题线索 354 条，立案 86 件（其中科级干部 16 件），结案 86 件，处分 89 人，移送司法机关 2 人。精准运用监督执纪“四种形态”处理 464 人次，其中第一种形态 375 人次，占比 80.8%，第二种形态 55 人次，占比 11.9%，第三形态 15 人次，占比 3.2%，第四种形态 19 人次，占比 4.1%，运用“四转三”形态转换处理 2 人。出台《武宁县乡镇纪委运用“三会一书两公开”模式开展警示教育的操作办法（试行）》，用身边案警示教育身边人，共开展警示教育活动 197 场次。坚持一案一总结、类案类总结，深入查找案发单位制度漏洞，下发纪检监察建议书、纪律检查建议书、监察建议书 14 份。加强处分执行情况的监督检查，对 65 位受处分的人员进行跟踪回访。

巡视巡察

【扎实开展村（社区）党组织巡察】 认真贯彻执行《关于推进市县巡察向村（社区）党组织延伸的指导意见》，通过巡察组、乡镇（街道）一对一模式，结合村（社区）的不同特点，优化工作流程，突出监督重点，把巡察与净化基层政治生态相结合，与整治群众身边反映强烈的问题相结合。2020 年开展第十二轮巡察和第十三轮巡察，共巡察 119 个行政村和 13 个社区党组织，反馈问题 2041 个，全部完成整改。召开第十二轮巡察反馈意见整改情况专题汇报会，完善纪检监察机关、组织部门加强整改日常监督的工作机制，努力形成有序衔接、互为补充、协调一致的整改监督链条。

【落实巡察全覆盖】 研究制定 2020 年巡察工作要点和年度工作计划，对巡察全覆盖的目标任务进行分解，合理安排轮次和被巡对象。全年共开展 4 轮巡察，反馈问题 2242 个，移交问题线索 6 条，立案 2 人，给予组织处理 1 人，诫勉谈话 1 人，党纪政务处分 1 人。严格审核被组织整改方案、整改进展情况报告，实行被巡察党组织主要责人与巡察组组长、纪委监委党风室负责人“三签字”背书制度，强化整改评估。召开第十二轮巡察反馈意见整改情况专题汇报会，防止整改推诿扯皮，只做“表面文章”。制订《武宁县委巡察工作档案管理办法（试行）》，着力完善巡察报备工作机制，不断提高工作的规范化、法治化、精细化水平。

（熊庆华）

附：2020 年县纪委、县监委领导名录

县纪委书记、监委主任：詹宏夫
县纪委副书记、监委副主任：蔡　锋、张益民、冷宁华
县纪委常委、县监委委员、廉政办主任：周　扬
县纪委常委、县监委委员、纠风办主任：黄雪娇（女）
县纪委常委、县监委委员：刘　冰、杨　平
县监委委员：杨　华
机关副科级室主任：车显明、赵克平、吴旻鑫（女）、户金亮、冷华兵、耿志杰、李巧逢（女）
驻县委办纪检监察组组长：黎先实（3 月任）、派驻纪检监察组组长（任至 3 月）
驻县人大办纪检监察组组长：尹幸芬（正科级，女，3 月任；派驻纪检监察组组长任至 3 月）
驻县政府办纪检监察组组长：刘礼云（女，3 月任；派驻纪检监察组组长任至 3 月）
驻县政协办纪检监察组组长：林显杏（正科级，3 月任；派驻纪检监察组组长任至 3 月）
驻县委政法委纪检监察组组长：刘刚（3 月任；派驻纪检监察组组长任至 3 月）
县教体局党委委员、驻县教体局纪检监察组组长：黎维定（正科级，3 月任；派驻纪检监察组组长任至 3 月）
县财政局党组成员、驻县财政局纪检监察组组长：刘剑鑫（3 月任；派驻纪检监察组组长任至 3 月）
县工信局党组成员、驻县工信局纪检监察组组长：高晓润（女，3 月任；派驻纪检监察组组长任至 3 月）
县住建局党组成员、驻县住建局纪检监察组组长：孟祥海（正科级，3 月任；派驻纪检监察组组长任至 3 月）
县交通局党组成员、驻县交通局纪检监察组组长：陈锐（正科级，女，3 月任；派驻纪检监察组组长任至 3 月）
县卫健委党委委员、驻县卫健委纪检监察组组长：刘宁宁（正科级，3 月任；派驻纪检监察组组长任至 3 月）
县委巡察办主任：熊贻波
副主任：冷　宏（保留正科待遇）
县委第一巡察组组长：程光平
副组长：冷　斌（保留正科待遇）
县委第一巡察组巡察专员：邱美珍（女，3 月任；机关副科级室主任任至 3 月）
县委第二巡察组组长：张　战
副组长：陈梦轩（10 月任）
县委第二巡察组巡察专员：程跃勤
县委第三巡察组组长：曾祖华
副组长：闵　勇（保留正科待遇）
县委第三巡察组巡察专员：张　莉（女）

人民团体

武宁县总工会

【概况】 县总工会机关内设“两部一室”，即组织和宣教网络部、权益和保障服务部、办公室（增挂财务资产部），下属事业单位三个，即武宁县工人文化宫、武宁县职工学校和武宁县职工服务中心。2020年，工会工作围绕党委、政府中心工作和省市工会部署的业务工作，突出抓好“服务职工十件实事”和产业工人队伍建设改革等重点工作，圆满完成年度各项工作任务。年度职工互助保障工作和工会新闻宣传工作获得江西省总工会先进单位称号；县总工会机关获九江市第十二届文明单位荣誉。

【建功立业再添新彩】 组织动员全县广大职工参与做好疫情防控和经济社会发展工作，助力做好“六稳”工作、落实“六保”任务，围绕经济社会复苏，开展“当好主人翁、建功新时代”劳动竞赛，为应对新冠肺炎严峻形势，联合县卫健委举办全县医疗卫生机构重大疫情应急演练与理论竞赛、巨通公司、江中制药、恒庆公司、城投公司等单位开展富有本行业劳动特点的劳动技能竞赛，助推经济发展。助力会员创新创业，发放“武工贷”贴息贷款310万元。开展职工技能培训200名、帮助185名农民工提升学历。

【认真做好劳模评选】 2020年是各级劳模评选年。认真做好县劳模评选，评选坚持面向基层、一线和普通劳动者的原则，严格标准、严把质量，制订评选方案、推荐评审、征求意见、评委会票决、媒体公示等工作，评选产生10名县劳模，在全县三级干部大会上进行表彰。新增省劳模3名、市劳模7名。“劳模先进事迹宣讲报告团”赴各地宣讲7场次。发放各级困难劳模帮扶金24.97万元。

【服务职工创新普惠】 发放会员卡5120张、与21家商户开展特惠消费活动，拉动内需。会员购买扶贫农产品达155万元，助力脱贫攻坚。联合创维集团开展大型公益捐赠活动，商品交易额达60万元、向困难职工赠送智能电饭煲184只。助力疫情防控，全县各行政事业单位工会会员发放人均300元疫情特殊消费券、对县两所县级医院266名防疫会员进行慰问，送去慰问金10.55万元。开展“金秋助学”活动，资助困难学生333名，发放助学金89.2万元。开展“送清凉”活动，为县环卫工人、工业园区企业职工送去防暑降温物品。联合举办“汉服为媒·七夕有约”大型公益单身青年交友联谊会，为青年职工搭建交友平台。职工互助保障工作创历史新高，全年完成互保缴费任务136.41万元、参保职工23503人次、理赔67人次、理赔金额130.73万元。

【劳动纠纷调解】 全年接待职工劳资纠纷诉求16起，成功调解14起，调解率达88起，挽回劳资损失29.9万元。

【经审监督规范开展】 全年完成本级工会和下属事业单位上年度经费决算审计，对全县115家基层工会年度经费预算进行审核，完成30家基层工会上年度经费审计，整改存在问题，发挥审计职能监督作用，促进工会系统廉政建设。

【宣教文体工作有声有色】 抓好工会新闻宣传和

信息报送工作，全年在全国、省市工会新闻媒体刊发稿件160篇。搞好本级工会网站、微信公众号等新媒体营运，及时发布工会工作信息。全年举办全县职工文化体育活动9场次、投入各项赛事经费50多万元。组织县职工参加全市职工羽毛球团体赛并获得第二名。职工文化体育阵地建设持续增强，新建“职工之家”12家、投入建设经费60多万元，一批上档次高质量的职工文化场所建成投入使用。

【产业工人队伍建设改革初见成效】 启动县产业工人队伍建设改革，通过牵头、责任单位协同推进，各项改革措施落到实处，产业工人在思想政治引领、建功立业、素质提升、地位提高、队伍壮大等方面有一定进步，改革工作初见成效。

【组织建设】 2020年新建工会组织25家、新增会员3143人。书写好“不忘初心、牢记使命”后半篇文章，开展“以人民为中心深化作风建设”活动，以党的政治建设为统领，整治总工会机关和党员干部队伍中存在的形式主义、官僚主义，打造“学习型、知识型和创新型”的“职工之家”。

（周吉金）

附：2020年县总工会领导名录

党组成员、主席：付林斌
党组书记、常务副主席：付冬云（3月任）
党组成员、副主席：蒋　勇（保留正科待遇）
党组成员、县职工服务中心主任：宋为亮
经费审查委员会主任：张一望（任至4月）

共青团武宁县委员会

【概况】 2020年，共青团武宁县委坚持聚焦主责主业，以高质量发展为主题、以服务青年为主线，扎实推进共青团改革。根据团省委基层团建“百日攻坚”行动要求，以智慧团建为依托，启动专项行动，通过电话督促、实地督查等方式对任务指标进行全方位梳理，“两新”组织、团员队伍建设、团干部配备、青年之家建设完成率均为100%，位列全市第一。全年发展团员420人。新增社会团组织6个、非公企业团组织4个。新增青年之家2家，举办活动15场，吸引282人参与活动。获评2020年度江西省共青团工作先进县。

【开展青年大学习】 科学制定主题学习周活动安排表，每周确定1—2个基层团组织重点调度，切实提升基层团组织抓思想引领的主动性自觉性，累计动员全县青少年完成线上答题80400余人次，全年完成率位居全市前列。

【举办主题教育活动】 发起“致敬抗疫英雄，争做时代先锋”“向国旗敬礼—青春致敬祖国”等系列主题团（队）日活动200余场；以“战疫”为主题，举办战“疫”英雄讲团（队）课300余场，培养青少年爱党爱国的情怀，坚定青少年跟党走中国特色社会主义道路的理想信念。

【疫情防控迅速响应】 疫情防控期间，面向广大青年举行抗击新冠疫情网络募捐大会，募捐所得全部用于疫情防控。春节前夕，迅速组建一支以返乡大学生为主的疫情防控青年志愿者预备队，分别奔赴县人民医院和中医院开展疫情防控志愿服务。

【脱贫攻坚汇聚力量】 持续开展“希望工程1%捐”活动，多渠道募集助学金113630元，资助了全县80名贫困生；开展“公益云长跑点亮微心愿”爱心跑步活动，点亮153位困难学生的微心愿。

【搭建平台服务青年】 利用YY直播等互联网平台，举办“青春助企春风聚才”线上直播招聘会；开展大学生进机关单位实习活动，遴选23名返乡大学生在16个单位开展政务实习；举办“疫情过后我们恋爱吧”“汉服为媒，七夕有约”等大型青年交友联谊会；积极探索青年参与家乡建设新路径，组织返乡大学生志愿者投入到防汛救灾第一线；开展交通引导、不文明行为劝导、绿化清洁等志愿服务工作，助力创建全国文明城市；在车站、景区等地为游客提供旅游咨询引导志愿服务，助力创评国家全域旅游示范区。

（许继亚）

附：2020 年团县委领导名录

书　　　记：李欣阳（女）
副　书　记：冷　婷（女）、许继亚（4 月任）

武宁县妇女联合会

【概况】　2020 年，聚焦深化妇联改革、聚焦妇儿所需所盼，丰富工作载体，创新工作方式，团结引领全县广大妇女以实际行动为推动武宁经济社会发展大局贡献巾帼力量。县妇联荣获 2020 年度全省妇联系统宣传舆论阵地建设先进单位、第十二届九江市巾帼建功先进集体等荣誉称号。

【深化妇联改革有新举措】　大力推进全县村妇女小组长配备工作，配备妇女小组长 2016 名，实现全覆盖。争取县委、县政府领导重视，落实妇女小组长工资待遇，提高妇女小组长工作热情，在基层乡村治理中发挥积极作用。持续推进 11 个示范“妇女之家”“妇女微家”创建，切实提升服务水平，不断增强妇联组织的凝聚力、影响力、号召力。

【妇儿维权工作有新亮点】　积极打造婚调工作特色品牌，与县民政局联合成立武宁县婚姻家庭调解工作室，成功劝和 160 对，有效降低离婚率，助力家庭和谐、社会稳定；创新开展心理咨询进校园工作，联合县心理咨询协会面向社会招募有资质有证书的志愿者 13 人，在课余时间走进校园，及时帮助有需求的学生及家庭，累计开展 20 余次个体辅导，8 次团体辅导，4 次家庭沙龙，排解有困惑的孩子和家长的心理问题，积极助力构建理性平和的亲子和家庭关系。常态化开展困难妇女儿童救助，2020 年共救助“两癌”贫困妇女 25 名（每人 1 万元）；发放助学金 4 万元，惠及 75 名贫困学子。

【家庭文明建设有新成效】　深入开展寻找最美家庭活动，石碧玉、柯芳芳、柯善琼 3 户家庭荣获全省“最美家庭”称号。陈灵燕、邓可贤、柯善琼、乐荣宝 4 户家庭荣获全市“最美家庭”称号。持续开展“清洁家庭”创评活动，将创评工作同城乡环境综合整治、乡风文明等中心工作相结合，全县创建覆盖率达到 100%。6 月表彰百户“清洁家庭示范户”。8 月举办科级领导干部配偶“树清正家风守幸福家门”专题讲座，以良好家风促进党风政风。11 月中旬在县直 10 所中小学校进行以“只有把握好现在的孩子，才能赢得未来”为主题的家庭教育公益讲座，3000 余名家长参与。

（华丽）

附：2020 年县妇联领导名录

党组书记、主　席：吴艳红（女）
党组成员、副主席：刘姗姗（女）

武宁县工商业联合会

【概况】　县工商联结合实际，围绕“两个健康”工作主题，紧贴县委、县政府工作中心，创新工作思路，切实履行职责，促进非公经济健康发展和非公经济人士的健康发展。召开十五届一次执委会，选举产生以刘湞泽同志为主席的新一届班子成员和常委、执委。组织会员企业中的人大代表、政协委员，围绕社会热点难点问题深入开展调查研究，拓展会员参政议政途径，提升会员履职能力，为县委、县政府决策提供第一手资料；认真组织开展“不忘初心、牢记使命”主题教育，在广大会员、民营企业家中营造良好的教育氛围；大力加强基层商会建设；大力弘扬光彩事业，引导会员承担社会责任，奉献爱心关爱弱势群体。

【正确引导参政议政】　提高非公经济代表人士参政议政水平，是工商联当好政府助手、发挥联系非公有制经济桥梁纽带作用的具体体现。工商联会员有数十人当选本届县人大代表、政协委员，全年工商界人大代表、政协委员共向县人大、政协提提案或建议以及社情民意 60 余件，撰写多篇调研报告，充分体现工商联在经济领域的人才库、智囊团的作用。

【组织培训】　定期组织会员集中学习贯彻党的十九大会议精神和全联、省联、市联工作会议精神及县委、政府有关决策，组织非公有制经济人士参加各种培训和外出考察参观活动，扩大会员政策理论水平和业务知识面。7 月 30 日在工业园区分会召开习近平新时代中国特色社会主义思想进企业宣讲报告会，8 月 12 日邀请县资深法律专家在司法局开展《中华人民共和国民法典》讲座活动。

【基层建设】 继续加强同在外武宁籍企业的沟通联络，基层商会组织不断完善，外埠商会成立 10 个。制定出台《武宁县工商联基层商会暨外埠商会改革和发展实施意见》，对各基层商会开展工作考核，进一步促进各基层商会更加规范有序地建设和健康发展。年初会同相关部门成功举办“重点企业、商会、乡贤代表迎新春茶叙会”。

【营商环境提升工作】 努力打造“四最”营商环境，协助开展营商环境和民间投资政策落实、非公经济法治环境等问卷调查工作。组织参与全县重点企业座谈会、政企茶叙会，引导企业向县委、县政府反映企业呼声和诉求，协助开展企业评部门活动。4 月上旬，开展“六个一”民企大走访和“防疫情、促发展”活动。4 月 15 日，协助开展全省营商环境“第三方评估”活动。

【创新维权服务机制】 经省司法厅批准，县工商联机关设立公职律师岗，为会员企业提供义务维权服务，并积极与县法院、检察院、公安局、司法局和税务局等多部门建立联动机制，为会员企业提供法律服务及政策支持。引导和推进基层商会建立法律顾问制度，聘请法律顾问并定期为会员开展相关法律讲座、法律咨询等活动。

【弘扬光彩精神投身社会公益事业】 结合当前精准扶贫工作，引导各会员主动参与扶贫帮困，与贫困户对接，开展扶贫济困、爱心助学等活动。面对新冠疫情，引导非公经济人士共同战“疫”，积极筹集捐赠紧缺防控物资，全县非公经济人士及外埠商会共捐款捐物达 600 余万元。

（吕鉴军）

附：2020 年县工商联领导名录

主　　席：刘湞泽

党组书记：王章军

党组成员、副主席：叶祥繁

汪艺玲（女，4 月任）

党组成员、秘书长：吕鉴军

武宁县文学艺术界联合会

【概况】 2020 年，县文联全面贯彻落实习近平总书记关于文艺工作重要论述和中央关于文艺工作的决策部署，按照省、市文联工作要求和县委工作部署，充分发挥文艺的功能作用，服务县委、县政府中心工作，团结引领全县文艺工作者深入生活，积极开展各项文艺活动，以文化人、文艺惠民，围绕抗击疫情、脱贫攻坚等开展主题创作，各项工作取得较好成绩。

【注重人才培养】 11 月，县戏曲协会 2020 年会暨《武宁采茶戏 · 九板十八腔》（上卷）编印总结会，调整部分理事会成员。做好 2020 年度市、省级各文艺家协会会员申报工作。8 月，雷鸿尧、刘诗宴书法入展“九江书法月”活动展览。编印第 81 期《艾风》并发送有关人员。县诗词联学会石门楼分会换届暨第九期《九岭山花》研讨会召开。12 月，颁发 2018—2019 年武宁县文艺创作奖，对市级以上获奖文艺作品和省级以上发表、展出文艺作品进行表彰。县博物馆、县政协文化文史和学习委员会主办，县书画协会承办的程宇民石刻艺术展在县博物馆展出，展现武宁民间非遗文化风采，其中“县域名篇”板块程盟山《梅花百咏》由雷鸿尧、雷田之书写。

【开展文艺活动】 1 月，县文联、县书画协会主办的江西省文联、省书协——“同心同书 · 祖国新春好”送万福进万家书春联活动在县城文化广场举行，书法家现场为广大市民义务书写春联 400 多副、福字 100 多个。巾口乡人民政府、县文联、县文广新旅局主办，县摄影家协会承办的“活力巾口幸福家园”摄影比赛，评选出获奖作品 100 幅。鲁溪镇人民政府、县文广新旅局主办，县摄影家协会承办的“赣北明珠锦绣鲁溪”摄影比赛，评选出获奖作品 120 幅。4 月，石渡乡人民政府、九江市摄影家协会、县文联主办，县摄影家协会承办“官田福橙杯”·第二届“西安古邑，石渡风情”摄影比赛。船滩镇人民政府、县文联主办，武宁县摄影家协会承办“非遗之乡·奋进船滩”摄影比赛。5月，九江市文联、市扶贫办组织开展“决胜全面小康、决战脱贫攻坚——赣鄱展欢颜、九江书新篇”文艺采风活动来到武宁。8月，巾口乡人民政府、县文联船滩文艺协会举办“魅力巾口西海金秋”采风笔会。10月，县扶贫办公室、县文联、县文广新旅局主办的“决胜小康、奋斗有我”书画作品展在西海明珠一楼展出。雷鸿尧等人创意、设计东林畲族乡村文化记忆馆，打造特色少数民族文化。11月，中国舞协赴武宁县新农村少儿舞蹈美育工程调研，在豫宁学校参观观摩非遗节目表演，召开调研座谈。县委宣传部、县文明办、县文联、县社联在全县范围开展“好家风风采”摄影比赛活动。县戏剧协会组织会员参加“欢乐湾杯”山水武宁采茶戏经典唱腔大赛，取得好成绩。

【文艺成绩喜人】 2020年武宁文艺作者在市级以上刊物、展赛中发表、展出文艺作品2000多件，200余篇（件）获市级以上奖项。其中：蒋德先摄影《出手不凡》、县音乐舞蹈协会表演唱《西海畲乡等你来》获“江西省第三届少数民族文化艺术节”一等奖；杨郭国画《零距》、雷鸿尧隶书、李春玲摄影入展。雷鸿尧、曾祖华隶书，蒋德先摄影《爱的音符》入展“走进我们的小康”江西省脱贫攻坚主题美术书法摄影农民画创作展。汤太莲布贴画《钟馗》获“2020江西省文化旅游创意产品大赛”“创意产品”优秀奖。胡瑞生获江西省文旅厅主办“我画非遗—全省主题创作美术作品展”三等奖。雷鸿尧入展“赣鄱情”江西名家慈善美术书法作品展。获“名城九江”书法美术作品展览二等奖。刘旭等8人书法入展“礼赞劳动、决胜小康”全省企业职工书法、美术作品大赛获奖。刘诗宴获江西省书法家协会主办首届篆隶展优秀奖、“南昌地铁运营五周年主题书法展”优秀奖。沈丽红等人入展省书法家协会第四届妇女作品展。邱小波散文《从“天路”回望家乡之路》获江西省交通厅见证交通七十年征文优秀奖。谢飞鹏《从〈九江日报〉起航人生梦》获“我与九江日报”征文大赛三等奖。邓蓉摄影《眩彩》入选大众摄影杂志社主办“我遇见最美的光”第五届全国医务人员摄影大展。蒋德先《流光溢彩》获中国数码摄影家协会主办“华夏之夜”全国摄影大赛铜奖。陈细兰《秋季晒椒忙》获“脱贫攻坚精彩瞬间”全省优秀摄影作品征集二等奖和江西省25届摄影作品展优秀奖。邓京丽《依依不舍》、柯于煌《金色的西海》入选江西省25届摄影作品展。邓京丽《珍珠养殖》、翁第亮《雁南飞》《休渔期》、邓蓉《我和奶奶合个影》、柯一白《金沙湖》《晒柿子》入选中国摄影报社举办第四届中国·都昌鄱阳湖候鸟全国摄影大展。李春玲《阳光产业》《收获季节》分获“脱贫攻坚精彩瞬间”全省优秀摄影作品征集二等奖、优秀奖。成传禄《未来的陶艺师》入选中国摄影报社等主办“陶源三宝醉美珠山”三宝国际“瓷谷杯”全国摄影大展。

【开展文艺创作】 从2月起，配合上级“抗疫”活动文艺创作，组织作者创作战胜“新冠肺炎”文艺作品，并在市、省、国家级文艺平台推出。瘦梦（诗歌《高速路口》），雷鸿尧（书法《自撰对联》），蒋德先（小品《等你回家》），李飞亮（歌曲《战疫医生》），方平（小品《一根筋》），余阳开（歌曲《万众一心斗志高》），陈细兰摄影《联合行动》，雷田之、曾祖华、刘诗宴书法，钟新强诗歌，蒋德先、张项理、翁第亮、邓蓉、邓京丽、陈细兰等人摄影，共计200多篇（件）被中国摄影家协会网、中国江西网、江西日报、学习强国江西平台、江西文艺、九江发布、九江文艺等采用。2月13日，九江文艺公众号专门推出九江抗击疫情文艺作品展示“武宁篇”。武宁摄影公众号推出“武宁县抗击疫情摄影作品”系列14期，推出聚焦“疫”线——武宁摄影人作品微影展8期，在市级以上推出抗疫摄影作品120多幅。积极响应省、市书协倡议，组织作者为江西省、九江市赴湖北支援医护人员捐赠书法作品25幅（其中省9幅）。余阳开《阻击疫情》（剧本）在江西省艺术研究院《影剧新作》2020年第二期刊登。围绕“决战脱贫攻坚，决胜全面小康”主题组织县文学、音乐、美术方面部分骨干作者到石渡、官莲等地采风、进行文艺精品创作。雷鸿尧、余阳开创作的歌曲《小康路上感谢你》入选市委宣传部市重点文艺创作；赵江波油画《希望的田野》获“决胜小康、奋斗有我”九江市市脱贫攻坚书法、美术展优秀奖，雷鸿尧书法特邀参加。雷鸿尧作词、熊飞作曲的歌曲《山高水长》）在九江文艺刊登。武宁县脱贫攻坚指挥部主办、县摄影家协会承办的“脱贫攻坚精彩瞬间”摄影比赛，评选出获奖作品110幅（组），入选作品26幅（组），视频类优秀奖10件。

（黄金果）

附：2020年县文联领导名录

主　　席：雷鸿尧

武宁县社会科学联合会

【开展理论研究】　积极向上级刊物推送理论文章，在《九江社会科学》2020年第1期和第2期，分别刊登《武宁县统筹下好疫情防控与经济社会发展“三招棋”》以及《生态福地莲香澧溪》《线上教学带来的思考》《河清岸美美美与共抒写最美岸线“武宁画卷”》等4篇文章。

【加强学会管理】　支持学会团体开展相关工作，对学会负责人进行意识形态引导教育，指导学会开展换届选举大会和工作年会，对学会活动进行监管和年度工作进行年度审查。

（叶曼）

附：2020年县社联领导名录

主　席：刘华平（女）

副主席：叶　曼（女）

武宁县残疾人联合会

【概况】　2020年，以残疾人康复、就业、培训、教育、扶贫为重点，主攻难点，各项工作任务均圆满完成。为贫困肢体残疾人免费装配大小腿假肢和上臂假肢11条，为各类残疾人免费提供轮椅、拐杖等辅助器具551件，为61名听力残疾人开展助听器安装适配服务，为4名听力残疾儿童安装人工耳蜗并开展语言康复训练，为46名残疾儿童实施康复救助。先后为817名残疾人提供康复服务，其中182名精神障碍患者享受卫生部门服药及治疗服务，378名肢体残疾人享受康复治疗及训练服务。开展家庭医生签约服务5795人次，全年实现残疾人康复服务率达99.41%。扎实、精准地推进残疾人信息数据动态更新工作，完成全县11495名残疾人信息录入工作。认真做好残疾人的来信来访工作。

【扶持残疾人就业】　投入35万余元，成立武宁县竹岭村社区众益残障就业服务部，为100多人提供就业机会，其中残疾人36人，实现收入32.6万元。争取115万元扶助资金（其中省级40万元，市级71万元，县级4万元），扶持了2个扶贫示范基地、1个辅助性就业机构和16户种养大户带动辐射残疾人从事种养殖业。

【开展职业技能培训】　把互联网宣传与传统行业推介结合起来，通过举办以种养殖和电商为主要内容的培训班，为残疾人创业就业培训提供更多服务。举办了一期农村残疾人种养殖培训班，共有58名贫困残疾人参加培训。

【发放“两项补贴”】　对全县贫困残疾人和重度残疾人进行认真、全面、准确的核查，对符合条件的残疾人实行应补尽补。全年共计为7841人次残疾人发放“两项补贴”565.35万元。

【精准扶贫工作】　为船滩镇黄沙村争取各项资金50万元，拨付船滩镇黄沙村和南岳村村建帮扶资金5.5万元，购买扶贫农产品1.5万元。黄沙村37户建档立卡贫困户119人和南岳村58户建档立卡贫困户138人全部脱贫。

【树立典型】　先后在中央、省市县各级媒体发表新闻稿件21篇。其中反映新宁镇种养大户邵云龙帮扶罗坪镇贫困残疾人郑开银事迹的新闻报道《一个不能少》被选进学习强国；《中国残疾人》杂志社主编林筱芳来县就残疾人脱贫攻坚工作进行采访报道。

【开展第三十次“全国助残日”活动】 组织开展助残“十元捐”活动，全县干部群众踊跃捐款。联合善德社工服务中心先后在街道办、新宁镇、工业园区组织开展助残日活动，走访慰问贫困残疾人，为残疾人送去电风扇、大米、食用油等生活慰问物资，为卧床不起的贫困残疾人提供按摩、理发、家庭卫生清洁等志愿服务。

（付林武）

附：2020年县残联领导名录

党组书记、理 事 长：谢守梅（女）

党组成员、副理事长：冷绪禹（正科级，4月任）

潘　琴（女）

武宁县红十字会

【概况】 2019年底，县红十字会由原单一政府领导联系的参公事业单位转为群团单位，编制数由原3人增至6人。2020年7月29日召开全县第六次红十字会会员代表大会，依法选举产生新的理事会和监事委员会，卢恒墀、彭建军分别当选会长、监事长。2020年11月12日，县委研究决定在县红十字会设立党组。

【持续开展红十字博爱送万家活动】 元旦至春节前夕，县红十字会组织各乡镇基层红十字会持续开展“博爱送万家活动”，向敬老院和部分困难户赠送棉被、家庭包等物品，价值达3万元。

【积极投身疫情防控和脱贫攻坚工作】 面对突如其来的新型冠状病毒肺炎疫情，县红十字会在第一时间启动应急方案，从大年初二开始，取消休息，全员全身心投入疫情防控工作。在做好接收社会捐赠抗疫资金、物资的同时，积极协助县防疫指挥部做好社区疫情管控、抗疫物资采购、分发及防疫协调等相关工作。防疫期间，县红十字会共投入防疫物资、资金225万元，其中社会捐赠资金113.67万元，捐赠消毒液、洗手液、食品、口罩等抗疫物资109万元。通过多种途径筹集扶贫捐赠资金13万元，为罗坪镇洞坪村、宋溪镇堰下村脱贫攻坚工作助力。

【稳步推进无偿献血和器官捐献工作】 2020年，县红十字会指导县人民医院、县中医院制作多个器官捐献宣传栏，协助县卫健委做好市中心血站献血车集中献血点血源的采集工作。全年共有1000余人参与无偿献血，献血量达400000毫升；2名志愿者捐献“两肝两肾”。

【扎实开展应急救护培训工作】 会同教体局、应急管理局等部门联合印发《关于开展2020年应急救护培训工作的通知》，组织县豫宁学校、县一中、江西奥普照明有限公司、中海宏洋庐山西海（九江）投资有限公司、县红十字志愿者举办10期应急救护培训班，共完成救护员培训652人，普及培训（主要对象为学生及家长）6800人，超额完成省市下达民生工程应急救护培训任务。

【大力实施人道救助工作】 继续强化与武宁莱士单采血浆站和斯沃德教育科技股份有限公司等爱心企业合作，2020年共发放帮扶救助款10.7万元，多个家庭获得救助。积极做好白血病儿童小天使基金和器官捐献者子女助学金申报工作，有2名白血病儿童、2名器官捐献者子女获得中国红十字会基金会10万元和九江市爱·回归器官捐献者困难家庭助学金1万元的救助。

（余文）

附：2020年县红十字会领导名录

常务副会长：邵志华(3月任;专职副会长任至3月)

军 事

武宁县人民武装部

【概况】 严格按照战斗体能训练大纲的要求，注重实效，严密组织实施，县人武部全体干部职工带头参训，模范引领专武干部和若干民兵参训的热情，训练成效明显。严密组织“条令学习月”活动，学习《共同条令》《军事训练条令》《安全条令》和各项法规制度，以学、查、训、整为重点，通过全员参训、全域自查、全程督导，着力强化法纪意识，不断提升能力素质，培养锻造过硬作风，为有效推进工作打下坚定基础。深入贯彻落实民兵调整改革精神，对全县若干民兵的人员状态、组织架构和装备情况逐一检查，确保调整改革任务有效落实，10 月 28 日，民兵调整改革工作通过省军区考评验收。

【组织军事集训和演练】 5 月 31 日至 6 月 2 日，组织全县民兵骨干和防汛应急排操舟集训。训练主要内容掌握冲锋舟的组成和操作要领，会独立完成冲锋舟组装和水上操作，通过集训，参加人员考核成绩全部优秀。10 月 16 日，组织全县专武干部和县应急连实弹射击演练，全程严密组织，所有参训人员掌握实弹射击原理，实弹合格率达 80%。

【圆满完成新兵役前训练】 8 月 31 日至 9 月 11 日，完成新兵役前训练，通过学习教育和体能培训，为部队输送合格人才，实现零退兵的目标。

（谢卫国）

附：2020 年县人武部领导名录

部　长：朱良光（9 月任）
政　委：邓胜祖（9 月任）
副部长：任　诚（9 月任）

人民防空

【概况】 2020 年，深入贯彻落实习总书记关于人民防空系列重要指示，强化以战领建、创新驱动、融合发展，坚持提升能力，依法行政，规范管理，修改完善《武宁县人民防空办公室财务管理制度》《武宁县人民防空办事干部管理制度》《武宁县人民防空档案管理办法》《武宁县人防机关准军事化建设办法》等规章，确保各项工作落到实处，取得实效。

市民观看人防科教片

【加强人防工程建设与管理】 完成人防建设专项规划、地下空间暨人防工程综合利用规划；完成县

4000平方米人防物资库建设；严格落实《江西省人防工程标识标牌设置管理办法（试行）》，登高未来城、公园壹号、九江银行、金龙半岛、文化广场的人防工程全部按照新要求设置标识标牌。启动新一轮的《城市人民防空袭方案》修订，完善城市人口紧急疏散掩蔽方案。

在八音楼发放宣传资料

【做好工程安全生产排查】 成立全县人防工程大检查领导小组，制定方案，明确任务，从政府办抽调精干力量，严格按照方案要求，对照检查内容进行大排查，并做好人防工程安全生产检查情况登记。深入开展安全隐患排查整治，防范各类生产安全事故发生，确保人防领域安全形势持续稳定。

【组织防空警报试鸣演练】 按照全省统一部署，在全县范围内组织防空警报试鸣，检验空情接收、警报发放的组织指挥工作，检查防空警报系统的工作状态，圆满完成“9·18”防空警报试鸣演练。

【开展人防知识主题教育课活动】 在县第二中学开展人防知识主题教育课活动，围绕《国防教育法》《人民防空法》等法律法规，人防职能、人民防空基础知识、警报信号识别、人员疏散掩蔽、个人防护、自救互救技能等知识开展宣传教育活动，提高学生的安全意识和防空防灾技能。

（夏梦颖）

六小应急疏散演练

法　　治

综　　述

2020年，坚持以习近平新时代中国特色社会主义思想为指导，深入贯彻中央和省市政法工作会议精神，以开展市域社会治理现代化试点工作为切入点，以打赢扫黑除恶专项斗争为主攻点，持续深入推进平安武宁、法治武宁建设，全县平安建设取得明显成效。

强化组织保障，平安建设扎实推进。始终坚持把平安武宁建设作为一项基础性工程，做到与经济发展、项目建设等中心工作同研究、同部署。成立平安武宁建设领导小组，统筹推进全县平安建设工作。在四家班子参加的“3+N”工作调度推进机制中，专门成立社会安全稳定协调工作组，每季度听取平安建设工作汇报。严格落实“属地管理”和“谁主管、谁负责”的工作责任制，县平安武宁建设领导小组与乡镇（街道）、县直及条管单位签订平安建设责任书。强化平安建设工作考核，把平安建设与领导干部业绩评定、奖励惩处相挂钩。

防控化解疫情期间安全风险。疫情发生以来，统筹协调公安、综治、网格等力量进行街面巡逻、关口排查，确保公共安全和社会平安稳定。充分利用网格化服务管理体系和群防群治工作机制，积极组织、发动全县网格员、平安志愿者等力量开展入户走访和宣传发动，协助各乡镇（街道）做好疫区返乡人员的排查。全县政法机关充分发挥职能作用，强化社会面管控，依法维护社会秩序、打击犯罪、服务群众，共检查车辆32521辆，检查人员73087人，筛查密接人员5317人，追踪亲密接触764人，确保疫情期间社会稳定。

防控化解重大矛盾纠纷。认真做好矛盾纠纷排查化解工作，坚决防止社会领域风险向政治领域渗透，做好重大利益诉求群体、重点领域、重要节点的化解稳控工作。常态化开展影响社会稳定矛盾问题摸排化解专项行动，共摸排突出涉稳矛盾纠纷32起。开展重点信访事项“清零”攻坚行动和集中治理重复信访、化解信访积案专项工作。按照“问题清单化、清单责任化、责任具体化”的要求，落实涉稳突出问题归口处理机制，确保矛盾就地解决。

防控化解公共安全风险。积极推进公共场所安全防护设施建设，投入831万元建成公共场所安防设施点位68处，公共场所安防能力进一步提升。

强化线索摸排，实现清零目标。坚持以“黑恶积案清零、问题线索清零”为目标，拓宽信息渠道，强化摸排黑恶线索，通过各种渠道共收集437条线索，全部查结，核查率100%。制定《武宁县扫黑除恶线索奖励办法》，通过开设专门举报电话和信箱等形式，广辟黑恶犯罪线索来源渠道，建立群众检举揭发黑恶犯罪的奖励和保障机制，累计发放举报奖励9.8万元。

坚持标本兼治，行业治乱规范化。按照省、市行业整治指示精神，细化拓展“10+5+N”行业整治的要求，围绕社会治安、乡村治理等15个重点行业领域，建立《重点行业领域突出问题清单》，梳理出5个重点行业领域7个具体问题，分析研判背后是否存在黑恶势力、“保护伞”问题。受理重点行业领域问题线索15条并全部查结，给予党纪政务处分7人，从中挖出其他人员相关违纪问题，推动行业监管秩序。对行业领域监管漏洞及突出问题，共发出46份建议书、提示函，通过整治整改，有效解决重点行业突出问题，及时堵塞管理漏洞。

坚持深挖彻查，打伞破网力度加大。共受理问题线索126条，全部查结，处理79人，其中组织处理38人，立案38件41人（组织领导参与黑恶势力违法犯罪活动3件3人，涉黑涉恶腐败5件5人，充当黑恶势力“保护伞”13件14人，失职失责17件19人）。

社会治理现代化提质增效。充分发挥各地各有关部门的职能作用，形成齐抓共建的强大合力。制定社会治理现代试点工作任务分解表以及2020年的重点工作任务表，明确责任单位及完成时限，传导压力到点、压实责任到人，确保高质量完成任务。抓督导落实，7月下旬县平安办对全县19个乡镇进行全面督导，并将督查情况通报到各乡镇，确保工作落到实处。

加强综治中心实战能力。县、乡、村三级综治中心围绕各自的功能架构，逐一做实做强，村（社区）综治中心完善“三室一窗口”建设，在有条件的医院（卫生院）、学校设立心理咨询室。提升网格化管理水平，将全县调整划分为647个网格，充分发挥基层网格员作用，通过日常巡查，对人口数据、治安数据、矛盾纠纷数据等基础数据进行动态采集、实时更新，实现动态预警预测。截至11月底，共排查矛盾纠纷860条，网格事件上报10.6万余条，充分调动平安志愿者投入维护平安武宁活动，全县共组建113支平安武宁志愿者小分队，注册平安武宁志愿者9841名。组织开展以平安宣传、疫情防控、治安巡逻、化解矛盾、关爱特殊群体和维护公共安全为内容的平安志愿活动764次，取得良好的社会效果。

开展“三访”工作促进双提升。在全县范围内持续开展“访民情、促和谐”活动，将全县19个乡镇（街道）分为4个片区，由政法委书记、公安局长、法院院长、检察院检察长包片负责，并在各片区召开“访民情、促和谐”活动座谈会。各乡镇组织乡村两级党员干部深入群众宣传平安建设工作，并征求群众对平安建设和政法部门的工作建议，建立走访台账。从政法部门抽调人员集中开展“双提升”及扫黑除恶工作电话模拟测评，了解群众对平安建设及政法部门工作的满意程度，收集测评对象的意见、建议。累计完成用户调查8163户，收集问题205条，反馈到各乡镇、政法部门及相关单位整改落实。

开展重点地区行业领域专项整治。围绕人民群众关心关注的重点、热点治安问题，扎实开展黄赌毒、缉枪治爆、道路交通安全、非法捕捞、矿产资源、校园及周边、寄递物流、食品药品、成品油、卷烟市场等行业领域专项行动，维护了安定良好的社会生产生活秩序。开展电信网络诈骗专项整治，投入200万元打造打击治理电信网络新型违法犯罪中心，对影响较大电诈案件、近年来作案突出的地域性职业犯罪团伙，予以专案攻坚。成功破获2起涉案价值百余万元电信网络诈骗案件，抓获犯罪嫌疑人2名，为群众挽回经济损失50余万元。强力推进预警防范，最大限度减少发案，先后拦截预警各类诈骗信息3156条。

深入开展政法队伍教育整顿。开展政治轮训、政治督查、纪律作风巡查。坚持把政法队伍打造成为忠诚干净担当的平安建设主力军，通过“十个一”持续开展政法队伍教育整顿，推动过硬政法队伍建设。

（焦若谷）

附：2020年县委政法委领导名录

书　　记：李立为
常务副书记：孔令武
副书记、县综治办主任：雷国斌
副书记：陈世德（保留正科待遇）
　　　　骆　宁（保留正科待遇）
县国安办主任：钟华亮
县政法办主任：蒋曙光
县综治办副主任：张玉林（保留正科待遇）
县610办副主任：朱晓文（女，任至8月）
县政法信息中心主任：叶小燕（女）

公　安

【概况】 2020年，大力推进平安武宁建设，全力以赴做好战疫情、防风险、保安全、护稳定、促发展等各项工作，有力维护全县政治稳定、社会安定。在2020年的全省“双提升”测评中，公众安全感位列全市第1、全省第24，公安工作满意度位列全市第5、全省第30，均进入全省第一方阵，全省禁毒满意度综合指数测评位列全市第2，社会治安持续向好，人民群众安居乐业。

【推进扫黑除恶专项斗争】 专项行动开展以来，共打掉黑社会性质组织2个51人、恶势力犯罪集团6个58人、恶势力团伙6个47人，破获涉黑涉恶九类案件142起，抓获涉案人员398人，4名涉黑涉恶目标网上逃犯全部归案。共收集各类线索295条，核查率100%，向县纪委监委移交问题线索15条，上报“签字背书”10份，依法查封、扣押、冻结涉黑涉恶资金1.02亿元。2020年，全局持续加压发力，攻克难关，破九类涉黑涉恶案件88起、抓获嫌疑人123人，刑拘118人，摸排线索122条，打掉恶势力犯罪集团4个，恶势力团伙4个，查封、扣押、冻结涉黑涉恶资金7962.1万元。4次赴云南中缅边境成功规劝潜逃国外的目标网上逃犯余某投案，实现线索清仓、逃犯清零、案件清结、黑财清底等“六清”目标，各项工作均进入全市第一方阵，专项斗争取得显著成效。在10月29日全市扫黑除恶专项斗争推进会上，武宁县公安局作大会交流发言。扫黑除恶专项斗争工作成效得到中央扫黑除恶专项工作督导组的充分肯定。

【打击各类刑事犯罪】 全年共立各类刑事案件972起，较去年同期下降5.6%，破各类刑事案件679起，较去年同期上升15.3%，其中破获命案1起，保持武宁县连续18年命案全破。共刑拘264案345人、逮捕156案199人、起诉373案491人，抓获各类网上逃犯252人，打掉各类犯罪团伙24个140人，追缴各类被盗骗财物价值320余万元。投入200万元成立县局反电诈中心，设立专门打击电信网络犯罪的侦查中队，充实专业力量。借助科技手段开展反电诈工作，平均每天通过反诈平台预警劝阻30余人次。定制反诈手机电话彩铃，在电梯、网吧、KTV等公共场所设置反诈宣传标语海报，破获电信网络诈骗案件214起，抓获犯罪嫌疑人54人，为群众挽回直接经济损失172万元，冻结涉案资金3408万元。

【打造全民禁毒示范县城】 积极组织禁毒志愿者协会深入全县各社区开展禁毒集中宣传，充分利用广播、电视、新媒体、学习强国等载体播放短视频开展线上宣传，并积极开展公安部、省、市禁毒办组织的禁毒知识答题活动，受教育群众20余万人次。重点围绕“2020赣鄱百日缉毒”专项行动，充分发挥所队联动机制开展专案攻坚，共破获涉毒刑事案件56起，抓获涉毒犯罪嫌疑人75人，起诉64人；查处吸毒行政案件95起，抓获吸毒人员128人，强戒45人、社戒43人；缴获毒品200余克，铲除非法种植罂粟2000余株。县禁毒办被省公安厅荣记集体三等功。

【加强社会治安综合治理】 紧盯公共安全和民生需求，组织开展打击整治“枪爆”“昆仑2020”“黄赌”等一系列专项行动，共查处各类刑事案件35起，抓获犯罪嫌疑人46人，其中破获涉黄赌刑案13起，抓获犯罪嫌疑人14人；破获食药环刑案20起，抓获犯罪嫌疑人16人；破获涉枪刑案3起，抓获犯罪嫌疑人3人。共查处各类行政案件2733起，查处违法人员890人，其中办理黄赌案件45起，治安处罚184人；查处食药环案件14起，治安处罚16人；查处涉枪案件1起，治安拘留1人，收缴各类枪支13支、子弹1436发、废旧炮弹10发、火雷管78发，以及烟花6284只、爆竹12421封，并聘请专家进行集中销毁，有效地消除安全隐患。

【推行水域综合执法】 结合武宁县水域治安工作

实际，严厉打击整治非法捕捞、非法采砂、非法猎杀候鸟、非法排污等违法犯罪活动，配合水利部门开展非法采砂整治专项行动3次，巡航岸线、水域500余千米，处置报警25起，破获涉水刑事案件5起，采取刑事强制措施9人；查处或配合渔政查处行政案件21起，行政处罚21人，收缴违法电鱼设备5套，侦办的“6·27”非法捕捞水产品案被列入“长江禁渔2020”公安部督办案件。禁捕退捕工作得到国家打击整治长江流域非法捕捞首轮联合督导组的充分认可，相关经验做法在《江西公安简报》作重点推介。

【推进智能安防建设】 投入资金3410万元，接入一类监控探头1629个，二、三类监控探头5169个，人脸探头166个，卡口探头205个，海盾卫士5套，建成武宁县公共安全视频监控共享平台，社会资源接入平台等应用平台。对原有“天网”探头进行故障排查整改，确保在线率95%以上，农村“雪亮工程”按照每个自然村1个的标准建设1748个。专门成立武宁县“智能安防小区”推进工作组，报请县政府制定《武宁县居民住宅“智能安防小区”建设的实施意见》，建成“智能安防小区”41个。大力推进公共场所安防设施建设，共完成建设点位任务68处，有力提升公共场所安防能力。

【全力打好疫情防控战】 积极落实等级勤务响应要求，启动战时工作机制，成立联防联控工作领导小组，研究制定工作方案，就疫情防控工作进行周密部署。从1月24日（大年三十）至2月18日，实行“四班三运转”24小时防控制度，联合相关职能部门全力做好全县5个防控监测点、5个卡点外来车辆、人员和动物的盘查，以及相关人员体温检测和筛查隔离等工作。期间，共派送警力2208人次、出动车辆560辆次、检查车辆32521辆、检查人员73087人，筛查密接人员5317人，协助劝阻隔离54人，追踪亲密接触764人。疫情防控进入常态化阶段后，按照县委县政府和上级公安机关的安排部署，统筹抓好日常调度、措施落实和督察检查等常态化疫情防控工作，强化情报信息研判、网上舆情管控，严守各项工作纪律，切实筑牢坚固防线，成功防止疫情反弹。

【创新管理优化服务】 深化公安机关“放管服”改革，进一步优化服务窗口延时、错时、预约工作机制，疫情期间为复工复产劳务人员办理二代居民身份证289张，办理相关业务400余件。出入境管理服务窗口深入推进“外管通”APP推广应用，积极下放基层派出所外管民警全国出入境管理系统受理权限，全年共受理、审核公民出国境申请1375人次，其中办理护照686本、港澳业务661人次、大陆居民赴台湾签注28人次，劝返申请人1020人次；强化外国人员管理，共登记临时住宿外国人171人次，查处“三非”行政案件3起、“三非”外国人8人。强化“双备库”工作，向全国公安出入境管理信息系统上报新增国家工作人员64人次，法定不准出境人员487人次，坚决杜绝漏报、未报现象发生。

【圆满完成脱贫攻坚任务】 认真贯彻县委、县政府的决策部署，全面强化人员和经费保障，共派驻8个扶贫工作队，124名民警结对帮扶横路、泉口、新宁3个乡镇8个行政村的161户贫困户，积极落实产业扶贫、健康扶贫、教育扶贫等政策，实现帮扶对象全面脱贫。全年投入24.3万元帮助发展扶贫产业、扶贫车间7个，解决住房问题5户，帮助改厕38户，并按照每村2万元的标准落实帮扶经费共计16万元。

【开展全警实战大练兵活动】 大练兵活动分三期举行，每期3天，练兵项目涵盖体能训练，警务礼仪，武器使用，设卡盘查，徒手防卫与控制，警组协同抓捕，网络安全讲座，心理辅导讲座等，并邀请江西省警察学院教授、九江市警校教官来局传经送宝；强化公务用枪管理，组织民警开展实弹射击枪支使用资格考核，并为考核合格的民警申领换发新式持枪证；组织开展第三届警体运动会，共设拔河、篮球、足球等7个大项、39个小项的比赛项目，全局300余民（辅）警参赛，共产生18个团体奖项和140个个人奖项，通过以赛促练，有效推动民警警务技能和整体素质提升。

（毕刘武）

附：2020年县公安局领导名录

党委书记、局长、督察长：梅国煌
党委副书记、政委：刘立新
党委委员、副局长：刘剑平（保留正科待遇）
党委委员、交通管理大队大队长：林晓波
党委委员、副局长、维稳办主任(兼)：艾小兵
党委委员、副政委：李坚(3月任,治安大队大队长任至3月)
党委委员、刑侦大队大队长：封　成
党委委员、政工监督室主任：程　高
一级警长：聂学银
经侦大队大队长：卢　伟
经侦大队教导员：熊亚玉
治安大队大队长：刘　雄（3月任，黄塅派出所所长任至3月）
治安大队教导员：赖　敏（3月任，工业园派出所教导员任至3月）
指挥中心主任：毕刘武
指挥中心教导员：张付红（女）
出入境管理科科长：吴新平
巡警大队教导员：钟木春
刑侦大队教导员：王　微
国保大队大队长：姚丽莉（女）
国保大队教导员：聂希金
禁毒大队大队长：王兴兴（3月任，石渡派出所教导员任至3月）
林传才（任至3月）
禁毒大队教导员：张丙林（3月任，泉口派出所教导员任至3月）
县禁毒委员会办公室专职副主任：王勤（3月任）
督察大队大队长：刘小龙
督察大队教导员：梁冬石（3月任）
法制大队大队长：邱吉枫
法制大队教导员：胡永文
警务保障室主任：柯　玲（女）
网络安全保卫大队大队长：朱　剑
网络安全保卫大队教导员：梅　刚（3月任，新宁派出所所长任至3月）
县国安办专职副主任：徐建宁
看守所所长：邹李生
看守所教导员：聂迎春
拘留所所长：叶心高（3月任，石门派出所所长任至3月）
拘留所教导员：杨晓云
水上分局局长：聂　伟
水上分局教导员：张利民
新宁派出所所长：刘家华（3月任，鲁溪派出所所长任至3月）
新宁派出所教导员：黄　健
泉口派出所所长：廖　军（3月任，禁毒大队教导员任至3月）
泉口派出所教导员：伍传兵（3月任）
横路派出所所长：刘　敏
鲁溪派出所所长：林　剑（3月任鲁溪派出所教导员任至3月）
鲁溪派出所教导员：年　胜（3月任）
巾口派出所教导员：刘静静
宋溪派出所所长：朱后生
宋溪派出所教导员：杨　知（3月任）
澧溪派出所所长：陈秋凌
澧溪派出所教导员：曹　璐（3月任，四级警长）
船滩派出所所长：袁达辉
船滩派出所教导员：叶飞飞（10月任）
石渡派出所所长：冷　春
石渡派出所教导员：聂　刚（3月任）
石门派出所所长：张　熙（3月任，横路派出所教导员任至3月）
石门派出所教导员：洪　波（3月任）
黄塅派出所所长：张灵水（3月任，泉口派出所所长任至3月）
黄塅派出所教导员：陈　诚（3月任）
周春雨（任至3月）
罗坪派出所所长：张波（3月任，罗坪派出所教导员任至3月）
工业园派出所所长：李文军
工业园派出所教导员：董乐云（3月任）
二级警长：余香琳（3月任，监察室主任任至3月）

检　察

【概况】 2020年，武宁县检察院有编制41人，其中政法专项编37人、工勤编4人。实有干警37人，其中政法编34人，工勤编3人，市检察院借用2人。内设机构为：办公室，政治部，第一检察部，第二检察部，第三检察部，巾口检察室，司法警察大队。

【全力参与战“疫”】 积极响应，共克时艰，坚决打赢疫情防控阻击战，严格落实防疫要求，确保检察工作“不中断”；全面参加社区疫情防控，组织全院干职工上户排查，宣讲疫情防控要求，执行值班任务，所有人员忠诚职守，连续奋战在一线防控岗位。坚持依法防控，提前介入涉“疫”刑事案件的立案、侦查，同步加强对涉“疫”行政处罚案件的监督；从严从快批捕、起诉涉“疫”案3件4人。认真落实全国人大《关于全面禁止非法野生动物交易、革除滥食野生动物陋习、切实保障人民群众生命健康安全的决定》，依法批捕涉嫌非法狩猎犯罪2人，起诉涉嫌非法狩猎，非法猎捕、杀害珍贵濒危野生动物犯罪42人。做好“六稳”工作，落实“六保”任务，维护非公企业发展，考虑企业复工复产、吸纳就业等重要因素，依法对7人分别作出不起诉决定和判处缓刑的量刑建议。

【维护国家政治安全和社会稳定】 实施维护国家政治安全“三大工程”，夯实国家政治安全根基，依法批捕涉嫌非法集资类犯罪5人、起诉8人；批捕涉嫌组织、领导传销活动犯罪1人、起诉14人；依据审判管辖规定，及时将涉嫌组织、利用邪教组织、利用迷信破坏法律实施犯罪的9名嫌疑人移交永修县检察院审查起诉。切实维护百姓生命财产安全，依法批捕涉嫌毒品犯罪55人、起诉66人；批捕涉嫌网上跨境赌博犯罪10人；批捕涉嫌强奸、强制猥亵、故意伤害等犯罪17人、起诉29人；批捕涉嫌抢劫、抢夺、盗窃等多发性侵财犯罪50人、起诉66人；起诉涉嫌醉驾型犯罪123人。

【打好扫黑除恶专项斗争收官战】 全年依法批捕涉嫌涉黑涉恶犯罪37人、起诉37人。严抓“案件清零”，坚持每案提前介入，充分引导侦查取证，提出具体明确侦查取证意见60余条，保证案件“诉得出、判得了”，进入检察环节的案件全部办结。做到“打网破伞”“黑财清底”，研判“保护伞”线索4条并移送有关部门处理，合力追缴黑财269.63万元。推动“行业清源”，联合有关部门对15个重点行业领域开展专项整治，针对社会治安、工程建设、基层治理、水利资源等领域的突出问题提出检察建议16件，推动建立长效机制28项，行业治理取得明显成效。荣获全市检察机关“扫黑除恶专项斗争”先进集体称号，2名干警荣获三等功和先进个人称号。

【主动融入社会治理】 深化落实群众信访件件回复制度，办理群众来信来访30余人次，所有来信来访均在7日内程序性回复，3个月内办理结果或进展答复，尽心解决在新冠疫情影响下的百姓揪心事、烦心事，疏导社会情绪、化解社会矛盾。持续落实“一号检察建议”，推行侵害未成年人案件强制报告、教职员工入职前查询性侵害违法犯罪记录制度；履行“法治副校长”职责，先后到罗坪中学、武安锦城小学、第八小学开展法治宣讲，培养学生法治意识；妥善处理涉未成年人犯罪案件，依法对2名未成年嫌疑人作出不起诉处理决定，为3名未成年受害人提供法律帮助，让法治阳光温暖“祖国花朵”，不让一次“失足”变终生“遗憾”。坚决打赢脱贫攻坚收官战，3个帮扶村全面完成脱贫任务；主动救助被害人，为2名贫困户发放司法救助金6万元，防止因案致贫、因案返贫。

【深化和优化刑事检察】 受理审查逮捕案189件254人、审查起诉案461件639人，其中涉嫌普通刑事案393件592人，重大刑事案207件209人，经济刑事案47件89人，职务犯罪案3件3人，按照“四大检察”“十大业务”发展新要求，针对各类犯罪特点，严格把握证据要求，刑事检察更加专业化，认定罪名、打击犯罪更加精准。优化刑事诉讼监督，监督公安机关不应立案而立案1人，公安机关撤案1人；纠正刑事办案程序违法8件，纠正漏捕2人；提出刑事裁判抗诉1件。贯彻宽严相济刑事政策，决定不捕32人、不起诉86人。强化刑事执行活动监督，对7件重大刑事案件开展讯问合法性核查；常态化开展社区矫正专项检察，确保刑罚执行合理、规范。

【巩固和拓展公益诉讼】 积极担当公共利益维护者责任，针对公益诉讼“5+N”领域存在的问题，立案公益诉讼案34件。在疫情防控紧要关口，针对随意丢弃口罩现象，可能造成疫情扩散的严峻形势，向职能部门发出诉前检察建议，建议增设专用废弃口罩收集桶、加大宣传引导力度，上述现象得到有效遏制。贯彻食品安全“四个最严”要求，联合县市监局对全县24所中小学、幼儿园开展食品安全检查，发现食品采购、存储、加工、留样等各环节存在18项安全问题，各乡镇和学校积极整改，成效明显，努力为广大师生饮食安全保驾护航。积极拓展公益诉讼范围和方式，针对部分城区和乡镇居民小区存在的无消防设施、消防设施不全、标识不明显等问题，督促有关部门整改，提升消防安全水平；探索以圆桌会议、公告送达等方式送达诉前检察建议，以劳务代偿形式弥补生态环境修复费用，以积极负责的态度满足人民群众对公益保护的更高要求。

【着力推进民事检察】 以贯彻实施《民法典》为契机，加强对《民法典》的学习研讨，参加法检同堂培训，提升运用《民法典》推进民事检察工作，化解民事纠纷，促进社会和谐的能力和水平。落实高检院“五号检察建议”精神，着力开展虚假诉讼专项监督，取得初步进展。认真贯彻“两高”《关于建立全国执行与法律监督平台进一步完善协作配合机制的意见》，主动衔接配合，促使1件长达7年的民间借贷纠纷案执行完毕。

【不断探索行政检察】 聚焦行政争议实质性化解和行政非诉执行监督，摸排行政争议案线索1件，通过引导双方加强磋商，促使该行政争议案得到妥善解决。

【充分体现从严治检的严肃性】 扎实开展政法队伍教育整顿工作，深入开展廉洁从检教育，推进查摆纠正问题，队伍教育整顿取得初步成效。主动对接派驻纪检监察组，邀请对“三重一大”事项进行监督，协助开展对“八小时以外”行为监督管理，做好政治家访，设立党风廉政建设联系点，引导干警守住底线、不越红线。继续深入落实“三个规定”，使之成为防止干预、插手、过问司法活动的“防火墙”，促进依法办案，廉洁办案。

【切实提升履职尽责的专业性】 组织干警参加线上、线下教育培训、岗位练兵、业务竞赛、技能比武等培训计划120余人次，开展“听庭评议提升素能”活动，持续提升履行检察职能的专业能力。开展检察官宪法宣誓活动，进一步树立宪法意识。

【继续落实司法责任制和综合配套改革】 优化检察管理，增加部门负责人对案件的审核把关权限，强化对检察官自由裁量权的监督。人员额院领导办案实现常态化，全年办案233件，占比33.6%。认真执行最高检《关于开展检察官业绩考评工作的若干规定》，全方位衡量办案数量、质量、效率、效果，更好区别干与不干、干多干少、干好干差。开展员额检察官遴选工作，3名年轻干警加入员额检察官行列。

【贯彻认罪认罚从宽制度】 积极促进认罪认罚从宽制度应用尽用，2020年审结624人，适用认罪认罚从宽制度550人，适用率88.14%，较去年提高12.12%。开展量刑建议精准化改革，强化与犯罪嫌疑人、辩护人等的协商沟通，每案均提出精准化量刑建议，法院采纳率为99.09%。

【主动接受社会监督】 通过12309中国检察网及时公开案件程序性信息672件，公开法律文书493份，重要案件信息59件，确保嫌疑人家属、辩护人等可以随时查看案件办理进程。召开专题新闻发布会，向全社会通报三年扫黑除恶专项斗争工作成果，有力提升人民群众对扫黑除恶专项斗争工作的知晓度与参与度。

（郑腾辉、李梦瑶）

附：2020年县检察院领导名录

检察长、党组书记：周宝华
党组成员、副检察长：周江波、王新生、袁喻松
党组成员、政治部主任：王磊（3月任，派驻巾口检察室主任任至3月）
党组成员、正科级检察员、检委会专职委员：钟卫东
党组成员、派驻巾口检察室主任：黄　萍（女，3月任，副科级检察员任至3月）
检委会专职委员：徐腊姣
副科级检察员：乔　伟、王　苑、袁相峰

法　院

【概况】 2020年，坚持服务大局、司法为民、公正司法，紧紧围绕“努力让人民群众在每一个司法案件中感受到公平正义”目标，充分发挥审判职能作用，忠实履行宪法和法律赋予的职责，全面推动法院各项工作再上新台阶、取得新进展。县法院全年受理各类案件4909件，结案4862件，结案率99.04%，审判质效位列全市法院前列。

【抓实司法公开工作】 加强四大公开平台建设，公开审执流程信息4909个，推送网络庭审直播1209场，互联网公布裁判文书5075份。积极主动向人大及其常委会报告工作，邀请人大代表参加座谈、旁听庭审、见证执行。人民陪审员参与审理案件486件，参审率76.69%。接受检察机关对审判执行工作的法律监督，主动邀请检察长列席审委会。

【加大生态环境案件审判力度】 充分发挥环境资源审判庭和修河流域环境资源法庭专业性，探索完善生态环境损害赔偿诉讼和环境公益诉讼制度。坚持打击与教育并重，全年受理环资案件246件、审结244件。适用替代性修复方式植树造林3.33公顷，增殖放流鱼苗3万尾。

【服务全域旅游工作】 在西海燕旅游码头等重点旅游景点设立巡回审判点，受理旅游纠纷案件16件，及时高效化解旅游纠纷。积极参与文明城市创建和城乡环境综合整治等工作，全年共安排人员参与创建、整治及疫情防控等工作3600余人次，牵头片区责任单位开展工作，完成各项任务。

【打赢扫黑除恶专项斗争收官战】 着力抓好“案件清结”工作，依法审结李某斌等人恶势力犯罪集团案、朱某忠等人恶势力犯罪集团案、陈某等人恶势力团伙案、付某等人恶势力团伙案，按时完成案件清结任务。开展专项斗争以来，共审结“涉黑”案件3件，判处罪犯75人，其中有期徒刑五年以上22人。共审结“涉恶”案件6件，判处罪犯46人，其中有期徒刑三年以上11人。共审结“涉伞”案件6件，判处罪犯6人。深入推进“黑财清底”工作，共受理“黑恶伞”执行案件20件，结案20件，结案率100%。申请执行金额1404.4059万元，执行到位金额1403.5259万元，执行到位率99.94%。

【全力营造法治化营商环境】 全年受理涉民营企业或民营企业家案件134件，办结129件。强化网上诉讼服务功能诉调结合化解纠纷，对涉企纠纷本着“保护发展”理念优先调解，加强多元调解的有效衔接，促使更多的商事纠纷通过非讼渠道化解。开辟涉企诉讼“绿色通道”，对重点企业、重大项目纠纷案件快立快审快执，将平均审理期限由180天缩短至90天。持续加强失信联合惩戒，补充将16人纳入全国法院失信被执行人名单库。对履行义务的失信被执行人98人，及时撤销、屏蔽失信被执行人信息，修复民营企业及企业家信誉。

【依法惩治刑事犯罪】 全年受理刑事案件430件，审结416件，结案率96.74%，判处罪犯520人。审理故意伤害、抢劫、强奸等案件12件17人，审理盗窃、诈骗、侵占等案件47件60人，切实增强人民群众安全感。审理涉黄涉赌案件25件45人，审理毒品犯罪案件57件60人。审理贪污贿赂、渎职等职务犯罪3件5人。依法审理危险驾驶、失火等案件126件。积极适用认罪认罚从宽制度，实现简案快审，提高审判效率。坚持教育、感化、挽救方针，对情节较轻、有悔罪表现的被告

人，适用缓刑或者单处罚金等非监禁刑。

【平等保护民事权益】 全年受理民商事案件 2759 件，审结 2734 件，结案率 99.09%。调判结合，化解矛盾纠纷，将调解贯穿于诉讼全过程，全年民商事案件调解 814 件、撤诉 529 件，调撤率 49.21%，执行案件和解 374 件，执行和解率 22.25%。充分发挥商事裁判的教育、引导、评价功能，强化市场主体的契约意识、规则意识，促进市场要素自由流动、公平竞争，让市场交易更加规范、更加依法。依法稳妥审理劳动争议、劳务合同等各类劳动纠纷案件 108 件，有效化解疫情期间就业纠纷，维护社会稳定。依法保障民生权益，全年审理机动车交通事故、产品责任、医疗损害赔偿等人身损害赔偿纠纷案件 193 件；审理涉婚姻、继承、抚养、赡养等家事纠纷案件 469 件，切实保护特殊群体的合法权益。

【巩固基本解决执行难成果】 全年受理执行案件 1681 件，结案 1670 件，申请执行标的金额 3.93 亿元，实际到位金额 1.7249 亿元，到位率 43.8%。全力推进执行流程集约化，打破“一人包案到底”的传统执行方式，优化执行流程，实现了执行质效提升。专项治理规避执行行为，全年采取强制措施 23 人次，发布两期失信被执行人名单。切实规范执行案款管理，集中统一管理案款，全年向综治网格员、乡镇政府、村委会发出通知 173 份，推动协助查人找物、核实财产信息、敦促当事人主动履行，极大地提高执行效率。

【强化审判管理】 充分发挥专业法官会议的积极作用。全年召开民事、刑事专业法官会议 47 次，讨论案件 200 余件。加大案件监管力度，在“四类案件”监管平台中标注疑难复杂及有重大影响的案件，实现全流程监管。加强案件质量评查，全年抽查案件 680 件。案件审理实行周排名、月调度、季通报，实施全面、全员、全流程管理。年度员额法官人均结案数 194.5 件。

【提升智能化管理水平】 发挥数字法院业务应用系统作用。对审判执行进行全程监控、动态提醒与催办，全年发出催办单 8 件。推进“智慧法院”建设，建成数字法庭 12 个，远程音视频调解室 1 个。积极开展档案数字化工作，以智能化档案管理提供高效查询服务。提升信息化应用能力，深入推广使用“法官 e 助理”，自动生成和智能纠错法律文书 5048 份。继续发挥“收转发 e 中心”作用，全年登记材料 13168 份、创建电子送达任务 4534 次。

【加强疫情防控工作】 投入 10 万元资金备齐备足各类防控物资，坚持对来访人员进行体温检测，定期对办公场所进行消毒。利用远程视频开庭审理刑事案件，借助云审判技术，连接主审判庭和看守所的视频信号进行远程视频开庭，全年共组织远程视频庭审 155 件。全年利用远程视频调解平台调解案件 182 件，调解成功 155 件，成功率 85%，有利减少人员集中参加庭审的疫情防控风险。

【健全一站式多元解纷和诉讼服务机制】 在诉讼服务中心当事人可以一站式集中办理除庭审之外的全部诉讼事务。全年接待立案、咨询 12000 余人次。积极开展诉前、诉中调解，诉前调解案件 354 件，调解成功 106 件。加强移动微法院等便民举措的应用，通过网上立案、网上缴费、跨域立案功能，努力实现让当事人立案“零跑腿”。移动微法院立案 928 件，网上立案 253 件，跨域立案 310 件。

（刘志德）

附：2020 年县法院领导名录

院长、党组书记：吴迎春

党组成员、副院长：李季刘、陈思颖（女）、刘　勇、张　华

正科级审判员：罗　兵、王　彪

党组成员、正科级审判员、执行局局长：余水洋

执行局副局长：王　勇

罗溪法庭庭长：上官晨南

宋溪法庭庭长：胡正标

副科级审判员：邱　湘（女）

干　　部：卢小平（保留副科待遇）

司法行政

【概况】 2020年，围绕县委、县政府总体部署，努力提升法律服务供给能力，让人民群众有更强的法治获得感，为武宁县内涵式高质量发展，加快建设秀美富裕幸福的现代化山水武宁贡献力量。法治政府建设工作成绩突出，被评为“全市2020年度法治政府建设工作”优秀县。

【推进依法治县建设】 对2019年度全面依法治县工作进行考核评价和通报表彰。6月份，召开县委全面依法治县委员会第二次全体会议。认真实施农村“法律明白人”培养工程。2020年在全县开展“法律明白人”骨干培训班19期，累计培养普通农村“法律明白人”42073人，骨干农村“法律明白人”8424名。

【推进“七五”普法】 组织开展“法律六进”活动。组织开展“百万网民学法律”知识竞赛活动；结合“3·15”消费者权益日、“4·15”国家安全日、“6·26”禁毒日、“12·4”国家宪法日等特殊时间节点，联合各个职能单位，开展主题法治宣传。加强重点法律法规的宣传，通过网络直播等方式创新宣传《社区矫正法》知识，直播人气达到了1万多人次。通过媒体报道及“武宁普法”公众号推广相关法律知识。发动全县各部门参与《民法典》答题，成立民法典讲师团，结合农村“法律明白人”培训，在全县范围内开展《民法典》宣讲。进一步加强法治文化阵地建设，在县古艾路、湖滨西路建成法治文化长廊，在西海明珠中心建设的法治文化广场初具雏形。大力加强民主法治示范村创建，全县目前共有国家级民主法治示范村（社区）2个、省级民主法治示范村（社区）4个、市级民主法治示范村（社区）15个。

【提升法治政府管理质效】 开展优化环境、放管服规范性文件清理工作。会同县发改委开展不符合《优化营商环境条例》的规范性文件清理工作。积极落实机构改革成果，优化调整政府机构职能，在全县范围内开展涉及机构改革“放管服”改革等内容等规范性文件全面清理。共清理出废止和宣布失效规范性文件20件，有效规范性文件35件，修改后继续有效规范性文件49件，拟修改规范性文件4件。严格规范行政执法证件核发和管理，全年集中办理市场监管、农业农村和乡镇综合执法等重点领域160余件行政执法证件。继续推行行政执法三项制度，共办理行政复议申请18件，审结15件，在审3件。行政诉讼案件14件。深入开展乡镇机构改革行政执法培训工作，开展涉及18个乡镇共计140余名行政执法人员的执法业务培训。及时跟进“互联网+监管”平台建设，深入推行“双随机一公开”行政执法新方式。

【探索创新人民调解工作】 着力开展“访调对接”试点工作，在人民来访接待中心（县委信访局）设立的信访事项人民调解委员会的运作下，由司法局和信访局分管领导及调解专家代表组成信访事项调解专家库，选派经验丰富的基层法律服务工作者、律师、人民调解员等专兼职调解专家入驻信访事项人民调解委员会工作室，持续开展工作。通过“访调对接”工作机制排查信访矛盾事项纠纷18件，经当事人同意调解4件，达成调解协议3件。依托县多元调解中心平台推进人民调解，在县委政法委高位推动下，由县财政拨付近百万元在司法局一楼东侧打造高品位的多元调解中心，建筑面积120余平方米。重新规划将医患纠纷调解委员会办公室设在多元调解中心的人民调解室，调处“访调对接”机制移送的有关调解案件。

【法律援助民生工程】 对扫黑除恶专项斗争案件，为没有委托辩护人的犯罪嫌疑人、被告人提供法律援助和法律帮助，全面落实刑事案件辩护全覆盖。持续为持有“精准法律援助惠民卡”的对象开辟“绿色通道”，对扶贫对象采取“一对一”法律援助帮扶，全年受理建档立卡贫困户20余人，为贫困户挽回损失15万元。

【律师法援公证司法鉴定工作】 2020年3月，经县编办批复同意设立武宁县县直公职律师办公室，目前共有公职律师18名，全年全县律师、法律服务工作者代理诉讼、非诉讼案件180起，调解纠纷

130件，解答法律咨询1000人次。县法律援助中心受理法援案件275件，接受法律咨询2230次、代写文书128份。公证处共办结公证案件1117件，办理法援公证案件4件，办证数和收费数与去年同期相比略有增长。司法鉴定咨询约500人次，鉴定230余件。

【社区矫正工作】 全县接受社区矫正人员296名，其中缓刑286人，假释8人，暂予监外执行2人，共入矫241人，解矫205人，完成218份审前社会调查报告。5月份，召开全县社区矫正工作联席（扩大）会议，学习《社区矫正法》，与各成员单位研究讨论矫正对象监管衔接问题，规范监管秩序。发放社区矫正宣传小扇子5000余把，社区矫正法手册12000余份，接受群众咨询500余人次。

【安置帮教工作】 巩固和提升无缝对接工作机制，确保服刑人员基本信息核查率100%、刑释人员接送率100%。省内接回率达100%，帮教率达90%以上。发放接送经费91600元，发放生活补助费299520元。受理、审核监狱和家属的会见申请281例，预约率74.8%，完成会见218例，会见率87.6%。

（熊安文）

附：2020年县司法局领导名录

党组书记、局长：熊森林

党组成员、副局长：柯千景、张炜(保留正科待遇)
李春林（保留正科待遇）

党组成员、公证处主任：冷伍梅（女）

县律师事务所主任：刘　明

泉口司法所所长：邓　震

宋溪司法所所长：周升蓉（女）

甫田司法所所长：朱晶晶（女）

澧溪司法所所长：陈　磊

杨洲司法所所长：沈少平

新宁司法所所长：邹　颖（女）

豫宁司法所所长：邓崔英（女）

三级主任科员：练益波（8月任，四级主任科员任至8月）

交通安全管理

【概况】 县公安交管大队下辖单位12个，其中7个中队、4个股室和1个车管所。2020年，以推进交通安全治理体系和治理能力现代化为主导，以深化信息化警务（勤务）为引擎，坚持强基固本、改革创新并重，注重系统治理、综合治理结合，努力实现“三降三升”的工作目标，即涉及人员伤亡的道路交通事故下降、交通堵点率下降、涉警有效投诉下降，文明交通水平提升、队伍素质能力提升、群众满意度提升，为建设秀美富裕幸福的现代化山水武宁创造安全畅通、和谐有序的道路交通环境。

【多措并举全力预防事故】 全年共受理各类交通事故5018起（其中城区3409起）。其中，重大交通事故48起较去年下降12.7%，死亡49人较去年下降15.5%，一次死亡2人事故1起，较去年下降66%；伤人交通事故996起较去年下降25%，受伤人数1054人较去年下降1.4%；财产损失1307万元较去年下降6.5%。交通事故总量中，一般程序处理296起较去年下降12.9%，一次死亡1人47起较去年下降14.5%，快赔处理667起。事故处理上，刑事案件立案185起，均破案，其中危险驾驶154起，交通肇事31起（其中逃逸案4起）。刑事拘留76人、逮捕8人、移送起诉150人。严格依照程序阳光操作，有效化解矛盾，未发生因交通事故产生影响社会稳定事件。

【强化管理治乱疏堵保畅】 扎实推进城乡环境整治暨城市功能与品质提升行动和全国文明城市创建活动，持续开展“减量控大”、酒驾毒驾查处、假套牌车辆查缉、客车面包车超员、城区交通秩序、打非治违等一系列交通秩序整治行动。现场违法录入27083起，办理行政案件962起，行政拘留81人，饮酒后驾驶540起，醉酒驾驶80起，毒驾7起，假牌套牌33起，超员违法496起，打非治违行动中查处非法营运车辆27辆。查纠城区道路车辆违停2296起，人行道车辆违停5549起，拖移两轮电动车935辆、两轮摩托车571辆、三轮车176

辆，查扣非法三、四轮电动车153辆，拖移僵尸车171辆，拆除二轮车遮阳伞14100余顶，整治乱堆乱放、占道经营等违规交通现象127处，保持道路交通安全强管态势，营造文明、有序、畅通的道路交通环境。

【优化服务提升惠民实效】 全面贯彻执行公安部放管服20条便民措施和10项“放管服”惠民新政，完成车驾管业务4个减免、25项网上办、8项容缺办，努力提高工作效率和服务质量。依托江西公安及交管12123两大平台，打造“网上办”“就近办”“自助办”等服务新举措，投入30多万元对两个教育一个考试进行场所改造，加强车管所正规化建设，切实惠及民生。认真做好电动车集中上牌工作，完成29391辆超标二、三、四轮电动车的登记挂牌。全年共办理机动车业务38707次，注册10633辆，转移登记3141辆，变更登记606辆，抵押登记2842辆，注销登记4267辆，转入业务1048辆，核发检验标志11477辆；受理驾驶人业务15050人次，其中本地初领385人、增驾申领524人次、转入换证387人次、换证8463人、补证885人、注销登记125人、驾证转出228人、满分学习1279人、其他业务2774人次。无偿为广大群众开具三年无事故证明1195人次，无车证明4783人次。小型汽车科目一考试1798人次，科目四考试合格1732人次。

【强化宣传促进安全文明】 扎实开展春运、开学第一课、“一盔一带”安全生产月、六一儿童节、国庆安保、“12·2”全国交通安全日、美丽乡村行、文明交通进驾校“五个一”活动及抗疫等各个重要节点宣传，着力提高全民交通安全意识。全年，在各类媒体完成用稿460篇，其中：国家级媒体上稿15篇，省级154篇，四类稿235篇，其他56篇。内宣刊用工作信息206篇，其中省厅29篇，总队19篇，市局103篇，支队64篇。开展主题宣传活动150余场次、进单位40余次、进企业110余次、进农村260余次、进学校250余次、进家庭90余次，制作横幅200余条，展出展板1000余块，印制各类宣传资料30余万份，上交通安全课60余节，张贴宣传画1500张，发放宣传册1000本。向广大交通参与者发布手机安全提示短信16万余条，发布微信200条，微博203条，在新媒体江西公安用稿2篇，平安九江用稿3篇，武宁公安用稿6篇。

【强化科技构建智慧交通】 加大交通信号灯、限速限道监控建设和老旧设备改造等交通基础工程建设。投资70余万元的交通管理设施项目全部建设到位，包含更新路口电子警察设备5处；新建违停抓拍球2处、机动车不礼让行人监控设备6处，以优化交通秩序、防控交通事故，提高行人文明交通意识，助推文明城市创建。

【改革创新总结提升成效】 优化和落实“路长制”网格化交通管理责任制，将责任落实到每一个大队领导、中队领导和民警、辅警，层层传导压力，人人压实责任。全年新增和更换3座交通岗亭，最大限度将警力摆上街面，提高见警率和管事率，强化常态化严格管理。主动对接县文明办、城管、住建等相关职能部门，推动形成“交通管理‘1+N’联管共治”工作机制，变分割管理为协调联动，形成攻坚破难合力，确保文明城市创建顺利推进、取得实效。全年与城管开展联勤执法41次，纠正、查处车辆乱停乱放交通违法行为2700余起，清理占道经营现象1940起，实现城区道路交通安全管理工作向精细化、规范化、便民化转变。

【阻击疫情严密布防布控】 全体民警、辅警，积极响应全县疫情防控工作安排，义无反顾投入到工作第一线，疫情期间，启动交警执法站3个、参与疫情防控检查站19个，累计出动警力4300余人次，累计出动警车2300余辆次，协助检查7.6万余车次、12.9万余人。

【扎实扶贫务求推进有序】 驻鲁溪镇枫树村工作队结对帮扶贫困户27户105人，下拨帮扶资金13.4万元、消费资金1.8万元，实现困难户家门口就业9人，帮扶项目3个，惠及农户200余户，发放慰问金1万余元。

（罗木水）

附：2020年县公安局交通管理大队领导名录

大　　队　　长：林晓波
教　　导　　员：冷晓泉
副　大　队　长：陈泳伍、李飞、林传才(3月任)
副　教　导　员：黎斌、王贤华
事故处理中队中队长：卢述仁
事故处理中队教导员：黄　林(3月任,杨洲中队中队长任至3月)
城郊中队中队长：周春雨（3月任）
城郊中队教导员：刘青春
柯垅中队中队长：王　勇（3月任，盘溪中队教导员任至3月）
柯垅中队教导员：周　涛
宋溪中队中队长：李林海
宋溪中队教导员：骆黎明
澧溪中队中队长：邱　勇
澧溪中队教导员：胡　平（10月任）
盘溪中队中队长：刘小平
盘溪中队教导员：李　成（3月任）
杨洲中队中队长：温瑞浔（3月任，澧溪中队教导员任至3月）
杨洲中队教导员：刘　勤
车管所所长：王春红（女，3月任；车管所教导员任至3月）
车管所教导员：刘志强（3月任，事故处理中队教导员任至3月）

森林公安

【概况】　县森林公安局内设5个副科级队室，下辖6个副科级派出所。2020年3月转隶县公安局管理，更名为武宁县公安局森林分局，同年9月，下属6个派出所划转县公安局。转隶后，县公安局森林分局实有民警20人，工勤人员1人。2020年共查处案件18起，其中刑案12起、林业行政案6起；打击处理违法人员50人，为国家、集体和群众挽回经济损失60万余元，有力维护了全县林区平安和谐稳定。荣获全省文明单位称号。

【保护野生动物】　做好新冠肺炎疫情防控阻击工作，开展严厉打击破坏野生动物资源违法犯罪专项行动、昆仑2020专项行动、打击非法猎杀候鸟专项行动、“鄱湖2020”护鸟专项行动，张贴《关于禁止野生动物交易的通知》，发放宣传单1000余份，出动警车80余次，救助国家二级保护动物猕猴、白鹇、黄麂、白鹭、草鸮各1只，省级保护动物鼬獾1只。

【加强森林防火工作】　2020年，采取有效措施，切实抓好森林火灾预防工作。出动车辆120余次，人员200余次，配合相关部门设立防火检查点，加强野外用火监管。共排查森林火灾隐患30余处，侦破刑事案件2起，抓获并处理人员2人。

【开展主题教育】　在全局开展“警风建设年”活动，坚持“四个铁一般”标准，不断提高民警的政治觉悟，大力发扬信念坚定、认真负责、务实高效、勇于担当、廉洁勤政、争创一流的工作作风。

（谌艳玲）

附：2020年县森林公安局领导名录

县林业局党委委员、森林公安局局长、督察长：徐　峰
政　　　　委：朱小斌
副　局　长：王晓兵、余美厦、许　勤
法制室主任：李骏斌
政工监督室主任：刘又宁
刑侦队队长：李耀辉
大洞派出所所长：魏　胜
安乐派出所教导员：郭承伟
南岳派出所所长：吕　箭
新丰派出所所长：张株林
杨洲派出所教导员：匡可保
水上派出所所长：徐建军
水上派出所教导员：叶卫锋

农业农村

综述

2020年，始终以农业增效、农民增收、农村稳定为目标，认真贯彻落实中央、省、市、县一系列文件和会议精神，坚持疫情防控和业务工作两手抓、两不误，扎实做好“六稳”工作，全面落实“六保”任务，全力以赴开展各项工作，取得较好成效。获评全国清洁行动先进县、全省实施乡村振兴战略实绩考核优秀单位、全省首批美丽宜居示范县、全省“五定包干”村庄环境长效管护考评第一名等荣誉。

全力夯实农业基础。全年完成粮食播种面积29333.33公顷，粮食产量15.46万吨，完成油菜播种面积1万公顷；全县生猪存栏12.45万头，其中能繁母猪存栏1.36万头，全年出栏生猪13.43万头。新增设施蔬菜133.33公顷。2020年高标准农田项目于3月份开始启动，项目计划面积2066.67公顷，在新宁镇等9个乡镇35个行政村实施，先后完成项目设计、监理、施工招投标工作，并于11月20日全面启动项目工程施工。

加快农业结构调整。推进“一乡一园”建设，现有省级现代农业示范园2个（宋溪镇和澧溪镇）、市级现代农业产业园8个（当年新增6个），2020年出台《武宁县现代农业产业园创建暨“一乡一园”建设实施方案》，编制武宁县“一乡一园”总体规划，泉口、横路、官莲、甫田、石渡、新宁镇、罗坪等7个乡镇完成“一乡一园”规划。丰富完善国省道沿线产业化示范带，新增特色种植333.33公顷，新增农业产业化联合体4个。重点推进武宁野生茶、山茶油、中蜂蜜、鲁溪高山辣椒等品牌做大做强，创建绿色食品1个、有机食品11个。“武宁蜂蜜”和“武宁宁红”2个地理性标志登记通过省级评审。培育新型农业经营主体65家。通过“财政惠农信贷通”融资平台，帮扶和带动企业发展，累计发放农业贷款281笔，发放贷款金额6675.35万元。2020年引进农业项目10个，签约金额8.48亿元，其中亿元项目5个，加工型项目6个。认定市级以上农业龙头企业11家。

全面提升农村人居环境。推进新农村建设，新建新村点257个（省级点197个，市县自建点60个），所有新村点“七改三网”基础设施建设全面完成，改水、改厕、改沟、改房、改路率达100%，完善村庄公共服务配套。重点打造鲁溪镇双新村、官莲乡东山村、石渡乡新丰村、罗坪镇长水村、杨洲乡南屏村等5个美丽宜居示范村，建设效果良好。农村生活垃圾治理常态化运行正常，农村垃圾无害化处理率达98%以上。农村生活垃圾分类工作有序推进，分别在宋溪、罗坪2个乡镇建立厨余垃圾机械制肥厂和垃圾回收兑换智能化网点，垃圾分类工作全域推进，在其他16个乡镇选择一个村开展垃圾分类试点工作。新建54个村庄污水处理点规划、设计全面完成，全部进行招投标，大部分村点正在施工建设。累计完成户用厕所改造6791户，无害化卫生厕所普及率达到94.93%，达到一类县改厕标准。在“多员合一”的长效管护模式基础上，投入2000万元，运用“物联网、云计算、大数据、5G、AI”等先进技术，在全省率先建成农村人居环境治理“万村码上通”5G+长效管护平台。9月1日，全省农村人居环境治理“万村码上通”启动仪式在武宁县举行，9月2—3日，在全省人居环境整治暨加强乡村治理试点工作现场推进会上作典型发言，县农村人居环境整治工作得到省市领导充分肯定。截至目前，共接待周边县市参观学习长效管护平台考察团36批次。

持续深化农村改革。全县共清查核实集体资产15.72亿元、资源性资产281273.33公顷，全部录入全国清产核资管理系统。确认集体经济组织成员32.35万人，量化经营性资产4657.5万元，成立村（股份）经济合作社181个。引导土地经营权有序流转，全县共流转7550.6公顷，占确权面积34.38%。

全面推进重点水域禁捕退捕。根据国家统一部署，从2020年1月1日0时起庐山西海鳡国家级水产种质资源保护区内实行全面永久性禁渔。全县共持有合法捕捞证渔民421户838人全部签订禁捕退捕协议，回收1194艘渔船（含辅助船）和8.02万公斤渔网，退捕渔民及时落实社会保障，实现船网回收率、转产就业率、参保率均达100%，全面完成退捕任务。加大非法捕捞打击。联合水上公安在湖区设立联合执法点，2020年共办理渔政处罚案件106起，移送公安刑事案件4起。全面完成渔业增殖放流，共向庐山西海投放鱼苗900万尾。

全力打赢脱贫攻坚战。完善71家“一领办三参与”合作社带动模式和利益联结机制，发放奖补资金212.9万元，带动贫困人口2125户6728人；全县23家扶贫基地安排贫困户182人，发放工资总额234.8万元，发放奖补资金117万元；全县短快平产业奖补完成申报、公示、核查和发放，奖补金额212.05万元，涉及贫困户4255户。出台《武宁县2020年产业扶贫技术服务工作要点》，明确了“包村挂点”责任人，组建产业扶贫技术专家服务团，选派业务专家下乡指导58次，服务贫困户802人次，举办技术培训19次，培训贫困户430人次。9月29日启动农民丰收节暨扶贫产品进万家促销月活动，助推消费扶贫。

（鄢林凌）

种植业

【概况】 全年粮食播种面积29136.5公顷，其中水稻面积20493.7公顷，早、中、晚稻面积分别为1217.48公顷、18078.307公顷、1197.9公顷，旱粮面积8642.8公顷。粮食总产15.46万吨。油料作物播种面积9672公顷，油料总产1.52万吨，其中油菜面积8631公顷，油菜籽总产1.29万吨。

【实施“稻油轮作”项目】 把发展油菜生产作为冬季农业生产重要工作来抓，积极争取“稻油轮作”项目，广泛开展“稻油轮作”政策和技术的宣传。2020年，“稻油轮作”项目实施面积1333.33公顷，实施地点集中在横路、鲁溪、官莲、宋溪、船滩、清江、罗坪、杨洲8个乡镇，主要采取种子、化肥免费提供+现金补贴的方式，通过“稻油轮作”项目的实施，使农民冬季农业生产的积极性大大提高，油菜单产和播种面积都有质的提高，稻油轮作区油菜单产提高15公斤/亩。

【经济作物发展平稳有序】 全县经济作物生产面积21133.33公顷。全县果业生产面积达8666.67公顷，其中特色果业有较大增长，达1600.1公顷，主要品种为猕猴桃、香榧、美国山核桃、蓝莓、红心火龙果、金果梨等。全县蔬菜生产面积达6533.33公顷，其中集中连片的反季节蔬菜生产面积216.67公顷。全县茶资源生产面积2480公顷，其中，宁州群体种（含野生资源）2176.7公顷，白茶303.3公顷。全县籽用吊瓜生产面积1053.33公顷，与上年呈下降趋势。全县中药材产业生产面积达1200公顷，与上年比较有较大增加。其他经济作物如棉花、花卉等，全县生产面积达1200公顷，生产规模较上年有较大增加。

（黄峥钧、陈张晴）

畜牧业

【概况】 全年生猪出栏13.43万头，牛出栏1501

头，羊出栏1837只，家禽出栏50.6万羽，肉类总产量15259吨，禽蛋总产1785吨；年末生猪存栏86651头，牛存栏5413头，羊存栏7575只，家禽存栏94万羽；中蜂35560箱，年产蜂蜜177.8吨。

【生猪复养增产】 配合环境资源部门做好畜禽养殖“三区”的审核工作，简化工作流程，年度新增规模生猪养猪场15个；省、市、县财政投入资金308.43万元，用于九江汉世伟种猪有限公司、武宁双胞胎畜牧有限公司2427头种猪引进补贴；实施大清洗大消毒项目，完成生物安全改造猪场15个；开展能繁母猪进保险，减少养殖风险，2020年全县能繁母猪参保12690头。

【动物防疫】 春、秋两防共调入猪瘟苗18.5万头份，发放17万头份，免疫8.17万头猪；调入猪口蹄疫苗16万毫升，发放14万毫升，免疫8.17万头猪；调入高致病性禽流感疫苗50万毫升，发放44.5万毫升，免疫100.9万羽（含免疫直补场）；调入牛羊口蹄疫苗4万毫升，发放4万毫升，免疫牛0.89万头、羊1.77万只，免疫密度100%，牛、羊耳标佩戴率均为100%；全县猪瘟免疫抗体平均合格率91.5%，猪口蹄免疫平均抗体合格率81.3%，禽流感免疫抗体平均合格率82.%；累计发放生猪《规模场免疫通知书》85份，养殖场户签订自免责任状66份；全年共向农户共发放消毒药5.6吨，消毒栏舍146.3万平方米，发放到乡镇农综站消毒药0.158吨，防护服370套。

【惠民项目建设】 2019年的农业结构调整九大产业工程草地畜牧业（山羊）发展工程项目，省级资金50万元，由武宁县茶棋波尔山羊专业合作社组织实施，通过验收；2020年生猪规模场建设补助项目，中央预算内补助50万元，由武宁县锦华生态农场实施，通过验收；畜禽粪污资源化利用项目，省级资金80万元，由武宁县船滩镇青豚养殖场和武宁县船滩镇辽里村徐淑玲家庭农场组织实施；草地畜牧业重大技术协同推广计划项目，省财政安排资金20万元，分别由官莲汇成牧业和横路犇茗牧业有限公司组织实施。

【动物检疫】 全面开展动物产地和屠宰检疫。全县共设立20个动物申报检疫点，实施产地检疫生猪10.05万头、牛565头、羊1025头，其他动物8头，实施屠宰检疫猪、牛、羊计3.2万头，无害化处理病害动物肉17640千克，全年未出现肉食品安全事件。

【生猪屠宰监管】 逐步完善生猪定点屠宰场的建设工作，清理不合格生猪定点屠宰场（点）12个，新建改建B类生猪屠宰场7个。落实生猪屠宰环节“两项制度”，规范生猪屠宰企业“四不准”，制度，健全《屠宰企业内部管理十六项制度》，实行动物产品出厂（场）“两章两证”制度，确保全县上市猪肉卫生安全。

【瘦肉精检测】 严格开展养殖、屠宰、运输3个环节瘦肉精检测，全年养殖环节累计抽检3800余例，其中生猪3600例、牛100例、羊100例；运输环节累计抽检900余例，屠宰环节累计抽检生猪2000余例，所有检测的结果全部呈现阴性。

【动物卫生监督执法】 积极开展“扫雷行动”和“百日行动”，认真落实《违法违规调运生猪六十日专项整治》和《违法违规调运生猪百日打击行动》，联合县公安局、食监局开展执法10余次，共办理各项案例7件，结案4件，罚没金额5.6万元，行政警告3人，打击生猪违规调运、泔水喂猪、私屠滥宰领域的违法行为。

【畜禽养殖污染整治】 积极调查摸底，与环境部门制订完善新的“二区”划定方案，及时上报上级有关部门审核；印发《武宁县畜禽养殖场粪污处理技术要点》，并通过积极宣传，逐步完善规模养殖场（户）粪污处理设施设备；做好规模猪场配套设施设备等相关数据采集、填报和审核工作，及时报备，完善直联直报平台。畜禽养殖粪污综合利用率达到99.1%。

【中蜂技术示范与推广】 10月17日，江西农业大学副校长曾志将等一行5人前来加“武宁县中蜂技术示范与推广中心”揭牌仪式。自3月初开始，农业农村局陆续从修水引进中蜂80群，开展中蜂免移虫育王新技术示范与推广工作。

（阮长兵）

水 产 业

【概况】 2020年全县落实养殖面积27800公顷，完成水产品总量3.934万吨，实现渔业产值7.553亿元，大水面生态渔业、资源养护、特种水产养殖及休闲渔业等发展较快。

【大水面生态渔业步入正轨】 2016年大水面生态渔业正式启动。经过近5年时间的发展，大水面生态渔业取得一定成效。421户渔民全部上岸，渔具船网全面回收；水质逐年趋好，水生态的破坏行为得到遏制；鱼类资源更丰富，江西山水武宁渔业发展有限公司每年向湖区投放足额的鲢鳙等“清水类”鱼苗；渔业公司进入正常的生产捕捞，2021年鲢鳙鱼捕捞产量达1500吨。

【禁捕退捕工作全面完成】 全县共持有合法捕捞证渔民421户838人，全部签订禁捕退捕协议，全面完成退捕任务。回收1194艘渔船（含辅助船）和8.02万公斤渔网，回收的船网由渔业公司集中保管留置。退捕渔民及时落实社会保障，参加社保缴费297人，参加农保缴费463人，60周岁以上77人，在校生1人，社保补助全部补助到位。

【禁港休渔工作成效明显】 2020年禁港从5月10日至7月20日，开展为期60天的禁港休渔，县政府出台禁渔通告，渔政执法人员分成两个班，每班4人，实行24小时值班制，做到吃住在船上，不定期不定时进行巡查，办理渔业行政案件106起，其中电鱼2起，有效地打击非法捕捞行为。

【全面完成增殖放流任务】 2020年7月中旬共向庐山西海投放鳙鱼苗900万尾，投放资金45万元。

【全面整治渔业养殖】 2020年结合水产品质量安全检查，实行源头管理，对全县山塘、水库和土坝库湾全面摸排，查处投放粪肥养殖行为。

（范春林）

绿色食品

【农产品品牌创建】 新增绿色有机农产品12个。江西圣鹏现代农业开发有限公司、江西太阳红茶业有限公司在2020年第二届“生态鄱阳湖．绿色农产品”展销会获得金奖。江西省太阳红茶业有限公司、江西太平红茶业有限公司在2020年“生态鄱阳湖．绿色农产品”展销会（广东）获得金奖。

【农产品合格证制度】 全面实施食用农产品合格证制度。开具合格证书546张，携带上市的农产品176.42吨。武宁县农产品质量检验检测实验室通过“双认证”。

【农产品质量检测】 累计完成农产品定量检测466批次，合格率达100%。配合省市开展风险监测抽检82批次，合格率达98.8%。

【农产品质量安全执法】 全年共出动执法人员248人次，检查生产经营主体78个，种养大户32家。开展监督抽查26批次。指导培训240人次，发放宣传资料5000余份。

（张延龙）

农业机械化

【概况】 2020年，全县粮食、油料等主要农作物机耕、机收面积综合机械化水平达到70.46%。水稻综合机械化水平达到77.99%，其中水稻机耕面积19370公顷，机耕率91.93%，机收面积18400

公顷，机收率91.94%，机播面积8620公顷，机播率40.91%；油菜机耕面积3240公顷，机耕率90.76%。

【农业机械补贴】 2020年，完成农机报废补贴5.38万元，完成农机购置补贴中央财政资金254.499万元，补贴各类农机具258台（套）。其中：耕整地机械133台，补贴16.358万元；种植施肥机械33台，补贴22.605万元；收割机25台，补贴62.683万元；农产品初加工机械2台，补贴1.44万元；水产机械6台，补贴0.198万元；拖拉机45台，补贴148.373万元；其他机械20台，补贴3.04万元。补贴惠及农户153户。

（张美华）

科技兴农

【概况】 积极做好基层农技体系改革工作，农技入户工作稳步推进，全县建立2个农业科技示范基地、选拔115名科技指导员、筛选575户科技示范户，完成县乡村组（户）农科网络建设。

【农业科技下乡强势推进】 重点围绕春耕备耕、春季防疫、清洁生产等工作，开展进村入户指导、示范性培训和农业政策法规宣讲等农业生产科技服务活动。结合江西农业大讲堂下基层活动，组织省市县农业专家13人的宣讲团进村入户，开展科技指导服务。参与送科技下乡的农业专业技术干部400人次，举办各类培训班40期，农民听课人数3000人次，发放资料和政策宣传单2万余份，赠送书籍1800本，免费发放种子（苗）、化肥、农药等价值达2万余元。

【新型职业农民培育工作】 全县新型职业农民培育和巩固退耕还林农民就业技能培训项目重点着眼于基础农业、畜禽养殖和乡村旅游业等，全年共培育328名新型职业农民，其中省市级培训28人，县级培训300人，大力提升广大农民的从业技能和综合素质，促进农民增产增收，为脱贫攻坚、乡村振兴提供坚实力量。

【现代科技推广不断深入】 2020年，全县种植优质稻面积达2万公顷，有机稻133.33公顷，发展订单农业（水稻、油菜）10866.67公顷；测土配方施肥技术全覆盖42666.67公顷；水稻免耕直播等一批节本增效技术得到进一步普及。

【实施绿色防控示范建设】 建立水稻、茶叶、果树、油菜等农作物绿色防控基地14个，面积8900公顷，绿色防控覆盖率达35.06%；实施专业化统防统治面积30686.67公顷，统防统治覆盖率达45.05%。

（龚桂河）

新农村建设

【概况】 全年完成257个新村点建设（省级点197个，市县自建点60个），涉及农户10098户、43086人。重点打造了鲁溪镇双新村、官莲乡东山村、石渡乡新丰村、罗坪镇长水村、杨洲乡南屏村等5个美丽宜居示范村。

【持续开展村庄清洁行动】 围绕“四清二改一管护”要求，结合村庄规划、新农村建设、农民建房管理等工作，全面彻底清理干道沿线、河流沿岸、景区沿线、集镇和村庄周边垃圾、乱堆乱放、乱搭乱建、破损广告牌匾、残墙断壁、污水横流等脏、乱、差现象，农村环境基本实现干净整洁。

【推进生活污水治理】 积极争取项目资金1490万元，完成53个村庄生活污水深度处理项目。

【推进生活垃圾治理】 严格按照“户分类，村收集，乡镇转运，县处理”模式处理垃圾，全县178个行政村生活垃圾得到有效治理，农村生活垃圾无害化处理率达到99%以上。在宋溪镇、罗坪镇各建设完成一座厨余垃圾阳光堆肥房。

【推进完善长效管护机制】 在“多员合一”的长

效管护模式基础上，投入2000万元，运用“物联网、云计算、大数据、5G、AI”等先进技术，在全省率先建成投入使用农村人居环境治理“万村码上通”5G＋长效管护平台。全县309个一类村以及乡村主要交通路口、人流量大的密集场所、垃圾中转站和生活污水检测站配备565个监控摄像设备，226套智能垃圾箱，27辆垃圾收集车。

（陈路）

农业综合开发

【推进高标准农田建设】 2020年高标准农田项目于3月份开始启动，项目计划面积2066.67公顷，在新宁镇等9个乡镇35个行政村实施，先后完成项目设计、监理、施工招投标工作，11月20日全面启动项目工程施工。

（晏波）

附：2020年县农业农村局领导名录

党组书记、局长：陈红兵
党组副书记、副局长：王　勇（保留正科待遇，任至3月）
党组成员、副局长：汤义西（保留正科待遇）
聂　林（保留正科待遇）
谢金山（保留正科待遇）
夏明天（保留正科待遇）
刘元生
党组成员：余建宁（保留副科待遇）
余正兴（保留副科待遇）
副主任科员：冷先兰（女）
县农发办副主任：熊洪武
县农业产业化办副主任：程　昊
县新村办副主任：仇建忠
县畜牧兽医局局长：阮长兵
县种子管理局党支部书记：李　春
县渔政管理总站站长：范春林

林　业

【概况】 2020年，围绕“始终坚持生态立县，全面推进绿色崛起”发展主题，积极转变发展模式，在“林”字上精准发力、在“长”字上履职尽责、在“制”字上创新发展，全面完成年度目标任务。先后荣获全省林业经济发展改革工作综合先进单位、全省第七次森林资源二类调查先进集体、全省森防系统先进集体、全市“林长制”工作考核第一名、全市林业政务信息工作先进单位、九江市第十二届文明单位等荣誉称号。

【打造林长制升级版】 11月5日，在武宁县总林长会上，要求各乡镇确定1名林长办专职副主任、1名乡镇林业监管员、1名森林资源监测员，明确岗位工作职责。强化“林长”管理三项制度建设，建立林长巡林制度，实现林长巡林常态化机制；建立“四单一函”制度，进一步压实林长责任、强化源头管理、提升解决问题能力；建立考核考评制度，对专职护林员实行淘汰制，对不合格专职护林员进行淘汰，全年淘汰5人，规范护林员队伍建设。强化森林资源源头管理体系建设，实行管护网格化、信息化和专业化，将全县278666.6公顷林地分成241个网格，每个网格对应一名专职护林员，确保每一块林地、每一棵树木都有专人管护；建立林长制信息化管理平台，采购296台林长制巡护手持终端，对管护行为实时动态监管；投入资金18万元抓好专职护林员标准化建设，做到统一巡护着装、统一巡护工具、统一巡护手册、统一管理制度、统一纳入江西巡护系统监管、统一考核奖惩等“六统一”。

【推进国土绿化】 全年完成营造林603.3公顷，新造油茶面积79.53公顷，完成全年任务的105.2%；完成森林抚育8600公顷，完成低产低效林改造980公顷。继续实施全面封山育林政策，封育面积达到23万公顷，同步实施19.3万公顷生态补偿工程，其中天然林保护工程10.15万公顷，生态公益林工程9.16万公顷，补偿面积占林地总面积的69.3%。

【防火基础设施建设】 协同应急管理部门完成5辆防火运兵车、1辆消防水车、1辆工具运输车的采购，全面完成江西省幕阜山东南部森林火灾高风险区综合治理项目（武宁段）建设，森林防火基础设施得到加强。积极推广“防火码”，构建森林防火信息数据平台。

【林业有害生物防治】 做好松材线虫病除治工作，完成枯死疫木清理9.5万株，清理面积1853.3公顷，释放花绒寄甲3万头、白僵菌粉孢0.25万个、喷洒阿维菌素药粉0.4吨，安装太阳能杀虫灯4台、太阳能智能测报灯1台。

【野生动植物保护】 坚持联合执法、定期巡查，依法从重打击非法收购、出售、加工、藏匿、食用野生动物的违法行为；加大野生动物救治力度，全年救治各类保护动物20余只。加强野生动物行业管理，全面落实禁食政策，完成野生动物人工繁育场清理9家、处置动物1739只。

【林木采伐指标发放】 全年发放农民自用材指标2876立方米，发放“两户造林”已达最佳采伐时间的人工商品林指标3015立方米，发放森林抚育项目、林地征占用及灾害材等其他采伐指标5966立方米。

【古树名木保护】 全县84个古树群和951株散生古树全部建立电子档案，落实党员挂牌保护责任制。

【强化林地湿地管理】 规范林地使用行为：积极开展2020年森林督查238个疑似变化图班县级自查工作，对2018年64个、2019年16个未整改到位的森林督查违法图班按省市要求整改落实到位。2020年，投入144.9万元建设尚书桥湿地生态修复工程，完成水系沟通工程30处，湿地植物恢复工程约42公顷，湿地地形恢复8.91公顷，建设生境岛7个约2.3公顷，项目总用地面积达到57.24公顷。

【推进林业产业发展】 实施低产毛竹改造面积673.3公顷，发放补助资金96.25万元。完成吴茱萸、红豆杉、金银花等森林药材种植351.5公顷，发放补助资金149.399万元。完成省级低产油茶林改造项目面积198.9公顷，发放补助资金29.829万元，完成油茶示范园建设9个。2020年，成功创建武宁县新光山庄“国家森林康养基地”，船滩易溪、澧溪大源、泉口芭蕉、宋溪堰下、杨洲南屏5个“省级森林乡村”，官莲东山、杨洲森峰2个“江西省乡村森林公园”。

【脱贫攻坚】 积极做好油茶产业发展，开办油茶管护、油茶整形修剪技术等实用技术培训班3期，并免费为贫困户提供补植补造油茶苗木3.7221万株；结对帮扶贫困户83户（澧溪村27户、曹坑村40户、源口林场16户）全部按期脱贫。

【争资争项】 全年新签约项目3个，进资1.18亿元，引导北湾樱花、竹海云溪、嘉华国际、盛世华强石材等4个老项目进资1.6亿元，完成内资引进2.5亿元。争取上级各类资金9725.63万元，其中，中央资金6091.05万元、省级资金3543.79万元、市级资金90.79万元。

【林地报批】 全年办理长期使用林地手续报批17起37.5812公顷，临时使用林地手续报批9起41.76公顷，直接为林业生产服务占用林地报批4起2.38公顷，确保项目的顺利推进。

【疫情防控】 做好社区防控结对帮扶工作，出动人员683人次，在登高山社区建立4个卡点，做好新冠肺炎疫情防控宣传、排查、值守等工作。

（李祥河）

附：2020年县林业局领导名录

党委书记、局长：肖　兵
党委委员、副局长：周　江（保留正科待遇）
　　胡礼富（保留正科待遇）
　　卢张才（保留正科待遇）
党委委员、国营林场场长：万　勇
县林权管理服务中心主任：王　法

扶贫开发

【概况】 2020年，为有效应对新冠肺炎疫情影响，确保全面打赢脱贫攻坚战，紧盯防风险、补短板、强弱项、促增收，统筹打好“四大攻坚战”。

【抓好疫情防控】 新冠肺炎疫情出现后，第一时间组织第一书记及驻村干部奔赴乡村一线，参与疫情防控排查及防控知识宣传，帮扶贫困群众生产生活，为驻村帮扶干部购买“防疫专属保险”，构筑起群防群控的坚强堡垒，实现贫困户零感染。积极推进复工复产工作，迅速出台《关于有效应对新型冠状病毒感染的肺炎疫情深入推进脱贫攻坚工作的通知》，印发《关于有效应对疫情推进“两业”扶贫工作的保障措施》，针对性研究出台包括产业、就业、消费、金融等33项措施，专门安排1000万元资金助推扶贫产业发展。

【落实五项保障】 落实住房安全保障，2020年再次对“四类对象”住房开展全面排查，排查出25户住房需要维修改造，8月底前全部竣工入住；安排7万元资金，帮助14户因洪涝灾害住房受损的贫困户、边缘户实施房屋修缮，杜绝贫困群众住危房。落实饮水安全保障，根据上级新要求，2020年对贫困户饮水水质进行42项指标检测，对洪涝期间饮水受到污染的及时进行清淤、消毒，保障贫困户饮水安全。落实义务教育保障，全面落实国家教育资助政策，对县域内就读的所有贫困户子女全覆盖，对在县外就读未享受教育补助的对象予以补发，2020年发放教育资助1863.86万元、“雨露计划”补助97.55万元。落实基本医疗保障，加强县乡村医疗机构建设，严格落实村卫生室坐诊和门诊统筹及时结算制度，满足贫困群众就近看病需求。截至12月底，贫困户住院及特殊慢性病门诊医疗总费用6108.68万元，报销5498.94万元，报销比例90.02%。落实兜底扶贫保障，低保、常保、特困供养分别提标到296元、470元、615元，对城乡低保持续清理，不符合条件对象“应退尽退”，符合条件对象“应保尽保”，农村低保与建档立卡贫困户重叠率近60%。

【做实产业扶贫】 设立1500万元产业扶贫专项资金，鼓励“一领办三参与”合作社和产业扶贫基地带动贫困户增收。2020年新申报“一领办三参与”合作社9个、产业扶贫基地24个、扶贫龙头企业7家，其中较大的产业基地有石渡乡种植福橙46公顷，鲁溪镇种植粽叶66.67公顷、茶叶173公顷、高山辣椒113.33公顷，清江乡种植精品水果13.33公顷，横路乡培育香菇100万筒。积极鼓励在家不方便外出的劳动力、弱劳动力发展“短平快”种养殖产业，深度贫困户最高奖补1200元，一般贫困户最高奖补800元，通过实地验收，2020年向4255户贫困户发放奖补217.9万元。向278户贫困户、边缘户发放扶贫小额信贷975.35万元，对受疫情影响不能及时还款的28户95.69万元办理延期，目前小额信贷余额3694.17万元。

【做稳就业扶贫】 通过开展“春风行动”就业招聘，组织贫困劳动力“点对点”外出务工，实现贫困劳动力省外务工4726人、省内县外务工873人，此外县内务工4206人，就业总人数9805人，同比增长9.84%。建设就业平台，原有18个扶贫车间5月底前全部复工复产，新建就业扶贫车间20家，目前共吸纳贫困劳动力就业302人；每个行政村至少设立一个公益性岗位，村级光伏电站收益80%用于公益性岗位工资和村级公益事业劳务支出，新增扶贫专岗311个。做好就业服务，实行就业数据动态监管，有针对性组织开展贫困劳动力技能培训1237人次，向5599人发放外出务工交通补贴261.45万元。

【做好消费扶贫】 推进消费扶贫“三专”平台建设，4月23日，全省首个村级消费扶贫生活馆——东山村消费扶贫生活馆开馆；5月14日，武宁县消费扶贫生活馆开馆，线上线下同步销售扶贫农产品；9月8日，江西消费扶贫武宁馆开馆，实现消费扶贫“直报直连”；9月12日，武宁艾西海公司设立扶贫产品销售专区；推进认定扶贫产品，全县通过国家认定扶贫农产品58个，落实37台“无人柜”布点位置。大力推进扶贫产品“六进”活动，落实机关事业单位安排人均不少于300元工会经费采购扶贫产品，帮助销售扶贫产品总额7430.7万元，获得省扶贫办通报表扬。

【做优搬迁后扶】 理顺武安锦城安置小区管理体

制，根据其毗邻工业园区的特点，划归县工业园区管委会管理。不断完善配套设施和社区建设，配齐配优社区干部，提升社区服务质量。抓好拆旧复垦，落实“一户一宅”“建新必须拆旧”等政策，560户易地扶贫搬迁户拆旧率100%。县扶贫办在武安锦城设立后扶工作站，聘请专职工作人员，为易地扶贫搬迁户服务。积极引导在家劳动力到工业园区企业就近就业，社区开发公益性岗位36个，实现搬迁户后期扶持覆盖率100%，每户贫困户都有产业、就业、资产收益收入，实现“搬得出、留得住、逐步能致富”。2020年10月3日，武安锦城获评全国“十三五美丽搬迁安置区”，入选国家发改委易地搬迁典型案例。

【推进巩固提升】 制定印发《关于建立防止返贫监测和帮扶机制的实施意见》《武宁县脱贫攻坚巩固提升实施方案》，保持攻坚力度、帮扶力量、投入保障、政策举措“四个不减”。对全县74户224名脱贫监测户和184户552名边缘户进行动态监测，落实防止致贫返贫保险保障机制，通过精准帮扶，消除风险隐患。对2016年以来的扶贫项目资产，进行全面清查，落实管护主体，明晰扶贫资产产权关系，建立健全扶贫资产运行管护体系。

【树立脱贫典型】 大洞乡叶志高、官莲乡朱胜华获评九江市“自立自强脱贫户”先进典型。推进“三讲一评”活动，每个行政村至少评选出1名“脱贫奋进之星”，常态化抓好24个村“公德银行+公德超市”运行管理，定期开展积分评比和物品兑换，不断激发贫困群众自身积极性。积极向中央主流媒体上稿39篇、省级主流媒体上稿42篇、市级媒体上稿113篇。县电视台、山水武宁报、武宁发布全部开设脱贫攻坚宣传专栏，高频次报道脱贫攻坚工作及成效。总结典型经验31篇、样板案例12篇、模范人物典型事迹30余篇。编写《武宁县官莲乡东山村脱贫记——东山再起基层密码》《古艾大地奔小康——武宁县脱贫攻坚纪实》，拍摄微电影3部，创作小说、小品、歌曲、小戏脚本各1篇，举办主题书画展，展出作品60余幅，全面展示宣传全县脱贫攻坚的风雨历程和巨大成就。

库区移民

【做好动态管理】 认真做好大中型水库移民直补对象的核减和信息稽查工作，每年开展一次动态调整，对外嫁、毕业等8类情况进行核减。2020年减去巾口乡4925人，动态调整为75944人，按照每人每年600元标准发放移民直补资金24323.16万元。

【建设美丽乡村】 充分整合大中型水库移民后扶资金，积极服务乡村振兴战略，助推内涵式高质量发展。“十三五”以来，通过向中央和省市争资争项，共计投入项目资金10亿余元，其中2020年投入项目资金2.1亿元，安排用于道路修建、环境整治以及基础设施改善，建设美丽家园（新农村点）449个，受益人口累计216.65万人次，让广大群众能够走平坦路、喝干净水、上卫生厕、住安全房。

【规范项目监管】 在全国率先引进全过程工程咨询服务应用于扶贫和移民项目管理，从立项、实施、监理到评估、验收全过程咨询，对于每一个项目，由县办规划监测评估中心、长江委项目监理全程监督、全程跟进、验收决算，为每个项目建立电子档案，实行电子化规范管理，全面提升项目管理质量和水平。2020年11月16—18日，全国大中型水库移民后期扶持和扶贫项目全过程咨询工作现场会在武宁召开，将水库移民后扶项目全过程咨询试点经验向全国推广。

（洪汗钟）

附：2020年县扶贫办领导名录

党组书记、局长：付　周
党组成员、副主任：熊自明、卢乐平
党　组　成　员：石红梅（女，保留副科待遇）
县水库移民规划监测评估中心主任：段　晶

工　业

综　述

2020 年，按照全面打赢疫情防控阻击战、经济发展推进战的总体要求，全面落实中央“六稳”“六保”决策部署和省、市“项目建设提速年”的部署要求，以产业为龙头，以项目为抓手，以平台为战场，以服务为保障，全力推进全县工业和信息化高质量发展。全县规模以上工业企业 138 户，新增规上企业 31 户；规模以上工业企业完成增加值增幅 0.3%；完成主营业务收入 239 亿元，增幅 -32.3%；完成利润总额 23.6 亿元，增幅 -32.7%；完成工业固投增幅 8%；完成工业用电量 4 亿千瓦时增幅 0.3%；完成工业增值税 6.8 亿元，增幅 -4.2%。节能降耗工作稳步推进，规模以上工业增加值能耗 0.2 吨标煤/万元，同比下降 0.3%。

全力帮扶企业复工复产。先后出台《关于在疫情防控期间做好重点工业企业帮扶促进全面复工复产工作的通知》《关于积极应对疫情支持企业发展稳定经济增长 30 条政策措施》等重要文件，大力支持企业稳定生产经营，将疫情影响降至最低。坚持精准帮扶，突出纾困解难，促进企业提升产能；出台《武宁县遏制涉企乱收费问题切实减轻企业负担工作实施方案》，进一步推动普遍性降费，加大对涉企乱收费、乱摊派、乱检查、乱罚款的查处力度，完善涉企收费清单制度，巩固各项治理成果，为企业营造良好的发展环境。制定下发《关于成立武宁县清理拖欠民营企业、中小企业账款工作领导小组的通知》《关于进一步做好清理拖欠民营企业、中小企业账款工作的紧急通知》《武宁县 2020 年清理拖欠民营企业、中小企业账款的工作方案》等一系列相关文件。对全县各乡镇、县直各单位及县属国有企业的清欠工作进行全面检查和督办。重大工业项目开竣工成效良好。县委、县政府研究制定《2020 年全县工业“项目建设提速年”暨抢时间保进度强弱项补缺口努力实现全年工业发展目标实施方案》，对全年工业发展目标任务和重点工作明确分工，落实责任。落户开工工业项目 42 个，签约资金 113.05 亿元。

积极推行重点产业链链长制。根据省市部署，结合本县产业实际，有条不紊地积极推进县重点产业链链长制。县委、县政府印发《武宁县实施重点产业链链长制工作方案》（武办字〔2020〕27 号），全面启动链长制工作。召开全县产业链链长制工作推进会，对产业链链长制进展情况进行全面调度推进。制定《武宁县精准服务企业保产业链供应链稳定实施方案》《武宁县重点产业链链长制工作制度》等一系列文件。

积极推进传统产业优化升级工作。实施市级传统产业优化升级试点项目 6 个。在市级试点基础上，同步启动实施县级优化升级试点工作，制定下发《关于做好 2020 年度市县传统产业优化升级试点企业申报推荐工作的通知》（武产业优升小组办字〔2020〕1 号）。县实施市县传统产业优化升级项目共 14 个，投入市县传统产业优化升级试点资金 1560 万元，进一步推动企业转型升级、创新发展，为企业纾困解难、加油助力、增添信心。县政府办下发《关于印发武宁县 2020 年传统产业优化升级试点实施方案的通知》（武府办发〔2020〕43号）。

狠抓营商环境优化。按照《武宁县优化经济发展环境推进方案》《武宁县开展“新工业创新升级帮扶活动”的实施方案》《关于印发武宁县进一步优化提升营商环境三年行动方案（2019—2021年）的通知》《关于印发武宁县优化营商环境九大行动方案的通知》等一系列文件部署，精准开展为企业减负行动。出台《武宁县遏制涉企乱收费问题切实减轻企业负担工作实施方案》《关于进一步规范进入工业园区企业检查备案制度的通知》，设立“企业宁静生产日”，实行“首查不罚，首罚取下限”制度。结合“传统产业优化升级企业帮扶活动”和疫情期间驻企特派员制度，对全县重点工业企业实行“一对一”驻企帮扶，由一名责任县领导，1～2个责任单位，2～4名责任干部组成精准帮扶工作队。按照招商服务、属地管理及行业管理原则落实了帮扶单位，每户规上工业企业安排1名副科实职以上干部担任企业帮扶专员。规下企业实行“一对多”帮扶，按照属地原则进行网格化管理，派专员实行帮扶。坚持“企业评环境”、政企定期“茶叙”制度，出台《关于在疫情防控期间做好重点工业企业帮扶促进全面复工复产工作的通知》《关于积极应对疫情支持企业发展稳定经济增长30条政策措施》等重要文件，大力支持企业稳定生产经营，努力将疫情影响降至最低。为园区企业新招聘员工2250人，共有1.2万余名劳动力在园区实现就业，同比增长21.56%。

加大扶持奖励企业力度。通过与财政部门配合，全年争取省级工业发展专项项目2个，扶助资金400万元；争取市级工业企业技改项目4个，扶助资金80万元；争取市级两化融合项目4个，扶助资金40万元；争取市级传统产业优化升级项目5个，扶助资金350万元。

【江西江中中药饮片有限公司获评省级企业技术中心】 2020年11月，省工信厅、省财政厅、省税务局《关于公布2020年（第23批）江西省省级企业技术中心名单的通知》（赣工信科技字〔2020〕370号），认定县工业企业江西江中中药饮片有限公司技术中心为省级企业技术中心。

（聂云景）

附：2020年县工信局领导名录

县政府党组成员、县工信局党组书记、局长：施月清
党组成员、副局长：冷先岩（保留正科待遇）
吕鉴民（保留正科待遇）
吴锋平
二级主任科员：宁　通（任至6月）

绿色光电产业

【概况】 2020年，园区绿色光电产业投产企业109家，实现主营业务收入179.36万元，利税总额9.32亿元，同比分别增长-3.22%、-20.68%。其中，规模以上企业19户，完成工业总产值64.98亿元，同比增长-56%；主营业务收入57.7亿元，同比增长-61%；利润总额6.4亿元，同比增长-56%；资产总额30.2亿元；从业人员5301人。

2020年，武宁县工业和扩大开放推进组制定出台《武宁县绿色光电产业链链长制工作方案（2020年—2022年）》。当年引入的安谱达、朗拓电子、楚新电子等企业以锂电、线路板为主打产品。集群拥有高新技术企业17家，省级研发平台3家，专精特新企业3家，小巨人企业1家，智能制造试点示范项目1家，上市预备企业1家。2020年引入20亿元项目1个，亿元项目13个，申请省级技改项目3个，新增江西名牌产品2个。2020年集群内规上企业开展研发活动的有40家，总计研发投入1.9亿元。完成智慧园区云平台的接入并已有200余家企业正在使用，提供14个公共服务平台。2020年集群标准厂房建成17.19万平方米，出租15.8万平方米，入住率达91.93%。

（聂云景）

矿产品精深加工业

【概况】 2020年，全县矿业经济规模以上企业39户；完成工业总产值74.2亿元，增长-4.42%；实现主营业务收入66.1亿元，增长-20.02%；利税总额7.7亿元，增长-10.15%；资产总额41.6亿元，同比增长2.36%；从业人员0.4万人，同比增长-33.33%。

全县有色金属矿采选、冶炼和压延加工业规模以上企业10户；完成工业总产值33.6亿元，增长-23.18%；主营业务收入27.8亿元，增长-40.65%；利税总额3.1亿元，同比增长-28.9%；资产总额23亿元，同比增加1.56亿元；从业人员（平均人数）0.2万人，同比减少0.1万人。其中，有色金属矿采选业2户，完成工业总产值（当年价格）14. 3亿元，增长-21%；主营业务收入11.2亿元，增长-38.5%；利税总额1.3亿元，增长-1.8%；资产总额11.1亿元，同比增加0.2亿元；从业人员（平均人数）0.1万人，与上年基本持平。有色金属冶炼和压延加工业8户，完成工业总产值19.3亿元，增长-30.6%；主营业务收入16.6亿元，增长-19.8%；利税总额1.8亿元，增长-25%；资产总额11.9亿元，同比减少1.76亿元；从业人员（平均人数）0.1万人，同比减少50%。

全县有非金属矿物制品规模以上企业29户；完成工业总产值（当年价格）40.6亿元，增长-9.8%；主营业务收入38.3亿元，增长-12.6%；利税总额4.6亿元，增长-19.3%；资产总额18.6亿元，同比增长-5.1%；从业人员（平均人数）0.2万人，同比减少33.3%。

（聂云景）

大健康产业（生物医药）

【概况】 2020年，全县有生物医药及医药用品制造规模以上企业5户，完成工业总产值22.1亿元，增长0.3%；实现主营业务收入21.5亿元，增长-6%；利润总额2.7亿元，增长2.3%；从业人员1391人，同比减少13%。

2020年新上27个项目，总金额46.6亿元，亿元以上项目17个。引进以昂泰大健康产业一体化、林全胶囊、江中中药饮片、上禾特膳食品、人民医院医养结合等项目为首的一批优质项目，加快构建中西融合、医养并重的大健康产业体系；积极推进各乡镇落地中药材种植、绿色食品生产项目，形成产业链条；加快建设大健康产业园，搭建县大健康产业发展平台；推进上峰上水项目，打造“山水武宁”品牌。印发《武宁县大健康产业发展实施意见（2020—2025）》，制定全面打造“山水武宁，康养福地”、着力建设“一谷、一园、两区、三带”平台的规划。

（聂云景）

战略新兴产业

【概况】 2020年，战略性新兴产业以数字经济、新能源新材料产业为重点，突出发展锂电池产业和总部结算、电子商务企业，做大龙头，形成规模效益。全县新能源新材料产业规上企业34户，规下企业6户，完成主营业务收入12.8亿元。2020年，武宁县利用刚建成的17万平方米中城新动能科技园的平台效应，积极招引新材料产业项目。全县共引进新能源新材料产业链项目5个，签约资金30.02亿元。其中江西安谱达新能源科技公司总投资22亿元，并在短短76天内成功投产。10月22日，借助安谱达公司竣工投产的契机，成功举办武宁县新能源新材料产业链招商推介会。

【新能源锂离子电池及配套产业落户武宁】 6月15日总投资22亿元的新能源锂离子电池、5G新材料研发应用生产及配套产业项目落户武宁。该项目由香港鼎峰投资公司投资建设，县领导杜少华、李广松、黄蓝等出席签约仪式。

（聂云景）

电力生产与供应业

【概况】 受疫情影响，2020年县供电公司完成售电量6.88亿千瓦时，下降12.91%；综合线损率4.99%，下降1.98%；继续保持人身、电网、设备、交通全口径安全，电网连续安全运行5688天。

【电网建设持续加快】 精准修编武宁电网“十四五”发展规划，35千伏清江输变电工程获得省能源局批复。制订《配电网工程属地化管理实施方案》，将公司配电网工程现场建设过程纳入属地供电所管理。加快电网建设实施进程，先后完成220千伏新宁变2号主变（180兆伏安）投运；35千伏横路#2主变扩建工程投运；35千伏清石线工程投运。新建及改造10千伏以下线路398千米；新建及改造配变台区178台。武宁配电网建设进度质量保持全市前列，一个台区、一条双回线路评为省公司“百佳优质工程”、公司配电网工程业主项目部荣获省公司优秀业主项目部称号。

【安全生产持续稳定】 扎实开展安全生产专项整治三年行动，发布全员安全责任清单，落实安全主体责任。修订安全奖惩实施细则，加强落实监督考核。常态开展“四不两直”安全督查，累计查处违章32起，约谈近电作业措施不完善和严重违章施工单位9批次，处罚金额3.39万元。强化迎峰度夏及防汛值班管理，ABC类防汛隐患整改率100%。大力推广带电作业，三、四类配网不停电作业增长17.86%。扎实推进配网自动化建设，10千伏杨洲线配电自动化改造成为全省首例配网自动化试点线路。持续开展频繁跳闸线路综合治理，制定线路综合整治“一线一案”，解决频繁跳闸线路16条，配电线路可用系数99.89%。平稳应对15.8万千瓦负荷高峰的考验。

【服务质量持续优化】 持续落实“降成本、优环境”政策，全年降低企业用电成本1001万元。出台服务园区企业9项举措，助推企业复工复产。扎实开展“暖冬”百日攻坚行动，持续推进“百所千员进万家”等举措。大力推广“网上国网”线上办电服务和7612345市县故障报修热线，创新供电服务手段，提升“获得电力”水平。7月上旬，全县连续遭受2轮强降雨袭击，造成189个变台停运、8541户居民断电的情况下，公司上下快速反应，全力打响抗洪保电阻击战，历6天6夜恢复受灾辖区百姓生活用电，用实际行动彰显责任担当。

（付金华）

附：2020年县供电公司领导名录

经　　理：丁　昕

副 经 理：陈宗平、陈艳华（女）

徐曙峰、胡晓斌

工会主席：张海宁（女）

财务总监：车永忠

安全总监：吴照东

武宁工业园区

【概况】 位于县城东郊，濒临庐山西海，园区规划总面积13.78平方千米，下辖3个社区。2020年，园区切实抓好疫情防控、工业经济、平台建设、项目服务和社会稳定等工作，各项事业稳步发展。2020年，园区实现主营业务收入210.9亿元，工业增加值47.12亿元，利税31.45亿元，上缴税收3.1亿元，安排用工人数1.9万余人。全年主营业务收入、利税、税收等经济指标受疫情影响等原因，经济运行数据出现一定下滑，但工业增加值、解决就业比同期都有所上升，特别是通过保居民就业实现稳就业，稳妥实现预期工作目标。

【抓抗疫和复工复产】 积极做好指导企业疫情期间复工复产工作，制定复工复产工作流程，配发流程图，同时在园区企业群和园区智慧平台公布，从各个渠道为企业调集复工复产口罩26万只、红外测温设备100个、消毒液5.5吨，到3月中旬园区企业复功率达到100%。为6家企业办理复产复工贷，解决复工复产融资2000万元。

【持续优化营商环境】 落实入企业检查备案4次、合并检查3次、推迟入企业检查2次、检查量同比下降50%，落实2起“首查不罚”并指导整改。及时维修裂损水管41处、排除用电故障30次、化解劳资纠纷32起，为51家企业提供纾困资金500万元、为园区46家企业办理“财园信贷通”“转贷通”总额达1.92亿元，组织召开银企业座谈会2次、促成6家企业融资3200万元。

【落实安全生产标准化】 组织园区142家企业开展学习培训、14家企业实现三级标准化、11家企业创建三级标准化、60家企业标准化达标，对70家企业开展安全检查，下达文书60份、查处非法小作坊3处、停产整顿企业7家，对4家企业进行处罚，立案1起。印发各类宣传资料1000余份，悬挂各类生产标语100余条，宣传专栏20余期，2020年园区无重大安全事故发生。

【扎实做好企业环保】 全面摸底园区企业的环保情况，共排查企业149家，提出整改问题355个，督促指导3家企业完成锅炉废气处理设施改造，督促9家印刷包装企业完善废水处理设施，4家企业安装自动监测设备，加强污染源自动监测设备运行管理工作。及时处理16起环保信访投诉，对9家违法企业进行行政处罚，督促指导25家企业完成环境应急预案编制，处理2家企业污水偷排事件。

【维护社会和谐稳定】 建设2个企业综治维稳中心，继续开展“访民情、促和谐”大走访活动，收集诉求20条，排查各类矛盾纠纷70起，调处企业非正常死亡事件1起，工伤事故3起，开展重大活动维稳安保10次。接待来信诉求76件、来访34余人次，其中劳资纠纷、企业欠薪42起，涉及320人次、金额81.18万元，引导群众走司法仲裁程序22起、法院强制执行3起，严防突发事件演变成群体事件，切实维护社会稳定。

（鄢鋮槟）

附：2020年县工业园领导名录

县政府党组成员，县工业园区党委书记：雷李葵
党委副书记、主任：毕诗荣
党委副书记：张安生（4月任，正科级）
彭贤红
陈翼飞（任至3月）
政协工作联络组组长：梅景阳
党委委员、常务副主任：王钧
党委委员、纪委书记：朱烈松
党委委员：方诗锶（女）
副主任：刘成、戴文超
干部：何刘萍（女，保留副科待遇）
综治办专职副主任：潘冠华
企业服务中心主任：张一望（4月任）
李忠伟（任至4月）

附：2020年社区主要干部名单

锦宁社区
党支部书记：李世荣
主任：王金华
锦安社区
党支部书记：叶文寿
主任：黄兵
锦和社区
党支部书记、主任：
林钟（任至6月）
鄢景宝（7月任）

信息化建设

信息基础设施

【积极推动“智慧武宁”项目建设】 智慧武宁指挥中心土建工程完成框架建设和内部装潢设计，项目总体设计及各项应用系统深化设计全面展开。

【建成首个政务数据共享交换平台】 投入180余万元顺利建成武宁首个政务数据共享交换平台并投入使用，打通不动产系统、商品房信息系统、民生项目资金监管平台业务系统信息，实现不同部门之间的互联互通。

【启动全县综合协调办公系统建设】 为对接“赣政通”，10月份启动武宁县综合协调办公系统的建设，该系统部署至全县79家党政机关及乡镇，建立以公文运转、信息共享为核心的网上行政办公统一系统，初步实现无纸化、自动化办公条件。

（付标）

信息技术应用

【概况】 2020年，江西三友泡塑有限公司自动信息化两化融合项目，江西奥普照明有限公司企业生产、办公信息化管理系统建设项目，江西银海照明电器有限公司自动贴片机与ERP制造系统，江西林全胶囊有限公司新增胶囊四条全自动生产线技术设备改造项目等4户工业企业获得市级两化融合项目资金，共计40万元。2020年11月，省工信厅、省财政厅、省税务局《关于公布2020年（第23批）江西省省级企业技术中心名单的通知》（赣工信科技字〔2020〕370号），认定江西江中中药饮片有限公司技术中心为省级企业技术中心。

【智慧园区云平台建设】 2020年，完成智慧园区云平台接入，现有200余家企业正在使用，提供14个公共服务平台。

（聂云景）

网信工作与信息安全

【概况】 9月22日，召开县委网信委第二次全体会议，学习习近平总书记网络强国相关论述，省委、市委网信委第二次会议精神，讨论通过2020年武宁县网信工作要点；印发《武宁县党委（党组）网络意识形态工作责任制实施细则》《武宁县网络评论队伍建设实施方案》《关于进一步规范我县舆情应对处置工作的实施意见》等系列文件。全年监测涉县负面舆情信息200余条，出舆情专报18期。中国江西网九江频道用稿500余篇，总网推首100余篇；人民网230余篇，总网视频20余篇；凤凰网首页推送2次，江西要闻导读推送11次，江西频道首页焦点图推送7次，发布资讯近200篇，视频22条，暖新闻36条；“江西宣传”用稿3篇，“九江发布”武宁用稿近50篇；召开8场新闻发布会，政务信息发布1万余条。

【平台信息源头管理】 规范自媒体信息发布，全年共检查网站等平台48家次，约谈媒体、自媒体平台负责人14人次，整改县内违规商业网站1家，整改网络问题8个；处置网络安全事件隐患7起，注销部门僵尸网络平台5个，关停、迁移部门和乡镇政务网站49家。开展系列网络专项管理活动；指导“乐享武宁”迎接国家计算机信息网络安全中心江西分中心实地平台网络安全检查、整改工作。指导县融媒体中心通过省级验收，成功获得省互联网新闻信息服务许可证。

【加强网络队伍建设】 通过省互联网新闻信息服务单位从业人员培训考核4人；成立200余人的县网评大队，举办全县领导干部、舆情信息员提升舆情应对能力培训班、骨干网评员培训班，不断提升全县领导干部的舆情应对意识与能力。

【大力开展网络宣传活动】 6月，联合县扶贫办组织县内主要媒体及自媒体平台开展2020年网络扶贫活动；9月，县委网信办牵头，县公安局、县教体局、团县委、县总工会、县妇联、人行、电信公司等单位联合举办2020年国家网络安全宣传周活动；全年开展网络中国结·清明、文明上网宣传劝导、“好网民”人物选推等多个网络活动。

（秦辉）

电子政务

【概况】 2020年，紧扣全县中心工作，以加快“智慧武宁”项目建设为抓手，以推进政务公开为重点，齐心协力，迎难而上，做到各项工作协调发展，实现电子政务和政务公开工作的新发展。顺利完成县政府门户网站数据向九江市政府网站集约化平台迁移工作，实现与全市各地政府网站互联互通，融合发展。以“智慧武宁”（智慧政务）项目实施为契机，启动对政府门户网站的升级改造。网站信息内容保障工作进一步提升，全年政府门户网站共编发5800条信息，做到日日有更新，天天有新闻，较好地体现出县情实际、区域特色以及阶段性工作重点。

【开展政务信息资源目录编制工作】 组织力量利用2个月时间对全县政务信息资源进行全面调查摸底，编制政务信息资源目录，建立政府数据资源目录体系。共梳理出33个党政单位政务数据资源信息800多项，为全县电子政务推进跨部门、跨区域信息资源共享工作迈出了坚实的一步。

【及时开发“武宁口罩网约平台”】 利用自身技术力量成功开发、运行“武宁口罩网上预约平台”。该平台在3月5日至20日，完成预约三批共37万个口罩，满足群众无接触申购，错峰购买口罩的防控防疫目的。

【高效利用政务视频会议系统】 由于疫情原因，2020年政务视频会议系统运行负荷大增，使用频次高。及时对应用系统和硬件设备的劳损程度分析评估，做好预案，在每次开会提前2小时调试，会中全程看护，保证从中央到地方各级每一次电视电话会议的顺利召开。全年利用视频会议系统参加国家、省、市三级视频会议140余场次。

（付标）

附：2020年县政府信息化办领导名录

主　任：李梦华

副主任：付　标、卢作花（女）、程安然

通　信

【中国电信武宁县分公司】 2020年，中国电信武宁分公司主营固定电话、移动通信、互联网接入及应用等综合信息服务，总人数74人，其中在职合同制员工42人、派遣制4人、合作方28人，内设销售部、网络部、办公室和16个营业部（政企、中小幼、商客、新宁、豫宁、协和、核商、主厅8

个城区营业部，鲁溪、南市、泉口、横路、礼溪、船滩、石渡、石门8个农村营业部）。公司合作网点45家，智慧家庭工程师44人，通信基站100多个，实现县域全覆盖。

2020年完成隐患线路整治2期，共计25个项目；完成超200户OLT双上行改造11台、大容量少局所上收OLT5台，OLT扁平化9台；完成无线网主设备工程和无线网优补盲零星工程共计17个站点建设。

（熊仁河）

附：2020年电信武宁分公司领导名录

总　经　理：曹春江（6月任）

副总经理：龚敏健

总经理助理：龚　伟、盛志明

【中国移动武宁县分公司】 2020年，不断优化网络结构，以客户为中心，积极解决网络质量和网络覆盖，武宁移动公司荣获2020年度九江移动综合运维优胜奖第一名。

网络建设：2020年无线工程建设5G一期、二期、三期共完成69个站点建设，完成老城区连续覆盖、新城区政府周边部分信号覆盖；通过向省市公司申请各类资源，解决鲁溪洞景区、长水景区、石渡雾山等45处信号弱覆盖问题；完成城区和工业园区综合接入区升级改造建设，武宁城区和工业园区已全部具备千兆宽带接入能力；2020年宽带二期工程共新建9000余信息点，主要覆盖农村；完成新建乡镇汇聚机房13个；新建管道8千米，基站、传输光缆建设完成260千米。

基础维护：加强基站、线路的隐患排查处理，2020年全年完成36个老旧机房整治，完成146处线路隐患处理。

（田甜）

附：2020年移动武宁分公司领导名录

副总经理：吴　健（主持工作）、王海云
　　　　　曾江林、张　沛

【中国联通武宁县分公司】 2020年，加强精细化、专业化管理，积极应对各种困难与挑战，加快改革发展步伐，稳健推进各项工作。全年实现主营业务收入1200万元，用户规模达3.5万户，县城、乡镇建成合作厅和便利店合计余家，276个4G基站，对城区及各乡镇实现全覆盖。

（张红）

附：2020年联通武宁分公司领导名录

负　责　人：张大权

行业总监：盛雪红（女）

【武宁县广播电视网络传输公司】 2020年6月，县乡镇机构体制改革，乡镇宣传文化站与乡镇分公司分离。公司属全民所有制企业，现有在职职工89人，退休职工42人。公司网络线路资产、机房设备及其他办公设备等固定资产约3400万元。2020年，公司业务经营收入580万元。

武宁县广播电视网络传输公司为全县21个乡镇、178个行政村、1160个自然村进行光缆联网，架设光缆线路达2000多千米，全县有线电视网络覆盖率在全省属于先进行列。

（陈遥）

附：2020年县广电网络传输公司领导名录

总　经　理：王兴华（6月任）

副总经理：肖　坚

工会主席：温晓红

【中国铁塔股份有限公司武宁县办事处】 2020年，完成5G基站建设35个，新建基站共享水平快速提升，有效节约行业投资和社会资源。截至2020年底，武宁县域内有通信基站739个，“凡有人烟处，皆有通信塔”。

（汪玉璋）

附：2020年中国铁塔武宁县办事处领导名录

主　　任：宁李伟

项目经理：蔡夏清

旅 游 业

综　　述

2020 年，围绕“国家全域旅游示范区”创建工作严格按照“一年打基础，两年出形象，三年创示范，五年成样板”的安排，打造“山岳武宁、水上武宁、夜色武宁、乡村武宁、康养武宁、空中武宁”六条风景线，扎实推进各项工作，实现全域旅游发展迈上新台阶。全县旅游接待人次突破 900 万大关，达到 970.9 万人次，同比增长 20.9%；旅游综合收入达 80.9 亿元，同比增长 21.2%。先后荣获“第二批国家全域旅游示范区”“中国候鸟疗养小城”“江西省旅游产业发展先进县”第三批“绿水青山就是金山银山”省级实践创新基地等荣誉，成功创建“全国乡村旅游发展重点村”1 个（长水村）、“江西省级旅游风情小镇”1 个（杨洲康养小镇），武宁县逍遥岛旅游度假区入选“江西省级旅游度假区”公示名单。

景区建设

【概况】　全力推进品牌创建、景区景点、乡村旅游等方面工作，不断丰富旅游产品供给，确保景区建设有成效、有突破。

【品牌创建】　2020 年，新增云水湾景区、情缘谷景区 2 个国家 AAA 级旅游景区，七彩长乐景区 1 个省 AAAA 级乡村旅游点，棉花山金色家园 1 个省 AAA 级乡村旅游点。成功创建江西省乡村旅游重点村北湾村。

罗溪旅客服务中心

【项目建设】　推进一批新项目，长水景区道路拓宽工程和主要节点建设完工，景区品质和形象大幅提升。鲁溪洞景区隧道全线贯通，玻璃滑道等项目正在紧锣密鼓施工。民俗工坊主体、外装、配套基本完工。盘活一批老项目，欢乐湾小镇新建成房车营地、水上乐园等子项目。网球基地接待中心及 2 栋公寓完工开始验收，中心球场及看台土方基础完工。招引一批好项目，积极加强旅游招商，先后对接天目湖旅游集团、天德房车、四川荣宸元集团、香港铜锣湾集团等投资商 20 多批次，签旅游项目 2 个。

阳光照耀 29 度房车营地

【乡村旅游】　实现一村一景，通过全力创建国家全域旅游示范区等方式，引导各地因地制宜发展乡村旅游，坚持用旅游理念来规划建设“美丽乡村”，把旅游元素全面融入农业发展，真正实现建成一个新村点，就成为一个景点的目标。实现串点成线，幕阜风情和九岭风光两条景观廊道建设卓有成效，罗洞、塘里、茗月湾、南冲、九九玫瑰园和老虎帐、北湾半岛等乡村旅游线路不断成熟，七彩长乐景区完成改造提升，棉花山金色家园成功创建。举办农业节庆活动，促进乡村旅游发展，老百姓通过办民宿、开农家乐、销售土特产品等方式增加收入。

旅游宣传推介

【概况】 强化“中国最美小城”“山水武宁——一座人在画中的城市”品牌建设，积极通过网络、媒体、广告投放等方式开展宣传营销，为疫情后市场复苏蓄力。

西安里乡村示范点

【不断丰富旅游宣传载体】 加强与主流媒体合作力度，确保武宁旅游形象在中央电视台、江西卫视、九江新闻等主流媒体出镜率的逐年攀升。2020年山水武宁13次登上国家级传统媒体平台、71次登上省市级传统媒体平台，新华社、人民网、新浪网等新媒体先后通过视频直播、图片软文等形式宣传武宁旅游97条，抖音、微信、微博等平台推文102条。先后组织推介团赴苏州、长沙、上海、海口等城市开展大型推介8次。武宁新八景评选活动进入最终评选阶段，举办专家实地踩线活动；开展景区征名活动，收到来自省内外的投稿167份，在市场上营造了良好的反响；开展“江西风景独好云推广活动”，通过县领导带货直播、景区宣传推介和买票秒杀等手段，在抖音平台吸引500多万点击量。

【出台全域旅游奖补办法】 根据市场行情变化，出台《2020年全域旅游奖补办法》，充分利用广播、地铁、公交车、灯箱广告等，多载体立体化开展宣传，进一步促进武宁旅游业发展。

旅游服务管理

【概况】 坚持以发展优质旅游为目标，不断做优旅游发展环境，围绕“吃、住、行、游、购、娱”“文、养、学、闲、情、奇”等新老旅游要素，全面完善设施配套，规范旅游市场秩序，提升整体服务水平。

【强化行业引导】 先后承办、召开全市文化旅游产业链链长制工作会议和全县文化和旅游产业链链长制工作调度会，制定《武宁县文化和旅游产业链链长制工作实施方案》。精心打造武宁文创园，制定《武宁文创园运营规划方案》，明确扶持办法，入驻商户10余家。举办首届“武宁有礼”文创和旅游商品创意大赛。完成2020年江西省文化产业扶持项目申报及2020年度江西省数字文化创意设计产业项目扶持申报工作；组织县内文旅企业参加九江好礼、江西文创商品大赛、深圳文博等博览会。其中汤太莲布贴画《钟馗战役》获得“2020江西省文化旅游创意产品大赛”优秀奖；在首届“九江好礼”文化旅游创意产品大赛中，汤太莲布贴画《钟馗》获得旅游商品类奖项的铜奖；卢治胜根雕作品《山水武宁》获得文化创意设计类奖项非遗创意设计的三等奖；武宁县文广新旅局获得优秀组织奖。《遇见武宁》荣获“江西省第三届文旅产业‘金杜鹃’奖——文旅融合示范项目十强”称号。进一步扩大民宿经济品牌影响，积极参与2020年旅游企业星级民宿创评工作，上报 8 家民宿参加国家星级民宿创评，其中 3 家民宿通过市级评审，其他 5 家按照市局初选要求和国家星级民宿评选的标准，正在进行证照办理和现场整改。杨洲乡林云山居精品民宿成功跻身江西省民宿协会会员单位。悦山居、林云山居、天天惦记、桐林山宿、北湾人家在 2020 九江民宿产业推进会上获评“九江十佳最美民宿”。全市民宿行业管理暨全域旅游示范区创建工作培训班在武宁召开。

【强化设施配套】 大力推进厕所革命，新建和改造旅游厕所 11 座，全部实行编号挂牌规范化管理。大力推进旅游配套提升，开展智慧武宁子项目——智慧旅游建设工作，加强对项目中标方中国电子联系，积极推进智慧旅游建设方案出台。

【强化市场监管】 监督旅游市场秩序和服务质量，受理和处理旅游者和旅游企业的投诉 5 件，维护旅游经营者和旅游者合法权益；会同相关职能部门督促、检查旅游经营者的安全生产工作；纠正和查处违反有关旅游法律、法规和规章的行为，严厉查处旅游市场“黑车”“黑导游”“黑旅行社”等违法违规经营行为。举办全县旅游服务技能培训班，参训人员达 300 余人。对景区景点、酒店宾馆、旅行社等涉旅企业加大监管力度，认真做好酒店、宾馆、饭店和旅行社备案登记工作，逐一进行归档和定期排查，确保监管到位。

风景名胜区一览

2020 年，成功创建第二批国家全域旅游示范区：长水景区获国家 AAAA 级景区；云水湾景区、情缘谷景区获国家 AAA 级旅游景区；七彩长乐景区获省 AAAA 级乡村旅游点，棉花山金色家园获省 AAA 级乡村旅游点。

华夏水上乐园

成功创建江西省乡村旅游重点村（北湾村）。

国家级 AAAA 景区（3 个）：西海湾景区、阳光照耀 29 度假区、长水景区。

国家级 AAA 景区（8 个）：鲁溪洞、上汤温泉小镇、武陵岩景区、七彩长乐景区、西海水上乐园、花千谷景区、云水湾景区、情缘谷景区。

省 AAAA 级乡村旅游点（4 个）：长水景区、新光山庄、巾口幸福里、七彩长乐景区。

省 AAA 级乡村旅游点（11 个）：新宁镇茗月湾—白鹤坪，罗坪镇七里溪、仓下，杨洲乡申家坪、张家湾，宋溪镇王埠村，清江乡罗洞村，甫田乡平尧政鸿农庄，横路乡江美果园，官莲乡南山村，棉花山金色家园。

（赵爱琴）

梦幻金沙滩

商贸服务·对外贸易与经济合作

综　述

2020年，按照全县统一安排部署，战疫情，保供应，做好“六稳”“六保”工作，全面提升营商环境建设，坚持项目招引和服务并重，助力武宁高质量发展。共签约项目81个，合同总金额178.68亿元，亿元以上项目60个，其中：5亿元以上项目10个（10亿元以上项目5个、“5020”项目1个）。工业项目62个，旅游项目4个，现代服务项目4个，一二产融合项目8个，总部经济项目2个；主导产业项目54个，绿色光电及配套产业项目22个。开工项目66个，开工率82.5%，投产项目48个，投产率60%。

（兰婷）

市场秩序与市场体系建设

【豫宁市场】　豫宁市场位于县城朝阳路15号，首期工程于1996年10月建成营业，该市场集超市购物，农产品交易于一体，功能齐全。经营项目有：家电、成衣服装、食品、药品、生活用品、农副产品和地方特色餐饮等。2019年对农贸市场和“篷布拉”夜宵摊进行升级改造。其中农贸市场投资130万元，2019年市场占地面积2880平方米，建筑面积4210平方米，铺面35间，内有菜台96米，占地面积1330平方米。精品夜市投资166万元，成功完成“赣武篷布拉”商标注册，改造面积2695平方米，其中停车场面积1610平方米，店面面积1085平方米，店面19间，实现月营业额约90万元。

【南门市场】　南门市场于2012年7月建成投入营运，占地面积9118平方米，内设蔬菜批发区、干菜批发区、肉类经营区、菜农自产自销区、综合交易区。有大小商铺112间，固定摊位80个，零星交易区600平方米，市场内可容纳各类经营户280余家，为社会提供600多个就业岗位。2020年配合创文创卫工作投入30余万元改造升级家禽区商铺6间。市场蔬菜批发年总交易额约1.3亿元，肉类年总交易额约5000万元，水产类年总交易额约3000万元，粮油禽蛋类年总交易额约5000万元。

（兰婷）

商贸服务管理与市场运行调节

【概况】　实施优品行动，增强供给吸引力。举办第二届妈咪宝贝嘉年华、第一届农民丰收节。实施兴市行动，提升市场承载力。繁荣夜间消费市场做活夜经济，为独具特色的“篷布拉”夜间消费业态注册商标，投入资金280余万元对豫宁市场进行改造升级。实施旺客行动，激发消费潜力。做旺主体活动，吸引八方来客，采取政府引导、市场运作的方式，举办杨梅节、美食节、葡萄节、辣椒节等活动。参加“浓情六月”九江特产优品电商直播节，县领导亲自带货直播，打开了线上助力消费新模式。实现消费能力的大提升。虽受疫情影响，全县社会消费品零售总额完成 79.5 亿元，新增限额以上入统企业 12 家。

生猪屠宰现场

【强化生猪屠宰经营管理】 2020 年实现生猪定点屠宰上市 24797 头，牛肉定点屠宰上市 83 头；经营收入完成 199 万元。强化企业管理，完善管理机制。制订《2020 年经营责任制方案》，对企业的经营指标和费用水平及管理办法作出详细规定，实现更新升级，进一步完善企业管理制度，为抓好企业管理提供保障。强化检验检疫，确保肉品安全。投入资金 20 万元购置非洲猪瘟检测仪，在建立一个 100 平方米生化池的基础上，向相关部门争取财政资金 6 万元，新建一处生猪及车辆消毒通道，对入厂生猪进行严格抽样检测，每批次瘦肉精和非洲猪瘟抽检率达 100%，不合格产品彻底进行无害化处理。通过武宁电视台等媒体平台宣传以及在各市场制作“放心猪肉供应点”宣传牌，对社会进行产品质量安全承诺，杜绝问题生猪和注水牛肉进入市场。 （兰婷）

现代物流

【概况】 2020 年，县物流企业主要分商贸物流、快递物流、仓储物流、冷链物流等，其中商贸物流 20 余家，快递物流 20 余家，仓储物流 1 家，冷链物流 1 家，基本满足城乡居民、工业（商贸）企业等物流需求。

【完善城乡物流配送体系】 2020 年，快递物流配送大型车辆 20 余台，年收发输送快递 800 万件，商贸物流配送车辆 40 余台，年发送货物 10 万余吨，基本满足各大商场及产品下乡物流需求；仓储物流面积 2 万余平方米，大大缩减工业企业的仓储物流成本；冷链仓储面积 1 万余平方米，年可冷冻食品 2 万余吨。全县 18 个乡镇和工业园区共设立邮政快递服务网点 19 个，物流快递服务网点 14 个；益农社设立物流快递服务网点 18 个，设立乡村物流快递服务网点 51 个，城乡物流配送体系逐步完善，实现乡镇全覆盖，城乡物流配送能力明显增强。 （兰婷）

速达物流总部

电子商务

【概况】 领导高度重视电商工作。2020 年 4 月 20 日，县委书记杜少华考察县 4 家电子商务企业并主持召开数字经济创新发展座谈会；6 月 20 日，县委常委、县政府党组成员黄蓝做客“浓情六月”九江特产优品直播节武宁县直播间，开展直播带货活动，把山水武宁优质产品推介给全国网友。

【探索线下体验与线上交易新模式】 2020 年，积极积探索线下体验与线上交易新模式。3月，由县供销社、益农信息社共同打造的消费扶贫体验馆正式开馆，该馆以“电商+助农+扶贫+社区”为经营模式，以为农、助农、帮农为情怀，将各种农特产品放入线上进行销售，积极推动农产品上行。3月7日，副县长武文斌对着淘宝、抖音直播镜头与武宁县益农信息社淘宝店主尹保宏互动推介鲁溪高山辣椒、川穹等优质农特产品。这种通过直播带货扩宽线上线下产销渠道，有效解决农产品销售“梗堵栓塞”难题，帮助农民增收。

【积极组织电商创业就业人员培训】 5月27日由商务局牵头，针对农村电商创业就业人员、农产品生产经营企业或专业合作社线上营销人员、农村电商创业人员（合计25人），开展为期3天的线上培训。6月4日由县劳动就业局、县商务局联合组织武宁县电子商务培训班（第二期）正式开班，对100名培训对象就开店流程、选择货源、淘宝规则、网店运营、选择物流发货等知识开展为期7天的培训。其中，武宁县众创电子商务有限公司开展电子商务技能培训及家政服务培训达1000余人。

（兰婷）

利用外资和中国港澳台资

【概况】 2020年，实际利用外资12346万美元，其中现汇94万美元，分别为春迅电子（武宁）有限公司进资74万美元，九江北湾樱花产业发展有限公司进资20万美元。

春迅电子复工有序

截至2020年，全县现有外资企业4家，港澳台地区投资的有3家，行业覆盖燃气生产和供应业、化学原料和化学制品制造业、电子设备制造业、农业开发业等。（兰婷）

对外经贸合作

【概况】 2020年，武宁县有出口生产型外贸企业19家，流通型外贸出口企业19家，外贸出口2.8亿美元，完成任务109.8%；实际利用外资1.2426亿美元，现汇94万美元。

【争取出口扶持资金】 2020年，受疫情影响，全球经济放缓，出口受阻，消费乏力，武宁县及时出台应对疫情恢复经济30条，用政策红利坚定出口企业信心。针对外贸出口企业订单下滑，4月、7月两次邀请海关、税务、保险等单位宣讲最新外贸政策以及疫情期间国际业务防止违约风险，为县5家出口美国的生产型外贸出口企业争取上级出口扶持资金206.55万元，发放生产型外贸出口奖金120万元，出口物流补贴164.33万元。

（兰婷）

经济合作

【概况】 2020年，开工项目66个，开工率

82.5%；投产项目48个，投产率60%。投资10亿元的购地项目泓祥盛、吴淞建机均如约开工建设，为“十四五”开局做好铺垫。15个盘活老旧厂房项目均开工或投产，中城产业园绿色光电产业集群项目实现当月签约、当月开工、三个月投产。

【一批绿色光电产业集群等项目落户】 以中城产业园为代表的标准厂房大平台，在项目招引中“轻资产”入驻，引进朗拓电子、群茂电子，领诺电子、精锋电子、楚新电子、恒睿电子、实益电子、明鑫自动化绿色光电及配套项目、安谱达新能源等一批绿色光电产业集群项目、新能源产业链项目落户。

（兰婷）

附：2020年县商务局领导名录

党组书记、局长：朱必龙（3月任）
刘　平（女，任至3月）
党组成员、副局长：杨祖平（保留正科待遇）
黄国友（保留正科待遇）
夏志刚（保留正科待遇）
邹秋发
副局长：朱小刘
党组成员：陈拥军（保留副科待遇）

粮食流通

【概况】 2020年度，由于粮食收购价高于国家最低保护价（早稻最低保护价每百公斤为242元，中、晚稻为254元），未启动粮食最低保护价收购政策。全年共收购中、晚稻6041吨，收购价每百公斤284元。全年销售稻谷22560吨，均价为2300元/吨，计销售额为5188.8万元。

【全面清查粮库库存】 按照赣粮检〔2020〕59号文件精神，省检查组对全县6个政策性粮食存储企业、10个储粮库点进行全面库存清查。至2020年7月31日（检查时点），统计账面库存粮食（原粮）45518吨，做到库存实物、企业统计账、会计账、保管账，账实相符，账账相符，各项业务真实可靠。

【落实粮食安全省长责任制】 2020年度落实粮食安全省长责任制取得显著成效。年初市下达武宁耕地保有量为30173.33公顷任务，年末耕地面积31226.67公顷，比市下达耕地保有量面积多1053.33公顷。切实做好全县耕地地力保护补贴面积和稻谷补贴面积核查工作。大力实施“藏粮于技”工程，全面提升粮食综合生产能力，推广“双季双插”“双季双抛秧”“一季稻+再生稻+油菜”等耕作模式，争取“稻油轮作”项目1333.33公顷。加强储备管理，增强宏观调控能力。市政府下达县级储粮规模4200吨，全部落实到位。

【实施粮库智能化升级改造】 2020年度，投资190万元实施粮库智能化升级改造项目，对武宁县直属粮库茶场库区、宋溪库区，石门楼粮油购销公司梅山粮站、清江粮油购销公司石渡粮站、船滩粮油购销公司船滩粮站智能安防、粮情测温、通风、大屏展示等系统进行智能化升级改造，达到粮食智能化管理成效。

（刘元生）

供销合作

【概况】 2020年，重点围绕供销社改革、为农服务、招商引资、疫情防控、安全生产和社会治安综合治理等开展工作，取得较好成绩。全系统实现销售总额15.37亿元，同比增长11.62%；消费品零售额12.68亿元，同比增长10.2%；农产品购进总额2.69亿元，同比增长1.42%。荣获全市供销社系统新型为农服务体系建设先进单位荣誉。

【农资供应】 为做好春耕生产农资供应，早组织、早准备、保质、保量、保价，在疫情严峻的形势下，春耕备耕工作进展顺利，共购进各类化肥4150余吨。其中：尿素1000吨、磷肥500吨、复合肥2400吨、钾肥250吨、农药120吨、农膜60吨。销售各类化肥1210吨，其中：尿素405吨、磷肥102吨、复合肥650吨、钾肥53吨、农药15吨、农膜32吨。积极配合县市监局、农村农业局等有关部门搞好农资市场监管，维护农资经营秩序，消除质量隐患，确保农资质量安全。

【为农服务】 以农民专业合作社联合社为依托，大力发展各类专业社，新领办专业合作社2家，建立乡村电子服务站10家。实现线上线下销售额215万元。

【精准扶贫】 积极推广“供销社＋专业社＋村两委＋贫困户”模式，认真落实扶贫政策及工作要求，以产业扶贫、消费扶贫两大支柱为支撑，组建3个中药材专业合作社，在澧溪建立供销爱心超市，推动产业扶贫、技术扶贫，全年投入专项产业扶贫资金5万元。

【招商引资】 通过外出招商、信息招商、以商招商，引进0.6亿元的裕鑫竹业、7亿元的上海天德房车武宁营地2个项目。

（杨荣、傅立新）

附：2020年县供销社领导名录

主　任：熊春生

副主任：杨　荣（保留正科待遇）

余旋群（女）、刘丽芬（女）

烟草专卖

【概况】 2020年，围绕推动高质量发展主题，融入“三种精神”，激发“三种力量”，依托“星火”文化载体，深入推进诚信互助小组建设提质增效，不断提高客户满意度，持续发挥“四员”联动监管市场优势，激发大数据驱动力，大力推进队伍转型升级，努力实现基层党建、品牌培育、市场状态、扩线经营和精品案件等工作新的突破。

【严格规范行政许可】 截至2020年底，武宁县持证户数1550户，同比增长110户。其中正常经营1497户、停业53户。继续强化许可证后续监管，严厉打击无证经营和管理亮证不规范的行为，充分发挥许可证管理在零售户管控和案件查办中的积极作用，2020年通过许可信息查处案件9起。

【打击涉烟违法行为】 主动上门沟通协调，通过职能部门的密切协作，提升办案时效，与公检法、市监、交通等部门联合办案实现常态化，增强对涉烟违法行为的打击力度。开展联合检查22次，其中错时联合检查8次，全商品检查6次。新建联合办案室1个，增加泉口、石渡2个卡口。上门与公检法、市监等单位协调工作26次。

（刘义雄）

附：县烟草专卖局领导名录

局　长：田　丰

副局长：丁　锋

石油销售

【概况】 2020年，全县有加油站33座，其中中国石化加油站16座，包括城区5座、乡村11座（含永武高速武宁进出口1座、永武高速澧溪进出口1座、永武高速庐山西海服务区2座），销售汽柴油34148吨，其中汽油22450吨，与上年比增长6.61%；柴油11698吨；与上年比下降52.17%。销售总额2.49亿元，上缴税收206.51万元。

（张育林）

附：中国石化武宁石油分公司领导名录

经　　理：张金根

副 经 理：陈恩毅

经理助理：陈小波

交通邮政

综　述

2020 年，是“十三五”规划收官之年，也是决胜全面建成小康社会、决战脱贫攻坚之年。县交通运输局紧扣全面建成小康社会目标任务，以“三大攻坚行动、三大提升工程”为抓手，加快交通项目建设，加强运输行业治理，提升交通运输服务质量，全力推进交通运输高质量发展，较好地完成各项工作任务。

以规划为引领，交通格局全面升级。聚焦重大战略，高质量编制交通运输规划。在全面总结“十三五”期综合交通运输发展经验及问题的基础上，安排专业人员认真做好“十四五”交通规划编制工作，高起点、大视野谋划武宁县未来交通基础设施建设，统筹高速铁路、高速公路、国省道及农村公路建设，进一步完善交通基础设施网络，争取全面融入全国交通主动脉。

以项目为重点，工程建设有序推进。扎实推进重点工程建设，积极与省市联系对接，认真做好高速及国省道路的协调服务工作。武宁至通山高速公路前期准备工作基本完成，于 2020 年 11 月份正式动工建设，武宁至阳新、武宁至靖安高速公路正在开展设计。省道 218 宋店线盘溪至罗溪段二级公路改建工程建设，路基工程完成 80%，隧道掘进 30%，争取年底前完成基本路基建设。加快升级农村公路改造，巷口至彭坪县道升级改造项目长 13.2 千米，于 2019 年 4 月开工建设，年度基本完工；株林至横路县道升级改造项目长 5 千米、甫田至塅湾及茶场至粮站公路路面改造 4 条 24.6 千米，乡道双车道改造 23 千米，通建制村窄路面拓宽改造 15.4 千米，旅游路 12 千米，危桥改造 20 座，安全生命防护工程 136.1 千米。大力开展文明生态示范路创建，完成澧溪至北湾、杨洲至神雾山、船滩至南岳、伊山至伊山口、焦武线至龙石、罗坪至长水 6 条美丽生态文明农村路建设。2020 年新下达的计划中罗溪至庙岭、船滩至东林、巷口至彭坪等 7 条示范路基本完工。

以管养为常态，公路质量持续向好。根据“县道县管，乡道乡管，村道村管”的原则，压实管养职责，依托农村公路管理站，在抓好农村公路 150 千米县道的日常养护的基础上，积极创新探索机制，确保农村公路管养常态化。积极开展农村公路“路长制”试点工作，建立县乡村三级路长制度，成立路长制办公室，形成行政责任网络化、公路养护网格化、监督指导网约化的“三网”立体式治理体系。严格治超执法，加强人车货企源头监管和路面执法，充分利用 2 个不停车检测系统和双溪治超站，强化流动执法和不停车检测系统配合力度，严打超限超载行为，切实维护路产路权。2020 年共处理超限超载运输车辆 26 辆、卸载货物 722 吨、交警记分 66 分，行政处罚 141 万元。

以民生为导向，运输水平优化提升。紧扣民生出行，优化公交线网，不断提升公共交通服务水平。完成交通运输综合行政执法大队的组建工作。大力推进建制村通客车工作，确保全县 19 个乡镇和 183 个建制村全部通客车，给人民百姓出行带来便利，为助力脱贫攻坚战贡献力量。为改善市民乘车条件，积极对接县城投集团，完成城区 58 座公交站台新建工作。

以安全为保障，交通行业和谐稳定。进一步加大行业管理力度，本着“安全第一，预防为主，综合治理”的方针，不断夯实安全应急工作基础，维护运输市场和谐稳定。

疫情防控扎实有效。全力做好新型冠状病毒感染的肺炎防控工作，1月27日迅速进入战时状态，全体干部职工取消休假，坚守疫情防控岗位，全力以赴扎实做好交通运输行业疫情防控工作。认真做好卡点值守工作，安排交通执法人员每天4人，参加G316线泉口纽丝与湖北交界防控检测点24小时不间断值班。

【通山至武宁高速公路举行开工典礼】 10月31日通山至武宁高速公路开工典礼在澧溪高速路口举行。副市长彭敏，县委副书记、县长李广松出席活动。通武高速全长27.5千米，打通九宫山隧道，经上汤乡、船滩镇、澧溪镇接永武高速，双向4车道，总投资43.3亿元。计划2023年通车。

（刘涛）

附：2020年县交通运输局领导名录

党组书记、局长：熊小平
党组成员、副局长：刘会琳（保留正科待遇）
徐廷安（保留正科待遇）
刘路明

路政管理

【概况】 2020年，武宁公路分局管养武宁境内国省（县）道公路里程266.05千米：其中国道2条112.34千米即国道316长同线31.80千米，国道220东深线80.55千米；省道4条153.71千米，即省道305江义线53.61千米，省道218宋店线46.61千米，省道405上船线42.63千米，省道406巾南线10.86千米；在职职工102人，肩负着武宁境内国省（县）道公路规划、建设、养护管理工作。单位具有公路工程三级资质和养护二类（甲、乙级）、三类（甲、乙级）资质，具有二级公路建设施工；一级公路和高速公路路基路面、中小桥、涵洞、绿化及沿线设施的大中修养护和小修保养施工能力。固定资产3864万元。2020年11月，荣获第六届全国文明单位称号。

【工程建设有新跨越】 完成国道220东深线（武宁境内）“畅安舒美”示范路工程43.9千米，总投资6345.58万元。完成省道218、省道305中修19千米，总投资约3000万元。完成国道220东深线预防养护路面预防性工程8.53千米、路面大修工程里程2.9千米，总投资约2400万元；完成国道316长同线修复养护路面大修工程里程0.2千米，总投资96万元。危桥改造：完成省道405线、省道406线危桥改造4座、三类桥维修加固3座，总投入600余万元。全面启动3个道班（坪源道班、宋溪道班、澧溪中心道班）、2个服务区（坪源服务区、澧溪服务区）、1个停车区（宋溪停车区）建设，总投入2000余万元。积极推进省市重点项目省道218线盘溪至罗溪二级公路升级工程建设，完成工程量约9000万元。

【养护质量有新提高】 公路小修保养完成整修路肩41.95万平方米，清理边沟200.51米，机械割草197.42万平方米，挖补路面坑槽2.33万平方米，清扫路面9620.3千米，桥涵养护3157工日，公路附属设施清洗和校正24564块，交通量调查232工日，修复水泥砼路面363平方米，清理塌方1905.56立方米，植树1901棵，整治绿化带2.42万平方米，沥青灌缝8.68万米。

【沉着应战防大疫】 自1月24日江西省启动重大突发公共卫生事件一级响应以来，迅速成立疫情防控工作领导小组，层层压实责任，配合属地政府、交通、公安、卫计等部门，做好5个国省道卡点的联防联控工作。疫情期间，共计投入疫情防控物资（口罩、消毒水、水马）3.3万元；落实省政府“稳增长20条”政策，共计减免企业铺面租金3.26万元。

【众志成城战大汛】 2020年，汛情导致全县公路遭受严重水毁，多处路基坍塌，山体滑坡，路面冲毁，其中国道220东深线、省道406南巾线交通完全中断。按照“先干线、后支线、先保畅、后修复”的抗灾自救原则，积极开展灾后重建和道路抢通恢复工作，高效率全面完成国道220灾毁恢复重建工程15.5千米、省道406南巾线地四岭段灾毁恢复重建工程0.6千米，灾毁重建总投入约1300万元。

（张蕾）

附：2020 年武宁公路分局领导名录

局　　长：丁华东

书　　记：黄小毛

副 局 长：刘　悦、刘晓刚、周冬房（女）

总工程师：高　辉

港航管理

【概况】　2020 年，完成辖区水路旅客运输量 11.2 万人次，旅客运输周转量 356.95 万人/公里；行政处罚 3 起；深入开展行业安全生产治理，抓好突发事件、险情的应急演练，突出重点时间、节点，加强监控监管。持续开展安全宣传、教育、培训，全年武宁辖区港航行业未发生安全生产事故，水上安全生产形势持续稳定。

【开展水上联合执法】　联合县水上交通成员单位集中开展联合巡航行动 8 次，重点打击非客船非法载客、非法捕捞、无证驾驶、船舶超载、饮酒驾驶等违法行为。制定全年巡航计划，强化重点时间节点、重点水域常态化监管，全年巡航累计 186 次，巡航里程 4830 千米，出动执法人员 510 人次。

【开展专项整治活动】　积极开展安全生产集中整治行动、“打非治违”专项整治、“僵尸船”专项整治等行动，共检查船舶 243 艘次，共查处隐患 39 条，消除 39 条，拆解“僵尸船”3 艘。

【船舶港口污染防治】　组织船舶污染物接收、转运及处置联合专项督查行动。督促武宁县旅游产业开发有限公司完善下属客运码头生活污水简易接收装置，并在日常检查中监督企业按照污染物转运接收的相关规定，合理处置生活垃圾、油污水，督查企业共同保护碧水蓝天。

【阻断疫情水路传播】　按照“外防输入、内防扩散”原则，聚焦水路客运渡运，船舶船员等防控重点，建立多部门配合，全员参与的联防联控机制，有效阻断疫情水路聚道传播。“联防联控”助力社区、帮扶村，派驻干职工 12 人深入对接社区（观湖社区 2 处卡点）、结对帮扶村（官莲乡宝源村）协助做好疫情防控联控值守工作。

（叶珍珍）

附：2020 年港口航运武宁分局领导名录

局　长：刘晓明

书　记：王义兵

邮　　政

【概况】　截至 12 月底，累计收入完成 3131 万元。各项专业完成情况：金融完成收入 2558.2 万元，完成计划的 88.79%，同比增长 35.6 万元，增长 1.41%；寄递事业部完成收入 207 万元，完成计划的 54.54%，同比减少 264.3 万元，下降 56.03 个百分点；函件累计完成 87.2 万元，完成计划的 89.92%，同比减少 3 万元，下降 3.25 个百分点；报刊完成 119 万元，完成计划的 84.97%，同比减少 16.8 万元；集邮完成收入 84.2 万元，完成全年计划的 105.2%；分销业务本年完成收入 50.4 万元，完成计划的 100.86%，同比增长 13 万元，增长 34.94%。

【做好网点金融服务工作】　克服疫情不利影响，合理安排营业网点及营业时间，做好轮班值守，保障基本金融服务和关键基础设施稳定运行。切实加强营业网点清洁消毒和基础防护工作，做好营业网点医用口罩、洗手液、消毒液、体温测试仪等疫情防护的物资保障。加大线上金融服务力度，引导客户优先使用网银、手机银行等电子渠道办理金融业务，开通快捷支付、手机号跨行转账等功能，满足疫区人员足不出户的金融服务需求。

（付江宁）

附：2020 年武宁邮政分公司领导名录

总 经 理：邓　民（1 月任）

副总经理：付林建（3 月任）、牛慧虎（1 月任）
　　　　　张　辉（任至 7 月）

金　融

综　述

截至2020年末，武宁县共有银保监组和人民银行两家银行业保险业监管部门，10家银行业机构，15家保险机构，60个银行业营业网点，232台自助设备，系统员工总人数744人，与上年相比营业网点增加持平，增加2台自助设备，增加员工104人（主要为保险机构101人首次统计）；各项存款194.84亿元，比年初净增22.23亿元，增长12.88%；各项贷款141.49亿元，比年初净增19.92亿元，增长16.39%；不良贷款1.38亿元，比年初净降0.23亿元，不良贷款占比0.98%，比年初下降0.41个百分点。

（成蹉跎）

银行保险业监管

【履行属地监管职责】　采取积极有效的措施，努力防范和化解银行业风险。关注农商银行、村镇银行不良贷款处置的合规性，加大对农发行拓展商业性业务和邮政储蓄银行、九江银行武宁支行风险提示，确保全县各银行业机构发展健康。

【加强信贷窗口指导】　针对银行业资金集中和行业集中趋势加快情况，加强“窗口”指导，及时发出风险预警，引导银行业科学贯彻国家宏观调控政策和当地经济发展，把总量调控和结构调整紧密结合起来，重点督促银行业加强支持复工复产、“六稳”“六保”和普惠金融服务、对涉农行业的信贷支持，为县域经济和脱贫攻坚作出应有贡献。

【降低不良贷款比例】　通过抓降和化解，取得一定成效。但根据实际情况，不良贷款个别银行机构占比仍然偏高，隐形不良也不断显现，严重制约了县域经济、金融的发展。重点督促银行业加强信贷管理，调整信贷结构，提高信贷质量，加大清收力度，不良贷款占比略有下降。2020年不良贷款占比0.98%，比年初下降0.11%。

【抓好专项治理工作】　把降低案件发生率和提高案件成功堵截率作为工作目标，督促银行业机构严格落实银保监会防范操作风险13条和房地产贷款管控的一系列措施，加大对薄弱环节的检查力度，完善内控体系，加强内部稽核，对各项经营业务进行检查，努力防止案件的发生。

（成蹉跎）

附：2020年武宁银保监组领导名录

组长：成蹉跎（1月任）、黄晓寰（女，任至1月）

金融服务

【概况】　2020年，共办理发行基金投放5.89亿元，完成人民币回笼4.66亿元，办理头寸调入2.4亿元，头寸调出2.06亿元；为打赢扶贫攻坚战，全年累计发放扶贫再贷款7500万元；顺利完成年度货币投放及回笼工作目标。

【开展“一百千”行动】　坚持进园区宣讲，走访企业，切实解决融资问题。2020年，召开线上线下政银企对接座谈会5次，走访对接企业30余户。累计发放支农小额贷款8800万元，贷款余额1.3亿元。支持企业就业人数1300余人。全县辖内市场主体在小微平台注册的共有16455户，占全市市场主体总数的96.41%。积极引导金融机构加大产品创新力度，简化办贷流程，提高服务效率。指导推出“科贷通”“税贷通”“云电贷”“云税贷”等一系列贷款产品，累积发放400余笔，金额1.53亿元。

【助力企业复工复产】 2月17日，县委、县政府在工业园召开“落实金融政策促进复工复产”对接会，县委书记、县长、常务副县长等县领导，县发改委、公安局、法院、工业园、金融办、工信委等14家县直单位、辖内12家金融机构及奥普照明、昂泰公司、恒益电子等14家企业主代表参与会议。宣讲金融支持企业复工复产的支持政策及具体举措，全力支持企业复工复产。

【降低企业融资成本】 积极指导金融机构加大利率优惠支持力度、规范信贷融资收费，切实减轻企业融资成本。严格落实“七不准”“四公开”和“两禁两限”等监管收费政策，规范信贷融资收费。2020年，武宁县应延期还本付息普惠小微贷款191笔12915.71万元，推动信用贷款1598笔13833.4万元，分别占比85.12%、43.63%。对两项新政策进行落实，延期支付2家法人金融机构报账本金8280万元，奖励金额82.8万元；信用贷款支持计划报账合计360万元。截至12月末，辖内中小企业贷款满足率达91.3%，较上年同期提高4.6个百分点；辖内金融机构一般贷款利率为5.5%、较上年同期下降0.5~1个百分点。

【联防联控保障安全】 成立支行“疫情防控领导小组”“党员先锋突击队”，为责任区100余户社区居民逐一上门宣传防疫知识，逐户做好个人信息登记，为社区安全提供坚实保障。在九江市实行弹性工作制期间，支行“党员突击队”队员坚守在社区防控值班值守一线，确保联防联控责任区内的安全。

（李婕）

附：2020年人民银行武宁县支行领导名录

行　　长：查美俭
副 行 长：余徐炳
纪检组长：文　武

主要银行业金融机构

【中国工商银行武宁县支行】 截至2020年12月31日，各项存款余额14.9亿元，其中：居民储蓄存款余额11.45亿元，对公存款3.53亿元。各项贷款余额6.14亿元，其中法人贷款2.83亿元、个人贷款3.31亿元。实现拨备前利润2118万元，上缴税收537万元。支持县域经济发展，对工业园小微企业（实体经济）普惠金融累计发放贷款8430万元，其中“财园信贷通”贷款2770万元。

服务城乡居民，提供200万元，支持妇幼保健院“智慧医疗”项目；向城乡居民推出个人经营快贷、房抵e分期、e抵快贷、质押贷款、个人住房按揭贷款等各类金融产品，2020年共计发放各类贷款2800万元，解决全县居民个体经营和消费的小额资金需求，活跃县城商品市场。

（王时涌）

附：2020年工商银行武宁支行领导名录

行　　长：杨长征（7月任）、罗军（任至7月）
副 行 长：邓俊斌、张洁（女）
纪检组长：邹恒文

【中国农业银行武宁县支行】 截至2020年12月31日，各项存款余额25.98亿元，比年初净增3.34元。其中个人存款余额20.37亿元，比年初净增2.59亿元，同比多增6897万元，日均增量24018万元。人民币各项贷款余额12.76亿元，比年初净增8485万元。实现中间业务收入1586万元，完成全年计划的109.22%。实现营业收入7356万元，完成全年计划的93.34%；实现净利润

2943 万元，完成全年计划的 124%。不良贷款余额 568 万元，贷款不良率为 0.46%。2020 年度九江分行荣获先进单位等荣誉称号。

（张志敏）

附：2020 年农业银行武宁县支行领导名录

行　　长：王　磊（12 月任）
　　　　　黎磊华（任至 12 月）
副 行 长：陈金林、冷斌、马明莉（女）
纪委书记：胡双燕（11 月任、女）
　　　　　盛　勇（任至 11 月）

【中国银行武宁支行】　截至 2020 年 12 月底，人民币各项存款余额 178249 万元，比上年新增 28598 万元，其中公司存款余额 84871 万元，较上年新增 16602 万元，个人存款余额 93378 万元，比上年增长 11996 万元。外币存款余额 209 万美元，比年初下降 1 万美元。其中外币企业存款 41 万美元，下降 7 万美元，外币储蓄 168 万美元，增长 6 万美元。人民币各项贷款余额 134737 万元，比上年末增长 22729 万元，其中：零售贷款余额 98105 万元，比上年底增长 9311 万元，公司贷款余额 32424 万元，比上年底增长 13560 万元。

（张海波）

附：2020 年中国银行武宁支行领导名录

行　　长：万　千
副 行 长：瞿海明、朱　斌

【中国建设银行武宁支行】　截至 2020 年底，支行一般性存款余额 14.81 亿元，比年初新增 9746 万元；贷款余额 10.08 亿元，比年初增长 9042 万元；实现纯利润 3520.61 万元。

（谢兵）

附：2020 年建设银行武宁支行领导名录

行　长：邱晔华（1 月任）
副行长：项　杰、徐崇文

【中国农业发展银行武宁县支行】　2020 年末，各项贷款余额 24.66 亿元，比上年增加 5.23 亿元，增幅 27%，累计发放贷款 7.11 亿元，累计收回贷款 1.76 亿元。各项存款余额 10.22 亿元，比上年增加 4.47 亿元，增幅 77.74%；存贷比 32.31%。实现利润 3780.49 万元，资产利润率 1.72%，成本收入比 8.39%，不良贷款零余额，业务管理费 398.95 万元。

全年发放扶贫贷款 5.18 亿元，其中基础设施处扶贫贷款 3 亿元，粮棉油处扶贫贷款 0.11 亿元；创新处产业扶贫贷款 0.1 亿元，产业扶贫贷款 1.97 亿元。支行千企帮千村支持客户 2 户贷款 2400 万元，东西部协作客户购买原材料投放贷款 1000 万元，贷款余额为 2300 万元，招商引资落地资金 3000 万元。

全年累计发放粮棉油贷款 1166.8 万元，其中小微企业贷款 1 户，为罗溪振兴粮行应急贷款 100 万元，9 月底发放县储粮轮换贷款 635 万元，支持中晚稻收购 250 万斤；10 月份继续支持县储粮中晚稻增收计划 170 万斤，发放贷款 431.8 万元，共计发放县储粮贷款 1066.8 万元。

（张晖）

附：2020 年农业发展银行武宁支行领导名录

行　长：张　胜
副行长：胡丁赞

【武宁县农商银行】　2020 年末，各项存款 55.95 亿元，较年初增加 4.11 亿元，增幅 7.9%；各项贷款 40.95 亿元，较年初增加 4.97 亿元，增幅 13.8%；实现各项收入 3.39 亿元，同比增加 1818 万元，增幅 5.7%，其中，贷款利息收入 2.64 亿元，同比增加 3096 万元，增幅 13.3%；实现拨备前利润 1.29 亿元，净利润 3131 万元。不良贷款 7799 万元，不良贷款率 1.9%；资本充足率 11.8%，贷款损失准备覆盖率 414.5%，各项监管指标持续向好。发放助力复工复产、支持“三农”普惠贷款 201 户、金额 7448 万元，对 10 个重点民生项目累计授信 1.35 亿元；为 35 户企业办理转续贷 3.1 亿元，为 323 户小微企业办理“延期还本付息”2.33 亿元；累计发放创业担保贷款 847 户、金额 8316 万元；累放“诚商信贷通”32 户、金额 1109 万元，百福快贷 1078 笔、金额 3987 万元；累计发放扶贫贷款 1640 户、金额 5405 万元。

（谢翱）

附：2020 年武宁县农商银行领导名录

董　　事　　长：陈明华
行　　　　　长：张建平
副　　行　　长：刘丽华（女）、石青青
纪委书记、监事长：舒　勇

【江西银行九江武宁支行】　截至 2020 年底，江西银行九江武宁支行资产总额 9.56 亿元，存款余额 9.49 亿元，贷款余额 8.08 亿元，贷款不良率为 0.03%。支行共有员工 15 人，主要从事和办理公司贷款、个人贷款、票据贴现、发行金融债券、代理发行、代理兑付、同业拆借、代理收付款项、代理保险、保险箱等业务；网点配备 4 台自助设备，可 24 小时满足客户需求。（黄洋）

附：2020 年江西银行九江武宁支行领导名录

行　长：廖刚（10 月任）

【九江银行武宁县支行】　支行员工人数 30 人，共有 2 个营业网点，前台员工人数 11 人；授信业务分公司、零售、普惠 3 条线，14 名客户经理；在县布置 7 台自助终端机，24 小时服务客户。（叶海林）

附：2020 年九江银行武宁支行领导名录

行　　长：徐礼赞（2 月任）
行长助理：朱福英（3 月任）、朱敏（女，4 月任）

【邮政储蓄银行武宁县支行】　截至 2020 年 12 月末，累计实现收入 3795.61 万元，完成比为 108.45%。信贷业务收入占总收入的 66%，截至 12 月末，资产业务年净增 1.99 亿元，余额首次迈进十亿大关，其中三农贷款年净增 5566 万元；“十亿抗疫，邮我相伴，复工无忧”专项营销活动放款完成 186.9%、净增金额 5249 万元，净增完成比 262.4%；非房贷款年净增 3789 万元，其中公积金信用贷款放款 237 户、金额 4695 万元。

坚持发挥工会桥梁纽带作用，落实上级工会各项工作安排，组织开展“邮储银行武宁县支行健步走——健身活动”“武宁县支行技能比赛”“抖音拜年大赛比拼”等多个活动，引导和鼓励职工在丰富多彩的文化活动中表现自我、提升自我。（葛琨）

附：2020 年邮储银行武宁县支行领导名录

行　长：张呈国
副行长：姜常彦

【武宁恒通村镇银行】　武宁恒通村镇银行设有董事会、监事会及经营班子，内设综合办公室、运营管理部、业务发展部、风险管理部等部门，下辖 3 个乡村振兴服务站，全行在岗员工 31 人。截至 12 月末，存款余额 25849.95 万元，贷款余额 27135.93 万元，贷款不良贷款余额 105.89 万元，贷款不良率 0.39%；实现营业利润 315.41 万元。（汪凯麒）

附：2020 年武宁县恒通村镇银行领导名录

行　长：吴忠靖
副行长：陈　建（11 月任）

【中国人民财产保险武宁县支公司】　2020 年，以落实集团公司“3411”工程，践行总公司“十项重点工作”为抓手，深入开展“温暖工程”，提升服务质量，夯实市场引领地位，推动公司持续、健康、稳定发展。充分发挥公司风险保障职能，落实国家方针政策，积极服务地方社会经济建设。全年累计实现保费收入 9685.05 万元，直接赔款 5197.08 万元，上缴税款 585.36 万元。（冷志坚）

附：2020 年人民财产保险武宁支公司领导名录

经　　理：万　勇
副 经 理：熊基芳（女）
经理助理：余龙斌

【中国人寿武宁县支公司】　2020 年，充分发挥保险作为“社会稳定器”“经济助推器”的职能，服务地方经济发展，取得良好的经济效益和社会效益。全年实现总保费收入 17545.92 万元；办结各类理赔案件（含城乡居民大病补充医疗保险理赔）13335 起，支付理赔金 2859.81 万元。（付映辉）

附：2020 年中国人寿武宁支公司领导名录

经　理：严　晓（任至 9 月）
　　　　刘家荣（10 月任）

财 政 税 收

财 政

【概况】 2020年，围绕“财政总收入实现再增长”的总体目标，积极培植财源，大力组织收入，合理安排支出，加强支出绩效评价，科学调度资金，精心谋划财政改革，不断完善监管机制，各项工作成效显著。全年实现财政总收入22.58亿元，同比增长7.8%，税占比85.8%。牢固树立过“紧日子”的思想，优化支出结构，强化预算约束，严格控制支出，切实做到科学分配、合理调度、有保有压、有促有控。特别是在做好“六稳”工作，落实“六保”任务、决胜脱贫攻坚、公务费人均保障提标、补助卫生领域短板和城乡环境综合治理等方面财政保障进一步加强。全年财政支出36.62亿元，同比增长7.6%，有效保障全县公共服务、经济建设和社会稳定等各项支出需求。

【积极做大“两通”平台】 加强与各合作银行、企业的协调、对接，“财园信贷通”融资业务，为69家企业发放贷款2.927亿元；“财政惠农信贷通”平台为合作社、家庭农场、种养大户281户，发放贷款6675.35万元。

【大力提升民生保障能力】 本着“尽力而为、量力而行”的原则，新增财力进一步向困难群众、农村、公共社会事业倾斜，民生保障支出25.83亿元，同比增长16.5%，占总支出比重70.5%，比去年同期提高5.3个百分点。

【加强政府投资项目监管】 加大财政投资评审力度与深度，提高财政性资金的使用效益，2020年采购评审项目共1032个，送审金额8.25亿元，审定金额7.28亿元，核减金额9700万元，核减率11.76%。

【规范政府采购行为】 切实履行“放、管、服”工作职责，全面下放政府采购审批权限，加强政府采购预算管理。全年完成政府采购资金7.15亿元，实际采购金额6.32亿元，采购节支率11.62%。

【服务疫情防控大局】 组织全局党员干部以志愿服务形式全力投入社区疫情防控，100余名党员干部参加社区的志愿服务，协助社区做好疫情宣传、值守排查等联防联控、群防群治工作。

【环境整治收效明显】 投入50余万元，拆除围棚24处，清理楼道、垃圾死角190余处，粉刷围墙和楼面4300多平方米，清理违规种菜1.4万平方米，制作便民告示牌190余块，完成路面硬化2200平方米，补植绿化树木和草皮8000平方米，新建小区停车位40个。

【脱贫攻坚持续发力】 多渠道筹集脱贫攻坚资金2.73亿元，其中县本级扶贫投入3899.97万元，同比增长42.7%。从单位节约的“三公”经费中拿出 15 万元用于产业帮扶，帮扶清江乡 3 个扶贫村发展种植广东红薯 190 亩，红衣花生 20 亩，扶持船滩镇辽田村养蜂基地产业发展，购买 300 只鸡鸭苗发展特色养殖。

（黄江江）

附：2020 年县财政局领导名录

县政府党组成员、县财政局党组书记、局长：
　　刘　平（女，3 月任）
县政府党组成员、县财政局四级调研员：许建民
党组副书记、副局长：黄贤华（保留正科待遇）
党组成员、副局长：冷景春（保留正科待遇）
　　刘迎、蒋义（保留正科待遇）
党 组 成 员：彭乐冬（女，保留正科待遇）
　　朱　峰（保留副科待遇）
县乡镇财政管理局局长：曾雪昌
县国资局副局长：郑元刚（保留正科待遇）
县财政监督检查局局长：柯　然
县政府采购办党支部书记：叶鸿熙
县财政投资评审中心主任：刘　军
县国有资产经营管理中心主任：柯承佑

县国库集中收付核算中心、会计核算中心

主　　任：王　宁
副 主 任：瞿世锋、钱三江

税　务

【概况】　2020 年，深入学习贯彻党的十九届五中全会精神，紧紧围绕习近平总书记关于统筹做好疫情防控和经济社会发展重要指示精神，按照国家税务总局“四力”要求，切实提升政治站位、强化责任担当，执行各项税费优惠政策、持续加力推动“便民办税春风行动”和纳税服务质效提升，为助力疫情防控和复工复产、支持地方经济建设作出应有贡献。

【落实支持疫情防控各项税费优惠政策】　在疫情期间，运用税收大数据开展税收经济形势分析工作，全面助力企业复工复产、服务县委县政府决策。全年入库各项税收 19.66 亿元，占市局预期目标 19.3 亿元的 102%，占县年初预期目标 19.4 亿元的 101%。其中，新出台支持疫情防控和经济社会发展税费优惠政策，减税降费 1357.30 万元，去年出台政策在今年翘尾新增减税降费 3538.47 万元。为 424 户个体工商户复工复业减免增值税 726.26 万元，为 252 户小型微利企业所得税缓缴和个体工商户个人所得税缓缴税款累计 217.87 万元。

【有序推进办税服务整合】 在行政服务中心开设1个实体办税厅设置12个综合窗口，在5个农村分局设立10个全职能窗口，在邮政局开设8个代开发票窗口，在城区豫宁分局投入3台自助办税终端，并在行政服务中心配置2台自助机实现24小时纳税服务，实现线上线下不打烊，足不出户办业务的新格局。制定《武宁县税务局统筹抓好优化税收营商环境和加强纳税人满意度调查总体方案(2019年—2020年)》《武宁县税务局优化营商环境工作措施15条》，提出优化税收营商环境的“十五条”工作措施。优化纳税服务手段，将涉税环节由“串联”改为“并联”，使纳税人报送资料、办税时间平均减少60%，单项业务办理时间缩短至3~5分钟，进一步压减办税时间。不断缩减出口退税办理时限，出口退税平均办理时间压缩至4~5个工作日。

【全力做好各项业务建设工作】 强化教育培训管理，紧扣问题导向、实践导向、工作导向，提升干部履职能力，着力建设信念坚定、素质优良、作用突出的高素质干部队伍。财务管理股荣获“江西省五一巾帼标兵岗称号”、一分局荣获“九江市青年文明号”称号，1名干部入选省税务局素质提升“115”工程专业骨干，6名干部入选省税务局素质提升“115”工程岗位能手。抓好依法治税工作，制定《武宁县行政处罚裁量权执行标准指引》为全局相关行政处罚作出了明确界限。深刻贯彻落实中央八项规定精神，严防“四风”问题反弹，开展“落实中央八项规定精神、漠视侵害纳税人利益”专项整治。

【着力做好各税种管理工作】 出台多项应对新冠肺炎疫情的税收优惠政策，为确保政策红利输送到纳税人手中，先后开展政策培训16场，发放政策指引1200余册，辅以短信提醒和上门走访，基本实现政策宣传的全覆盖。抓好“两费”征缴工作，2020年11月1日，企业社保费（包括灵活就业人员社保费）正式划转税务征收，自此所有社会保险费全部由税务部门负责征收。11—12月份共征收企业职工基本养老保险费295户320.57万元；征收灵活就业人员社保费1250.69万元。 （董炽辉）

附：2020年县税务局领导名录

局长、党委书记：刘　燕（女）
副局长、党委副书记：吕　君
副局长、党委委员：林　义、查振林、黄　斌
汪　炎、吴　涛、邓卫拓
纪检组长、党委委员：罗　凯
第一分局局长：叶　平
第二分局局长：陈斌斌（女）
副局长：胡著忠
豫宁分局局长：雷炳春
副局长：余新星、陈　民
鲁溪分局局长：柯卫兵
船滩分局局长：许雪荣
副局长：张　黎
纳税服务股股长：李　冲（副科级）
副科级干部：赵双丰、黎先国、黄修斌

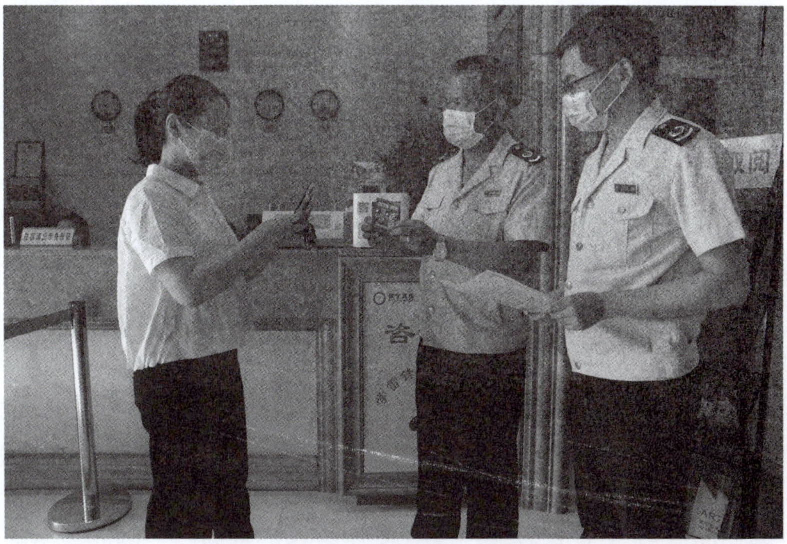
走访企业

经济管理与监督

经济综合管理与宏观调控

【概况】 2020年，全县经济发展总体平稳，综合实力稳步提升。完成生产总值175.79亿元，同比增长4%；财政总收入22.57亿元，同比增长7.8%；全社会固定资产投资同比增长9%；社会消费品零售总额58.67亿元，同比增长2.5%；城镇和农村居民人均可支配收入同比分别增长7%、8%。

【启动“十四五”规划编制】 编制《武宁县2020年上半年国民经济和社会发展计划执行情况报告》；起草《武宁县2020年国民经济和社会发展计划〈草案〉的报告》；启动“十四五”规划的编制工作，完成前期工作调研，形成基本思路和框架初稿，“十四五”总规及各项专规均按时间节点有序推进。

【进一步深化审批制度改革】 结合武宁实际，从简化办事流程、缩短办事时限、精简申报材料等方面着手，坚持“一次办”“限时办结”原则，实行“一口受理、一站式审批、一条龙服务”，真正实现“一次不跑” “只跑一次”的项目审批效果。2020年，共受理备案项目157个、审批项目150个、招标核准项目56个。

【全力做好引资争项工作】 围绕高质量发展目标，瞄准国家投资政策方向，紧盯地方专项债券、中央预算内投资、特别国债等重点投资内容，储备包装一批项目，动态承接项目储备库，确保本地项目与上级政策无缝对接。2020年，共入库专项债券项目35个，累计争取项目9个、资金6.08亿元，其中争取第一批专项券项目3个、资金1.73亿元；争取第二批专项券项目3个、资金1.95亿元；争取第三批专项券项目3个、资金2.4亿元；新增中央投资项目28个，推送长江经济带绿色发展项目17个，储备项目211个，总投资额120亿元，为县域经济发展注入动力。

（龙福生）

重点工程建设

【概况】 2020年，武宁县列入市级重大项目30个（含列入省大中型项目18个，前期工作项目2个），续建项目12个。2020年计划完成投资53.3亿元，实际完成投资74.8亿元；新开工项目16个，2020年计划完成投资31.86亿元，实际完成投资44.3亿元。省大中型项目18个，2020年计划完成投资71.82亿元，实际完成投资83.7亿元。通过国家重大项目库申报2021年市级及以上重大项目共39个，2021年计划投资93.87亿元，其中省大中型项目25个，2021年计划投资80亿元。

【重大产业项目建设】 武宁县七彩长乐项目，开工时间2019年1月，竣工时间2020年12月，总投资1.1亿元，2020年计划完成投资0.4亿元，实际完成投资0.51亿元；江西辽燚环保产业有限公司辽燚智能拆解项目，开工时间2019年9月，竣工时间2020年12月，总投资20亿元，2020年计划完成投资16.5亿元，实际完成投资16.5亿元；西海湾景区综合提升改造工程，开工时间2020年2月，竣工时间2020年12月，总投资20亿元，2020年计划完成投资3.06亿元，实际完成投资4.2亿元；江西朗拓电子年产500万支高端定制LED灯生产项目，开工时间2020年2月，竣工时间2020年12月，总投资5亿元，2020年计划完成投资5亿元，实际完成投资5亿元；江西中昕科技发展有限公司年产3000吨日用杂品生产项目，开工时间2020年1月，竣工时间2020年12月，总投资5.2亿元，2020年计划完成投资5.2亿元，实际完成投资5.2亿元；武宁志森年产15万片LCD显示屏生产项目，开工时间2020年1月，竣工时间2020年12月，总投资0.8亿元，2020年计划完成投资0.8亿元，实际完成投资0.8亿元。

【基础设施项目建设】 武宁县“畅安舒美”示范路工程，开工时间2020年1月，竣工时间2020年12月，总投资0.63亿元，2020年计划完成投资0.63亿元，实际完成投资0.63亿元；江西（武宁）中乌产业园区建设项目，开工时间2020年1月，竣工时间2020年12月，总投资5亿元，2020年计划完成投资5亿元，实际完成投资5亿元；武宁县2019年统筹整合资金推进高标准农田建设项目，开工时间2019年10月，竣工时间2020年6月，总投资0.63亿元，2020年计划完成投资0.13亿元，实际完成投资0.13亿元。

（万毓）

价格管理

【概况】 2020年，有序调控物价、严格收费管理、规范价格认证，较好地完成各项工作任务，有序开展峰谷电价政策实施情况的调研，向困难群体发放价格临时补贴500余万元，对物价进行不间断监测管理，加强对水费、气费的管理等。

【严格收费管理】 编制《武宁县政府定价经营服务性收费目录清单》，转发“关于降低部分行政事业性收费标准”“非免疫规划疫苗储存运输收费标准”；结合实际规范调整县公办幼儿园保育教育费收费标准；开展县行业协会商会经营服务性收费清理规范工作等。

【规范价格认证】 积极开展价格咨询、认证、评估、鉴证工作，为10多家单位提供了价格咨询服务，开展涉案评估及认证70余件；开展武宁县公办幼儿园保教费定价成本监审、武宁县生活污水处理收费成本监审；组织完成中籼稻直报调查资料和数据的录入、审核、汇总和分析上报工作。

（龙福生）

附：2020年县发改委领导名录

党组书记、主任：盛广周
党组成员、副主任：熊仁河（保留正科待遇）
焦征明（保留正科待遇）
邱欣鋆
县鄱阳湖生态经济区建设办专职副主任：
柯芳芳（女）
三级主任科员：陈钦云

国有资产管理

【概况】 认真贯彻落实市国资委、市财政局《关于推进市直党政机关和事业单位经营性国有资产集中统一监管的实施方案》（九国资〔2021〕29号），对县直党政机关、事业单位、县属国有企业未纳入集中统一监管的各类经营性国有资产，全面纳入集中统一经营和监管，通过资源整合，提高国有资本投资运营效率、实现经营性国有资产保值增值。整合县商务局、供销社、城投集团等单位的经营性国有资产，搭建全县国资监管平台，935处、6.7万平方米经营性国有资产的信息与数据全部纳入该平台。运用互联网技术和信息化手段，既实现经营性国有资产统一经营监管，又便于县人大、纪委、社会加强监督；既能发挥资产规模效应，又能充分盘活闲置资产发挥其最大效益。为提升国资监管水平、促进资产保值增值、挤压权利寻租空间提供强有力的保障。

【着力打造多元化经营模式】 县城投集团通过不断拓展经营板块，初步形成“康养、工程、工贸、资源、资产、资本”的六大产业融合发展新格局，2020年实现经营收入1.62亿元，上缴税收5500万元，创造利润5000万元。经过充分的前期投资分析和论证，县城投集团4.32亿元收购九江银行6000万股份，2.5亿元收购武宁大湖塘钨矿（市场估值超500亿元）10%的股权，通过股权投入，放大国有资本功能、提高经营效益。充分利用县城投集团资金优势，通过混改模式与社会资本合作成立供应链金融公司。

【发展生态旅游产业和市场竞争企业】 充分利用县生态环境资源优势发展旅游产业，投入9000多万元，对鲁溪洞、神雾山、长水、西海湾等景区升级改造，鲁溪洞景区“五一”假期试营业，实现门票收入100余万元。利用源口天然水质，成立九江山水武宁食品科技有限公司，投资2亿元开发“上峰上水”项目，注册“上峰上水”品牌，努力打造一款对标农夫山泉的高端饮用天然水。县发电公司积极开拓增量配电业务，着手进入配售电市场，既保留盘溪工业园10.4平方千米的存量配电自供区域，又提高发电公司的经济效益。

（黄江江）

市场监督管理

【概况】 2020年，围绕县域经济社会发展大局，立足职责使命，在抓疫情防控、保市场主体、稳“三大安全”、促质量提升、助消费维权等方面工作凝心聚力、真抓实干，较好地维护疫情防控常态化下的市场秩序。县市场监管局荣获全市市场监管先进单位称号。

【着力优化营商环境】 按照“四最”营商环境要求，打造“最优”政务服务。全面落实首办责任制、一次性告知等制度，实行节假日错时延时预约服务；积极贯彻“一门一窗一次一天办”改革，将企业开办时间缩短至1个工作日，最快150分钟完成；实行企业开办首套章刻制政府买单，实现开办“零成本”；着力推行企业登记全程电子化改革，实现办照“零跑路”。2020年办理企业设立登记845户，个体工商户开业登记1737户，农民专业合作社设立登记33户。发放食品经营许可证631户，发放特种设备许可169户，发放药品经营许可4户，发放三类医疗器械经营许可6户，完成个体工商户转型升级35户。

【深入实施质量强县战略】 以源头抓质量为根本，以培育名优产品为重点，2家企业（江西奥普照明有限公司、武宁县宏辉新材料有限公司）产品获江西名牌，1家企业（江西江中中药饮片有限公司）成功申报发酵类中药炮制技术中医药标准化试点。开展质量竞争力指数指标数据调查，摸清县质量状况及质量竞争力水平，鼓励企业开展标准化自我公开声明，并加大企业标准的事中事后监管。全年抽检产品116批次，其中复合肥31批次，砖厂14批次，成品油33批次，眼镜架18批次，珠宝首饰10批次，其他建筑材料10批次。开展成品油市场集中专项整治。

【认真开展计量监管】 完成公用计量标准建设2个，对全县30家加油站的加油机进行检定，对企业使用计量器具和仪器进行建档管理，检定压力表1245块，强制检定液化气站电子罐装秤85台次，对各大农贸市场和超市的计量器具进行强制检定和随机抽查。

【全力抓好食品安全监管】 充分发挥县食安办统筹协调作用，切实履行行业监管职责，着力完善行业、部门、属地三位联动和县、乡（镇）、村三级共治机制。以“四个最严”要求落实食品安全监管，联合各级食安办成员单位和责任主体，开展农村假冒伪劣食品安全治理行动、“优质粮食工程”行动等多次检查执法工作。引导餐饮服务单位提升服务质量，下达责令改正133份，约谈网络订餐第三方平台2家，全县60%餐饮服务单位初步完成质量安全提升改造，93家学校幼儿园食堂“明厨亮灶”完成率达100%，打造食品小作坊市级示范点8家。全面做好疫情期间冷链、进口食品等安全风险管控。

【严格开展药品安全监管】 结合对药品、医疗器械、化妆品流通领域的日常监管，先后开展疫苗储存与冷链运输检查、中药饮片流通领域专项整治、规范药品和医疗器械网络销售活动、零售药店执业药师“挂证”、处方药销售管理、零售环节违法违规经营、化妆品市场整治等专项行动10余次，约谈药品经营企业9家次。扎实开展农村药品安全整治，对全县176个村级卫生所进行逐户检查、规范。督促辖区内98家零售企业加强驻店执业药师监管，指导防疫合理用药。

【强化特种设备风险管控】 加强应急处置知识普及和风险管控，全覆盖排查特种设备使用安全隐患，积极开展电梯安全知识进社区、特种设备安全知识培训进园区及组织应急救援演练进企业等活动。扎实推进液化石油气和瓶装液化气、大型游乐设施和景区机动车辆、快开门式压力容器等专项整治，下达《特种设备安全监察指令书》72份。全年特种设备事故率为零。

【开展农贸市场等专项整治】 以中央“扫黑除恶”和“禁捕退捕”工作高压态势为契机，重点开展网络市场、广告、农贸市场等专项整治。申报省级守合同重信用公示单位8户，申报市级守合同重信用公示单位8户。共帮助企业申请悬挂网络标识16个，监测各类广告200条次，全年共查处广告违法行为17起。2020年，疫情期间办理的广告案件——江西天东贸易有限公司发布虚假广告案入选江西省市场监督管理局疫情防控期间违法广告典型案例。开展渔市场整治，检查农贸市场和商超等市场主体175家，餐饮单位160家，排查线上平台391个次，发现问题责令整改20余家。

【持续规范市场秩序】 重点围绕涉企收费、减税降费、消费市场等方面，开展对生活消费品、医疗、物业、中介、金融等领域的价格监管和稽查执法，特别是节假日和疫情期间防疫用品和生活必需品的价格监管执法，向相关经营者发放各类价格提醒告诫书1500余份，立案查处17起。加大公平竞争审查，对全县范围内政府和各部门制定的各项妨碍统一市场和公平竞争的规章、规范性文件和其他政策措施进行审查清理，着力营造公平竞争的制度环境，促进统一开放、竞争有序的市场体系建设。

【积极开展消费维权】 畅通举报渠道，认真做好日常群众投诉和12315投诉办理。2020年，共受理、处理、转办消费者投诉咨询和举报案件664件，办结634起，转为案源立案查处12起，为消费者挽回经济损失24万元。着力开展消费领域信用体系建设，继续推进“放心消费示范店”创建和探索线下实体店7日无理由退货承诺活动，有27家经营单位入列“放心消费示范店”，4家实体店申报参与7日无理由退货承诺活动。 （肖洁）

知识产权

【概况】 出台《武宁县知识产权资助奖励办法》，

先后两次为20多户企业发放专利资助资金20万多元。2020年度，全县专利申请量915件，同比增长0.7%；授权量847件，同比增长14.3%，其中发明专利5件。

【申报“武宁棍子鱼”地理标志商标】 大力推动《武宁县地理标志商标培育申报三年行动方案》实施，申报武宁县首件地理标志商标——“武宁棍子鱼”，地理标志产品“武宁白术”正在申报中。

【严格开展知识产权监管执法】 2020年，积极开展知识产权普法活动，提升社会民众维权意识。查办专利标识不规范案件4件，商标侵权违法案件2件。着力推动知识产权运用，有两家企业共计获得1500万元专利质押融资贷款。

（肖洁）

附：2020年县市场监督管理局领导名录

党委书记、局长：赵友明
党委委员、副局长：刘守华、彭　勤、何维龙
程　楠、徐虞斌
党委委员、食安办专职副主任：熊　焱
党委委员、副主任科员：戴晚贵（女）
公平交易局局长、二级主任科员：黄贤宁
行政许可服务局局长：龚　伟
县知识产权局专职副局长：肖　洁（女）
城郊分局局长：刘冬文
新宁分局局长：汤强平
黄埚分局局长：吴　彬
鲁溪分局局长：叶　伟
船滩分局局长：王　华
罗坪分局局长：李　军
澧溪分局局长：段传军
石门楼分局局长：刘威威
县市场和质量监管稽查大队大队长：王江友
教导员：易　勇
县综合检验检测中心主任：聂武光
县市场和质量监管信息中心主任：李　磊

自然资源管理

【概况】 2020年，按照县委、县政府和市自然资源局的决策部署，以保护资源、保障发展、服务民生为主线，坚持抓服务保发展、抓管理促规范、抓作风促转变，较好地完成年度工作目标任务。实行耕地保护“一把手”负责制，确保全县30173公顷耕地和24600公顷基本农田总量不减少、质量不降低、用途不改变。全年上报2个城市批次和2个集镇批次用地，上报总面积26.4公顷。上报2个批次农民建房用地140户，1.79公顷。全面推行国有土地使用权网上公开挂牌出让。共组织国有土地使用权网上挂牌交易25宗，总交易面积27.72公顷，总成交额2.07亿元。

【矿业管理】 全县矿山环境恢复治理取得历史性突破，争取省级以奖代补资金207万元；矿产资源开发秩序实现根本好转，船滩大理石矿实现整合升级。在全市率先出台《武宁县净采矿权出让工作意见》，第一次实行净矿出让，官莲采石场成功挂牌出让，以2亿元成交，溢价1亿元。

【土地整治】 2020年补充耕地任务33.33公顷，完成102.62公顷，完成比率307.88%。其中，验收报备土地开发项目2个，新增耕地71.5公顷，高标准农田建设新增耕地31.13公顷。2020年完成土地开发项目立项10个，建设规模96.36公顷，预计新增耕地面积86.24公顷。城乡建设用地增减挂试点项目立项1个，立项建设规模19公顷，预计新增耕地17.18公顷。旱改水项目高标准农田完成44.28公顷。顺利完成申报自然资源部全域土地整治试点工作，自然资源部确定武宁县澧溪镇为江西省全域土地综合整治试点单位。

【执法监管】 做实卫片核查，2019年度违法图斑全部查处整改到位。加大执法力度，共查处土地违法案件6宗，罚款42.4万元。加强动态巡查，共组织执法巡查40余次。完成艺邦山水城等9个项

目清查整治处置工作。摸排农村乱占耕地建房图斑数量 14744 个，共摸排出问题图斑 708 个。加大对在建小区的巡查监管，防止擅自改变规划进行建设的现象发生，严厉打击违法（违章）建设。

【不动产登记】 一般不动产登记和抵押登记由 5 个工作日分别压缩至 3 个和 2 个工作日内办结，更正、注销、查封登记、不动产查询等做到即办即结。全年共受理业务 98773 宗。为江西远球电器科技有限公司等小微企业和个人减免登记费共计 9.3 万元，为九江昂泰胶囊有限公司等 70 家企业办理抵押登记，抵押债权数额达 8.85 亿元，有效缓解企业复产复工融资困难的局面。2020 年全县共办理农村房地一体的不动产权利证书 72677 本，占全县“应发尽发”任务的 97%，武宁县率先成为全省 27 个通过省级综合验收的县市之一。

【按时完成第三次全国国土调查任务】 完成三调统一时点更新工作，共更新 8458 个图斑，三调工作进入收尾阶段，统一时点更新调查成果提交至国家汇总入库。

【招商引资】 成功引进 2 个亿元项目：与县委办共同引进的香港鼎峰投资公司投资的动力新能源锂离电池、5G 新材料项目，预计 3 ~ 5 年内总投资 20 亿元以上。与县交通局共同引进的武宁恒达安全玻璃科技有限公司玻璃生产项目，年前全面竣工投产。 （王洪江）

附：2020 年县自然资源局领导名录

党组书记、局长：吴光华
党组成员、副局长：余　辉、余绪华
副　　局　　长：柯哲成、邓贵材
不动产登记中心主任：柯　科
执法监察大队大队长：黄　智
副科级干部：刘和平、杨毅、熊安邦

原规划局

副　　局　　长：陈洪彬、刘书孝
总　规　划　师：熊自国
土地开发整理中心主任：鄢春华

统计管理

【概况】 2020 年，围绕全县经济发展目标，扎实做好各项统计调查、经济普查和人口普查工作，发挥统计预警监测作用，为县委、县政府科学决策提供优质的统计服务。

【获第四次全国经济普查工作省级先进集体】 聚焦普查重点、勇于攻坚克难，在全面清查、普查底册编制、PAD 数据支撑、宣传先行、精心培训的基础上高质量完成普查登记、审核比对等重要阶段工作，对全县 4824 家第二产业、第三产业的全部法人、产业活动单位和近 1.2 万户个体经营户样本进行全面普查，查清查实全县经济家底。四经普是历次普查中信息化水平最高的一次普查，全面应用电子地图，全面使用 PAD 采集手段，县局在宣传动员、培训指导、工作机制、质量管控等各个方面都进行新的探索和尝试，获得“省级先进集体”的荣誉称号。

【稳步推进第七次全国人口普查工作】 2020 年正式启动第七次全国人口普查工作，认真做好机构组建、两员选聘、业务培训、划区绘图、普查宣传等前期工作，10 月 11 日如期启动入户摸底工作，11 月 16 日如期启动长表登记工作。

【加强经济运行监测预警】 动态开展GDP、规模以上工业增加值、固定资产投资、社会消费品零售总额等主要经济指标及关联指标运行情况的监测预警，每月通报完成情况，加强对省、市科学发展综合考核评价指标的监测。全年发布通报9篇，经济分析3篇，要情专报5篇。

【加强统计名录库建设】 全力抓好“四上”单位入库，利用部门信息，加强单位摸排，挖掘入库潜力；建立专业联动机制，加强现场核查。研究制定《武宁县2020年度“四上”企业培育考核细则》，将“四上”企业培育工作纳入年度目标管理考核中，与考核分数进行挂钩，进一步激发各地各部门对“四上”企业培育入库工作重视，为全县经济发展注入新的活力。

（盛希希）

附：2020年县统计局领导名录

党组书记、局长：卢育礼
党组成员、副局长：蒋莹莹（女，保留正科待遇）
张华松
党组成员，二级主任科员：陈才富

审计管理

【概况】 2020年，完成各类审计项目252个，其中：政府投资建设项目227个，财政财务审计项目25个。

【财务审计】 2020年共组织开展财务审计项目25个，其中上级审计机关统一部署安排的专项审计项目9个；领导干部任期经济责任审计项目8个；领导干部自然资源资产离任审计项目2个；财政同级审及部门预算执行审计4个；财务收支审计2个。审计发现违规垫税和返还税收、违规举债、滞留专项资金、私车公养、超范围列支费用、账务处理不规范等问题。通过上述问题的揭示，提出加强管理的审计意见和建议，督促被审计单位及时进行整改。

【投资审计】 全年共开展政府投资工程项目审计227个，共发现工程结算造价多计1994万元，通过审计整改，建设单位调整工程结算造价，为国家节约建设资金近2000万元；向政府建议出台《进一步完善政府投资工程项目结算把关分级负责制实施办法》，进一步压实建设单位责任。

【聚焦优化营商环境】 按照省审计局统一部署，抽调13名同志组成审计组，由局长任组长，交叉到上饶市铅山县开展营商环境审计调查。查出问题54个，违规金额50169.75万元，提出审计建议6条，向上饶市铅山县纪委、监委移送问题线索2件，责任人2人；向铅山县公安局移送问题线索1件，责任人1人。

【新冠肺炎防疫工作】 全局共安排260人次到九岭社区卡点执勤站岗，配合社区党群服务中心一起联防联控，核查登记出入人员信息，劝返相关人员；电话排查松湖山庄居民相关信息。组织开展党员为防疫捐款活动，助力防疫。

（李新文）

附：2020年县审计局领导名录

党组书记、局长：陈德源
党组成员、副局长：戚　明、杨素才
总　审　计　师：王　钦
县经审办专职副主任：罗来虎（4月任，正科级）

附：2020年国家统计局武宁调查队领导名录

队　　　长：叶　新
纪　检　员：杨　强
一级主任科员：葛　平

县属国资企业

县城投集团公司

【概况】 2020年，以创新创业为统领，以提升经营效益为目标，以完善体系治理为抓手，以绩效考核为导向，立足既有产业促发展，拓展新兴产业谋长远，圆满完成各项任务，奋力开创转型发展新局面。成立人力资源部、监察审计部、招标采购部，构建起现代企业管理体系。启动薪酬体系改革、绩效改革和明确“定岗、定责、定编”三定方案，建立起制度化、规范化、科学化的六大人力资源管理制度体系及适合不同岗位需求的薪酬分配体系、绩效考核体系；收购江西高翰建设工程有限公司，成立武宁城投土地运营公司、九江山水武宁食品科技有限公司，合作成立供应链管理公司，依托资源优势在县内合作开展供应链金融业务。城投集团旗下有全资子公司13个，控股公司2个，代管企业1个，业务范围涵盖资源开发、工程质量检测、资产经营、食品制造、地产置业、建筑施工、贸易交易、资本运作、融资担保等。

九江山水武宁食品科技有限公司

【项目建设展现新成效】 2020年“三区”重点项目中，由城投集团履行责任单位的建设项目有16个。围绕项目推进，努力克服疫情等不利因素的影响，抓住有利施工时期，明确时间节点，倒排工作计划，抢抓工程进度，较好地推进项目建设。标准厂房三期、归元康养、自来水三厂、妇幼保健院整体搬迁全面启动，正在有序推进；一中黄塅区改扩建工程门卫室施工完成，基础底板砼完成，一层楼面支模30%；货运停车场土地平整基本完成，填土完成5万立方米；古艾城市花园小区改造、阳光新城小区改造地下管道铺设全面完成，正在进行地上配套设施施工。天然饮用水项目，6月份正式启动后，12月份试投产，在短短7个月的时间内完成同类项目2~3年才能完成的建设内容，打造出一款对标农夫山泉的高端饮用天然水。

【产业发展实现新突破】 全年完成总经营收入1.8亿元，上缴税收5500万元，创造利润5000万元。其中，资产经营公司在为272户承租户累计办理租金减免280万元的情况下，实现资产租赁收入2000万元。自来水公司狠抓企业管理，总收入突破5000万元，接管鲁溪自来水厂，助推城乡供水一体发展；置业公司实现房屋销售收入近2000万元；质量检测中心完成营业收入280万元；砂石公司多渠道保障市场供应，完成经营收入5000万元；中城产业园着力完善基础设施配套、优化服务水平，实现入驻企业6个；收购高翰建设公司，积极开展政府投资类项目承建，实现营业收入2600余万元。

【企业融资跃上新高度】 持续用好用足“买方市场”这个品牌优势，进一步有效降低融资成本，完成融资资金 15.55 亿元，为自身发展、项目建设、公益事业、民生事业发展提供资金支持。分别是九江银行环庐山西海生态修复工程建设绿色私募债项目 4 亿元、农发行改善人居环境项目 5 亿元、九江银行砂石公司流动资金贷款项目 1 亿元、中国银行中城产业园标准厂房一起建设项目 1.5 亿元、江西农商银行自来水公司流动资金贷款项目 4000 万元、九江银行万福科技公司财源信贷通项目 1000 万元、中城新动能科技园标准厂房二期项目政府专项债项目 2.5 亿元、康养中心一期项目政府专项债项目 1.35 亿元。

（刘元斌）

附：2020 年县城市投资开发公司领导名录

负责人：方文平

县旅游产业公司

【概况】 武宁县旅游产业开发有限公司下辖 6 家子公司：武宁县西海湾景区旅游有限公司、武宁县旅游船务有限公司、武宁县艺鉴文化有限公司、武宁县神雾山旅游有限公司、江西省鲁溪洞旅游景区有限公司和武宁县长水旅游开发有限公司。2020 年在岗员工 22 人，下属子公司和景区共有员工 118 人。公司经营管理西海湾、观湖岛、观音岛、鲁溪洞、神雾山、长水等景区，大型实景水秀“遇见武宁”，武宁县全域旅游集散中心以及西海燕和杨洲两个西海游船码头，2020 年共接待游客 9.6 万人次，实现旅游收入 509.11 万元。

【景区建设提升改造】 2020 年大小工程共 75 个，总投资 5366 万元。其中 50 万元以上工程 7 个，合同金额 4684 万元。完成神雾山整体收购。完成长水景区公司注册和景区综合开发。鲁溪洞景区和神雾山景区按照国家 AAAA 级旅游景区标准启动改造提升工作。完成西海湾景区改造提升，民俗工坊项目增加榨油坊、豆腐坊、水车等水能体验项目。完成西海燕码头至柳山景区开发项目（百里画廊）详细规划。长水景区入围“中国天然氧吧”打卡目的地，并成功创建国家 AAAA 级旅游景区。西海湾景区荣获“江西康养旅游打卡地”，西海湾景区提升改造项目入选省数字文化创意设计产业项目扶持。云水湾景区入选国家 AAA 级旅游景区。大型户外实景水秀“遇见武宁”荣获第三届江西省文旅产业“金杜鹃”评选文旅融合示范项目十佳。鲁溪洞景区关闭营业，改造提升，积极申报国家 AAAA 级旅游景区，创 AAAA 级提升规划设计文本通过专家评审，进入景观质量评价系列。

【疫情防控科学有序】 加强景区疫情防控，根据新冠肺炎疫情指挥部要求，全部景区于 1 月 23 日起关闭运营，直至 7 月下旬才全面开放营业，全面做好防疫物资采购、景区消毒清理及游客登记、扫码、测温等防控工作。

【产业管理规范高效】 加强西海湾、观音岛、观湖岛和鲁溪洞、长水、神雾山等景区管理，建立和完善资产台账。对朝阳湖公建房及山水广场木棚等国有资产公开租赁进行规范管理，确保国有资产保值增值。加强西海湾景区综合管理，规范管理和巡查制度，实行每日工作登记制度，共制止违规垂钓 150 人次，发现劝阻旅客、市民不文明现象 320 人次，配合接待 120 场次。

（柯亚男）

附：2020 年县旅游产业开发有限公司领导名录

负责人：黎高峰

县发电公司

【概况】 2020 年全年完成发电量 3798 万千瓦时，实现主营业务收入 1877.53 万元，实现利润总额 596.65 万元，上缴县财政 750 万元，上缴税收 215.11 万元。

武宁发电有限公司盘溪大坝

【一级安全生产标准化建设】 为切实提高安全管理水平，促进企业提质增效，2020 年初启动一级安全生产标准化创建工作，对照水利部农村水电站安全生产标准化评审标准的 8 个一级项目、28 个二级项目和 112 个三级项目，进行逐条梳理，达到水利部验收标准，11 月底通过水利部专家组现场评审，12 月 5 日，荣获水利部颁发的安全生产标准化一级达标单位，是江西省唯一同时荣获全国“绿色小水电站”和水利部安全生产标准化一级达标单位称号的水电企业。

（谢张勇）

附：2020 年县发电公司领导名录

负责人：宁 通

武宁宾馆

【概况】 2020 年，高标准完成中央、省市 12 次大型会议、政务客商和考察团食宿接待任务，实现接待工作“零”事故。在受新冠肺炎疫情影响停业 4 个多月的情况下，成立营销服务部，通过整合新老客户资源推出会员卡营销策略，销售大额会员卡 51 张，加强与 OTA 平台的合作增加网络预订，全年营业收入 1620 万元，上缴税收 100 余万元，实现利润 13 万元。

【获中国饭店协会“2020”饭店业安心住宿服务奖】 宾馆坚持以制度建设练内功、以优秀服务铸品牌，以 4D 现场安全管理等内控管理模式、现代酒店薪酬制度考核机制为抓手，促进经营管理水平、员工服务水平不断提高。先后荣获中国饭店协会“2020 饭店业安心住宿服务奖”、江西省饭店协会“疫情防控工作先进集体”、全省“2020 年度十佳优秀饭店奖”、全县“2020‘欢乐湾杯’山水武宁文化旅游促进消费活动月”优秀组织奖等荣誉。

（贺超超）

附：2020 年武宁宾馆领导名录

经理：刘汶华（兼）

县物资总公司

【概况】 2020 年，物资总公司销售炸药 334 吨、雷管类 8.57 万发，为全县重点工程建设和民爆物品用户提供良好产品和优质服务。全年实现销售收入 450 余万元，资产经营收入 32 万元；上缴税收 21 万元。

【强化安全生产管理】 进一步修订《生产安全事故应急预案》，精心组织生产安全事故应急演练。加大投入，进一步构建“人防、技防、犬防”的“三防”安全防范体系。全年安排安全检查 60 余次，发现隐患做到及时整改，组织员工业务、安全培训 65 人次，其中到九江技术培训 2 人、南昌技术人员培训 3 人、安全管理人员培训 4 人，确保“安全零事故”。

（陈细女）

附：2020 年县物资总公司领导名录

总经理：张秉铧

城乡建设

综述

城市提升掀起新热潮。紧扣全省“项目建设提速年”主题，以项目建设为抓手，精心组织、定期调度，聚焦三年城市功能与品质提升，努力打好重大项目见效战、排污整治统改战、市政设施阵地战、房屋征收前沿战、质量安全提效战五大战役。

行业规范取得新成效。严把建筑市场监管关、工程招标管理关、建筑节能审查关、消防验收备案关、装饰市场巡查关、档案管理规范关，建筑市场管理稳中有进；突出抓好市场风险防控、市场环境净化、市场规范管理、二手房交易，房地产市场监管稳中向好。

行政许可服务持续优化。充分授权窗口，实行一次性告知制、首问负责制、限时办结制，实现“一个窗口办事”“办事不出大厅”“一次办结”；开展“减证便民”，清理核减26项证明材料。全年办理商品房预售许可、建筑工程施工许可、商品房竣工交付使用备案、燃气经营许可审批等各类政务服务事项共计836件次。自有系统与一窗式审批系统、江西省住建云、赣服通等平台实现对接，“武宁县住建便民”入驻“赣服通”，方便群众查阅相关信息。

工程审批制度改革持续推进。扎实推进全市工改试点工作，在县行政服务中心设立“投资项目审批‘一窗受理’综合服务区”，涉及20个部门各事项，按照立项用地规划许可、工程建设许可、施工许可、竣工验收四阶段设立4个窗口，前台受理，后台审批，将工程建设项目审批时限控制在120个工作日之内。企业和个人从“九江市工程建设项目审批管理系统”申报项目，大幅度地缩减审批时间，方便企业和群众。3月，对县投资项目审批流程进行优化改造，进一步优化办事程序、精减审批材料、缩减审批时限，将审批时限由115个工作日压缩到87个工作日之内。

小区物业管理持续发力。加强封闭小区网格化日常巡查，实行住宅小区每季度考核评比；督促指导小区物业做好疫情防控；完成3个开发项目物业竣工交付使用查验工作；完成413起物业维修。

天然气建设步伐加快。完成1421米市政中压燃气管道工程、4000余户新建小区的燃气管道入户工程、1000户老旧小区改造的低压管道铺设、新增工商业用户16户，燃气管道覆盖率达80%以上。

打赢脱贫攻坚战。落实“主要领导亲自抓，分管领导具体抓，全局干部精心抓”的工作机制，狠抓对新宁镇花棚村、竹湾村、石坪村、宋溪镇王埠村、南皋村的驻村扶贫。2020年落实5村帮扶资金20万元，帮助5村争取上级政策资金，改进完善基础设施建设、推进扶贫产业发展。

（李迟强）

城市建设

【重点工程顺利实施】 以项目建设为抓手，举全局之力精心组织、科学调度，始终坚持定方案、建机制、强措施，抓好9个责任包挂城建重点项目的早落实、快推进，涉及总投资约2亿元。城区棚改，老被服厂老旧小区改造，生活污水提标改造，曙光路、金沙湾小区沿山边一线污水管网改造，城区主次干道和人行道维修、城区桥梁维修和新建人行道铺设等8个项目完工，涉及投资约1.2亿元。

【全面推进排污整治】 对县城区沿沙田河流域、庐山西海沿湖岸一线、桐林河流域所有水体、排水排放口、水系出口进行全面系统大排查，现场取样进行水质分析检测。持续实施道路雨污分流改造，投入480万元，实施东升路、曙光路3个污水管网改造项目，改造污水管网1.8千米。投入2000万元对豫宁市场周边、老被服厂周边等8个老旧小区进行雨污分流改造，改造污水管网10千米。县财政列支60万元按照城区3个泵站形成的管网格局，网格化、片区化划分养护区域，制定污水管网年度养护管理计划，引入专门企业对排水管网进行日常管护，并建立定时、定人、网格化、物业式考评管理机制。不断完善污水管网收集体系，2020年城区生活污水处理厂年均进水COD浓度均达到132mg/L以上。生产的污泥分别送往九江鑫辉环保有限公司和武宁县甫田砖厂无害化处置。

【推进生活污水处理厂扩容工程】 城区生活污水处理厂提标改造工程，总投资2800万元，2020年6月基本完工，目前正在试运行阶段；生活污水处理厂扩容工程，总投资约8000万元，扩建后日处理能力达4万吨/日，预计2021年底可完工。

【落实排水许可管理制度】 严把管网建设质量关，出台《武宁县城小区基础配套设施建设监管和验收暂行办法》及《武宁县城区污水管网建设监管实施细则》，明确污水管网建设工程中推广使用HDPE增强管（克拉管），排水工程的管材、沟槽、垫层、钢筋混凝土污水井的验收标准，对材料到场进行抽检、管网覆土前进行监督、管网完工后闭水试验，进一步细化城区污水管网（含房产开发小区）建设全过程监管，确保新建、改造污水管网建设质量。对于新接入市政排水管网，落实专职人员到现场进行指导监管，依法逐步实施排水许可管理。

【市政设施维护加强】 坚持街道日常巡查网格化，主干道每天1次，支路巷道每周至少2次。完成城区16座桥梁全面检测和7座桥梁的安全护栏安装。全面启动城区破损道路及人行道维修工程，完成东升路雨污水管网改造及道路白改黑工作；完成柳山大道、武陵岩大道、迎宾大道等17条道路约6700平方米破损路面修复；完成协和大道、武陵岩大道、人民路等21条道路约1万平方米人行道的零星维修；完成城区52处破损雨污水井井盖的更换及维修。完成城区约90米被损毁的交通隔离护栏的更换。完成城区道路标线的施划。

【燃气建设持续加快】 加大安全隐患排查力度，对武宁港华燃气有限公司和15家液化气站进行2次全面安全检查，共下达行政执法文书32份，并建立安全隐患排查台账，督促企业按要求进行整改。10月28日，联合县应急、市监、公安、交管、交通、消防、气象等部门，在全县范围内开展为期2个月的瓶装燃气专项整治，针对检查中发现的安全问题，联合检查组下达整改通知，责令进行整改，确保消除隐患。

（李迟强）

建筑业

【严把建筑市场监管关】 开展建筑市场监督执法大检查2次，结合全市建筑市场施工发包与承包违法行为专项检查暨安全质量大检查，对检查出来的问题督促各在建项目进行整改，进一步规范县建筑市场建设行为和市场秩序；在全县在建项目中继续推行建筑工人实名制管理，规范企业用工以及农民工工资支付等行为。建立实名制工人管理的在建项目22个，考勤数据上传的16个。督促建筑业企业进行季度产值上报，并做到数据准确；对建筑业企业和监理企业执业人员进行规范。强化工程造价管理，每月到市场进行实地建筑材料信息价收集，按月及时准确有效地向上级上报相关材料价格信息。

【严把工程招标管理关】 加强和规范政府投资工程项目的招标公告的发布、备案、开标、评标、定标等工作的监督管理，严格环节、内容、标准的执行和审查。共监督招标项目28个，总造价约2.23亿元，其中公开招标28个（EPC项目1个，设计招标3个）。备案直接发包工程13个，总造价约3.9亿元。

【严把工程质量安全关】 2020年，全县质量安全受监房屋建筑工程26个，建筑面积共68.19万平方米。其中房地产开发项目9个，面积34.25万平方米；公共建筑11个，面积9.94万平方米；其他项目6个，面积24万平方米。县城规划区内质量安全受监率达100%。开展质量安全专项检查12次，检查建筑工地21个，下发整改通知书92份，停工通知书8份，发现质量安全隐患316条，均已整改，整改率100%。聘请九江市建筑施工领域专家对县18个分部分项危险性较大工程进行专家组技术论证。

【开展工地扬尘治理】 根据工地扬尘治理“六个百分百”要求，对开工复工的建筑工地开展6次拉网式大排查，发现扬尘治理问题83起，下发整改通知书25份、停工通知书3份，并对发现问题进行跟踪督办。

【开展工地疫情防控监督】 对建筑工地复工复产疫情防控和安全进行安排部署，制定《武宁县建筑工地复工复产疫情防控帮扶分工表》，会同应急、卫健、消防、供电等部门对2处疫情隔离观察场所建筑进行安全排查，对全县21个复工在建项目疫情隔离房间、集中居住场所和安全生产进行排查，确保工地疫情防控到位和安全生产。

【开展安全生产专项整治】 制定建筑领域安全生产专项整治三年实施方案，召开动员部署会议，对全县在建工程不定期开展安全生产明察暗访活动，重点对企业开展安全生产情况，安全薄弱环节和易发生事故的危险性较大的工程进行检查，共检查在建项目21个，排查发现安全隐患236处，整改率100%，处罚施工项目4个，处罚金额26万元。

【加强工程竣工验收监督】 2020年竣工项目共14个，竣工面积45.22万平方米。所有住宅工程在竣工验收之前均实行分户验收制度。通过加强竣工验收过程监督，及时消除住宅工程质量隐患。

（李迟强）

房地产业

【全面完成房改任务】 2020年棚改征收完成432户（含省、市下达任务80户）、危房改造任务90户、公租房分配5批次1001户、住房补贴发放400户次12万元；老政府房改房、老财政局房改房、老人民医院房改房、豫宁市场周边、老被服厂周边等老旧小区改造全面完成。

【房地产市场稳定发展】 规范商品房预售资金监督管理，为维护商品房交易当事人的合法权益，确保商品房预售资金用于商品房项目建设，对县商品房预售资金实行全面监管，严格按正常程序进行资金审核拨付，促进县房产市场的健康发展。严格按照《武宁县商品房买卖合同登记备案管理办法（试行）》进行商品房备案，重新制定备案合同版本，对在建在售楼盘企业财务、备案员进行业务培训，打击炒房、逃税等扰乱房地产市场行为。全年审核商品房买卖合同备案2489份，29.69万平方米，其中住宅2213套，27.97万平方米；商铺276间，1.72万平方米。

【着力抓好二手房交易】 为方便群众和企业办事，二手房交易全面推行延时、错时、预约和上门服务。完成二手房交易1561宗，较上年同比增长22%；对893户二手房交易资金进行监管，监管资金达2.64亿多元。在房产交易过程中，促成物业服务费收缴20多万元；加强住宅维修资金的收缴，完成550户维修资金的续缴，续缴资金63.8万元。全县房产中介机构备案数56家（含分支机构），从业人员160余人。

【加强物业监管工作】 加强物业巡查制度，定期不定期对各小区开展物业巡查；做好业委会选举（换届）工作，依托市场做好物业选聘及退出机制；联合县创文办指导物业企业，做好小区迎“创文创卫”的迎检工作。3个开发项目物业竣工交付使用，受理维修496起，维修413起，对其余不在维修受理范围的做好解释工作。

（李迟强）

村镇建设

【加速实施农村危房改造】 2020年，省市下达的任务数23户，县级安排资金组织实施的67户，共计90户全部竣工验收，危改资金187.8万元，资金拨付率100%。

【公示县第一批历史建筑】 组织全县18个乡镇共摸排出历史建筑104处，经筛选及历史建筑专家评定委员会的评定，筛选出6处具有历史意义和保护价值并且保留较为完整的历史建筑，为武宁县第一批历史建筑，在县级政务网进行公示，完成挂牌程序，正在进行测绘建档程序。

【推进农村“厕所革命”】 2020年，公厕改革任务新建2座，改建4座，分别为宋溪镇新建1座，罗坪镇新建1座、改建4座，宋溪镇和罗坪镇分别投入镇级财政资金23万元与28万元进行项目建设，均完工投入使用。

（李迟强）

附：2020年县住建局领导名录

党组书记、局长：吴毛生
党组副书记、副局长：李七零（保留正科待遇）
党组成员、副局长：刘遵虎（保留正科待遇）
陈　伟（保留正科待遇）
葛　明（保留正科待遇）
申和珍（女）、余安乐
党组成员、副主任科员：刘文丰
范晓敏（女，任至8月）
党组成员：王先明（保留副科待遇）
县征补办主任：柯小明
县房管局保障房管理所所长：余传荣
县建筑工程质量监督站站长：王义军
县建筑工程质量监督站党支部书记：洪　斌
县给排水管理办公室主任：段永兵

城乡规划编制

【国土空间规划编制】 2020年6月，启动武宁县国土空间总体规划和乡镇国土空间总体规划编制工作，并通过公开招标方式确定设计单位（南昌市城市规划设计研究总院、江西兰德规划设计有限公司），招标价1098万元。完成相关部门专项座谈、乡镇调研并形成基础资料汇编和现状调研报告。完成城镇化与人口变化趋势、自然资源保护与利用、全域旅游、城市设计、区域协调发展战略、国土空间综合整治与生态修复6个专题研究成果。按照省市进度要求，开展6轮基础数据转换，城镇开发边界、永久基本农田、生态红线划定工作。

【片区控制性详细规划编制】 为合理布局滨湖生态新城、宋溪片区路网和用地，推动重点项目建设，完善老城区设施短缺，科学确定容积率、建筑高度等经济技术指标，并为土地出让项目建设提供法律依据，先后启动滨湖生态新城、老城区、宋溪片区控制性详细规划编制工作。

【村镇规划编制】 完成官莲乡东山村、宋溪镇王埠村、澧溪镇北湾村3个市级试点的村庄规划编制工作。结合2019年开展的村庄调查和分类成果，完成村庄规划评估工作，对现有村庄规划覆盖情况及适应性、“多规划合一”实用性村庄规划编制的需求进行评估，为下一步村庄规划编制工作打下坚实基础。

（王洪江）

城市管理

【概况】 2020年，城管局下设园林所一个正科级单位及城管执法监察大队、市容环境卫生管理所两个副科级单位。负责城区市容市貌、环境卫生、绿化亮化等工作。局机关正式干职工15人；城管大队76人（其中正式编制26个含自收自支编制14个，聘用队员50人）；环卫所正式干职工15人，聘用街道卫生管理、保洁员208人。2020年，获评为“江西省城管执法队伍‘强基础、转作风、树形象’专项行动先进单位”，被九江市城管局评为“九江市城市管理综合先进单位”。

【街道市容秩序管理】 严格落实网格化路长制管理及三级督查管理机制，对影响街面秩序的占道经营行为进行查处。共组织集中大小整治72次，出动执法人员1300余人次，治理流动摊贩5800次，暂扣各类违章物品120余件。

【整治车辆乱停乱放】 为进一步规范人行道停车秩序，改善市民出行环境，提升城市文明形象，严格落实创建文明城市工作要求，在城区主次干道人行道共施划非机动车停车位1.2万多个，并联合公安部门开展城区车辆乱停乱放整治6次，扣押处理各类车辆200多辆。全年查处城区机动车人行道乱停乱放违章行为5600余起。

【整治“两违”建筑】 进一步加强与住建局、自然资源局等相关职能部门工作联动，明确主体责任，健全违法建设查处制度，加强日常巡查并建立巡查记录和台账。共制止45处违章行为，强制拆除西海佳园、新宁路等违章建筑25处，面积280余平方米。积极配合片区单位对各辖区内私搭乱建拆除80多处，面积3000余平方米。

【整治城区户外广告】 严格按照“上下一条线、突出一个面”“一街一景”的总体要求，规范各类户外广告、店铺招牌审批程序。在创文前期，对户外广告牌匾设置进行全面排查，集中力量拆除城区各类存在安全隐患、破旧的户外广告、牌匾、灯箱780余处，计1600多平方米；督导更新65处；清理条幅132条。联合公安部门积极治理城市“牛皮癣”，共同查处散发、张贴广告行为3起，暂扣广告6000余张，清理沿街涂写、刻画、张贴小广告3200余处。

【开展大气污染防治】 加强余土管控，采取蹲守工地和道路巡查相结合的方式，严控扬尘污染源头、运输及落点，严管重罚。2020年，共查处建筑材料运输车辆进出工地不冲洗或冲洗不干净、未密闭或密闭不严、抛洒滴漏和带泥上路等各类违章行为26起。联合生态环境局等职能部门继续开展城区餐饮油烟整治工作，着力规范、解决城区餐饮行业油烟污染问题。通过整治，对排查出未安装油烟净化设施386家餐饮经营户进行整改，有327家餐饮经营户整改到位。对市民反映强烈的汇金市场夜市14户经营户进行劝离搬迁。对城区艺邦、协和大道车站周边、凌云市场周边，以及新一中等中小学周边等重点地段、重点区域，出重拳、集中力量全面取缔露天烧烤，引导进店经营。开展夜市摊点和露天烧烤占道经营专项整治12次，出动500余人次，共查处128起违规占道经营摊点。

【环境卫生专项治理】 强化城区主次街道清扫保洁力度，重要路段增加洒水频次，常态化冲洗主次干道、擦洗垃圾箱（桶），确保路面无暴露垃圾，无污水、无污迹、无渣土。组织专人队伍，定期对外湖及沿岸卫生情况进行巡查，及时清理垃圾、打捞漂浮物，共计清理400多吨。

【完善环卫设施设备】 对城区7座一级垃圾中转站进行全面升级改造，更换站内老旧、落后垃圾压缩设备，配套购置1辆吸污车、2辆勾臂车、1辆对接车和1辆挂桶车；5月建成餐厨处理中心，餐厨垃圾日处理量达20吨，处理后餐厨废弃物减量率超过80%，油水分离率达95%，基本实现无害化处理、资源化利用；为进一步提升保卫清扫保洁效率和机械化作业率，购置1辆大型洗扫车、2辆中型扫地车、1辆道路养护车和1辆小型电瓶扫路车。

【加强城区亮化维护】 不断完善路灯亮化数字控制和检测维修设备。建立健全路灯日常巡查、检测维修管理制度。每晚安排人员对城区4900多杆路灯进行巡查，对破损路灯设备进行维修，确保城区主干道亮灯率达98%以上，次干道亮灯率达97%以上，巷道亮灯率达96%以上，景观灯亮灯率达95%以上。

【推进厕所革命】 2020年，县城区公厕建设新建8座、改建3座，年底前全部竣工并投入使用。完成城区公园广场的27座公厕无障碍通道的改造和6座旅游公厕无障碍厕位与隔断的改造。

【推进生活垃圾分类】 按照县垃圾分类实施方案的要求，各行政机关单位、试点酒店、景区都配备两分类垃圾桶，在两个试点小区购置智能收集箱、垃圾驿站、积分兑换机等设备，安排工作人员在垃圾排放高峰时段，对居民垃圾分类、投放进行现场指引；积极开展生活垃圾分类宣传活动，在社区、小区、学校实地开展特色宣传活动5次，向市民群众发放生活垃圾分类市民指导手册2万余份。

【实施老旧小区改造】 对豫宁市场周边老旧小区实施改造，共投入资金2000万元，对小区内污水管网、自来水管网、弱电管网、停车位、道路路面进行改造，并增设智能安防系统，外墙立面防水粉刷美化。

【扎实开展精准扶贫】 进一步巩固脱贫攻坚效果，罗洞村落实帮扶资金6万元，车下村落实帮扶资金5万元。在帮扶村发展蔬菜基地10余亩，葡萄基地20余亩，引进朗盛专业合作社种植，每年进行分红；园林所投入村建帮扶资金8万元，帮助西桥村开展防汛救灾工作，投入防汛救灾款5万元，帮扶西桥村苗木合作专业社苗木基地育苗工作。栽植小苗20多万株，栽植小毛球3000多株，实施产业带动扶贫攻坚工作。全年苗木基地销售苗木收入达30万元。

（洪苑龙）

附：2020年县城市管理局领导名录

党组书记：余　旺
局长：杨　勇
党组成员、副局长：黄宣文（保留正科待遇）
党组成员：熊剑彬（保留副科待遇）
　　　　　邓小均（保留副科待遇）
党组成员、副局长、环卫所所长：徐德生
县城管大队教导员：熊明谅

县园林所

所长：莫才银
副所长：杨　名、曾令明
总工程师：夏　琳（女）

住房公积金管理

【概况】 截至2020年12月底，共缴存公积金1.75亿元，缴存单位303个，缴存职工12988人，比上年新增缴存职工1354人；发放贷款442笔，发放贷款金额11407.1万元；当年提取总额为13156.45万元。

（占智轩）

附：2020年县住房公积金办领导名录

主任：戴定富

水　　利

综　　述

2020年，积极践行新时期治水新思路，深入贯彻“节水优先、空间均衡、系统治理、两手发力”治水总方针，牢牢把握“水利工程补短板、水利行业强监管”治水总基调，围绕经济社会发展大局，以水生态文明建设统领水利改革发展，紧盯防汛抗旱抗灾减灾、水利工程项目建设、河道砂石规范管理等重点工作，攻坚克难、开拓创新，圆满完成各项任务，成效显著。

推进农业水价综合改革。武宁县2020年列为全省第二批农业水价综合改革整体推进县，改革面积21413.33公顷，对全县农田水利工程进行初步摸底调查，完成县级任务报告书。结合灌区类型及管护现状情况，选取大田中型灌区、楼湖提灌灌区、澧溪引水灌区作为水价测算的典型灌区，完成农业供水成本初步测算。完成农业灌溉初始水权确权实施方案和全县2020年农业水价综合改革总体实施方案编制等相关工作。

申报大田灌区续建配套项目。2020年，成功申报武宁县大田灌区续建配套与节水改造项目，编制完成初步设计方案。

启动城乡供水一体化工作。2020年开始启动城乡供水一体化工作，制定《武宁县关于全面推行城乡供水一体化的实施方案》，与县城投公司签订城乡供水一体化合作协议。开始《武宁县“十四五”供水保障规划》的编制工作，落实《武宁县城乡供水一体化工程规划报告》设计单位。

开展鄱阳湖生态环境专项整治。召开打造修河“最美岸线”工作推进会，组织开展“河小青”志愿服务活动，明确生态鄱阳湖流域建设2020年重点工作内容，对相关工作开展情况进行每月一调度，进一步完善全县流域面积50平方千米以下、10平方千米以上河流及村级河长基本信息，鄱阳湖生态环境专项整治排查出的2个突出问题、2020年“清河行动”排查出的6个突出问题全部整改到位。

水利工程建设与管理

【豫宁西护岸工程】　县城防洪豫宁西护岸工程位于武宁县城，抛石护岸范围总长3.3千米，工程保护人口8.55万人。项目资金2813万元（其中，施工2774万元，监理35万元）。9月1日开工，至年底完成工程量45%。

【中小河流治理工程】　船滩镇、东林乡、鲁溪镇防洪工程均完工，正在验收。罗溪乡防洪工程河道综合整治全长14.1千米，工程保护人口2.08万人，保护耕地646.67公顷。8月27日开工，年度完成工程量40%。

【病险水库除险加固工程】　完成2018—2019年实施的8座水库竣工验收工作。2020年实施的东源水库、长垅水库、舒家源水库、老葛社水库、杨山水库、方塅垅水库、河山垅水库、彭源洞水库、幸福水库、白干水库等10座水库除险加固工程，总投资1270.14万元，灌溉面积240公顷，保护人口35380余人。11月5日开工建设，年度完成工程量30%左右。

【山塘整治工程】　完成2018—2019年44座山塘整治项目的验收工作。2020年度，山塘整治工程总投资323万元，年底40座山塘全部完工。

【农村饮水安全维修养护工程】 2020年度农村饮水安全维修养护工程总投资323万元，完成39处农村饮水维养。

水资源管理

【严格执行水资源管理制度】 加强“三条红线”管理”，即用水总量控制、用水效率控制、水功能区限制纳污管理，严格水资源管理责任和考核制度。对修河干流水功能区和规模以上排污口进行每月一次的水质监测，采用水功能区限制纳污红线主要控制项目进行达标评价，水质保持在Ⅲ类以上，达标率为100%。完成武宁县2020年水资源公报的编制工作。

【开展行政许可和资源论证】 开展水资源论证和取水许可审批，共发放取水许可证111个（自来水厂15个，灌区2个，企业2个，水电站92个）。

【开展县域节水型社会达标建设工作】 按照上级水行政主管部门要求，分别在恒庆照明、耀润磁电、公园壹号、艺邦山水城、甫田油之源、横路江美园、县水利局、豫宁学校等8个项目点开展县域节水型社会达标建设工作，项目通过省水资源管理中心专家的技术评估。

水政监察

【开展水政执法】 2020年，水政监察开展河道巡查480人次，出动车辆200余次，制止河道违法行为60余起，查处非法采（运）砂案6件。通过不断加强执法力度，有效震慑水事违法行为，维护武宁水域良好的生态环境。

【严格采砂管理】 制定《2020年度武宁县修河支流水域采砂年度计划》《2020年度武宁县修河支流水域采砂开采实施方案》，确保采砂管理有序进行。严格采砂许可审批，启动第二批采砂规划编制工作，组织编制《武宁县修河支流罗溪水、西口水及坎头港水河道采砂规划报告（2020—2021年）》。坚持一采区一许可原则，按照采砂许可审批程序和要求，对采砂申请材料进行现场走访调查，对不符合要求的坚决不予发证，确保采砂许可审批实质化。实行总量控制，全年共发放采砂许可证4个，分别开放的采区有：丰林采区、鸡婆垄采区、王家山下采区、半山林场采区。

农村水电

【概况】 2020年，印发《关于要求水电站统一进行安全鉴定工作的通知》，对全县未竣工验收及坝高15米或者库容10万立方米以上的水电站进行安全鉴定。委托有资质单位根据原水能数据，修编《武宁县流域水能资源开发规划》，在此基础上，委托环评单位编制《江西武宁县流域水能资源开发规划环境影响评价报告书》。

【安装生态流量泄放在线监控设施】 组织全县部分水电站编制生态流量泄放方案并进行审查。50座水电站完成生态流量泄放在线监控设施安装，其他水电站也在有序安装中。

【联合相关部门出台综合评估意见】 联合相关部门对全县104座水电站逐站提出分类意见，明确下步整改要求，形成联合评估意见。联合意见建议拆除天平电站、吴湾电站、邓家源电站、屋背电站；盘溪电站、源口电站为保留类；其余98座水电站为整改类，根据相关部门要求整改完成后，即可继续保留。

（廖云）

附：2020年县水利局领导名录

党组书记、局长：申国龙（3月任）
廖礼锋（任至3月）
党组成员、副局长：王　彬（享受正科待遇）
邓　炜
党组成员、县河长制办公室专职副主任：
韩华冰（保留正科待遇）
县防汛办主任：邹晓宁
县河道管理局局长：范家铭
县水土保持局局长：魏　科

环境保护

综　述

2020 年，不断健全环境保护工作机制，有序推进污染防治攻坚战各项重点任务，严厉打击各类环境违法行为，解决一批突出环境问题，全县环境质量稳中向好，人居环境进一步改善。

城区环境空气质量自动监测站，对城区环境空气 24 小时实时监控，本年度监测有效天数 349 天，优良天数 337 天，优良率为 96.5%，PM2.5 全年平均浓度 21 微克/立方米。源口水库（县级饮用水源地）水质自动监测站对总有机碳、高锰酸盐指数、氨氮、总磷、总氮、水质五参数等指标进行实时监测。市环境监测站对县境内的主要河流断面进行水质监测，庐山西海（柘林湖）水质整体状况良好，水质稳定在Ⅱ类以上，优良率 100%，饮用水源地水质达标率 100%。（周剑）

生态环境建设与保护

【积极开展生态文明创建工作】　成立创建领导小组，下发《武宁县创建国家生态文明建设示范县工作方案》和《武宁县“绿水青山就是金山银山”实践创新基地建设工作方案》，开展一系列创建工作，顺利通过国家和省现场核查组核查，成功荣获国家生态文明建设示范县和江西省“绿水青山就是金山银山”实践创新基地两个荣誉称号，生态创建工作取得双丰收。

【项目审批管理】　深入贯彻落实“放管服”和“最多跑一次”要求，对企业进行帮扶指导，助力企业复工复产，简化生态环境行政许可手续，严格落实环评审批正面清单，完成项目审批 77 个，协助企业完成备案 10 个；组织对排污许可证系统 450 家企业进行分类管理，对 72 家企业纳入清理整顿行列，完成 378 家合规企业登记发证工作。

（周剑）

污染防治

【开展重点行业污染专项整治】　环境执法大队持续深入开展重点行业污染专项整治、打击危险废物违法犯罪、环境执法大练兵活动、环境违法问题大排查、沿河湖排污口大排查、零点行动等专项行动。在加强日常监管的同时，加大突击检查力度。2020 年共出动执法人员 500 余人次，检查企业 200 余家，下达责令改正书 60 余份，对武宁县工业污水处理厂等 23 家企业进行立案处罚，共计罚款 139.3 万元，开展生态损害赔偿 2 家，赔偿金额 8000 元。

【开展水源地环境大检查】　在东林乡、甫田乡等 5 个乡镇划定保护区。对 11 个万人千吨水源地按季度完成全年 4 次监测，水源地水质优良率 100%。推进鲁溪镇双溪村等 10 个行政村生活污水深度处理项目。在界牌断面建设水质自动监测站。

【乡镇（园区）空气监测站建设】 投资近2000万元完成19个乡镇（园区）空气监测站建设。全面完成县城及园区10蒸吨/小时及以下燃煤锅炉整治淘汰工作。开展砖瓦行业环保专项执法行动，推进安装在线监控设施。加强餐饮业油烟污染整治、城市扬尘污染防治、柴油货车污染治理专项行动，开展非道路移动机械登记监管，完成450台非道路移动机械登记工作。

乡镇空气质量自动监测站

【环保督察问题整改】 认真梳理“8+1”类环保督察、审计反馈问题，精准制定整改方案，调整整改工作领导小组，全面负责整改落实、统筹协调和整体推进，经全面整改，全县“8+1”类生态环境督察审计反馈的128个问题全部整改完成，并全部予以销号。

（周剑）

节能减排

【概况】 2020年，全县能耗总量为27.85万吨标准煤，能耗实际增量呈数为0.17万吨标准煤，未超出年度能耗增量控制目标2.118万吨标准煤。

【落实节能减排一票否决制和绩效问责制】 把节能目标任务完成情况纳入年度目标考评体系，对未能如期完成年度和阶段性目标任务的实行严格问责制，对超额如期完成年度和阶段性目标任务的给予表彰奖励；积极推动产业结构调整，逐步提高第三产业占地区生产总值的比重，逐步降低高耗能行业占工业增加值的比重；组织各地各部门利用电子屏、宣传栏、微信、微博、短信等多种平台传播生态文明理念，普及能源资源节约和资源循环利用知识；对生产企业进行专项检查、对能效标识进行专项执法。

（龙福生）

水土保持

【水土流失综合治理项目】 全面完成2020年国家水土保持项目的扫尾工作，共完成综合治理面积20平方千米，完成总投资约720万元；完成2021年国家水土保持项目规划设计工作；完成重点工程项目信息系统录入工作；完成官莲乡东山水生态文明村验收工作。

【加强水土保持监督执法】 2020年，完成水保方案审批29个，征收水土保持补偿费109万元；结合水法宣传周开展水土保持法宣传工作；结合水利部、省、市卫星遥感图斑核查，对下发疑似图斑进行现场复核，对最终确定11个违规项目进行执法检查，并全部完成整改。

（廖云）

附：2020年县生态环境局领导名录

局　　长：李　刚
副 局 长：严黑汉、李　影
党总支委员：葛明霞（女）、赵业高
县工业园区环保监察中心主任：韩靖群
县环境监察大队大队长：陈丁丁
县环境监察大队教导员：李柯梅（女）
县环境保护监测站站长：冷春龙

教育 · 体育

综　　述

全县各级各类学校215所。其中：义务教育学校209所，中心完小（含县直小学）16所、村完小28所、教学点143所、九年一贯制学校12所，初级中学9所，特殊教育学校1所。完全中学3所（民办完中1所），职业学校2所（其中民办1所），教师进修学校1所。在校学生52495人，其中：小学在校生29841人，初中在校生15555人，高中阶段在校生8127人（普通高中5136人，中职学校2991人）。幼儿园94所，其中：公办57所，民办37所，在园幼儿12982人，学前三年毛入园率92.8%。在职公办教职工3166人，其中义务教育阶段教师2634人。

基础教育

【学前教育】 全县3～5岁儿童15132人，在园幼儿12982人，入园率86%。普惠性覆盖率达到86.9%。幼儿园94所，其中公办园57所、占比为60.6%。幼儿教职工合计1220人，专职教师688人（在编公办教师179人），保育员346人，其他工作人员186人。先后有7所幼儿园被评为省、市级示范幼儿园。

【义务教育】 小学在校学生30215人，适龄儿童入学率100%，巩固率为100%，初中在校生15625人，初中阶段入学率100%，巩固率99.8%。开展“三项文化教育活动”，清明节“网上祭英烈”和“清明节祭扫”活动，积极培育和践行社会主义核心价值观，校园醒目位置布置张贴“社会主义核心价值观”的内容，开展“扣好人生第一粒扣子”主题教育实践活动，积极开展“传承红色基因”“学雷锋志愿服务”等活动，开展“新时代好少年”学习宣传活动，推出一批事迹突出的青少年典型，将传统文化纳入教学中，通过节假日开展经典诵读和戏曲、书法、传统体育等形式推广传统文化教育，加强中小学生思想品德教育，增强中小学生的河湖保护及涉水安全意识，维护良好水生态。组织中招统一考试，设武宁一中和武宁六小2个考点116个考场，全县参加中招统一考试学生3462人。

【高中教育】 高中阶段在校生8127人，高中阶段毛入学率94%。高考考生报名1841人，其中文史类901人，理工类672人，三校生268人，参考1564人，考场60个，备用考场3个，考点设武宁一中。抽调6名英语教师，配合市派主监考做好全县666名考生外语口试考试。有1524人参加信息技术学业水平考试，有1584人参加高中学业水平考试，有1477人参加体育考查科目学业水平考试。一本录取人数184人，占参考人数11.8%；二本以上录取人数727人，占参考人数46.5%。组织自考报考及下发准考证2次，受理新生报考21人，发放自考毕业证4人，成考现场报考资格审查确认计668人。建立高考综合改革组织保障机制，成立武宁县高考综合改革领导小组，武宁一中新一轮标准化考点建设于2020年4月底完工，在2020年高考中设备运行良好。

职业教育

【概况】 武宁县中等专业学校、庐山西海艺术学校（民办）2所职业学校，在校生2991人（武宁中专2023人、庐山西海艺术学校968人）。武宁中专开设有建筑装饰、旅游服务、航空服务、电子电器、学前教育、计算机平面设计等专业，有46个班。先后被评为“省级重点职业学校”，“江西省达标中职学校”，“江西省依法治校示范校”。九江庐山西海艺术学校有两个校区，一校区以举办中等职业学历教育为主，二校区以举办美术类短期培训班为主。

特殊教育

【概况】 武宁县特殊教育学校2003年8月创办，校址武宁原黄墈中学，占地面积6209.5平方米，建筑面积3674.4平方米，在校学生104名（含“送教上门”学生9名），现有教职员工24人，开设生活语文、生活数学、生活适应、音乐、美术、体育、律动、手工等课程。周二、周四下午开“走班”课，有书法、非洲手鼓、运动、手工与绘画、生活、律动六个班，充分考虑学生的潜能开发和功能补偿的需求，增强学生融入社会能力。

民办教育

【庐山西海艺术学校】 庐山西海艺术学校由余静赣先生于2003年创办，有两个校区，校园占地面积151711平方米，建筑面积65692.1平方米，开设建筑装饰、会计、电算化、平面广告设计、客服服务五大专业，在校生1272人，教职员工66人，其中硕士研究生5人，外聘企业有实践经验的专业教师18名，教师47人。

【武宁尚美中学】 武宁尚美中学是江苏教育集团在江西首创的一所民办完全中学，具有小班化、现代化、优质化、特色化品质办学特点，占地7.8公顷，建筑面积7万平方米，现有初一、初二、高一、高二4个年级29个教学班，在校生1100人，教职工150余人，其中在编教师45人。

师资教育管理

【概况】 2020年，表彰“乡村优秀青年教师”12名、“教学骨干”30人、“师德师风标兵”20名、“优秀教师”60名、“服务教学先进教师”10名，县教体局获市宣传部、市教育局“师德师风建设奖”荣誉表彰。面向社会公开招聘国编教师63名、特岗教师76名，安置定向培养的师范生88名。与九江学院达成教学合作，成为九江学院教育实习基地，派送实习教师48名，安排城区学校25名教师到农村学校支教，定向培养农村中小学教师60名。清理在编不在岗和吃财政空饷问题，对7名辞职教师进行下编处理。发放边远艰苦地区特殊津贴220.58万元，农村特别边远教师津贴24.48万元。申报正高级职称1人，申报副高级职称22人，申报中级职称98人，申报初级职称156人。

校园建设

【概况】 做好2019年未完工校建工程的续建工作，武宁一中学生宿舍改造、武宁二中教学楼改造、武宁二小教学楼食堂改造、大洞鲁桥小学教师周转房食堂等2019年续建项目，督促未完工项目学校尽快完成工程的施工、验收和审计工作。2020年全县安排校建项目104个，共投入资金3800.1万元。开工87个，竣工项目69个。协助做好县城中小学幼儿园重点建设项目的实施工作，配合县创建办和县城投公司做好县城中小学重点项目工程实施管理、工程款拨付和资料报送工作。二小运动场因拆迁未开工，尚美中学（二期）和一中黄墈校区改扩建项目正在稳步推进，第三幼儿园施工图正在设计，初步平整地基。

群众体育

【概况】　开展“全县干职工环西海徒步活动”“全县男子篮球赛”“全县男子足球联赛”“迎国庆象棋精英赛”、气排球赛等赛事，成立23个群众单项体育协会，会员5万多人。利用体育彩票资金近100万元，对全县45个行政村或社区进行器材添置或更新，新建足球场18个，县城80%学校都有田径场和室内运动馆。

竞技体育

【概况】　组织参加十三届九江市运会，取得金牌42枚，银牌17枚，铜牌21枚，团体总分1448分，名列全市第六名。组织参加2020年江西省青少年田径运动会，团体总分三等奖。叶美玲同学800米跑荣获江西省第一名，400米跑获第二名。组织参加百县青少年篮球赛，男、女代表队均获省一等奖。组织参加青少年“五人制”足球赛，男、女代表队均获省一等奖。　　（刘俊）

附：2020年县教体系统领导名录

县教体局

党委书记、局长：马哲才

党委委员、副局长：柯水生（保留正科待遇）
　　刘　勇（保留正科待遇）

党委委员、教学研究室主任：
　　杨再华（保留正科待遇）

党委委员、县政府教育督导室主任：洪欢平

县教育工会主任：张　震（3月任，县一中校长任至3月）

县协和中学

校　　长：熊　明

党支部书记：刘　峰

县进修学校

党支部书记：张　敏［3月任，县一中副校长、党总支副书记（兼）任至3月］

校　　长：付林元［3月任，县进修学校副校长、县六小校长（兼）任至3月］

副校长：王宁华（女）、吴利民（3月任）
　　郭奕富（3月任）

县一中

校　　长：黄江平（3月任，副校长任至3月）

副校长：杨月波、张　宴（10月任）
　　龙门兵（10月任）

党总支副书记：晏　欢（10月任）

县振风高级中学

党总支书记：施坦洋（10月任，县一中党总支副书记兼纪检员任至10月）

副校长：叶云华（10月任，县一中副校长任至10月）
　　汤　鹏（10月任）、魏　兵（10月任）

县二中

副校长：黄世清、李　杰（10月任）
　　陈灵燕（女，10月任）
　　胡生斌（10月任）

党总支副书记：黄　清

武宁中等专业学校

党总支书记：舒　锋（3月任，县进修学校副校长任至3月）

校　　长：李　蜀（3月任，县职业中专副校长任至3月）

副校长：余　勇（3月任，县职业中专副校长任至3月）
　　陈　敏（3月任）、熊渭渭（3月任）

县四小

校　　长：周春霞（女，10月任）

县六小

校　　长：张桂洪（10月任）

科学技术

综　述

2020年，切实抓好科技重点工作和全县中心任务的落实，为县域经济发展贡献科技创新动力。全年共申报市级以上科技计划项目18项，成功认定科技型中小企业35家，高新技术企业13家，发放科技创新奖励资金85万元，5家企业获得“科贷通”2100万元贷款。

开展科技宣传与培训活动。认真组织以“科学防控疫情，科技助力经济”为主题的“科技活动周”宣传活动，通过“送科技下乡”“送科技进社区”“送科技进企业”三种活动形式，制作宣传展板20多块，向社会群众发放宣传资料1300份，赠送科技类图书300余册。

开展科技特派团活动。在现有3个省级科技特派团的基础上增加2名市级科技特派员，科技特派员达30人。蜜蜂特派团深入罗坪镇、杨洲乡、上汤乡、新宁镇等乡镇蜂场进行实地指导，举办3期养蜂技术培训班，培训蜂农150人次。油茶特派团在新光公司举办油茶种植技术培训班，到基地实地为林农示范种植技术。

科技发展计划

【扎实推进科技计划项目实施】　围绕县绿色光电、大健康、生态农业等主导产业，扎实推进县科技计划项目申报与实施，努力推进高新技术成果应用转化。申报“科技助力经济2020”重点专项项目2项，申报省级重点研发计划项目3项，推荐3家企业分别申报2020年全省涉农产业、工业领域、社会发展领域核心关键技术目录征集。组织12家企业分别申报2020年度市级重点研发项目、工程技术研究中心、众创空间、星创天地。2020年所有科技计划项目均顺利有序实施。

【做好科技创新人才申报工作】　推荐昂泰制药总经理付剑波申报市“双百双千”人才工作计划企业经营管理人才项目。推荐2个科技工作者参加2020年九江市“最美科技工作者”竞选，其中谌瑞林被评为2020年九江市“最美科技工作者”。

【助力企业获省“科贷通”贷款】　针对重点企业进行调研，梳理企业在人才、技术、资金方面的需求，共收集到技术需求16项，人才需求5项，将这些需求通过市科技情报所技术交易平台进行公告。2020年组织12家企业申请“科贷通”科技贷款，5家企业获得2100万元贷款。

高新技术及产业

【培育科技型中小企业】　根据科技部、财政部、国家税务总局关于印发《科技型中小企业评价办法》的通知（国科发政〔2017〕115号）精神，

2020 年有武宁县宏辉新材料有限公司、江西生成卫生用品有限公司、中岩武宁环保科技有限公司、江西江中中药饮片有限公司、江西昂泰制药有限公司、江西恒庆照明有限公司、九江赛璐珞实业有限公司、武宁鑫杰灯业有限公司、江西益敏电子科技有限公司、江西耀润磁电科技有限公司、江西领药业有限公司、武宁鸿达亚克力有限公司、九江金鼎泰钒氮科技有限公司、江西秀拓地坪材料有限公司、江西省宏丰塑胶有限公司、江西闽标车辆制造有限公司、江西鑫兴机械制造有限公司、江西福克曼交通安全科技有限公司、九江聚鸿新材料有限公司、九江诚辉机动车部件有限公司、江西国福资源科技股份有限公司、江西辽燚环保产业有限公司、江西美丽达乐器有限公司、江西千色新型无机材料有限公司、武宁华南包装有限公司、九江瑞升耐磨件制造有限公司、江西圣鹏现代农业开发有限公司、江西聚鸿环保防腐设备有限公司、江西龙窑环境工程有限公司、江吉凯金属制品有限公司、江西林力高新材料有限公司、江西恒益新型电子材料有限公司、江西银海照明电器有限公司、九江盛博科技有限公司、春迅电子（武宁）有限公司等 35 家企业被认定为国家科技型中小企业。

【培育高新技术企业】 2020 年分两批共组织 15 家企业进行高新企业申报。江西辽燚环保产业有限公司、江西恒益新型电子材料有限公司、江西福克曼交通安全科技有限公司、武宁瑞升耐磨件有限公司、江西圣鹏农业综合开发有限公司、江西林力高新材料有限公司、江西聚鸿环保防腐设备有限责任公司、江西龙窑环境工程有限公司、武宁鑫杰灯业有限公司等 9 家企业成功通过认定。2020 年底县高新技术企业总数达到 33 家。

【推荐申报瞪羚企业】 2020 年，组织 5 家企业申报瞪羚企业（潜在），其中江西一领药业有限公司申报瞪羚企业、江西奥普照明有限公司、武宁县宏辉新材料有限公司、江西辽燚环保产业有限公司、江西恒益新型电子材料有限公司 4 家公司申报潜在瞪羚企业。

科技成果与奖励

【2 项省级重点新产品通过专家验收】 奥普照明的“新一代 LEDT8 日光灯”“透光率〉90% 的 LEDT8 日光灯”2 项省级重点新产品项目成功通过专家组验收。

【颁发科技创新成果奖励】 出台《武宁县科技创新奖励办法》，科技创新奖励基金在原来的 100 万元基础上再增加 100 万元，使科技创新奖励基金达到 200 万元。对 2019 年度首次认定的 8 家高新技术企业和 1 个（个人）科学技术发明奖发放科技创新奖励资金 85 万元。

（周琴）

附：2020 年县科技局领导名录

党组书记、局长：柯美兰（女，3 月任）
黄华军（任至 3 月）
党组成员、副局长：陈木红（女）、卢 群

科学技术普及

【概况】 2020 年，县科协积极落实省市科协的工作部署，努力弘扬科学精神。开展各类主题活动、新冠肺炎疫情防控、科技志愿者服务科普活动。开展全国科普日活动，赴新宁镇、罗坪镇、工业园区等地进行“科技三下乡”活动，成立江西“海智计划”昂泰生物医药研究工作站。

【普及疫情防控知识】 1 月 28 日至 2 月 11 日开展为期 15 天的预防感染新型冠状病毒科普知识网

络竞赛。7月31日，开展以“致力疫情防控，推进健康科普”为主题的“全国科普日”。聚焦科学防疫和节约粮食两个方面展开，科协兼职副主席、豫宁学校副校长俞海宁主持，豫宁学校200余名教职工和数千名学生参加活动。9月8日，在竹岭村开展“疫情防控”活动，用科技知识向广大市民进行科学宣传。

【科普服务稳步提升】 召开武宁县全民科学素质工作推进暨培训大会，4月份在全县各乡镇开展22场科学素质培训，培训人员达2500余人，发放科普宣传资料、防疫宣传手册等5000余份。积极推进“三站建设”，江西省箬溪农业开发有限公司成功申报市级专家工作站，引进水科院淡水渔业研究中心徐跑主任及其团队，在鲟鱼全雌化、高值化加工利用等方面进行研究，充分发挥高端人才支撑和先进技术引领作用，加大科技创新力度，增强企业核心竞争力。

【加强青少年科技教育】 组织开展青少年科技创新大赛活动，在三十五届青少年科技创新大赛活动中荣获江西省一、二等奖项7项；在市级比赛中，武宁获得科技创新成果一等奖8个，二等奖7个，三等奖4个；科幻画一等奖6个，二等奖8个，三等奖4个；科学实践活动一等奖1个；科技辅导员一等奖2个，二等奖1个；优秀组织奖1个。

（车学文）

附：2020年县科协领导名录

党组书记：黄华军（3月任）

主　　席：周婉婉（女）

专职副主席兼老年科协办主任：熊谷平

气　　象

【概况】 武宁属亚热带季风气候，气候温和、湿润，雨水充沛，四季分明。2020年平均气温为17.8摄氏度，8月份平均气温29.1摄氏度，年最高温度为37.5摄氏度；全年总降水量1901.4毫米，4—6月占全年总降水量的30.4%；年平均相对湿度78%。

【做好气象保障服务】 2020年，增加预警大喇叭广播和预警电子显示屏的滚动播出，自建预警短信平台，每次过程均向全县400余名气象信息员、县乡党政领导、种养大户和工业园企业主等相关单位和个人发送预警短信。全年共发布气象灾害预警信号157次，气象服务短信25万余条，专题气象服务材料81期。开展火险等级预报和抗旱人工影响天气作业13次，有效的缓解了本地旱情。

【开展气象科普宣传】 利用“3·23世界气象日”“5·12防灾减灾日”、安全生产宣传月、全国科普宣传周和“宪法宣传周”等专题活动积极开展线上线下相结合的气象科普宣传，发放科普材料4万份，全方位普及气象知识、人工影响天气、防雷减灾、气象法律法规等方面知识，提高市民的气象防灾减灾意识和应急防范能力。武宁县气象局获“2019年省级科普教育基地”称号。

【开展联合执法检查】 以政府办名义公布50家气象灾害防御重点单位，推进气象灾害防御指挥部履职常态化。联合应急管理局等部门对气象灾害防御重点单位开展联合执法检查。

（张训亮）

附：2020年武宁气象局领导名录

局　长：陈　敏（女）

副局长：朱丽霞（女）

　　　　倪　彬

文化新闻出版传媒

综　述

2020 年，县文广新旅局紧紧围绕“内涵式高质量发展”目标，突出重点，强化措施，全面巩固国家公共文化服务体系示范区创建成果，扎实工作，有效推进全县文化广电新闻出版工作新跨越。武宁县文化市场综合执法大队获评“全国服务农民、服务基层文化建设先进集体”称号，武宁县文化馆获 2020“百姓大舞台，大家一起来”大型公益性文化活动优秀组织奖，武宁县图书馆获 2020 年全市公共图书馆“古籍和地方文献工作先进单位”称号。

文学艺术

【创新开展线上服务】　围绕“打赢疫情防控战·人间有大爱”为主题，完成《战疫行动》《战疫医生》《抗疫父子兵》等艺术创作 30 余篇，部分作品入选“学习强国”、江西文旅发布、文化九江云平台，宣传武宁众志成城战疫情的精神风貌。整合各类数字资源，推出“慕课”公益课堂，线上授课 100 课时，受益人数 820 人。

社会文化

【完善公共文化设施建设】　进一步完善县、乡、村三级文化阵地建设。2020 年完成县文化广场改造提升，重点建设甫田乡、石渡乡、泉口镇等乡镇级综合文化服务中心，推动建设和改造村级文化活动中心、文化广场及文化长廊 68 个。

【开展农村文化三项活动】　深入开展农村文化三项活动，全年完成送戏下乡 84 场、送电影下乡 3108 场、乡镇自办活动 100 余场。

送戏下乡

【举办系列主题活动】　开展 2020 年武宁县迎新春晚会、“致敬抗疫英雄·注入文化力量”等以抗疫为主题的系列活动；举办茶园开园节、“大美江西·走进武宁”、杨梅节、金沙滩音乐节、第三届田园澧溪消夏节、香港第十届全国摄影艺术展、山水武宁文化旅游促进消费活动月等系列主题活动。

【精心组织展览活动】　线上展览有“指尖技艺——少数民族妇女手工艺与服饰展”、“4·23 世界读书日”经典阅读，名家诗词赏析、家书文化、非遗文化线上宣传推广活动等。实地展览有“庆元旦·迎新春”学生书画习作展、“诗意新春——

古诗词中的过年情怀”展览、“五月榴花照眼明”端午诗词特展、“昔日地球霸主——走进恐龙时代”科普展等。围绕“脱贫攻坚”“决胜小康”等主题，精心组织主题书画展等20余场。

非物质文化遗产保护

【非遗项目传承】　加强省、市级非遗传承人申报工作，成功申报4个市级非遗项目，21名市级传承人，完成1名省级非遗代表性传承人申报工作。组织开展第四批武宁非物质文化遗产代表性项目代表性传承人评审，评选出县级非遗代表性传承人61人。

畲族稻草香

【举办非遗活动】　开展《武宁采茶戏》编撰工作，编印《九板十八腔》丛书；举办“非遗之乡·奋进船滩”摄影比赛，组织打鼓歌、采茶戏等项目参加九江市举办的宣传展示。

图书馆

【概况】　2020年，新增读者326名。为全县183个行政村农家书屋更新图书13359册。

【免费开放】　武宁县图书馆继续秉持“一切为读者，为了一切读者”的服务宗旨，围绕优化服务、拓展图书馆教育和信息的功能，遵循“平等、免费、无障碍”的服务理念，充分利用馆藏图书、报纸和数字资源，创新服务模式，改进服务手段，强化服务意识，深入推进免费开放，确保每周开放时间不少于56小时。积极推广数字阅读活动，利用6台电子借阅机，将优秀数字阅读资源直接推送到读者手中。

【馆办活动】　举办了节庆展、新春展、科普展、图文展等活动。暑假期间，在少儿读书乐园举办馆长领读《论语》公益读书会；在四楼自习室举办少儿书法、美术培训班，共有136名学员参加培训。

博物馆

【概况】　2020年，县博物馆在抓好疫情防控工作的同时，重点在逐步恢复博物馆有序开放和加大野外不可移动文物保护力度。经上级批准博物馆于4月9日恢复有序开放，2020年接待旅游团队109个，游客人数达6万人次。

【举办陈展活动】 “5·18 国际博物馆日”举办“赣北工匠”程宇民石刻艺术展，11 月 22 日，举办“红豆杉科技文化展”等活动。

文物保护

【文物挖掘与保护】 省保单位红军三打横路镇战斗旧址维修工程。完成省级文物预防性保护申报。启动文物保护修复的申报工作。争取到箬田红军十大政纲墙红色标语保护经费 10 万元。加大武宁县古建保护申报各作，共完成杨赫坤、程盟山等 6 个名人特色古建筑的申报。收进浣云亭碑等重要文物 13 件（套），进一步充实馆藏。

【建立消防微型站】 高度重视文物安全保卫工作，建立博物馆消防微型站，定期对博物馆进行消防安全大检查，全年未发生文物安全事故。

文化市场与出版物市场监管

【概况】 2020 年，以规范文化、旅游市场秩序为目标，以深入开展“扫黄打非”工作为抓手，以加强执法队伍建设为基础，切实做好武宁县文化、旅游市场监管工作，进一步规范和净化文化、旅游市场，各项工作进展顺利，取得阶段性的成果。

【网吧治理】 加强对网吧市场的监管力度，开展 10 次网吧专项行动，对在整治活动中查处的违规网吧予以严厉打击，网吧违规接纳未成年人等行为得到有效遏制，网吧市场经营秩序明显改观。

【“扫黄打非”工作】 2020 年，出动检查人员 100 余人次，累计检查出版物市场、店档摊点 30 家，收缴非法出版物 600 册，盗版计算机软件制品 5 张，查缴盗版光碟 20 张。4 月 23 日在修水参加“晋级赛 2020 年侵权盗版及非法出版物集中销毁活动”，进一步传递尊重知识、尊重创造的正能量，营造绿色文化环境。

【文化娱乐场所监管】 加强对娱乐场所的监管力度，严厉打击娱乐场所违法违规活动，将歌舞厅作为执法工作重点，组织力量对全县娱乐场所进行大检查，加强日常监管和夜间巡查，对违规接纳未成年人进入、超时营业、超员经营、设置违禁机种以及无证经营的场所依法进行查处，继续对非法电子游戏实施高压态势，发现一起，查处一起。

（赵爱琴）

附:2020 年县文化广电新闻出版旅游局领导名录

党委书记、局长：蒋德标
党委委员、副局长：熊晓文（保留正科待遇）
张一冰、李育青
周春琳（女）
胡　歆（女）、葛剑
县旅游产业服务中心主任：黎维辉
县文化广播电视稽查大队大队长：陈　斌
县文化馆馆长、城市展示馆（西海明珠管理处）馆长（主任）：
魏　兵
县文化馆党支部书记：周晓东
县图书馆馆长：胡秋芳
县文物管理所所长：王　臻

融媒体

【概况】 2020 年，县融媒体中心始终把宣传工作作为重中之重，狠抓宣传工作管理，坚持围绕中心，服务大局，宣传报道县委、县政府中心工作，展示全县社会经济发展大局，深层次多视角反映武宁转型跨越、惠民富民、建设三个示范、打造五大生态的巨大成就，报道建设实践中的先进典型，不断增强新闻公信力和引导力，为社会经济发展和稳定创造良好的舆论环境。电视《武宁新闻》共制作 366 期，时长 3294 分钟。采编播发稿件 1556

条。原《武宁报》更名为《山水武宁》，全年出版52期。全年中央级大报大台用稿33条；《江西日报》用稿62篇（其中头版头条2篇，《江西日报》专版1个，《信息日报》专版16个），江西广播电视台用稿66条（其中头条3条）；《九江日报》用稿262篇（其中头版头条4篇，“武宁新闻”专版22个），荣获2020年九江报业融媒体新闻宣传先进县（市区）称号，九江广播电视台用稿993条（其中头条28条，《直通县区》53期），新华社、人民网、凤凰网、中国江西网等权威官网及新媒体用稿1712条，选送学习强国优秀稿件388篇，采用189条。《九江E媒》用稿119条，头条7条。

【硬件软件建设】 投入10万元为中心所有采编人员购置更换办公电脑，投入40万元采购一批高清采编设备，投入7万元更换中心变压器。启动一楼大厅改造装修工作，无线覆盖基础设施工程通过验收审计等扫尾工作，美化优化办公楼周边环境。

【新兴媒体宣传】 2020年，把武宁微视、武宁快报、武宁发布3个微信公众号整合新的武宁发布，形成合力，武宁发布公众号已有固定活跃粉丝4.1万人，发推文2149条，阅读量达282万，最高阅读量达53226，成为广大市民关注武宁，关心武宁，获取武宁官方权威信息主要渠道。依托赣云的技术支持，建立独立的山水武宁客户端，通过宣传推广和内容的吸引，下载安装量达8万人次，全年发布信息8279条，阅读量达114.15万人次，武宁发布头条号发稿1836条，播放阅读量达302.27万人次，武宁发布微博用稿725条，武宁融媒官方抖音号自3月24日运营以来，关注粉丝4.1万人，发布短视频676个，播放量3524万次，总点赞量29.4万人次。

【市级获奖作品】 2020年度市级获奖电视专题《为爱连线传温暖，亲情联动抗疫情》（二等奖）；广播短消息《快板形式活，宣讲受欢迎》（三等奖）；电视长消息《5G+管护平台让乡村更美》（三等奖）；电视栏目《航拍武宁》（三等奖）。

（邱建）

附：2020年县融媒体中心领导名录

主　任：陈洪遗

总　编：王怡荣

副主任：田　敏、聂媛媛（女）、李炼

图书发行

【概况】 2020年，以经济建设为中心，围绕省、市主管部门下达的经济指标，积极贯彻出版集团公司和发行集团有关精神，团结一致、奋力拼搏，以困难为动力，各项工作都取得喜人的成绩，公司营业总收入3990万元，利润610万元。

【包村挂点精准扶贫】 公司在莆田乡杨廖村“包村挂点”，开展精准扶贫工作，派遣“第一书记”，深入调查研究，针对农田灌溉引水渠问题，实行统一规划，统一建设，每年捐赠资助2万元，建设引水渠道。贫困户实现如期脱贫。

（陈伟）

附：2020年江西新华发行集团武宁分公司领导名录

经　理：方小军

副经理：雷电波（女）、陈伟

卫生健康

综述

2020年，坚持新时代卫生健康工作方针，牢牢把握卫生健康工作新形势新要求，以人民健康为中心，聚力实施健康脱贫工程，持续深化医药卫生体制改革，全面投入疫情防控阻击战，认真贯彻落实省、市、县决策部署，谋全局、抓改革、促发展，各项工作均取得积极成效。

加快基础设施建设。投资1300万元对疾控中心和6家中心卫生院进行全面提升。投资1.2亿元实施县妇幼保健院整体搬迁工程。投资7000万元新建北片区乡镇公共卫生综合服务中心工程。投资46万元新建大洞卫生院职工周转房。投资67.5万元新建官莲卫生院职工周转房。投资77万元新建东林卫生院职工周转房。投资600万元新建清江卫生院。

加强人才队伍建设。开展社区卫生健康服务中心人员选调和选拔，选拔选调13名优秀专业技术人员充实社区卫生健康服务中心人才队伍，盘活基层人才流通机制。通过绿色通道引进中医及针灸相关专业硕士研究生3名，引进骨科博士1名，公开招聘引进卫生专业技术人员22名，招募“三支一扶”人员4人，涉及临床、中医、护理等多个专业。安置农村定向医学专科毕业生4名，县直各医疗卫生单位深入高校以自主招聘的方式引进急需紧缺人才。

持续开展健康促进县创建。利用各种形式，多渠道、全方位开展健康教育宣传活动。2020年，开展健康教育宣传、咨询服务活动50次，累计服务群众2万余人次。开展健康教育知识讲座20余场次，累计发放各类宣传册、折页50000余份，海报5000余份，宣传物品7000余份。县乡各医疗机构累计举办健康知识培训班16场，培训2000余人。开展居民健康素养水平调查和成人烟草流行监测活动，通过入户走访宣传、发放调查问卷等方式，完成调查监测范围内调查对象的健康素养水平调查和对720户居民的烟草流行监测调查工作。

医疗改革

【深入推进县级公立医院综合改革】 药品采购按照国家医保局“4+7”及带量采购总体要求全面推进。2020年县级公立医院主要运行指标：医疗收入同比增幅为2.45%，药占比27.02%，百元医疗收入卫生耗材为21.26元，医疗服务收入占比32.72%。

【不断完善医联体建设】 不断完善医联体内部双向转诊标准，加强县级公立医院对乡镇卫生院和村卫生室的对口帮扶和巡诊，推动优质资源和医疗服务“双下沉”，促进乡镇卫生院和乡村医疗机构服务能力提升。不断优化“基层首诊、双向转诊、急慢分治、上下联动”的分级诊疗新格局，实现县域内就诊率96.2%。开展糖尿病分级诊疗试点工作，县域内2型糖尿病患者入径规范化诊疗和管理率达到50%以上。

医政工作

【提升医疗服务质量】 强化医疗机构药品采购使

用监管，开展2次网上药品采购监管督查工作，督促医疗机构优先采购基本药物，对不执行网上采购政策的医疗机构进行严肃处理。完成新一年度各级各类250家医疗机构签订医疗废物处置协议，医疗废物处置费总计约106.3万元。聘请专业人员专业转运及规范处置“新冠肺炎”医疗废物处置工作。加强医院信息化建设，县直医院为每位就医人员生成个人唯一、全国通用“电子健康二维码”，解决多卡难以有效统一的现实问题，开启新型医疗方式。

【规范医疗服务行为】 进一步规范医疗行为，开展武宁县医疗机构规范医疗行为专项整治工作，查处非法行医案件8件，罚款6.446万元，查处其他情形行业案件8件，罚款6.446万元，查处其他医疗卫生案件25件，罚款6.35万元。通过开展规范医疗行为专项整治工作，全县绝大部分医疗机构均能从严把握住院指征，规范医疗文书书写，做到合理检查、因病施治，合理收费。

【组织实施医疗保障救援工作】 组织医护人员和疫情防控人员参与中高考、“两会”等大型活动的医疗保障和疫情防控工作，累计派出医护人员650人次、救护车100余台次，以零事故发生圆满完成医疗保障救援和疫情防控指导工作。

基层与妇幼卫生

【提升妇幼健康保障能力】 不断健全县乡村三级妇幼保健网络，逐步提升信息化管理和优质服务水平。全县产妇数3363人，实名登记分娩率100%，新生儿死亡率1.22‰，婴儿死亡率0.4‰。孕产妇系统管理2268人，管理率95.57%。新生儿访视3305人，访视率96.92%。7岁以下儿童保健管理32222人，管理率95.16%。免费开展宫颈癌、乳腺癌筛查项目，宫颈癌筛查完成6000人，病理阳性96人，其中宫颈癌8人。乳腺癌筛查2000人，发现阳性60人。孕产妇早孕建册、孕期健康服务、妇幼卫生监测、妇幼重大公共卫生服务等各项妇幼工作完成年度目标。

【全力落实健康扶贫各项政策】 严格执行健康扶贫四道保障线政策，2020年建档立卡贫困户住院及特殊慢性病门诊医疗总费用7904.8万元，共补偿7120.4万元，补偿比90.07%。落实贫困人员基本医疗保险与重大疾病医疗补充保险，2020年贫困人员基本医疗保险280元/人，重大疾病医疗补充保险420元/人，均由政府出资购买。同时，继续落实贫困户住院“先诊疗后付费”和“一站式结算”等惠民政策。

【精细落实贫困人口健康服务】 对全县各乡镇贫困户进行慢性病筛查鉴定，符合条件的办理慢性病卡，确保“应办尽办”，享受门诊特殊慢性病报销政策，全县贫困人员共发放门诊特殊慢性病卡3540张，其中建档立卡贫困人员2206人；完成贫困户饮用水水质检测，完成1149个水样点检测，63个水样检测不合格的，整改后均复检合格。8月份，对受洪灾影响的18户贫困户饮用水进行检测，检测结果均合格。加强贫困人口饮用水安全宣传，先后印发1万余份饮水安全知识宣传折页，由各乡镇家庭医生团队分发到贫困户手中。

【做实做细家庭医生签约服务】 加强家庭医生签约履约服务，对农村建档立卡贫困人员实行家庭医生签约服务，做到应签尽签，签约一人，履约一人，做实一人，确保签约对象的履约率达到100%。全县共签约20361人，履约20361人。重点加强高血压病、II型糖尿病、肺结核病、严重精神障碍等慢病患者及65岁以上老年人的签约履约服务，做到每两个月履约一次。

疾病预防控制

【疫情防控战略性成果持续巩固】 面对突如其来的新冠疫情，全县卫健系统闻令而动，坚定信心、全面部署、全面动员，外防输入、内防扩散，联防联控、携手抗疫，形成抗击疫情的强大合力，疫情防控取得重大战略性成果。3例确诊病例在30天内全部清零，武宁是全市首例新冠确诊病例治愈出院的县级医院，实现零传播、零感染、零死亡的“三零目标”。县人民医院3位医术精湛的医务工作者积极响应党中央号召，火速驰援湖北随州，为打赢湖北保卫战贡献力量。严格落实常态化疫情防控措施，全年坚持24小时备战值守，因时因势精准施策，持续巩固疫情防控成果，守牢武宁不发生本土新增病例、县内不发生扩散病例两条底线。武宁县疫情防控工作得到上级部门和社会各界的充分肯定，武宁县各卫生健康单位获得县级及以上表彰177人，其中县级137人，市级及以上表彰40人，有4人荣获全省抗疫先进个人称号，36人荣获全市抗疫先进个人称号，县人民医院荣获省、市、县抗击新冠肺炎疫情防控先进集体称号。持续巩固院感事件零发生、社区防控零报告、复工复产零发病的防控成果，保障全县人民群众生命安全和身体健康，保障武宁县经济社会稳定发展。

【积极强化疾病防控能力】 武宁县共报告法定传染病1023例，无重症、死亡病例；积极开展艾滋病防治知识宣传和筛查工作，筛查HIV抗体62282人次，发现阳性病例15例；持续开展职业卫生健康工作，查出武宁县涉及粉尘危害企业74家，其中有71家企业进行职业危害因素申报，申报率为95%。企业主要负责人、职业健康管理人员和劳动者3892人，职业卫生培训率95%。武宁74家企业职工涉尘人数828名，职业健康体检率95%。完成武宁县尘肺病随访调查工作，全县应随访数442人，随访调查442人。为给尘肺病患者提供及时有效的服务，在清江乡设立康复站1个，在清江乡晏头村等6个村建立康复点6个。

【免疫接种稳步开展】 武宁县常规免疫累计接种70625针（剂）次，免费规划疫苗接种覆盖率达100%，疑似预防接种异常反应报告数23例。

卫生应急与监管

【提高卫生应急处置能力】 武宁县各医疗卫生单位认真落实传染病监测与报告制度，建立以县疾控中心为技术依托，以城区医疗卫生单位为枢纽，乡镇卫生院为延伸的突发公共卫生事件及传染病监测报告网络，实行传染病网络直报及零报告制度，明确各网络直报单位责任人、工作职责、规章制度。同时，县疾控中心实行24小时值班制度，确保发生疫情后及时进行网络监控，提高传染病等突发公共卫生事件应急处理的快速反应能力。

【规范卫生健康执法工作】 深入开展卫生专业法学习宣传教育，把推进普法教育与卫生专业法教育结合起来，重点学习《基本医疗与卫生健康促进法》等卫生法律法规，行政执法能力进一步得到规范。累计出动执法人员1200余人次，执法车辆400余台次，检查各类机构共计1000余户次，其中医疗机构330余户次，公共场所430户次，学校60户次，自来水厂40余户次，职业卫生140余户次，下达监督意见书1000余份。

中医药工作

【概况】 巩固国家基层中医药先进单位创建成果，完成19家乡镇卫生院中医馆建设，完成比例达到100%，其中16家建成中医药科普宣传园，使群众在就医过程中了解中医药传统文化和中医药健康养生知识。着力打造工业园、罗坪热敏灸小镇建设，在热敏灸诊疗馆、基础规范、户外文化设施等方面加大投入力度，使乡镇卫生院中医馆建设达到相关规定标准，并及时组织县乡各医疗机构人员培训与参观学习，整体提升全县热敏灸技术水平。

计划生育

【概况】 2020年，武宁县出生人口总数3602人，符合政策生育率为90.6%，出生率为8.63‰，人口自然增长率5.03‰，人口性别比115，较好的完成上级下达的人口控制目标。

【落实计生奖励优惠政策】 扎实推进奖扶、特扶对象的调查和审核，全年共核定农村奖扶对象1808人（新增78人），奖励金额207.6万元；核定特别扶助对象335人（新增149人），发放扶助金105.1万元；享受计划生育家庭子女中考加分321名；城镇独生子女父母奖励对象2634人（新增256人），发放奖励费184万元；享受阳光助学人数152人，发放阳光助学金15.2万元；县财政安排计划生育经费共403.5万元，全部用于计划生育利益导向和机构运行投入。

【优化计划生育服务保障】 2020年，婚姻登记人数3330人，婚检人数3314人，婚检率99.52%。免费孕前优生健康检1580对，有效降低婴儿出生缺陷。全县共办理一孩、二孩生育服务卡2192张，生育证143张，办结率均达100%。不断完善全面两孩政策配套措施，全县建成母婴室16个，每月安排专人进行维护管理。全县注册托育机构7家，备案审核通过3家，恢复入托的机构6家，合计入托184人。

老龄健康

【概况】 积极推进医疗卫生与养老服务相结合，3月份审批通过武宁宁达颐养院内设置医疗机构，成立“武宁宁达康复医疗中心”，为老年人提供健康咨询、疾病治疗和康复指导等工作。与县中医院达成协议，建立宁达颐养院危重病人进入县中医院绿色快速通道，为老年人提供优质、高效、安全的医疗服务。

爱国卫生

【积极开展爱国卫生活动】 将爱国卫生运动与疫情防控等其他流行病防治紧密结合，消杀面积达191平方千米，使用消杀药品20.5吨，大力开展全县城乡专项环境整治大行动，对城乡建筑“脏乱差”进行专项整治，定期开展卫生死角清理，灭蚊灭蝇等病媒生物防治工作，营造干净、卫生、整洁人居环境。

【积极开展农村“厕所革命”】 聚力农村“厕所革命”三年攻坚行动，新建乡村公厕26座、改建公厕6座，新建改建农村户厕14602座，农村户厕改厕率96.51%，其中无害化厕所达94%以上。

（孟碧澄）

附：2020年县卫健委及系统领导名录

党委书记、主任：张晓华
党委委员、副主任：李若森（保留正科待遇）
雷东鸿（保留正科待遇）
魏　斌、陈宁、申和银（女）
副主任：盛广平
党委委员：李汗星
县健教所所长：卢　芳（女）
县妇幼保健计划生育服务中心主任：
孟碧澄（10月任）
熊里媛（女，任至10月）
县妇幼保健计划生育服务中心党支部书记：黄云（女）
县流动人口计生管理总站站长：李励林
县中医院党支部书记：罗为民
县疾控中心主任：潘盛林
县乡村医师培训中心主任：刘　英（女）

县人民医院

院长：刘彩光
县卫健委党委委员、人民医院党总支书记：
冷秋红（女）
副院长：熊里媛（女，10月任）
柯小安（10月任）
石　磊（10月任）
朱轮华（10月任）
党总支副书记：陈春华（10月任）
县人民医院干部：解传信（10月任，保留副科待遇；副院长任至10月）
陈小平（10月任，保留副科待遇；副院长任至10月）

应急管理

安全生产

【概况】 2020 年，以防风险、除隐患、遏事故、保安全为目标，健全责任体系，强化隐患排查，狠抓专项整治，及时处理应急突发事件，全县应急管理、安全生产、防灾减灾救灾工作取得较好成绩。全县共发生各类事故 41 起死亡 8 人，其中生产经营性道路交通事故 40 起，死亡 7 人，工贸事故 1 起，死亡 1 人，未发生较大及以上生产安全事故；全县发生森林火灾 1 起，国家热点 1 个，没有出现重特大森林火灾和人员伤亡事故。在全市 2020 年应急管理综合考核中获“综合优秀”荣誉。

安全生产宣传

【强化宣传教育】 持续通过武宁新闻、武宁报专栏、武宁发布、山水武宁 APP、武宁应急管理等媒体平台对安全文化知识进行宣传，对安全生产专项整治三年行动进行宣传报道。以“请过来”的方式，通过专家授课、座谈交流等形式，对全县相关生产经营单位的主要负责人、安全生产管理人员、安全员、车间班组长等人员开展安全技能提升培训 900 余人次，在组织学习法律法规、安全生产管理和专业技术知识。

【狠抓预防机制】 全面摸排、梳理、分析全县各地、各领域安全风险，扫清监管盲点、盲区。交通运输专项整治中增加寄递物流和旅游飞行安全整治内容，杜绝属地及行业监管上的盲点。全县纳入专项整治的企业和建设工程项目 327 家，辨识管控风险点 3067 处，其中重大风险点 9 处。在危化、矿山、工贸等行业领域组织开展安全生产集中研讨活动，建立属地和企业安全生产“两张网”，督促指导企业建立班组安全联锁机制。

【严格监管执法】 为确保安全生产执法部门依法独立公正行使职权，建立《领导干部非法干预安全生产监管执法的记录、通报和责任追究制度》。在监管执法中，始终坚持“四个一律”“五个一批”，全县督促排查整改安全隐患 2022 条，挂牌督办重大隐患 4 条，约谈警示企业 38 家，实施经济处罚 55.05 万元，责令停产整顿 5 家，关闭取缔 1 家。

【加强涉疫场所风险排查】 开展常态化风险隐患排查治理，配齐配全应急标识器材和安全提示；对于生产口罩、中药材等疫情防控物资企业和仓储物流企业开展“点对点”“一对一”上门指导服务。

【加强复工复产安全生产工作】 落实便企惠企措施、支持推进企业有序复工复产，压紧压实企业主体责任，督促复工复产期间主要负责人、重要岗位员工必须在岗在位、到岗履职，全面组织开展

“五个一”活动，严格落实“两个15天”制度，对排查出来的各类风险落实管控措施，对排查出来的一般事故隐患立即整改到位，对各类重大事故隐患严格按照整改措施、责任、资金、时限和预案“五落实”要求实施治理，做到建档立账、落实责任、闭环管理。

安全生产检查

防灾减灾救灾

【概况】 积极应对重大洪灾，及时做好灾情统计核实报送、救灾物资调拨发放、灾后重建协调调度等工作。强降雨期间，县财政局、县交通运输局、县水利局、县扶贫办、县农业农村局、县应急管理局等部门迅速行动，成立工作组赴各乡镇开展核灾报灾工作，及时快速统计报送灾情，精准迅速核实灾后数据。共计向8821户困难群众发放920万元自然灾害救助资金，发放物资3720套（件）。

【推进灾后重建】 主动争取农村因灾倒房重建指标，快速核查核实，列入重建任务的27户农村住房全部完工。牵头协调财政、交通、水利等部门开展灾后重建工作，下拨资金3278万元，落实乡村公路、水利设施重建项目1010个。

【开展科普宣传】 开展“5·12全国防灾减灾日”科普宣传活动，按照“线上为主，线下为辅”的原则，积极组织城乡居民参与防灾减灾救灾知识网上答题活动，共计23250人次参与活动。

地质灾害防治

【概况】 全县1：5万地质灾害调查作业单位提交的685处崩塌、199处滑坡、12处泥石流、24处地面塌陷，共计920处地质灾害隐患点，全部落实群防群测人员，实现四级系统巡查全覆盖；做好应急值班值守，强化预警信息发布，汛期加密巡查观测，确保险情灾情及时报告处置。强降雨期间，县地灾防治指挥部办公室共接到40起灾情信息，及时协调成员单位第一时间做好群众转移安置、风险调查评估和应急处置措施落实等工作。

【开展宣传培训】 3月份，集中举办地质灾害防治知识培训班，对全县19个乡镇监测员及基层所工作人员进行培训，参训人员共计19人，聘请赣西北地质工程勘察院专家进行授课。

【申报治理项目】 积极争取地质灾害灾后重建项目资金，完成两个危及人数30人以上地灾治理项目省级资金申报工作，争取项目资金570万元。

防汛抗旱

【概况】 武宁县先后遭遇6月2日、6月14日、6月23日、7月3日、7月5日、7月8日六轮强降雨。县防汛办积极协调县气象局、县水利局和县应急管理局等职能部门，做好预警预测预报，山洪灾害危险区、水库山塘、中小河流防御及调度，抢险救援准备和救灾物资发放工作。发现灾情险情第一时间组织开展抢险自救，并收集统计上报受灾情况。紧急下拨救灾物资800床棉被、300件棉衣、

500床夏凉被、500床毛毯、600床竹席、200套雨衣雨鞋、600张折叠床、220箱矿泉水；抢险物资60件雨衣、37000条编织袋、300条麻袋、1000条草袋、60件救生衣、2顶帐篷、450双雨靴、980把手电、2台抽水机。

【完善有关防汛预案】 修订完善《武宁县防汛抗旱应急预案》《武宁县2020年中小型水库度汛方案》，指导全县96座中小型水库编制完成《水库防洪抢险应急预案》，组织县乡两级开展山洪地质灾害防御暨水库抢险综合应急演练。

【落实防汛物资和抢险队伍】 结合县防汛抗旱物资设备储备情况，增购100万元的各类防汛抗旱物资和抗洪抢险应急设备，组织县综合应急救援队伍、民兵应急队伍和蓝豹救援队伍就应急救援设备的使用操作进行培训，开展抢险应急演练。

森林防火

【压实防火责任】 进入重点防火期，及时召开森林防火专题会议，部署森林防灭火工作，下发秋冬季节森林防灭火工作通知、森林防火宣传月活动方案、禁止在林区野外用火通告等文件，与各乡镇、相关单位签订森林防灭火责任书，明确工作职责。结合林长制“一长两员”，明确622名村级林长、779名生态管护员、50名资源监管员的森林防灭火责任。

【抓实宣传教育】 通过悬挂横幅，张贴标语和禁火令、防火通告，融媒体、大喇叭广播、宣传车进村入户等形式，开展森林防火知识和法律法规宣传，不断增强全民防火意识。全县共计出动宣传队（车）800余次，利用电视广播宣传20天，发送提醒短信60万条，张贴禁火令9万份，发放宣传资料10万份，印发禁火通告300余份、《致中小学生家长的一封信》1万余份，学校开展宣传20余次，深入乡镇开展防灭火演练37次。

【强化队伍建设】 组建完成60名队员的综合应急救援大队，设置6支中队，不断强化体能、技能、机具操作和实战应急训练，提升“一专多能”的任务执行能力。在原有装备的基础上及时更新和补充扑火装备。深入乡镇开展半专业扑火队伍、村级扑火应急队伍的业务培训和实战演练。

【强化执法督查】 森防指办公室组织应急、林业、公安森林分局等部门开展联合执法，分别对罗溪乡“3·19”森林火灾启动调查评估，对相关责任人和肇事者进行处理。全县开展专项督查4次，参与督查人员30余人，查处火险隐患4个，依规审批炼山2起。在全市森林专业森林防火大比武中县专业森林消防大队荣获团体第一名。

消防安全

【概况】 2020年，拉紧消防工作责任链条，突出安全隐患整治，致力基础和队伍建设，强化宣传教育培训，织密消防安全立体网络。全县发生火灾34起，直接经济损失136.2万元，同比分别下降10.53%和11.67%，火灾总体形势稳中有降。

【执法检查】 全年共组织开展联合检查11次，检查单位1264家次，发现和整改火灾隐患1098处，下发各类执法文书297份，责令停产和临时查封14家；组织应急管理、消防救援、住建、公安交警、市场监督及属地单位，联合开展城乡居民小区、公共场所车辆无序停放，消防通道堵塞，私拉乱接电线等突出问题整治。

【队伍建设】 在船滩、澧溪、罗溪、鲁溪乡镇专职消防队投入执勤的基础上，加快石渡专职消防队建设，保障投入执勤条件，完成横路、罗坪站点装修。园区二级消防站完成选址，工程建设稳步推进。

【教育培训】 2020 年，开展“小火会用灭火器、大火会用消火栓”免费培训工作，共培训准消防员 5404 人次。

（余亮）

附：2020 年县应急管理局领导名录

党组书记、局长：吴志鸿
党组成员、副局长：余查生（保留正科待遇）
周平富（保留正科待遇）
副局长：汪明安
党组成员：祝鹏
党组成员：潘希珍（保留副科待遇）
党组成员、防火办主任：卢江
县防震减灾局副局长：林辉
县工业园区安监分局局长：明亮
县安全生产监察大队大队长：李忠伟（4 月任）
四级主任科员：毕刘文（4 月任，县安全生产监察大队大队长任至 4 月）

县消防救援大队

【概况】 2020 年，坚持“扛旗创业、尚廉为民”的理念，按照“永铸文武师、勤创一流业、誓保百姓安”的队训要求，大队全体消防指战员上下一心、奋勇争先，各项工作成绩明显，确保社会面火灾形势和队伍内部安全双稳定。大队下辖 1 个国家队站，5 个乡镇政府专职队站，执勤人员有干部 11 人，消防员 22 人，政府专职队员（含试用期队员、文员及外聘人员）31 人。大队共接警出动 272 起，其中火灾扑救 42 起，抢险救援 57 起，社会救助 9 起，公务执勤（安保）135 起，其他出动 29 起。大队 1 名消防员获评九江市消防救援支队“优秀共产党员”，大队获评九江市“文明单位”，建昌路消防救援站获评武宁县“五四红旗团总支”。

【严阳牛鼻孔山山洪紧急救援】 7 月 18 日 15 时 16 分，县严阳山牛鼻孔山林中爆发山洪，溪水暴涨，道路被阻断，90 名驴友被困在山里。县消防救援大队接警后，立即调派建昌路消防站 2 辆消防车、1 辆行政车共 17 名指战员，赶赴现场处置。经过 6 个小时的救援，先后成功疏散救助来自湖北、南昌等地被困群众 90 人，无一人伤亡。

【开展消防安全专项整治】 根据消防安全专项整治三年行动要求，结合全县实际，开展电动自行车专项整治、大型综合体专项整治、电气火灾专项治理、高层建筑回头看、文物古建筑专项治理、在建工地专项治理等，对各类场所进行监督检查，消除火灾隐患。全年检查单位 796 家次，发现火灾隐患 460 处，督促整改火灾隐患 336 处，下发责令改正通知书 388 份，下发行政处罚决定书 23 份，下发临时查封决定书 8 份，责令三停单位 6 家，罚款 13 万元。

（吕龙）

附：2020 年县消防救援大队领导名录

大队长：张拓（8 月任）
教导员：伊相兴（8 月任）
副大队长：李俊（8 月任）
防火参谋：熊辉
消防站长：陈秋松（9 月任）

冒雨救援被困居民

人力资源

综述

2020 年，围绕中心、服务大局，主动作为、攻坚克难，统筹推进疫情防控和经济社会发展，扎实做好“六稳”工作、全面落实“六保”任务，为助力全面建成小康社会和“十三五”圆满收官、建设秀美富裕幸福的现代化山水武宁提供坚强的智力支撑和人才保障。

人力市场

【概况】 着力加强园区企业用工平台建设，服务园区发展，创新思路，改变工作方法，克服新冠疫情影响和企业用工遇到的难题，为园区企业新招员工 2360 人，支柱企业岗位录用率达 100%，保证园区企业的用工需求。

【开展线上招聘活动】 受新冠疫情影响，将线下招聘会转变为线上招聘活动。通过武宁在线网举办为期 2 个月的武宁县工业园区企业线上招聘会，应聘登记 1980 人。3 月 10 日，联合团县委、就业局举办“青春助企、春风聚才”线上直播招聘会，应聘登记 160 余人。

【举办专场招聘会】 4 月 28 日，在武安锦城安置小区活动广场举办工业园区企业招工暨就业扶贫（易地搬迁）专场招聘会，提供工作岗位 60 多个；9 月 28 日，举办武安锦城“退捕渔民安置保障专场招聘会”，组织安谱达新能源、楚新电子、春迅电子、奥普照明等 20 余家园区企业参加，现场发放招工宣传资料 1700 余份，应聘登记 210 多人。

现场招聘会

【举办校园招聘会】 组织安谱达新能源、春迅电子、生成卫生、江中饮片等园区企业参加江西中医药大学、南昌理工学院、九江学院、九江职业大学等高校举办校园招聘会，发放招工宣传资料 1300 余份，应聘登记 80 多人。

人才队伍

【做好人才引进工作】 2020 年，通过公开招聘事业单位工作人员 15 人，招聘卫生专业技术人才 50 人，招聘国编教师 63 人，招募特岗教师 76 名，新招募“三支一扶”人员 30 人，定向招募援鄂医务人员 2 人，高层次人才引进 5 人。

【落实人才安置政策】 2020年，安置期满“三支一扶”人员19人，安置期满特岗教师63人，安置林业、农业和卫健部门定向委培毕业生10人，安置教育系统定向委培毕业生88人，安置退伍士官7人。

武宁博士大讲堂

【举办“武宁博士大讲堂”公益活动】 邀请武宁博士联合会会员参与制定武宁县“十四五”规划，成功举办“武宁博士联合会2020新春座谈会”，积极为武宁社会经济发展建言献策。围绕“聆听博士讲座、传播科学知识，激发学生学习兴趣、促进教师专业成长”主题，举办“武宁博士大讲堂”进校园公益活动，普及科学文化知识，促进教师专业发展，助力学生励志成长。围绕“医学博士回乡”主题，举办“武宁博士大讲堂”第五讲，为一线医卫人员讲授专业知识，提升业务素养，助力家乡医疗卫生事业建设与发展。

就业创业

【概况】 2020年，城镇新增就业人数3356人，完成年任务3000人的111.87%。安置零就业家庭成员90名，实现有就业能力的零就业家庭至少有一人就业。新增转移农村劳动力4750人，完成年任务4600人的103.26%；其中，省内新增转移农村劳动力2920人，完成年任务2900人的100.33%。

【发放失业保险金】 为73家失业保险参保企业发放失业保险稳岗补贴246.88万元，惠及职工2508人。其中，一般企业稳岗补贴71户，返还资金89万元，惠及职工2285人；困难企业稳岗补贴2户，返还资金157.88万元，惠及职工223人。为136名失业人员发放失业保险金75.52万元、代缴医疗保险20.66万元。为疫情防控重点企业发放一次性就业补助10.6万元。

【帮助贫困劳动力就业】 帮助9805名贫困劳动力实现就业，就业人数、就业质量实现大幅度提升，为全县打赢脱贫攻坚战提供有力支撑。现有扶贫专岗448个，比2019年底净增57个，实现每个行政村至少一个的预期目标。共计培训1237名贫困劳动力，其中人社部门直接提供培训服务的492名。为5599名贫困劳动力发放交通补贴261.45万元，包括省内务工925人、省外务工4674人。

城镇贫困劳动力招聘会

【提供免费职业培训】 线上为727名有需求劳动者提供免费职业培训，超过预期目标的10%；累计开展职业技能提升行动9116人次，其中企业职工岗位技能培训5533人；创业培训（含电子商务）866人；其他培训2717人，发放职业技能提升补贴949.9万元。

【发放创业担保贷款】 新增创业担保贷款14815.4万元，完成年任务7600万元的194.94%；

其中，创业贷款支持个人创业 1143 笔，发放金额 10830.4 万元。创业担保贷款新增担保基金 85 万元。到期贷款回收率 99.97%，比年任务 95% 高 4.97 个百分点。

【县职业技能鉴定站成立】 2020 年 4 月 10 日，武宁县职业技能鉴定站成立，组织 11 人参加江西省职业技能鉴定考评人员培训考核，其中茶艺师 3 人，劳动关系协调员 2 人，人力资源管理师 6 人。

【获茶艺师竞赛三等奖】 11 月 17 日，组织 10 人参加九江市职业技能竞赛，获茶艺师竞赛三等奖和优胜奖。

人事管理

【概况】 2020 年，办理高校毕业生档案托管 955 份，办理高校毕业生档案流动 402 份，办理事业单位人员调动手续 244 人次，办理事业单位工作人员辞职备案 21 人。

【开展职称评审】 开展全县专业技术人员职称评审的申报工作，2020 年评审通过副高级职称 24 人，中级职称 98 人，初级职称 198 人。

【审批工资福利】 按照年度考核结果，为全县机行政事业单位工作人员年度考核称职（合格）及以上者，办理薪级、级别、档次工资晋升工作。调整机关事业单位工作人员遗属和老红军、抗战离休干部配偶生活补助。根据赣组字〔2019〕64 号文件和县委组织部研究决定的套转结果，全面完成公务员职级并行工资系列转换工作。

劳动管理

【概况】 始终坚持劳动人事争议调裁并重推行，依法执法维权，积极稳妥处理各类劳动人事争议案件，有效维护用工单位和劳动者的合法权益，促进劳动监察和仲裁工作的有序发展。加强企业劳动用工和依法依规经营指导，规范企业经济性裁员，督促企业缴纳社保。强化劳动监察保障执法力度，强化劳动保障监察日常巡查和专项检查、加强劳动保障监察队伍建设。全力维护农民工切实劳动利益。

【深入开展根治欠薪行动】 认真落实“两金六制”制度，公布重大劳动保障违法行为，全面推进企业诚信守法体系建设。加强根治欠新源头治理。全面落实国务院《保障农民工工资支付条例》，将“护薪”行动进行到底。

【着力加强调解仲裁工作】 加大劳动人事争议预防和基层调解工作力度。加强调裁衔接、裁审衔接，落实好拖欠农民工工资争议快审快裁机制。推行要素式办案，提高仲裁效率。全面推行“智慧仲裁”信息系统全面运用，提升“线上＋线下”仲裁水平。

（王波、卢真星）

附：2020 年县人社局领导名录

县委组织部副部长、人社局党组书记、局长：
聂道发

党组成员、副局长：郑传先（保留正科待遇）
刘堂山（保留正科待遇）
万　里

党组成员、县公共就业人才服务局局长：
王太园（保留正科待遇）

党组成员、农保局局长：宋　丹（女，保留正科待遇）

县劳动监察局局长：陈方一

县劳动人事争议仲裁院院长：翁盛武

县劳动人事争议仲裁院党支部书记：黎华东

县公共就业人才服务局党支部书记：余华东

退役军人事务管理

综　　述

2020年，树立服务理念，加强服务管理，丰富服务内容，强化保障职能，营造全社会尊崇退役军人的浓厚氛围，有效维护军人军属合法权益，增强军人军属荣誉感，荣获“九江市退役军人工作治理能力创新奖”。

军人抚恤优待

【规范优抚资金管理和使用】　2020年，及时足额发放重点优抚对象抚恤金、60周岁以上农村籍退役士兵生活补助、60岁以上农村籍烈士子女生活补助，共为2118名优抚对象发放抚恤金1611.5万元。切实解决物价上涨给全县优抚对象造成的实际生活困难，每月及时为优抚对象发放物价补贴，共计发放优抚对象1.43万人次，发放金额合计51.09万元。

【落实义务兵家庭优待金城乡一体化制度】　2020年，为全县义务兵发放优待金287.5117万元。

烈士褒扬

【概况】　清明节、八一建军节、“9·30”烈士纪念日等重大节日期间，组织县四家班子领导、县人武部领导、驻军代表和公安干警代表以及各单位干职工等到县革命烈士陵园、苏区革命烈士纪念馆等开展向烈士敬献花篮，祭奠烈士等活动。有关乡镇组织党政机关干部、学校师生等到革命烈士纪念馆（碑）进行祭奠烈士活动。

清时祭扫

双拥活动

【做好重大节日慰问工作】　春节、八一期间，县四套班子领导分别到九江军分区、县人武部、武警大队、武警中队三支队、县应急救援大队，看望部队官兵，了解他们生活工作和训练情况，为他们送上10万元慰问品；向困难退役军人、优抚对象和困难现役军人家属等对象发放慰问金115.67万元。

慰问抗美援朝老兵

【开展为功臣送喜报活动】 2020年度发放现役军人立功喜报14份，其中二等功1份（刘汇敏），三等功13份，共发放慰问金16000元。通过开展送立功喜报活动，让军人、军属感到光荣，让官兵感到温暖，提升功臣及其家属荣誉感、获得感和尊崇感。

【大力表彰先进模范人物】 现役军人家属陈燕燕、熊福莲荣获2020年度九江市“最美军嫂”荣誉称号，退役军人潘希欧荣获九江市“最美退役军人”荣誉称号，张项理荣获“全国模范退役军人”荣誉称号；武宁县建章农副产品冷藏有限公司荣获九江首届“尊崇军创”退役军人创业创新大赛优秀奖荣誉。

复员退伍军人安置

【圆满完成退役士兵安置任务】 2020年度，全县共接收退伍军人105人，按照《退役士兵安置条例》（国务院2011年11月1日起施行）的规定，符合政府安排工作的8人，符合自主择业的97人。

【发放退役士兵一次性经济补助】 6月，将2020年度退役士兵一次性经济补助142.875万元，全部通过银行“一卡通”形式发放到退役士兵手中。

离退休军人和军转干部安置

【概况】 2020年度，经过量化评分、岗位公示、选岗上岗等环节，8名转业士官全部安置到位，做到用人单位满意、个人满意。

（刘金城）

附：2020年县退役军人事务局领导名录

党组书记、局长：汪晓斌

党组成员、副局长：陈　勇（3月任，正科级）

李先全

立功喜报送回家

社会保障

综述

2020年，坚持以信息化为支撑，强抓社保扩面征缴，落实降费减负政策，推广业务网上办理，保障社保基金安全，维护劳资双方权益，社会保障更加有力，劳动关系更加和谐，民生底线更加牢固。

建立和完善社会保障制度，出台《武宁县城乡居民基本养老保险实施办法》，将新农保与城居保两个制度合并，做到“经办机构统一、制度名称统一、缴费标准统一、待遇水平统一”。

权益保障

【全面落实根治欠薪行动】 成立县根治拖欠农民工工资工作领导小组，联合相关部门，全面统筹协调全县根治拖欠农民工工资，全面落实根治欠薪行动。建立劳动者维权的“绿色通道”，开通“根治欠薪”和“智慧仲裁”网上办公，方便群众及时、快速维护自身合法权益。

【推进实名制监管信息化】 全县所有建筑领域项目全部纳入实名制信息化监管，足额预存农民工工资，农民工工资实名制系统新纳入监管项目9个，继续监管项目47个，涉及农民工9200余人，全部签订劳动合同，上传至实名制监管系统，通过实名制监管系统发放农民工工资，实现农民工实名制监管信息化覆盖率100%。2020年，通过实名制系统发放9200余位农民工工资7655.75万元。

【严格工资保证金收缴】 2020年，全县新增在建项目5个，按照千万元及以上项目按1%，千万元以下项目按1.5%的标准，收缴农民工工资保证金639.43万元，因疫情影响缓交31万元，农民工工资保证金收缴率达到100%。

【强化劳动监察执法】 2020年，深入推进劳动保障监察“四项检查”专项行动，接待群众咨询投诉举报，受理141起，通过劳动监察执法与行政调解措施，妥善处理138起，追回并支付农民工工资1075万元。

【抓好劳动人事争议仲裁】 严格执行“能够调优先调、不能调抓紧裁”的原则，落实仲裁调解先行，仲裁立案紧随，群众利益优先三大机制，立案受理劳动争议案件278起（合并为126起办理），不予受理17起，结案124起（包含2019年度遗留案件6起），为劳动者争取到经济补偿、工伤待遇等补偿金573.32万元。

（王波、卢真星）

社会保险

【狠抓保险金扩面征缴】 企业职工基本养老保险参保45564人，征缴保费1.46亿元，支付养老保险金 2.97 亿元。机关事业养老保险参保人数 10955 人，征缴保费 1.05 亿元，支付养老保险金 2.27 亿元。城乡居民养老保险参保 19.84 万人，征缴保费 2950.41 万元，支付养老保险待遇 7655.53 万元。工伤保险参保 24789 人，征缴保费 121.34 万元，支付工伤保险待遇 828.54 万元。全县参加失业保险人数 7560 人，征缴保费 378.31 万元，发放失业保险金 75.52 万元。养老保险关系转移接续业务办理转入 378 人，转入金额 1147.62 万元，转出 73 人，转出金额 222.26 万元。

【调整退休人员基本养老金】 依据《江西省人力资源和社会保障厅江西省财政厅关于江西省 2020 年调整退休人员基本养老金的通知》（赣人社字〔2020〕25 号）文件要求，积极做好 2020 年调整退休人员基本养老金工作。2020 年企业职工参与调资人数 11040 人，人均增调 116.90 元，月增发金额 129.38 万元，2020 年机关事业单位养老金参与调资人数 4169 人，人均增调 167.95 元，月增发额 70.02 万元。

【帮困难群体代缴农保费用】 2020 年共为符合参保条件的建档立卡贫困户、低保、五保、特困等人员代缴最低档次城乡居民养老保险费 18049 人，代缴金额 180.49 万元，财政资金全部到位，相关信息全部录入系统。

【减免企业社保费用】 依据社保信息系统，主动审核减免企业名单，上报市级予以减免，支持企业发展。全年共减免社保费 2503.25 万元，全部减免到位；其中养老保险减免单位 318 家，4649 人，减免金额 2327.16 万元；工伤保险减免单位 296 家，9724 人，减免金额 123.01 万元；失业保险减免单位 172 家，2714 人，减免金额 53.08 万元。

【推广网上办理业务】 积极引导参保单位网上办理社保业务。开通社会保险网上申报经办服务工作，实现参保单位与社保经办机构之间“不见面”办理参保人员增减变动、缴费基数申报和常用信息查询等社保业务。2020 年为参保单位在网上办理业务事项 10241 件，手机自助平台办理社保业务 7286 人次。

（王波、卢真星）

保险基金管理

【概况】 严格执行基金管理政策，规范操作程序，坚持专户储存、专账管理、专款专用。成立自查小组，对基金进行监督管理，确保基金安全运行。

【开展冒领社保待遇追缴工作】 2020 年，组织人员对上级下发疑点数据，与公安、司法等部门共享数据进行比对核查，开展冒领社保待遇追缴工作，共追回死亡冒领 14 人，金额 10.6 万元。

（王波、卢真星）

医疗保障

【概况】 2020 年，武宁县城乡居民参保缴费 339113 人，城镇职工医疗保险 21039 人（生育保险与城镇职工医疗保险合并实施）。基金总收入 39302.6 万元，其中职工医疗保险基金收入 8101 万元，居民医疗保险基金收入 30339 万元，医疗救助收入 862.6 万元。基金总支出 42266 万元，其中职工医疗保险基金支出 8833 万元，居民医保基金支出 33433 万元，医疗救助基金支出 1803 万元。2020 年享受医疗保险和医疗救助待遇共计 1115738 人次。

【落实疫情防控医保政策】 及时结算确诊和疑似新冠肺炎病例 41 人次、21.3 万元医保基金；认真落实疫情防控复工复产医保政策要求，城乡居民个人缴费集中缴费期延长至6月30日，为187户企业办理缓缴和减免缴费，共减免缴医保基金181.2万元，缓缴52.1万元。

【加大医保政策宣传力度】 持续深化“打击欺诈骗保、维护基金安全”集中宣传月活动和医保政策“进千村入万户”宣传活动，共印发医保政策宣传资料5.3万余份，制作医保投诉举报电话公示牌2000余个。组织志愿服务队在广场、社区开展医保知识咨询宣传，与县融媒体中心建立协作关系，连续刊播医保知识宣传动漫片和医保政策解读，在部门网站、微信上及时公布医保政策、法规，发布医保工作动态；大力推进国家谈判药品等医保待遇落地落实，进一步优化医保报销流程，确保应报尽报。

【推动异地就医直接结算】 2020年，城镇职工异地就医直接结算912人次，基金支付1303万元，城乡居民异地就医直接结算5289人次，基金支付5707万元。

【取消城乡居民个人账户】 全面实施城乡居民门诊统筹，门诊统筹费用提高到125元/人·年，将轻度高血压、糖尿病门诊就医定点医疗机构扩展到县级定点医疗机构（县人民医院、县中医院、县妇保院）。

【实行城镇职工二次补偿】 县政府出台《武宁县城镇职工医疗保险二次补偿和医疗保险救助实施办法》（武府办字〔2019〕47号），对当年内城镇参保职工治疗费用按标准进行二次补偿和医疗保险救济，2019年共计补偿298人，在2020年实际补偿支付148.8万元；实施机关事业单位人员医疗补助，参照市本级，县政府出台《武宁县人民政府办公室关于实施机关事业单位人员医疗补助的通知》（武府办发〔2020〕30号），对机关事业单位参保职工住院和慢性病自负部分和自费部分按比例实施医疗补助。

【全面推进“一站式”服务】 医保经办授权人常驻县政务服务中心医保经办窗口，负责医保经办事项审核、审批，全面推进“一站式”服务、“一窗口”受理、“一单制”结算；实行延时、错时服务制、节假日值班制和电话预约服务制，全年错时办理医保经办事项4300余次。不断完善首问负责制和一次性告知制，积极推进不见面办理和“最多跑一次”，全年共不见面办理医保业务3.2万余次。

【开展医保基金专项检查】 与全县“两定”医药机构签订医保服务管理协议，强化协议约束；深入开展医保基金专项检查行动，完成全县219家定点医疗机构和51家定点零售药店的现场检查，查处违规使用医保基金案件46起，责令退回医保基金204.09万元，罚款228.69万元，对1家定点药店予以停止医保服务3个月处罚，对22名医保定岗医师进行扣分处理，对4名违规医师和责任人移交县卫健委进行处理。

【扎实推进村建帮扶工作】 2020年先后拨付村建帮扶资金55000元，围绕“两不愁、三保障”和饮水安全保障、两业扶贫、志智双扶，强化工作推进。引导社会捐资8000元结对帮扶1名贫困户高中学子，大力推进“三讲一评”感恩行动。先后引入5万元社会捐资和协调40万元农信贷支持茶叶加工、香菇种植扶贫产业基地建设，为村有经济发展壮大增添后劲。

【全面落实医保扶贫保障】 全县2020年贫困人口24345人全部由财政资助参保；贫困人口住院及门诊特殊慢性病37373人次，医疗总费用

11120.58 万元，四道保障共计报销 10037.51 万元；贫困人口县内住院“先诊疗后付费”和出院结算“一站式”服务，在全县 198 个定点医疗机构全面实行；推进落实医保扶贫信息互联互通、信息共享，及时调整更新扶贫数据信息，每月将医保扶贫信息及时发布扶贫信息平台，并通报到村（社区）。（胡陈滕）

附：2020 年县医保局领导名录

党组书记、局长：余著凌

党组成员、副局长：肖　敏（保留正科待遇）

李烈明（3 月任）

党　组　成　员：林小青（女）

社会福利

【启动公办养老机构设施提升工程】 现有公办养老机构 19 家（乡镇敬老院 18 家、县社会福利院 1 家），共有床位数 949 张，现有特困集中供养人员 609 人，其中特困失能人员 263 人。2020 年，印发《武宁县养老服务体系建设发展三年行动计划方案（2019 —2021 年）》（武办字〔2020〕4 号），县委组织部、县民政局、县发改委、县财政局、县卫健委印发《加强农村基层党组织建设加快补齐农村养老服务短板十条措施的实施方案的通知》（武民字〔2020〕53 号）等文件，明确目标任务，压实工作责任，确保养老服务工作有效推进。先后投资 1900 万元，新建新宁镇、横路乡、大洞乡 3 所敬老院并投入使用，启动全县公办敬老院消防设施逐年改造提升工程。

【鼓励社会养老服务机构有序发展】 按照县养老服务体系建设三年行动计划要求，大力支持民办养老机构发展，积极引导民营资本进入养老服务体系建设。鲁溪镇乐享综合养老护理院投资 1.2 亿元，建设 340 张床位，6 月份投入运营。鲁溪集镇福星颐养院投资 500 余万元进行全面升级改造，8 月底完工并投入使用。武宁县宁达颐养院是辖区内最大的民办养老机构，投资 5000 万元，2017 年建成投入使用，2020 年投入 2000 万元建成医养结合养老机构，现有 300 张床位，其中 256 张护理型床位。

【强化措施提升养老服务机构质量】 加大培训工作力度，全年组织参加市县开展的疫情防控、消防安全、养老服务质量等培训 4 次，培训人员 153 人次。加强监管工作力度，由民政牵头，联合公安、消防、质监、供电、供水、住建及当地政府对 19 家社会养老机构进行联合检查，对 14 家不符合养老服务质量规范且存在重大安全隐患的养老机构下发整改通知书。关停 10 家，正在整改 3 家，整改到位 1 家（福星颐养院）。

【推进城乡居家养老服务设施建设】 加大争资争项力度，争取“关爱农村留守老人”项目 10 个，资金 70 万元。全县共投入资金 250 余万元，启动 57 个农村颐养之家建设工作，社区嵌入式和日间照料中心养老设施建成 14 个。

【全面落实老年人高龄津贴等政策】 全面落实 80 周岁及以上老年人高龄津贴制度，全年共为 8043 位老年人发放高龄津贴 519.155 万元，为 745 位老年人发放经济困难高龄老年人“两项补贴”48.96 万元。投入 15 万元，免费为年满 60 岁及以上的重点优抚对象和城乡特困老人、70 周岁以上老年人开展老年人意外伤害保险投保工作，参保对象 32180 余人，覆盖率达 100%。

【统一城乡残疾人两项补贴政策】 2020 年统一城乡残疾人两项补贴标准，困难残疾人生活补贴每人每月 60 元，重度残疾人护理补贴每人每月 70 元。全县共有 3499 人享受残疾人生活补贴，4344 人享受残疾人护理补贴，共发放残疾人两补 606.054 万元。制定《武宁县建档立卡贫困重度失能残疾人照护和托养工作实施方案》，发放重度失能残疾人照护和托养资金 151 人 64.46 万元。

【福利彩票发行管理】 受疫情和中福在线停销的影响，武宁彩票销售大幅度下降。全县销售站点 28 个，累计销售彩票 908.4 万元（其中电脑票 891.1 万元，即开票 17.3 万元）。

（张婷婷）

社会救助与慈善救助

【完善社会救助信息平台】 2020 年，武宁县被省厅列为江西省“数字民政 2.0”二期系统试点县，组织全县数字民政二期系统培训会，学习新系统规范使用，及时成立核对中心（为内部股室），配备 2 名工作人员，做到职责明确，责任压实，为做好核对工作提供基础和人员保障。坚持“凡申请必核对，凡核对必授权”原则，认真做好核对授权规范，理顺业务交接流程。累计核对 2552 户、7534 人，做到新增申请必核对。

【及时发放社会救助资金】 按省民生工程及市政府规定标准，4 月全部提标到位并补发。城市低保标准由原 640 元提高到 705 元，补差水平提高 40 元到 450 元以上；农村低保标准由原 385 元提高到 470 元，补差水平提高 40 元达到 325 元以上；农村特困人员集中供养由 505 元提高到 615 元，分散供养由 400 元提高到 615 元；城镇特困人员由 835 元提高到 915 元。截至年底，城市低保 1821 户 2632 人，累计发放 1452.16 万元，补差水平 451.02 元；农村低保 7973 户 9419 人（建档立卡重叠人数 5487 人），累计发放 3589.48 万元，补差水平 327.16 元；农村特困人员 1602 人，其中集中供养 575 人，分散供养 1027 人，累计发放 1318.93 万元；城镇特困人员 44 人，其中集中 14 人，分散 30 人，累计发放 37.96 万元；城乡特困护理费全失能 96 人部分失能 257 人自理 1292 人，发放 353.64 万元；1—9 月份低保、特困人员物价补贴发放 438.67 万元；临时救助累计支出 102.65 万元，其中县本级临时救助 403 人 75.71 万元，特别救助 2 例 2 万元，下拨各乡镇临时救助备用金 76.7 万元；精减退职老弱残职工救助 43 人，累计发放 20.57 万元；60 岁以上矽肺病患者伤残生活救助 113 人，累计发放 131.89 万元。

【推进城镇贫困群众脱贫解困工作】 全县 298 户 455 名城镇贫困群众全部实现稳步脱贫，实现“七个到位”（兜底生活保障、基本医疗保障、安全住房保障、义务教育保障、就业创业保障、社会资源帮扶、其他政策落实到位）的总目标。

【组织开展慈善募捐活动】 围绕“决战脱贫攻坚，助力疫情防控”主题，组织开展形式多样的第五个“中华慈善日”活动，积极倡导社会组织开展募捐。助力疫情防控工作，共接收社会组织的募捐款 34 万元。通过多种渠道慈善募捐、筹措资金 76.45 万元，为 218 名贫困、孤儿学生和 181 个困难家庭给予慈善救助。

（张婷婷）

社会事务管理

基层民主建设与城乡社区管理

【加强社会组织管理】 2020年，办理登记成立社会组织10个（社团）。对全县147个（其中社团77个、民办非70个）社会组织进行重新摸底登记。对符合建立党组织条件的社会组织全部实行单独组建党支部，县直部门主管的51个社会组织单独或联合组建43个党组织，下派党建工作指导员5名，达到社会组织党的组织和党的工作“两个覆盖”目标。

【完成村（居）社区工作者基础信息收录】 4月，完成村（居）社区工作者基础信息的收集录入，全县村“两委”成员和村居小组长、第一书记共3360人，全部录入基层政权建设和社区治理信息系统。

【为城乡一线社区工作者发放一次性补助】 启动对城乡社区参与防控的一线社区工作者发放一次性补助工作，下发《关于全面落实疫情防控一线城乡社区工作者补助政策的通知》武新冠指办〔2020〕118号文件，指导各乡镇、街道根据实际情况审核确发人员名单。8月20日，为全县城乡一线社区工作者805人发放一次性补助131.42万元，并制定疫情排查管制工作方案。

【发放“两老”和社区干部生活补助】 开展“两老”和社区干部生活补助，申报、审核、审批工作。全县“两老”补助355人，发放金额65.51万元，社区干部生活补助发放12万元。

【完备全县村（社区）相关体系建设】 新建的社区都及时成立社区居民委员会，各村（社区）办公服务场所面积都达300平方米以上，配齐城乡社区工作者，村班子3～7人，社区班子5～9人，村（社区）正职报酬每年4万多元，副职3.8万元左右。各村（社区）设有环境和物业管理委员会，理事会和相应的社会组织，设有统一的便民服务中心，集中办公，制定村（社区）工作制度，落实村民议事制度，村（居）务公开制度和村规民约。强化村（社区）养老爱幼服务设施建设，全县村（社区）养老机构85个，留守儿童之家32个，各村建立民政服务对象信息台账。村民办事可以在村服务大厅一站办结。

区域地名管理

【推进地名普查成果转化】 地名普查成果转化工作按照预定方案有序推进，完成国家地名志武宁辞条的编辑和修改，完成国家、长江中游、省、市政区地图的审核。

【不断完善区域地名管理】 落实不规范地名清理整顿，对盛元庐山西海国际养生度假区和江西武宁国际灯饰博览中心两个不规范地名进行更名；对庐山西海三区界线按市委办文件提出武宁标绘意见；对武宁县豫宁街道与新宁镇行政界线进行调整；对武宁、靖安两县的市级界线进行联检；积极配合创文工作，增补老城区道路和巷道标志牌；

殡葬管理

【城乡公益性公墓建设】 城市公益性公墓建设年初动工，7月15日完成主墓区建设，开始向服务对象开放服务。12月底，总体工程全面完工。强化检查指导，督促乡镇加快完善农村公益性公墓配套设施建设，至12月底，全县224个农村公益性公墓配套设施道路、焚烧池、停车场等建设到位。建立管理制度，落实管护人员，确保城乡公墓管理和维护。

【开展坟墓专项整治】 全县各地“三沿六区”排查出散埋乱葬坟墓219座，其中大墓8座，其他散埋乱葬坟墓206座。改造坟墓1座、植树遮挡坟墓215座，整治率达100%。

【推进婚丧礼俗改革】 2020年，出台《关于进一步倡导移风易俗推进婚丧礼俗改革的通知》（武民字〔2020〕69号），进一步倡导丧事简办、厚养礼葬、文明殡葬先进理念。鼓励节地生态安葬，对树葬、草坪葬及骨灰洒散等节地生态安葬方式每例给予1000至2000元奖励。全年节地生态安葬16例。对不享受国家丧葬费用补贴的对象，其遗体接运、冷藏、火化、普通骨灰盒、骨灰寄存等五项基本殡葬服务实行免费，并在县殡仪馆治丧过程中直接减免。全年减免1801人，惠民奖补271.62万元。全县遗体火化率及遗体火化后骨灰入公墓（骨灰堂）或其他生态葬法安葬率达到100%。

社会工作

【优化婚姻登记服务工作】 2020年，加大投入，将婚姻登记与妇幼保健院合署办公，开启婚姻登记和婚前检查“一站式”服务模式。疫情期间，婚姻登记业务实行错时延时和预约服务。全县共办理婚姻登记4153对，其中结婚登记1798对，补发结婚证943对，离婚登记1297对，补发离婚证115对。登记合格率达100%。

【开展流浪乞讨人员救助】 1月8日，中共武宁县委办公室、武宁县人民政府办公室印发《关于加强和改进生活无着的流浪乞讨人员救助管理工作的实施方案》，开展生活无着的流浪乞讨人员救助管理服务质量大提升专项行动。全年共救助流浪乞讨人员102人。新的救助站主体工程完工，正在配备人员。年底站内滞留人员9人，其中护送市站集中供养4人，武宁广仁医院进行医疗救助4人，置留站内1人。

【有效推进儿童福利工作】 孤儿、事实无人抚养儿童及留守儿童信息及时更新上报。为19名孤儿发放生活补助21.57万元，45名事实无人抚养儿童生活补助22.77万元，3名孤儿发放助学金3.75万元。组织全县孤儿进行健康体检。组织儿童督导员及儿童家长培训，动员广大村（居）儿童督导员、儿童家长采取多种方式上门走访提醒、督促监护人和留守儿童受委托照护人履行好监护、强化防溺水事故安全责任，最大限度减少自然灾害、突发事件等对儿童的危害。

（张婷婷）

附：2020年县民政局领导名录

党组书记、局长：段日华
党组成员、副局长：黄祖平（保留正科待遇）
叶存平、黄　河
县老龄办主任：余　敏

乡镇（工业园、街道办）

大洞乡

【概况】 大洞乡位于县域西北部，距县城64千米，全乡总面积117.6平方千米，其中山林面积10333.2公顷，占88%，耕地面积753公顷，占3.8%；户籍人口9564人，下辖5个行政村，63个村民小组。2020年完成财税收入3762.5万元。

【招商引资成效显著】 以“1+3”主导产业集群为重点，大力推进产业招商、招大引强。签约亿元项目2个，即投资1.1亿元的九江市宜居佳智能科技有限公司，投资1.2亿元的江西永昊工艺品有限公司。

【乡村建设明显改观】 围绕建设美丽大洞的奋斗目标，扎实推进生态文明建设和环境保护治理。全乡清理卫生死角31处，清理陈年垃圾1.8吨，拆除违章建筑5处，拆除破损大广告牌2块，整治集镇占用公共用地养鸡2处，清理垃圾小广告38处，修缮道路2.1万平方米，种植绿化140平方米，整治水渠水沟3.6千米。完成厕所改造1534户，改厕率达95.7%。完成6个新村点建设。

【全力抓好疫情防控】 成立常态化疫情防控指挥部，准确上报每日疫情防控数据信息，严格落实各项疫情防控措施。强化舆论宣传，录制防疫宣传录音26条，制作横幅、展板、通告、袖标。按照要求开展政策措施宣传，做好各类资金补贴减免工作，为34名困难人员发放救助金1.8万元。

【脱贫攻坚全面胜利】 2020年贫困户脱贫14户25人，截至年底，全乡246户932名贫困户全部脱贫摘帽。全力推进短、中、长三类产业和扶贫车间、扶贫基地两种模式。规范合作社5个，申报扶贫车间4个，带动贫困户劳动力就业50余人。开发扶贫专岗13个，增设临时公益性岗位5个。全乡贫困劳动力494人，就业420人。13个集中供水点和10户分散供水饮水检测全部合格。

【基础设施持续改善】 围绕重点项目建设目标任务，落实责任，加强调度，严把工程质量关，全力推进重点项目建设。县道巷口至彭坪段升级改造项目主体工程全部完工。投资70万元完成鲁桥村杨仙危桥改造。投资250万元启动箬田村泉口危桥和马山口危桥改造。开工建设彭坪芦林至罗湾1千米水泥路、鲁桥大源山2千米水泥路。大洞学校新建教学楼、运动场完成立项、审批、征地，鲁桥教学点教师周转房完成整体建造。大洞乡卫生院周转房完成主体建设。

（熊元）

附：2020年大洞乡领导名录

党委书记：付华春（3月任）
陈　磊（女，任至3月）
党委副书记、乡长：黄　頔
党委副书记：刘　辉（保留正科待遇）
人大主席：张小勇
党委委员、常务副乡长：董安华
党委委员、纪委书记、监察室主任：熊　伟
党委委员、人武部部长：龚　平
党委委员、副乡长：董东明（4月任，综治办专职副主任任至4月）

陈家发（任至4月）
副　乡　长：汤　旺
人大专职副主席：刘礼起
综治办专职副主任：叶　茜（女，4月任）

附：2020年行政村主要干部名单

鲁桥村
党支部书记：叶存付
主　　任：洪亚玲

彭坪村
党支部书记：叶兴发
主　　任：舒忠保

畈上村
党支部书记：叶存权
主　　任：叶祥望

岭下村
党支部书记：成厚满
主　　任：成绪金

箬田村
党支部书记：成忠灯
主　　任：成　功

泉口镇

【概况】 泉口镇是一块具有光荣革命传统的红土地，是316国道由鄂入赣第一镇，与湖北阳新、通山两县毗邻，总面积141.8平方千米，辖9个行政村、100个村民小组，总人口23690人。2020年，引进经济建设项目3个，签约资金2.3亿元，前期项目进资1.2亿元。完成财政税收6280万元，比上年增长10.5%。全镇502户贫困户1604人全部脱贫。

【持续开展村庄清洁行动】 积极推进“四清二改一管护”行动，确保组织保障到位、资金安排到位、宣传动员到位、责任落实到位。在路口村推进垃圾分类试点，购买垃圾分类桶400个。开展农村环境整治“攻坚月”活动，抓住关键节点，有重点组织开展各具特色的农村环境整治活动，对村庄环境卫生脏乱差问题进行集中整治。

【积极推进新农村建设】 坚持“连片推进、生态宜居、长效管护、社会参与”的原则，全力推进新农村建设。2020年完成新农村建设点28个，其中省级23个，市县自建点5个，总投资790万元，惠及1080户4960人，改水、改厕、改沟、改栏、改房、改路率均达100%。实施绿化、亮化、净化、美化，农村人居环境得到显著改善。开展“厕所革命”，完成改厕476户。在路口村和金水村共投资60余万元建设农村生活污水处理点。

【疫情防控】 面对突发的新冠肺炎疫情，积极应对，开展精准排查，全部落实防疫措施。牵头组织建立316国道纽丝界牌、杨岭坳头和楼下枣源卡点，守护江西“北大门”。做好镇内公共场所的扫码测温，常态化开展境外及中高风险地区人员排查及管控工作，打好“外防输入，内防反弹”持久战。

【社会事业】 全镇低保518户619人全部实现一卡通发放，特困供养104人。申请3.1万元对敬老院进行维修改造，全面提升敬老院服务水平。实现残疾人两项补贴应有尽有，发放407名80岁以上老年人高龄补贴26.15万元，临时救助资金5.64万元，城乡居民基本养老保险参保4426人，收集保费152.1万元，城乡居民基本医疗保险参保18921人，参保率79.83%；完成全镇929个贫困劳动力就业信息录入，申报农村部份计划生育家庭奖扶48人，特扶10人，农村独生子女户或二女不再生育家庭子女中考录取加分15人，阳光助学3人；完成免费学前优生健康检查52对。

（张绪良）

附：2020年泉口镇领导名录

党　委　书　记：方华江
党委副书记、镇长：袁世忠（3月任）
陈　勇（任至3月）
党　委　副　书　记：郑熊星（4月任，党委委员、纪委书记、监察室主任任至4月）
人　大　主　席：汪维洋
党委委员、常务副镇长：余涵军
党委委员、纪委书记、监察室主任：杭　严（4月任）
党委委员、人武部部长：焦魏波
党委委员、副镇长：陈　俊
人大专职副主席：徐龙元
副　镇　长：高　洋（4月任）
李　珊（任至4月）
综治办专职副主任：陈镇龙

附：2020年行政村主要干部名单

路口村

党支部书记：冷绪银

芭蕉村

党支部书记：卢作梧

金水村

党支部书记：聂成河

楼下村

党支部书记：聂庆忠

主　　任：周平臣

凤东村

党支部书记：聂由荣

主　　任：熊里忠

田塘村

党支部书记：李广福

纽丝村

党支部书记：陈继波

主　　任：全起付

丰田村

党支部书记：聂道武

杨岭村

党支部书记：洪科国

主　　任：戴隆海

横路乡

【概况】 全乡总面积146.88平方千米，下辖11个行政村，105个村民小组，总人口24079人；耕地总面积1156.27公顷，其中，水田771.17公顷，旱地385.13公顷，人均占有耕地0.86亩。距县城30千米。2020年，实现财政总收入4866.2万元，固定资产投资6.49亿元，成功申报规模以上工业企业1家；围绕“绿色光电、大健康、旅游”等主导产业，坚持招大引强，精准发力，引进入园工业项目5个，签约投资额7.7亿元。

【积极壮大集体经济】 围绕“一乡一业”“一村一品”发展定位，各村立足本地实际，因地制宜，积极发展村集体产业，通过“借地生财、以楼聚财、以业揽财”等发展模式壮大村集体经济，全乡各村建有菌棒生产、香菇种植大棚116个、种植莲子68公顷、黄蜀葵24.67公顷，渔业养殖4公顷。创建市级现代农业产业示范园1个，形成香菇种植、菌棒生产加工、果园旅游采摘等多点支撑、多业并举、多元发展的产业发展格局。村集体经营性收入均突破5万元，部分村达20万元以上。

【人居环境整治行动】 按照“整洁美丽，和谐宜居”的总要求，建立健全新农村建设村庄长效管理机制，共投入资金630余万元，完成南坑村齐家、杨家，花园村毋荒、上富村桥头等18个新村点建设，创建美丽宜居示范庭院50个。推进集镇沿河建筑整体拆除搬迁工作，签订搬迁协议75户91间，41户搬迁户在集镇新区动工建房，13户装修入住。持续开展农村人居环境整治行动，清理卫生死角201处，清除转运垃圾640余吨，整治“四乱”287处；推进“5G+长效管护”管理模式试行，添置垃圾转运车1台，按照“三格式化粪池、水冲式卫生间”的标准，完成改厕290户。加强生态建设，新增造林66.67公顷，划定天保林749.64公顷，完成森林抚育91.25公顷，油茶抚育133.33公顷，清除病虫害松树2.6万棵。

【完善社会救助体系】 加强低保户、残疾户和留守老人儿童等弱势群体的关爱帮扶，落实落细惠民政策，及时发放惠农资金，累计发放养老金417.09万元，低保金276.20万元，五保金83.81万元，残疾人生活、护理补贴35.63万元，高龄津贴28.03万元，临时救助2.87万元，孤儿生活补贴1.14万元，编密织牢困难群众基本生活保障网，确保小康路上不落一人。发放教育补贴27.9万元，报销医疗费257.11万元，完成武安锦城易地搬迁9户装修入住，危房重建及维修14户。大力推进产业扶贫，切实提升贫困户“造血”功能和脱贫质量，全乡414户贫困户全部实现稳定脱贫。

【加强基础设施建设】 累计投入资金5000万元，实施一大批民生实事，横路中心敬老院扩建工程全面完工、集镇污水处理厂及管网铺设工程、株林至横路道路升级改造工程完成路基改造、集镇至白杨道路拓宽改造工程（新溪至白杨段）完成路基拓宽，顺德桥、港背桥、横路老桥、卢家港桥基本建成，上富村、白杨村70公顷高标准农田建设，101个水毁工程灾后重建项目、4处农村供水工程全面竣工，新建上富简垅、南坑楼下铺、横路西街、横路夏家4处文化活动中心。

【防控疫情取得胜利】 面对突如其来的疫情，始终坚持人民至上、生命至上总原则，落实“属地、部门、单位、村组、个人”五方责任，强化扫码、测温、戴口罩等常态化防控措施，发放口罩2万余只，消毒药水300公斤，开展消杀300余次，关停公共活动场所20余家，劝阻延期停办酒席60余场，送县集中隔离返乡人员3人。坚持群防群控、联防联控，切实加强对重点地区返乡人员的报告报备、核酸检测、跟踪随访及冷链物流监控，全面落实常态化管控措施，积极推进新冠疫苗接种工作，坚决打好“外防输入、内防反弹”持久战。

（刘海芬）

附：2020年横路乡领导名录

党委书记：曹　伟
党委副书记、乡长：张　伟3月任(横路乡党委副书记、任至3月)
黄　洪（任至3月）
党委副书记：熊自兵（4月任）
人大主席：何宏伟
政协工作联络组组长：王义忠
党委委员、纪委书记、监察室主任：王定国
党委委员、常务副乡长：王　庆（4月任）
党委委员、副乡长：刘辉云4月任(副乡长任至4月)
万　冰（任至4月）
党委委员、人武部部长：尹传胜（任至4月）
人大专职副主席：刘丁丁（4月任）
副乡长：黄嫘禹（女，4月任）
综治办专职副主任：杜宏飞

附：2020年行政村主要干部名单

南坑村
党支部书记、主任：杨　斌

上富村
党支部书记：潘龙河
主任：潘龙熙

泥山村
党支部书记：冯德亮
主任：张友木

株林村
党支部书记：冷绪周
主任：熊里明

金盆村
党支部书记：张少龙
主任：冷从祥

新溪村
党支部书记：冷运忠
主任：周友福

横路村
党支部书记：杨秋安
主任：沈为林

港北村
党支部书记、主任：熊自振

儒庄村
党支部书记：柯　春
主任：邓东勤

白杨村
党支部书记、主任：冷景竹

花园村
党支部书记：汤义松
主任：温宏虎

鲁溪镇

【概况】　鲁溪镇地处县域东北部，北倚幕阜山，南濒庐山西海，西与本县的泉口镇接壤，东与瑞昌市南义镇比邻，316国道纵贯其中。全镇下辖16个村（社区）、187个村民小组、36660人口，国土面积168.4平方千米，耕地面积1600公顷，水域面积2666.67公顷，森林覆盖率达74%以上。2020年，完成财税收入1.8亿元。完成固定资产投资8.94亿元，同比增长37.1%。荣获“江西省先进基层党组织”“江西省抗击新冠肺炎先进集体”“全省老年体育示范乡镇”“全市现代农业示范园”“九江市文明村镇”称号，双新村获“国家森林乡村”称号。

【疫情防控取得阶段性胜利】　坚持把疫情防控作为压倒一切的重大政治任务来部署，把人民群众生命安全和身体健康放在第一位。成立镇。村防疫工作体系，加强全面摸排与宣传，累计摸排湖北人员485人，累计发放医学口罩20830个、消毒液24壶、体温计340个等医疗物资，1例确诊病例于2月24日治愈出院，再无出现新增确诊病例和疑似病例，取得疫情防控工作阶段性胜利。

【引进项目有突破】　始终把推动招商引资、开放型经济、本地特色产业发展作为经济发展的主战略，创新招商方式，强化招商举措，积极引进外资。外出招商12批次，考察企业38家，对接洽谈新项目16个，签约亿元项目5个，分别是2亿元的领诺电子，10亿元的泓祥盛纺织项目，3亿元的润为康医疗设备项目，1亿元的福星养老院，1亿元粽叶农产品项目。实现内资实际进资5.275亿元，同比增长54.2%。

【特色农业快速发展】　结合自然资源优势，继续主推“一绿一红”两大产业发展壮大。2020年上半年，招商引进江西绿康农业发展有限公司，投资1500万元在鲁溪镇双新村种植白茶产业，流转土地200公顷，一期流转100公顷，进一步壮大白茶基地产业；新增香菇基地1公顷。北屏村、双新村新增辣椒种植面积133公顷，双溪村新增尖椒种植面积10公顷，“一红一绿”产业持续扩大。箬竹、川穹、吴茱萸等特色产业种植面积均进一步提高。

【加快新农村建设】 2020年度，完成全镇41个新村点建设。年初，加大宣传与动员，召开村组大会，选定理事会成员，多渠道筹集资金，加快启动招标建设，6月份组织各村支书、理事会长参加全镇新农村建设培训会，提升秀美乡村建设新标准。为进一步提升鲁溪镇秀美乡村整体品质，投资200万元打造10个沿316国道风景示范线节点，沿线风景宜居示范品质实现“质”的提升。

【开展环境整治“清零”行动】 按照“整洁美丽、和谐宜居”的行动要求，统筹农村生活垃圾处理、农村清洁工程、秀美乡村建设相结合，开展综合环境大整治，构建秀美鲁溪，加快乡村振兴步伐。完善生态管护员的监管，全面实行人居环境平台网格化管理。6月初在全镇范围内开展环境整治“清零”活动，对全镇15个村231个组逐一检查建立台账，推动全镇环境整治工作新高潮。

【项目工程建设加快】 2020年，加大财政投入力度，统筹城乡基础设施建设总体规划，扩大基础设施公共服务供给，推动城乡融合发展。安排建设民生项目34个，其中新建25个，续建项目9个。加快推动第二人民医院项目、集镇街道“白改黑”工程、第二自来水厂项目、管网提升工程、集镇防洪工程、少儿服务中心等一批重大民生项目按时按点完成。对集镇水、电、绿化、亮化等配套设施建设进一步升级。

【全域旅游品质提升】 深化提升镇域旅游的品质与内涵，聚力打造宜居宜游魅力新鲁溪。依托“鲁溪洞”龙头景区，着力加强基础设施和公共服务设施的改造升级。对鲁溪洞景区洞内灯光景观、出口景观、户外漂流、玻璃栈道等多个旅游服务项目重新改造。鲁溪洞三级旅游公路拓宽改造项目正在进行基础拓宽工程。下拨500万元打造双新村为形成产业特色鲜明、美丽宜居的“高山第一村”，村部游客接待中心完成外部装修、微型产业基地、石林花海、辣椒茶博园、英山茶博园等工程完成。形成产业特色鲜明、风光秀丽的乡村旅游示范景点，为串联小源、北屏乡村旅游圈打下坚实基础。

【脱贫攻坚强力推进】 2020年，全镇87户，153名贫困户全部脱贫。按照县委、县政府的决策部署，重点抓好问题整改补短板，重点排查解决“两不愁四保障”贫困问题，7户危房改造的贫困户均已完工，异地搬迁户全部完成装修工程，住房安全保障进一步解决；4月份对全镇贫困户饮水问题开展水质检测，保障贫困户饮水安全；深入推进“两业扶贫”，上半年统计摸底全镇贫困户外出务工710人，发放补贴32万元，新增扶贫车间一个。及时跟踪426名贫困户学生的受教育情况，教育补贴不漏一人，其中享受“雨露计划”资金学生50人，发放补贴7.5万元。

【社会保障覆盖提升】 截至年底，城乡居民医保参保人员30399人，参保率95.1%，除去异地参保人员基本做到应保尽保。城乡居民基本社保参保人员13754人，完成全年任务90.9%。其中代扣缴费12328人，其中困难群众1426人，共收缴209.7万元。农村低保调整公正公开，坚持做到“应保尽保，应退尽退”，严格落实低保申请、入户调查、拓宽了解渠道等程序。共发放低保金417万元，临时救助5.87万元。

（徐尤恕）

附：2020年鲁溪镇领导名录

党委书记：熊自安
党委副书记、镇长：肖龙雨
党委副书记：徐国富（4月任）
人大主席：冷绪南（4月任，党委委员、常务副镇长任至4月）
　　　　　罗来虎（任至4月）
政协工作联络组组长：严丰华
党委委员、常务副镇长：吴华国（4月任）

党委委员、纪委书记、监察室主任：黎刘骥（女）
党委委员、副镇长：余著海
党委委员、人武部部长：张春晨（4月任）
人大专职副主席：王　剑
副　　镇　　长：张炳勤、张亦丁（4月任）
　　　　　　　　刘金国（任至4月）
综治办专职副主任：何路路（女）

附：2020年行政村主要干部名单

北屏村
党支部书记：华文锋

南冲村
党支部书记：刘诗文
主　　任：柯美志

大堰村
党支部书记：艾施红
主　　任：刘明泳

荷洲村
党支部书记：余细明

双新村
党支部书记：柯有信
主　　任：柯丁丁

双溪村
党支部书记：熊里武

梅颜村
党支部书记：夏涓沅
主　　任：夏　娟

张岭村
党支部书记：余成刚
主　　任：余涵荣

小源村
党支部书记：柯传洪
主　　任：柯美南

大桥村
党支部书记：刘小明
主　　任：刘　义

枫树村
党支部书记：夏发银
主　　任：夏汗生

长宁社区
党支部书记：刘诗孝
主　　任：柯　勇

塔湾村
党支部书记：黎张荣

坑背村
党支部书记：刘诗仁

胡山村
党支部书记：熊里红
主　　任：柯于华

鲁溪村
党支部书记：刘明梅

官莲乡

【概况】 2020年，统筹新冠肺炎疫情防控和经济社会发展工作，三大攻坚战扎实推进，经济增长好于预期，人民生活得到有力保障，社会大局保持稳定，各项事业稳中有进。实现财税收入3571万元，全社会固定资产投入4.84亿元，签约亿元以上工业项目3个（江西亿源管业有限公司、江西亿磊包装有限公司、九江广隆电气有限公司），注册成立总部经济公司7家，成功申报规上企业1家。

【全力发展扶贫产业】 在原有莲花眼镜厂基础上增加莲花热带水果种养、西湾香菇种植、宝源蛋鸡养殖等3家扶贫车间，解决20位贫困户长期就业，积极推进西海情甜柿基地申报县级龙头企业；持续推进贫困户外出务工和本地就业，贫困劳动力务工534人；持续深化消费扶贫，“以买代帮”共购买扶贫农产品91.56万元；加强贫困户动态管理，42户预脱贫户均实现“两不愁三保障”和饮水安全，家庭人均年收入均超过6000元，实现稳定脱贫“十三五”贫困村东山村实现脱贫攻坚与乡村振兴有效衔接，被评为市脱贫攻坚先进集体和“全国文明村镇”，村党支部书记、九江学院驻村第一书记谭翊泉获评2020年全国先进工作者，并且荣登2020年8—9月中国好人榜。

【大力发展现代农业】 积极引导农民大力发展有机蔬菜、红心火龙果、甜柿、龙虾、金果梨、皇菊、莲子、苗木、香菇等产业，其中东山村蔬菜基地建成2万平方米薄膜温控大棚、15个单体大棚、1个100吨冷藏库和12公顷滴灌。全力打造“看山到长水、看水到东山”的武宁乡村旅游，以东山农旅结合的田园综合体为龙头，带动硬汉热带果园、西海情等乡村旅游基地发展壮大。

【推进秀美乡村建设】 全力打好“蓝天、碧水、净土”三大保卫战，推进林长制建设，每村设立1位专职护林员，集中力量整治松材线虫病树；推进河长制建设，根据岗位分工对新任河长进行调整；加强渔民禁捕退捕管理，63位渔民均退捕上岸，上岸渔民外出务工补贴和专项体检等相关政策得到有效落实；乡成立生态管护队伍，通过公开招聘配齐42名生态管护员，按照每人每年2万元的标准落实工资待遇。总投资340万元的8个新农村点在11月底完成建设，新农村的推进有效改变部分村组基础设施落后的状况；发动农民群众投工投劳2100余人次，清理卫生死角186处、农村生活垃圾 835 吨、村内水塘 90 口、村内淤泥 164 吨、村内沟渠 146.5 千米、畜禽养殖粪污等农业生产废弃物 54.5 吨、残垣断壁 235 处，清理乱堆乱放 354 处，整治杆线乱拉 54 处，绿化种树种草 2809 平方米，总计投入资金 90 余万元。

【着力发展民生事业】 2020 年，乡公共资源交易中心实施东山村美丽示范村庄建设、弱电改造、泉溪村雷公坳自来水、宝丰水库养殖场水泥路等 22 个项目共计投入 1617 万元，乡村道路及水利基础设施明显提质升级。

【落实疫情防控措施】 动员全体乡村干部从大年初二开始坚守岗位，开展全面摸排和科学防控，累计发放医用口罩 3 万多个，累计摸排监测返乡人员 206 人，无确诊病例和疑似病例。进入秋冬疫情防控以来，紧盯重点地区返乡人员日常管控和冷链物流监控，扎实做好“赣通码”扫码和公共场所体温检测，常态化落实上级关于秋冬防疫各项措施。

（卢想想）

附：2020 年官莲乡领导名录

党委书记：陈　磊（女，3 月任）
党委副书记、乡长：周映明（3 月任，党委副书记任至 3 月）
　　邓卢武（任至 3 月）
人大主席：陈家发（4 月任）
　　吴　伟（任至 4 月）
党委委员、常务副乡长：张国浪
党委委员、纪委书记、监察室主任：洪　珊
党委委员、副乡长：黎先明（4 月任）
　　易发楠（任至 4 月）
党委委员、人武部长：柯箭海
人大专职副主席：黎园园（女）
副乡长：王方殊（4 月任）
　　胡善宝（任至 4 月）
综治办专职副主任：徐　武
一级主任科员：陈　磊（女，8 月任）
三级主任科员：张国浪（8 月任）
　　黎先明（8 月任）

附：2020 年行政村主要干部名单

莲茶村
党支部书记：董乐生
主任：陈公兰

西湾村
党支部书记、主任：黎　鑫

官塘村
党支部书记、主任：张绪富

泉溪村
党支部书记：张　程
主任：黎先义

东山村
党支部书记：谭翊泉
主任：雷云财

宝源村
党支部书记：卢真富
主任：张友财

山坪村
党支部书记、主任：黎　芳

洪溪村
党支部书记：齐敦贵
主任：陈希新

宋溪镇

【概况】 宋溪镇地处庐山西海西北岸，国土面积 298.9 平方千米，其中耕地面积 933.33 公顷，山林面积 23533.33 公顷，下辖 10 个行政村，101 个村民小组，总人口 13494 人。2020 年，实现财税收入 8516 万元，固定资产投入 5.5 亿元，申报成功规上企业 1 家。田塅村被认定为九江市乡风文明示范村；南皋村被认定为国家首批森林乡村。

【招商引资】 2020 年，以长三角、珠三角为主攻区域，以绿色光电、大健康、绿色食品等三大主导产业为主攻方向，成功引进工业项目 2 个，旅游项目 1 个，总部经济项目 2 个。完成新老项目内资进资 1.1 亿元，外资进资 80 万美元。

【生态建设】 健全森林资源网格化管护体系，大力实施“护绿、增绿、用绿”工程。持续抓好 220 国道、永武高速沿线通道、村庄、庭院绿化和林相改造，完成春季造林 26.67 公顷，完成矿山绿化 6.67 公顷。严查乱砍滥伐、非法捕猎、非法侵占林地和野外用火等毁绿案件 5 起，处罚 5 人。推进“河长制”，持续开展乱占、乱采、乱堆、乱建为主要内容的“河湖清四乱”，做好河道常态化巡查和管护，巩固“绿盾行动”成果。完成全镇 35 名渔民禁捕退捕协议签订。全面推行火葬，遗体火化率100%，全镇13个公益性墓地规范化管理，相关设施得到完善。

【生态产业】 以西海水上乐园、新光农庄、王埠花海、西海荷湾、田东橡子树为依托，以农旅融合为方向，重点抓好花卉苗木、特色果业、茶叶等休闲观光农业，着力推进南皋彩稻示范基地和220国道沿线千亩油菜示范基地建设、方家山杨梅基地及田东火龙果园提升改造、大坪茶园低产改造，通过大力发展生态旅游和现代农业，实现生态、旅游、农业的有机统一，形成“多点开花、众星拱月”“一村一韵、一村一景”的农旅结合生态产业新格局。

【环境治理】 稳步推进绿化、亮化、美化、净化四大工程，抓好集镇人行道绿化管护和公共区域绿化新增公共区域绿化4156平方米。抓好集镇路段路灯布设和集镇住户智能电表更换，整治“三线搭挂”问题线路2600米。抓好街面保洁、背街小巷环境综合整治和车辆停放，完成沿街店面招牌统一制作86户，外立面改造面积15810平方米，建成集镇公共停车场1处，划停车区域、停车位、临时卸货区共计200余处机动车位。按照“连点成线、连线成面”的思路，高质量完成大坪罗家垅、田东锣鼓山、王埠松树岭、果园等4个美丽村庄和50户美丽庭院建设任务。

【民生工程】 全年投入为民办实事资金5000余万元。完成坑口一桥重建工程；全面完成田墩二至四组、伊山四组等4处饮水工程；完成大坪范垅、塘畔赵家垅等3座重点山塘除险加固工程和万福桥水库维修工程，启动东源、长垅2座小二型水库除险加固工程；完成43处水利水毁工程建设和77处交通水毁工程建设；启动王埠齐家中心村和宋安小区两处污水集中处理工程；完成田墩矿山复绿工程；完成宋溪至三贤公路改造升级工程；启动新宁至蒲塘220千伏线路升级改造工程。

【脱贫攻坚】 全面落实各项扶贫政策，全镇共有192户贫困户享受产业奖补12.3万元；完成10户贫困户危房改造；交通补贴发放254人共计11.88万元；2020年申报符合雨露计划条件共24人，补助金额3.6万元；2个村建有“一领办三参与”产业合作社，关联贫困户89户；开展脱贫奋进之星及贫困户典型案例宣传、慰问高龄贫困老人、消费扶贫等活动。2020年预脱贫的54户76人全部高质量顺利脱贫，顺利通过江西省脱贫成效专项调查入户普查验收。

【疫情防控】 面对突发的新冠肺炎疫情，积极应对，取得阶段性胜利。外防输入，开展精准排查，共排查返乡人员142人，返浔及异常人员363人，并落实防疫措施。牵头组织县应急、公安、医院等部门工作人员共191人，成立宋溪高速卡口监测点，累计排查入县人员14.2万人，检测车辆6.7万辆，守护县城“北大门”。内强管理，按照网格化管理，成立疫情防控工作队，常态化开展境外及中高风险地区人员排查及管控工作，打好“外防输入、内防反弹”持久战，未出现感染病例。有序推进复工复产，压实企业疫情防控主体责任，积极协调相关部门做好复工审批，实现疫情防控与复工复产两手抓，于5月全面复工复产。获全县“疫情防控先进集体”称号。

（王思琪）

附：2020年宋溪镇领导名录

党委书记：黎 青
党委副书记、镇长：刘东昌
党委副书记：陈 强（4月任）
柯新生（任至3月）
人大主席：李 丛（4月任）
党委委员、常务副镇长：李建革（4月任）
余涵春（任至4月）
党委副书记、纪委书记、监察室主任：王明蓁
党委委员、副镇长：柯兴旺
党委委员、人武部部长：叶 遥（4月任，综治办专职副主任任至4月）
刘丽平（任至4月）
副镇长：刘俊凤
人大专职副主席：周 杰
综治办专职副主任：章彬彬（4月任）

附：2020 年行政村主要干部名单

村	党支部书记、主任	村	党支部书记、主任
王埠村	张吉红	伊山村	张吉华
堰下村	李相文	南皋村	张业农
大坪村	张　斌	天平村	陈敬安
田塅村	邱烈荣	田东村	柯兴旺
山口村	张　鹏	塘畔村	冯　琴

甫 田 乡

【概况】 甫田乡国土面积 203.2 平方千米，其中林地面积 16854.6 公顷，耕地面积 4052.07 公顷，全乡下辖茶棋村、杨廖村、甫田村、烟港村、楼湖村、外湖村、太平山村等 7 个行政村，74 个村民小组，总人口 14936 人。2020 年内资进资 2.85 亿元；总固投完成 7.75 亿元；签约投资 5 亿元的蓝城项目、投资 1.5 亿元的电动车配件生产项目、投资 1.2 亿元的熔喷布生产项目、投资 1.2 亿元的模具制造等项目。

【农村面貌不断提升】 大力推进新农村建设，按照房屋提升到位、道路通畅到位、环境美化到位、污水处理到位、文化传承到位“五个到位”的要求扎实开展 3 个新村点建设，新农村覆盖率达 77%。大力开展农村环境整治，对照“拆、改、清、洁、绿、新”六字要求，以“路、渠、村”为整治重点，大力开展四清两改一管护工作，投资 10 万元购置垃圾桶，清理垃圾 300 余吨，乱堆乱放 500 余处，违章建筑 3000 平方米。大力推进农业产业化，在全乡 7 个行政村扎实推进特色水果、特色花卉苗木、特色养殖、高山野茶等基地建设，一村一品特色日趋彰显。烟港村油之源田园综合体桑葚喜获丰收，火龙果满挂枝头，烟港村 6.67 公顷百合花长势喜人；茶棋村蔬菜基地和荷虾基地连接成片，平尧成功承办武宁县杨梅节，游人往来如织。

【精准扶贫抓严抓实】 开展兜底户识别，通过村级评议、村级公示、县级比对、乡镇审核等方式对申请兜底户的建档立卡贫困户进行筛选，识别出兜底户 30 户 54 人，最终名单进行全乡公示，全面落实低保、医保、养老保险、特困人员供养、临时救助等政策；在烟港村建立稻谷烘干房产业扶贫基地，甫田村发展特色农业绿色种养扶贫产业；设置公益性岗位 25 个，为 10 个建档立卡贫困户安排合适的公益性岗位，帮助其提高收入；2020 年 27 户 51 人全部脱贫。

【民生保障扎实推进】 实施为民办实事项目 59 个，其中道路建设项目 14 个，其他惠民项目 45 个，总投资 1 亿元。其中投资 232 万元的干楼二桥已开工，投资 8400 万元的太平山旅游公路开工，投资 148 万元的杨廖至甫田和 96 万元的茶棋至平尧窄路面拓宽等项目完工，投资 40 万元的三贤桥完工，投资 144 万元的集镇污水管网设施一期工程全部完工。完善水利设施，积极做好各项汛前准备，对水库、山塘、提防等水利设施多次进行不定时安全检查，并及时完成工程安全隐患的除险工作。启动投资 360 万元的水土保持项目烟港河小流域工程建设，完成外湖老虎帐和楼湖固村坑水库除险加固工程；投资 20 万元实施太平山村索坑口、过河坑饮水工程，解决 300 余人饮水安全问题。实施投资 250 万元的水土保持项目，投资 120 万元的水利灾后重建项目。

【全域旅游多点开花】 完善珊厦自然村方谊修革命烈士纪念馆、干楼公社展示馆、李迅烈士纪念馆建设，弘扬红色文化，以此提高甫田乡红色旅游的知名度和影响力，让红色旅游成为特色品牌。突出生态资源优势，继续推进太平山国家 AAA 级景区创建工作，出台太平山国家 AAA 级景区创建方案，4 月份烟港村油之源农庄桑葚成熟已吸引 1000 名游客前来采摘，5月份举办百合花节，6月份举办第六届“山水武宁新光杯杨梅节”甫田分会场采摘活动。

【社会治安和谐稳定】 常态化开展网格巡查工作，认真做好矛盾纠纷排查调处，共受理信访件7件，办结5件，2件正在办结中。开展“访民情，促和谐”大走访、社区矫正法、禁毒知识宣传活动，发放宣传品1000余份。组织近2000人参加江西禁毒知识竞赛活动。大力开展扫黑除恶专项整治工作，召开6次专项会议推进扫黑除恶工作，设立宣传栏8个，大型广告牌3处，发放宣传资料500余份。

【疫情防控成效巩固】 疫情防控期间，全体干职工取消休假，采取A、B岗上班制，组成网格化防控小组，在出境主要路口设置监测点关卡，限制外来人员进入，劝返走亲串户群众，对过往人员登记进行体温监测，对车辆进行严格消毒。

（童顺燕）

附：2020年甫田乡领导名录

党委书记：翁华宇
党委副书记、乡长：冷先浪
党委副书记：熊小平
党委委员、纪委书记、监察室主任：张秋南
党委委员、常务副乡长：赵巍巍（10月任，人大专职副主席任至10月）
党委委员、人武部部长：王　杰
党委委员、副乡长：杨景琨（4月任）
副乡长：童顺燕（女）
人大专职副主席：陈　丽（4月任）

附：2020年行政村主要干部名单

茶棋村
党支部书记：王　伟
主　　任：谭家文

甫田村
党支部书记、主任：陈守荣

太平山村
党支部书记：马先启
主　　任：李松林

烟港村
党支部书记：郭文平
主　　任：袁观绍

杨廖村
党支部书记、主任：肖高岳

外湖村
党支部书记：马先宁
主　　任：罗　军

楼湖村
党支部书记、主任：黄李华

澧溪镇

【概况】 2020年，紧扣全面建成小康社会目标任务，统筹推进疫情防控和经济社会发展工作，坚持稳中求进工作总基调，经济社会发展态势持续向好。完成财税收入8668万元，完成工业固投53625万元，占全年任务的107%；成功申报规模以上工业企业2家，分别为武宁县伟祥建材有限公司和武宁凯越石材有限公司。重点扶持和培育北湾半岛情缘谷、北湾半岛樱花园、七彩长乐等重点现代服务业。

【招商引资成果不断扩大】 2020年，签约项目3个，分别为投资10亿元的江西吴淞机械有限公司、投资1.2亿元的新型环保材料项目以及投资1.1亿元的牌楼环保砖厂技术升级项目，续建项目3个，分别为江西林力高新材料有限公司、北湾半岛情缘谷以及北湾樱花园。完成内资进资2亿元，完成外资22.5万美元，注册外资企业1家。

【用好“七员合一”管护制度】 充分调动镇内57名生态管护员的力量，实现“卫生有人保、山林有人管、河道有人查、公路有人养、村庄有人护、建房有人巡、村民事务有人理”的良好格局，建立起“网格管理、定人定责、层层督查”的管理机制。

【全域旅游亮点纷呈】 坚持品牌创建的发展理念，不断打造全域旅游新亮点新标签。2020年，北湾半岛情缘谷景区成功创建国家AAA级景区；北湾人家民宿成功通过江西省三星级旅游民宿专家验收；高品质打造上北湾移民文化展示馆；长乐莲溪谷新农村点成功申报江西省AAAA级乡村旅游点；北湾村成功申报第二批省级乡村旅游重点村；成功举办“山水武宁·田园澧溪”第三届消夏节活动，通过参加武宁县第四届美食节，“牌楼乡莲”“澧溪小龙虾”“临江大闸蟹”等澧溪品牌深受欢迎，实现品牌共享。

【脱贫攻坚精准推进】 2020 年申报扶贫基地 2 个、扶贫车间 1 个、“一领办三参与”合作社 5 个。贫困户中有 505 人次在扶贫基地或扶贫车间务工，务工收入共 42.9 万元，参加务工贫困户人均增收 1500 余元；培育创业致富带头人 17 人，带动贫困户 98 人；发放油茶奖补资金 44560 元，“短平快”产业奖补 118732 元。完成贫困户危房改造 19 户，其中重建 8 户，维修 11 户，发放奖补资金 28.7 万元；享受各阶段教育补助和就学资助的 297 名在校生，发放补助 29.1 万元。

【民生事业全面发展】 2020 年，参保人数 22704 人，参保率 91.22%，共筹集参保资金 443.81 万元。农村低保对象 196 户 211 人，全年共发放农村低保金 81.73 万元，现有特困供养对象 142 人，共发放特困供养生活费 50.34 万元。贫困户看病医疗支出 322.37 万元，报销 290.24 万元，平均报销比例达 90%。

【基础设施日臻完善】 2020 年，争取项目 146 个，项目资金 9400 余万元，涵盖水、路、电、桥、新农村等各个民生领域。成功申报总投资 6400 万元的澧溪镇重点流域水环境综合治理工程。先后投入 155 万元完成 13 条 5.53 千米库内调整项目建设，实现组组通水泥路；高品质打造北湾旅游示范路；投入 18 万元完成罗坪村华家至黎家 0.9 千米窄路面拓宽；投入 80 万元完成田坵至太平山 11 千米路面拓宽改造提升工程；投入 230 万元对集镇横岭路、祥和路、政通路和上菁路破损路面进行“白改黑”改造。

（熊燕）

附：2020 年澧溪镇领导名录

党委书记：梅孔模
党委副书记、镇长：张宇巍
党委副书记：周利民
人大主席：程燕（女）
党委委员、常务副镇长：李增勤
党委委员、纪委书记、监察室主任：刘福建
党委委员、副镇长：罗时福
党委委员、人武部部长：王剑
人大专职副主席：张适（4 月任）
杨景焜（任至 4 月）
副镇长：周小雨（4 月任）
综治办专职副主任：方文军

附：2020 年行政村主要干部名单

澧溪村
党支部书记：彭守华
主任：杨淡生

坎上村
党支部书记：阮班平
主任：张荣

临江村
党支部书记：张友斌
主任：邱欣龙

曹坑村
党支部书记：李辉

山口村
党支部书记：邓佐河
主任：陈先庆

牌楼村
党支部书记：肖李

小坪村
党支部书记：卢小勇
主任：张绪荣

大源村
党支部书记：朱向华
主任：杨素花

哨背村
党支部书记：罗时福
主任：郑传华

罗坪村
党支部书记：费文献
主任：朱辉

岩山村
党支部书记：巫建国
主任：游德才

北湾村
党支部书记：李扬平
主任：李强

上箐村
党支部书记：焦先俭
主任：明庆林

下坊村
党支部书记：邓游奎
主任：邱正华

太平村
党支部书记：李传荣
主任：易光荣

船滩镇

【概况】 国土总面积 234.37 平方千米，其中山林面积 17727.3 公顷，耕地面积 2346.4 公顷。距县城 66 千米，下辖 16 个行政村和 1 个社区，总人口 31943 人。

【着力推进大理石循环经济产业园建设】 在完成25.2公顷土地征收的基础上，大力推进路网和配套设施规划。第一批入园的6家企业，3家建成投产，1家完成厂房主体工程建设。以大理石循环经济产业园为平台，瞄准优质石材企业及其配套产业项目，外出招商12次，新引进亿元以上项目2个，7000万元项目1个，签约资金4.3亿元，实现项目进资1.6亿元。

【持续推进生态环境综合整治】 严格落实生态管护责任，严格落实“河长制”“林长制”，切实加强巡查巡逻，大力开展禁养区养殖场、非法采砂、大棚房整治工作。投入资金170余万元，全面完成废弃矿山环境恢复工作。积极开展农村“名片”创建活动，高标准规划完成沙坪美丽乡村示范点工程，同步推进19个新村点建设。开展农村生活垃圾专项治理、农村生活污水处理、农村厕所革命三大专项行动，提升农村人居环境质量。

【稳步推进特色产业基地发展】 辽里扶贫产业基地、坎头香芋、莲塘虾稻共养、长坪果业等一批新兴特色产业基地不断发展壮大，支持村集体与种养大户、农民合作社、农业企业开展合作联营，农村集体经济持续发展。

【精准推进扶贫基地建设】 坚持以问题为导向，扎实开展“春季整改”“夏季提升”“秋冬冲刺”工作。切实抓好十大扶贫工程落实，建设扶贫车间2个，贫困户公益性岗位就业43人，建成“一领办三参与”扶贫基地13个，新增扶贫贷款38万元，落实教育扶贫补助335人，为71户贫困户申请危房改造补贴，全面落实健康扶贫政策，贫困户住院报销比例达90%。2020年156户、387人实现脱贫。

【稳妥推进基础设施建设】 投资2100万元全长13千米惠及13个村的船滩镇防洪工程全面完工，少儿服务中心改造工程、中心幼儿园、船滩足球场等全面建成并投入使用，太平桥、沙龙港桥等一批重点民生工程有序推进。争取资金80.2万元，实施移民后扶项目15个。积极稳妥推进绿色殡葬改革，集镇及16个村级公益性墓地全面完工。

（朱海森）

附：2020年船滩镇领导名录

党委书记：王　剑
党委副书记、镇长：余新华
党委副书记：朱金湖（4月任，党委委员、纪委书记、监察室主任任至4月）
　　张安生（任至4月，保留正科待遇）
人大主席：阚广江（10月任，党委委员、常务副镇长任至10月）
政协工作联络组组长：陈　永
党委委员、纪委书记、监察室主任：吴丹蒂（女，4月任，人大专职副主席任至4月）
党委委员、副镇长：黄少华
党委委员、人武部部长：陈　灿（4月任，综治办专职副主任任至4月）
副镇长：邱　隆、吴万俊（4月任）
人大专职副主席：胡建明（4月任）

附：2020年行政村主要干部名单

船滩村
党支部书记：陈德林
主　　任：徐声华

东岸村
党支部书记：黄从金
主　　任：沈为义

长坪村
党支部书记：余水希
主　　任：叶月兰

堪头村
党支部书记：周德文
主　　任：汪传宝

易溪村
党支部书记：李田党
主　　任：邵颂龙

河潭畲族村
党支部书记：徐世华

辽里村
党支部书记：董元金
主　　任：李坤连

辽田村
党支部书记：周新民
主　　任：李　玲

南岳村
党支部书记：王才兴
主　　任：阮仕富

吴湾村
党支部书记：吴声平
主　　任：余　孝

石坑村
党支部书记：袁观生
主　　任：邓可义

黄沙村
党支部书记：龚武忠
主　　任：郑德遂

莲塘村
党支部书记：程德银
主　　任：陈沾松

白沙村
党支部书记：李坤财
主　　任：汪会东

塘山居委会
党支部书记：吴泽煌
主　　任：邓秋芳

殿背村
党支部书记：王伟良
主　　任：朱植茂

仑上村
党支部书记：叶习卫
主　　任：周　军

东 林 乡

【概况】 东林乡地处县域西部山区，距离县城 75 千米，与修水县的四都镇、新湾乡为邻。下辖 7 个行政村，56 个村民小组，78 个自然村庄。国土面积 97 平方千米，总人口 10224 人。2020 年，以全面建成小康社会为目标，紧紧围绕“始终坚持生态立县，全面推进绿色崛起”的发展主题，凝心聚力，攻坚克难，经济社会呈现高质量发展的良好态势。完成财政收入 4399.5 万元，完成固定资产投资 4.2 亿元。

【聚力疫情防控】 坚持“一手抓防疫，一手抓发展”，疫情重点防控期间，在东林乡入口设立出入登记点、对进出人员车辆进行翔实登记，测量体温，安排人员 24 小时值守，与修水县新湾乡签订和谐边界疫情防控协议，建立健全联查联排机制，村组实行封闭管理，有效减少人员流动和人员聚集，坚决防止疫情输入；组织包村领导、干部，村两委成员，卫生院工作人员对全乡进行地毯式摸底排查，累计摸排湖北返乡人员 83 人，严格落实居家隔离、体温监测等措施；安排专人每天对卫生院、敬老院、乡政府办公楼、宿舍、食堂等公共场所进行全面消毒。全力推动复工复产，及时摸排务工人员动向，收集各地务工信息，帮助就业，对人员集中地区，采取点对点输送，在本乡开设就业岗位，帮助因疫情影响未外出务工劳动力就业，帮助复工复产。进入常态化疫情防控以来，始终坚持“外防输入，内防反弹”的总体防控策略，加强对境外以及国内重点地区返乡人员的摸排和管控。

【聚力招商引资】 围绕主导产业精准招商，积极赴广东、上海、深圳等地外出招商 20 多次，主动对接在外成功人士，鼓励他们返乡创业。签约亿元项目 2 个：即浙江客商崔恒智投资 1.2 亿元的地空一体巡逻机器人军民融合项目，本地客商董巧菊投资 2 亿元的乐器配件生产项目。切实加大重点项目的推进和服务力度，就项目推进过程中存在的问题及时协调解决，促进新签约项目早动工、早投产，老项目稳增长、快发展。

【聚力生态建设】 深入开展“四清二改一管护”行动，完成茶畲、桥头 2 个清洁村庄的打造，乡村人居环境品质进一步提升；扎实推进农村厕所革命，完成 160 户农户厕所无害化改造，百姓用厕卫生条件得到大幅提升；加大环卫设施投入力度，投入 3 万元，购置分类垃圾桶共计 200 余个，加强对生态管护员队伍的日常管理，基本实现垃圾清理常态化；投入专项资金 65 万元，实施山头雷家及毛田樟坪 2 个污水处理项目。按照“精心规划、精致建设、精细管理、精美呈现”要求，继续推进美丽乡村建设。用好 200 万元新农村专项资金，全面完成 7 个省级新村点和 30 个美丽庭院建设任务，所在村组面貌焕然一新；继续完善山头畲族村少数民族特色村寨打造，完成山头村畲族民俗馆布展工作。

【实施十大扶贫工程】 围绕“两不愁三保障”关键指标，依托产业扶贫、就业扶贫、健康扶贫、教育扶贫、金融扶贫、社会扶贫、危房改造、社会保障兜底、基础设施建设等“十大工程”，不断创新思路，突出重点，多措并举，扎实有效开展脱贫攻坚工作。帮助 53 户 68 人稳定脱贫，至此全乡 305 户 909 人建档立卡贫困户全部实现脱贫。

【聚力民生工程】 投入 600 多万元完成 6 个行政村 149.73 公顷高标农田改造，修建渠道 1.8 万米，改造机耕道 1.24 万米；投入 120 万元的东林学校运动场项目已经竣工，篮球场、足球场、羽毛球场、塑胶跑道等已经投入使用；推进乡镇卫生事业发展，启动东林卫生院职工周转房建设，逐步改善卫生医务人员生活条件。殡葬改革全面实施，全乡 12 个公墓区投入使用。始终坚持把“保障和改善民生”作为发展的出发点和落脚点，发放低保金 108.6 万元，救助 344 人次；发放五保金 38 万元、各类临时救济金24万元，救助330人次；城乡居民医疗保险“一站式”报销资金151万元，参保8561人，参保资金214万元；城乡居民养老保险发放养老金约170万元，参保4016人，参保资金121万元。

【壮大集体经济】 始终坚持党建引领，坚持因地制宜，充分发挥党支部“火车头”作用，选准适合村情的特色产业，全面实现“一村一业”目标，基本形成山头村吴茱萸和覆盆子药材种植产业、茶畲村养蜂产业、下车村油茶和养鸡产业、白水村综合养殖产业、东林村香菇种植产业，桥头村水库养殖产业、毛田村金橘种植产业的格局。2020年各村集体经济收入全部达到5万元以上，其中下车村集体经济收入达15万元。 （黄超）

附：2020年东林乡领导名录

党委书记：龚　健
党委副书记、乡长：刘　敏（3月任，党委副书记任至3月）
袁世忠（任至3月）
党委副书记：刘　锋（4月任，人大主席任至4月）
人大主席：曹启鹏（4月任，党委委员、常务副乡长任至4月）
党委委员、纪委书记、监察室主任：段修政
党委委员、人武部部长：吕顺柏
党委委员、副乡长：胡京飞
人大专职副主席：汪方方（女）
副乡长：周国锋
综治办专职副主任：李秋婷（女）

附：2020年行政村主要干部名单

东林村
党支部书记：吴章俭
主　　任：曹祥好

下车村
党支部书记、主任：车文学

茅田村
党支部书记：王功荣

茶畲村
党支部书记：徐　德
主　　任：阮绪平

桥头村
党支部书记：曾凡江
主　　任：曾凡江

白水村
党支部书记：甘礼才
主　　任：张显松

山头畲族村
党支部书记：陈　荣
主　　任：雷晓峰

上汤乡

【概况】 上汤乡地处赣西北部山区，位于幕阜山中段九宫山国家名胜区南麓。总面积113.1平方千米，耕地面积485公顷，山林面积9767.2公顷。辖7个行政村，38个村民小组，42个自然村庄。2020年，全乡总户数2535户，总人口8113人。完成财政总收入4639万元，争取资金项目1500余万元，各项工作扎实推进，社会经济持续健康发展。

【疫情防控】 1月27日（大年初三）召开紧急会议，成立疫情防控领导小组，部署防控工作。乡卫生院设立发热门诊。上九公路鄂赣界封路，禁止群体活动，取消各项娱乐活动。全体干部深入各村排查从湖北返乡人员33人，全部采取居家隔离观察14天，医务人员每天上门体温检测和身体状况检查。组织专人对集镇公共场所喷洒消毒，全面落实“江西六个必须”，群防群控，全面遏制疫情。

【招商引资取得成效】 2020年引进项目4个，即投资1.2亿元的众昇科技纺织有限公司；投资1.2亿元的江西百年鸿达工贸有限公司；投资1.1亿元的九江鼎峰农业加工项目；投资1.1亿元的安徽蓝顿农业科技有限公司。积极做好祥云宾馆、桃园假日酒店、九江七彩照明科技有限公司等老项目安商服务工作。新老项目完成内资进资9600万元，固定资产投资3.9亿元。

【乡村振兴稳步推进】 农业产业不断优化，新建项目2个：即引进安徽蓝顿农业科技有限公司在刘家桥村建设3.33公顷天麻种植基地；引进大赣北农业科技有限公司，采用“企业+村委会+贫困户”模式，在洋深村开发老茶叶林20公顷；续建项目一个，即江西挚友农业开发有限公司新增茶叶20公顷、油茶6.67公顷、辣椒基地4公顷。投资140万元完成九宫村南湾、店前村唐家垅、石溪村石碑、黄土岭、座角垅5个新村点建设。

【基础设施不断完善】 全年投入项目资金1185万元，其中投入152.8万元，实施九宫、石溪、店前、洋深、温汤等村6.46千米通组水泥路建设；投入50万元完成集镇路网连通；投资23万元修建洋深村朱家至斗脑上，温汤村砂石便道1.68千米，投资306万元完成下汤危桥改造，九宫红军桥维修，石碑危桥改造等；投资36万元完成乡少儿服务中心及店前、洋深文化活动场所建设；投资616.8万元新建5个新村点及九宫、石溪、梅溪、洋深、店前等村自来水、堰坝、排水沟、水毁等工程建设。

【脱贫攻坚全面胜利】 对照中央脱贫攻坚专项巡视整改回头看反馈问题，结合实际自查8条存在问题，通过制订整改方案、台账，明确负责人，扎实抓好整改。对全乡饮水安全进行全面核实、检测、确保群众饮水安全。对全乡贫困户住房安全进行全面核实，并完成信息录入。大力推进产业扶贫，结合挂牌督战，争取资金40万元积极推进洋深、店前发展产业。结合村有经济大力发展辣椒、茶叶、油茶、有机大米、板栗以及高山小黄牛、小麻羊养殖。2020年完成33户51人如期脱贫。

【实施机构改革】 6月1日，撤销乡财政所、乡宣传文化站、乡林业工作站、乡农业综合服务站、乡规划所，各站所工作人员统一合并为乡政府职工，职责按原不变。

【通武高速刘家桥隧道举行开工仪式】 通武高速刘家桥隧道各项准备工作就绪，施工机械设备到场。10月20日，隆重举行开工仪式。

（程开宁）

附：2020年上汤乡领导名录

党委书记：段中韬（3月任）
　　　　　柯美兰（女，任至3月）
党委副书记、乡长：杜明明
党委副书记：程丁丁
人大主席：范继林
党委委员、纪委书记、监察室主任：陈欢欢
党委委员、常务副乡长：汪小康（4月任，副乡长任至4月）
党委委员、人武部部长：邹德明
党委委员、副乡长：李翔（4月任，大专职副主席任至4月）
人大专职副主席：陈小勇（4月任）
副乡长：孙智奇（4月任）
综治办专职副主任：徐蓉蓉（女）

附：2020年行政村主要干部名单

温汤村
党支部书记：李坤荣
主任：张勇

洋深村
党支部书记：周林峰

刘家桥村
主持两委工作：车显俭

九宫村
党支部书记、主任：赵友亮

店前村
党支部书记：成启华
主任：戴成荣

梅溪村
党支部书记、主任：周卫东

石溪村
党支部书记、主任：汪南国

石渡乡

【概况】 2020年，全乡总面积167.2平方千米。下辖8个行政村。围绕建设“产业兴旺、生态宜居、乡风文明、治理有效、生活富裕”新石渡目标，全力构建招商引资、集镇建设、农业农村、生态发展“四大版块”战略布局，团结带领全乡广大干部群众真抓实干，统筹推进党的建设、脱贫攻坚、经济发展、扫黑除恶、疫情防控、民生事业、社会治理等各项工作，圆满完成“十三五”预期目标。财税收入完成5229万元，固定资产投资完成5亿元，开放型经济和工业型经济实现稳步增长。

【基础设施不断完善】 大力实施农田改造项目，完成高标准农田改造331.4公顷，完成幸福水库和金银桥水库的除险加固建设以及王连坑水库的维养建设。村级集体经济不断壮大，8个村集体经济收入达63.37万元。积极兴建改造农业基础设施，落实“河长制”巡河制度，通过控源、截污、清淤、疏浚、清障等多种方式，推进河道、水渠综合整治。新农村建设整合各方资金240万元，按照“七改三网”的建设推进新峰村坪上、石渡村李家、盘溪村黄祠、官田村流洞等8个新农村点建设。完成2020年水毁工程灾后重建实施项目建设，其中交通基础设施建设项目3个，投资6.87万元，水利基础设施建设项目8个，投资200万元。

【人居环境明显改善】 持续提升集镇管理建设水平，外包物业公司抓实抓好集镇管理，联合交警部门大力整顿车辆乱停、乱放，严格落实集镇店面“门前三包”。有效推动环境整治工作，按照“户分类、村收集、乡镇转运、县处理”模式，全乡8个行政村生活垃圾得到有效治理，农村生活垃圾无害化处理率达到98%以上。建成1个集镇、7个村庄生活污水深度处理项目，全乡配备2100个垃圾桶，配备生态管护员35名。

【重点项目开花结果】 石渡乡西安里项目，以“汉唐古县邑，田园西安里”为主题，投入资金1600余万元，在高标准完成村庄整治建设的基础上，以景观节点打造为抓手，对26户房屋外立面逐户进行设计改造，建设绿地、风雨桥、游客驿站、观景平台。

（万仁淑）

附：2020年石渡乡领导名录

党委书记：艾长春
党委副书记、乡长：陈　韬（3月任）
付华春（任至3月）
党委副书记：段珊珊（保留正科待遇）
人大主席：刘书武（4月任）
柯于生（任至4月）
党委委员、纪委书记、监察室主任：刘志丹
党委委员、常务副乡长：汪　恒
党委委员、副乡长：陈国荣
党委委员、人武部部长：吴海军（4月任，人大专职副主席任至4月）
秦　峰（任至4月）
副乡长：叶　鹏（4月任）
杭　严（任至4月）
人大专职副主席：平　玉（女，4月任）
综治办专职副主任：吕　船

附：2020年行政村主要干部名单

石渡村
党支部书记：吴国浪
主　　任：李跃进

盘溪村
党支部书记：张远梓
主　　任：程继江

丰年村
党支部书记：邱远华

官田村
党支部书记：苏　跟
主　　任：余　斌

安乐村
党支部书记：周秋寅

柳山村
党支部书记：朱小林
主　　任：钟爱民

新峰村
党支部书记：余小平
主　　任：唐福如

洞口村
党支部书记：张延忠

清江乡

【概况】 全乡总面积120.4平方千米，总人口13673人，辖8个行政村，67个村民小组。耕地面积933公顷，林地面积8400公顷，森林覆盖率达76%。2020年完成财政收入6997.49万元。荣获全县内涵式高质量发展目标管理考评综合先进单位、党的建设工作先进单位、综治工作先进单位、固定资产投资工作先进单位、财税收入质量工作先进单位、项目建设工作先进单位等荣誉称号。

【引进工业项目】 积极克服新冠肺炎疫情等不利因素带来的影响，坚持把招商引资作为推动工业经济快速发展的重要抓手，强化招商引资力度，外出招商20余次，接待客商70余人次，引进项目3个，即由广东客商曹勇、黄冠群等投资4亿元的LED线路板生产项目，由广东星宝集团投资16亿元的明珠中心项目，由南昌客商王黎明投资8000万元的药用玻璃管生产项目。完成固投7亿余元。

【乡村面貌明显改观】 坚持乡村环境整治和新农村建设相结合，采取定期考核、不定期督查的形式，对集镇和各村的卫生整治情况进行评比通报，实现正向激励和反向督促并行。全力实施提升工程，清理垃圾死角 500 余处、乱堆乱放 650 处，下发限期整改通知书 92 份，拆除违建搭建物 165 处。开展龙石村人居环境整治暨垃圾分类试点工作。全力推进“厕所革命”整村推进，完成旱厕改造 427 座。大力推进罗洞大门下、车下杠上、车下大黄、大田岳州、晏头港北、汉桥汉西等新村点建设，高标准推进建设晏头村港北知青示范点，实现新农村建设 5 个村全覆盖。

【全域旅游扎实推进】 以清江瓜果品牌为依托，大力发展清江葡萄、杨梅、蓝莓、水栀子、花卉苗木、牛奶草莓等特色产业。通过大力发展精品水果产业种植，打造罗洞村生态葡萄园、罗洞和塘里村杨梅基地、车下水栀子基地、清江蓝莓产业基地等，进一步激活农村的发展环境，拓宽群众增收致富渠道。2020 年，塘里村百果园和罗洞村被评定为 AAA 级乡村旅游点。

【脱贫攻坚全面胜利】 聚焦“两不愁三保障”、饮水安全等政策落实，大力发展农业产业，建立“村集体 + 贫困户”的自主种植模式，确保村村建有扶贫基地、户户都有收益分红。新建全县首个手工艺品产业园，建成手工艺品加工扶贫车间 4 家，实现新增就业人口 258 人。372 户 1205 名贫困人口实现全面脱贫，“十三五”省定贫困村龙石村脱贫摘帽。

【民生工程持续改善】 累计投资 430 万元，大力实施车下水泥路、大田示范水泥路、集镇至学校水泥路、塘里—洞口路基改造、罗洞公墓区水泥路等道路工程建设。完成 146.66 公顷高标准农田建设。新建清江乡公立幼儿园投入使用。启动清江乡卫生院搬迁工程，全面完成罗洞、车下、晏头卫生所标准化建设。

（黄郭樱子）

附：2020 年清江乡领导名录

党委书记：夏清清（女）
党委副书记、乡长：陈迪森
党委副书记：邹　添（4 月任）
　　章　帷（任至 4 月）
人大主席：付军荣
党委委员、纪委书记、监察室主任：罗　杭
党委委员、常务副乡长：刘丽平（4 月任）
党委委员、人武部部长：彭　笠
党委委员、副乡长：吴传星（4 月任，人大专职副主席任至 4 月任）
　　黎先明（任至 4 月）
副乡长：林传彪（4 月任）
　　夏　笠（任至 4 月）
人大专职副主席：熊　元（4 月任）
综治办专职副主任：刘元斌

附：2020 年行政村主要干部名单

龙石村
党支部书记、主任：邓福生

车下村
党支部书记、主任：陈建华

罗洞村
党支部书记：陈爱民
主任：李　荣

汉桥村
党支部书记：兰樟生
主任：莫文华

大田村
党支部书记：章建生
主任：黄佑水

塘里村
党支部书记、主任：胡坚强

清江村
党支部书记、主任：杨少明

晏头村
党支部书记：朱灿明
主任：杨洪生

石门楼镇

【概况】 2020 年，全力打造“矿业富镇、商贸活镇、文化名镇”，确保全面建成小康社会和“十三五”规划圆满收官，奋力建设富饶和谐美丽石门楼。引进项目 3 个，其中亿元以上项目 1 个，分别是武宁创艺木业有限公司投资 1.5 亿元整装家具生产项目，武宁慧琳包装有限公司投资 8000 万元的彩印包装生产项目，九江富翔电子有限公司投资 8000 万元的 SET 贴片项目。工业固定资产投资 4.32 亿元，外资现汇进资 64 万美元，内资实际进资 2.5 亿元。完成财税收入 8518.98 万元，占全年任务的 155.15%。

【全力以赴防控疫情】 坚决落实“外防输入、内防扩散”要求，做到严防死守。在集镇设立交通检查点3个，各村组均实行封闭管理，发放临时通行证3086张，有效减少人员流动和人员聚集，坚决防止疫情输入。累计摸排湖北返乡人员188人，追踪到疑似病例1例及密切接触者7人，严格落实隔离就诊或居家隔离、体温监测等措施，防止疫情扩散。全力推动复工复产，坚持分类指导，协助企业制定切实可行的管控措施、预案；帮助企业筹集口罩5万个，体温枪15支，消毒液500公斤；及时掌握企业复工复产进度，帮助解决企业在员工招聘、产品配套、货运物流等方面的问题。重点加强境外及国内重点地区返乡人员的管控，摸排返乡人员98人，进行核酸检测34人。强化中小学校各项防控举措，严格落实晨、午检制度，加强敬老院、卫生院、宗教场所等重点部位防控，保障全镇人民群众生命安全和身体健康。

【农业生产稳步发展】 坚持把稳定粮食生产作为重点工作来抓，紧扣“保收入，稳增长”的主题，统筹安排好农业生产各项工作。完成粮食种植面积1920公顷，总产量18900吨。大力推动冬种工作，累计播种高产油菜面积826公顷，绿肥面积280公顷，春粮面积64公顷，冬蔬菜45公顷。

【脱贫攻坚扎实有效】 始终把脱贫攻坚工作当做最大政治任务、头号民生工程来抓，认真开展“两不愁三保障”大排查，强化帮扶举措，整合各方面力量，组建“一领办三参与”专业合作社9个，申请奖补34万元；实现贫困户卫生厕全覆盖，每户发放改厕奖补资金500元；落实贫困户危房改造24户，其中重建20户、维修4户；保障健康扶贫，贫困人口住院报销38.7万元，报销比例90%以上；为402名在校学生发放教育资助补助金33.4万元；完成贫困人口劳动力免费培训和技术指导580人次，安排扶贫专岗34人，发放外出务工人员交通补贴292人13.52万元；新增中村村、白桥村香菇扶贫基地各1个，并带动困难群众就业12人；申请扶贫产品8个，消费扶贫逐步做大做强。贫困人口全部脱贫。

【生态文明全面提升】 深入实施“两山行动”，扎实推进林业生态工程建设，加大对生态公益林、天然林保护力度，继续实施中央财政森林抚育、绿色质量提升等林业重点工程建设，营造更加良好的生态环境。继续推进完善“河长制”“林长制”责任网格化体系，组织生态管护员每天巡逻，实现巡护率100%；落实天然林保护工程993公顷，完成人工造林14公顷、森林抚育50公顷。

【民生事业协调发展】 投入90余万元，完成集镇象山路改造工程；投入40万元，完成集镇街口挡土墙建设；投入40万元，完成廒下东源桥重建工程；投入400多万元，完成镜源村桃坪水泥路建设；投入280余万元，完成炉山村、银炉村、中村村高标准农田建设项目66公顷；投入1800余万元，完成35千伏清石线输变电工程项目建设；完成镇中心小学污水处理及炉山片区小学提升改造。投入80余万元，启动镜源村晚房桥、社下桥建设工程；投入70余万元，启动银炉村拥岭下水泥路建设工程；投入10万余元，启动新牌村村级卫生室建设；投入90余万元，启动水毁灾后重建工程。

【保障体系逐步强化】 将813户、863人纳入农村最低生活保障，发放低保金290.5万元；为124名农村孤寡老人发放五保金74.8万元；为4名孤儿发放供养资金2.8万元；发放冬春救灾资金共44.8万元；发放大病救助资金119.4万元；发放残疾人“两项补贴”345人、37.7万元。

【完成乡镇机构改革】 强化社会管理和公共服务职能，适应工作特点和人民群众需求，按照上级统一部署，2020年完成机构改革，撤销镇财政所、林业工作站、农综站、文化站、水务站、人社所，完成人员转隶和资产档案划转工作。

（熊小颖）

附：2020年石门楼镇领导名录

党委书记：付梅学
党委副书记、镇长：应明（3月任）
严德宁（任至3月）
党委副书记：谢欣欣（女，4月任）
人大主席：吴金亮
党委委员、纪委书记、监察室主任：肖鼎

党委委员、常务副镇长：李　民（4月任，党委委员、人武部部长任至4月）
刘书武（任至4月）
党委委员、副镇长：彭履华
党委委员、人武部部长：张　华（4月任，副镇长任至4月）
人大专职副主席：姜　叶
副　镇　长：周建平（4月任）
综治办专职副主任：叶鹏飞

附：2020年行政村主要干部名单

石门村
党支部书记：胡大水
主　　任：汪解荣

白桥村
党支部书记：胡友华
主　　任：郑家全

田铺村
党支部书记：邹　罗
主　　任：李玉刚

西桥村
党支部书记：刘小雄
主　　任：张丙政

中村村
党支部书记、主任：郑攀峰

河垅村
党支部书记：熊未祥
主　　任：张发新

廒厦村
党支部书记：郑传汉
主　　任：郑　华

银炉村
党支部书记：张聘学
主　　任：叶心善

象山社区
党支部书记、主任：熊章武

新牌村
党支部书记：谢文忠
主　　任：范联明

炉山村
党支部书记、主任：陶浴华

镜源村
党支部书记、主任：邹和龙

青岭村
党支部书记、主任：胡著生

罗溪乡

【概况】　罗溪乡国土总面积194平方千米，下辖10个行政村，16387人。2020年，完成财税收入5180万元，签约亿元以上项目4个，10亿元项目1个。

【大力实施新村建设】　着力推进省道218线罗溪至靖安段美丽风景线建设，聚力打造邹湾有机大米展馆、三房老屋公园、坪源将军故里和刘家湾民宿旅游等多个景点，高标准完成罗溪坳上、东湾仰山殿、坪源铺背、周家等11个新村点建设。

【大力开展环境整治】　全力推进环保专项整治行动，有序推进“石门寺”钨矿废料清理和山场复绿工作；持续深入开展河道采砂专项整治，有效肃清河道采砂乱象。发动干部群众8000余人次，总计投入资金40余万元，清理陈年垃圾80余吨，拆除破旧空心房、旱厕栏舍等3600平方米和乱搭乱建303处；持续加大环卫基础实施投入，实现“每个村设有至少1个垃圾箱，每三户村民有至少2个垃圾桶”要求；拆除旱厕223个，改造清理旱厕114个，三格式旱厕改造458个。

【大力推进扶贫项目】　聚力抓好就业扶贫，向上争取项目28个资金266万元，申报扶贫车间1个，发展产业扶贫基地2个，关联贫困人口48人；加强贫困户动态管理，62户贫困户均实现“两不愁三保障”和饮水安全，家庭人均年收入均超过6000元，实现稳定脱贫。全乡483户建档立卡贫困户实现全面脱贫。

【民生保障】　发放城乡低保金173万余元、五保金67万余元。办理残疾证共512人，落实残疾人“两项”补贴272人28万元，发放轮椅7把，拐杖2副，助听器5件，其他器具20余件，成功举办第一届残疾人运动会。发放高龄补助33.3万元，发放农村离任“两老”人员生活补贴6万元，发放救灾救济款10.85万元，临时救助4.66万元。

【民生项目】　重点推进省道222宋店线罗溪至盘溪二级公路改造工程，全力做好施工服务和保障。投入资金1500余万元，全面启动罗溪河防洪工程。完成罗溪至白沙岭水泥路、坪源村周家至二级路水泥路、仰山殿水泥路、刘家湾至二级路柏油路等11条村组道路和新庄村李家桥的建设。启动梅山至拦河坝、联村至坪港公路拓宽和丰源村筷子桥、新人桥等项目，青松坝至坪港窄路面拓宽改造工程已进入招标程序。

【疫情防控】 动员全体乡村干部从大年初三开始坚守岗位，进行全面摸排和科学防控，累计发放医用口罩3.1万多个，累计摸排监测境外及高风险地区返乡人员235人，无确诊病例和疑似病例。进入秋冬疫情防控以来，紧盯重点地区返乡人员日常管控，常态化落实秋冬防疫各项措施。

【防汛救灾】 面对7月汛情，全体乡村干部和党员冲锋在防汛一线，及时为受灾群众发放棉被、毛毯、折叠床等救灾物资130余件，确保人民生命财产安全。完成总投资120余万元的40个水毁工程灾后重建工作。

（储艳玲）

附：2020年罗溪乡领导名录

党委书记：王　琦
党委副书记、乡长：陈翼飞（3月任）
应　明（任至3月）
党委副书记：车学文
人大主席：刘　钟（4月任，党委委员、纪委书记、监察室主任任至4月）
谢欣欣（任至4月）
党委委员、纪委书记、监察室主任：夏笠(4月任)
党委委员、常务副乡长：王武林
党委委员、副乡长：周　森
党委委员、人武部部长：刘子明
人大专职副主席：叶晓锋
副乡长：王雪姣（女，4月任）
综治办专职副主任：魏　励
三级主任科员：车学文（8月任）
王武林（8月任）

附：2020年行政村主要干部名单

丰源村
党支部书记、主任：施　波

合源村
党支部书记、主任：胡宜选

坪港村
党支部书记、主任：叶祥月

罗溪村
党支部书记、主任：叶陈林

长垅村
党支部书记、主任：叶六六

饶山村
党支部书记：张吉忠
主任：叶策群

东湾村
党支部书记：葛辉进
主任：王贤林

新庄村
党支部书记：叶利民
主任：叶　青

坪源村
党支部书记、主任：杨石生

联村村
党支部书记：叶秋水
主任：余水浪

新宁镇

【概况】 2020年，完成财政收入5742万元，完成固定资产投资6.7亿元，成功申报规模以上企业3户，主营业务收入1.13亿。引进项目5个，投资总额超10亿元，其中2个项目做到当年签约当年投产。

【文旅产业亮点纷呈】 全力推进欢乐湾小镇建设，水上冲关、景观浮桥、房车营地、养生民居等旅游设施投入使用，组织承办国庆嘉年华、文化旅游消费月等一系列旅游节庆活动，吸引游客近5万人次。持续做好白鹤坪·茗月湾景区提质升级，建成茶场游客集散中心。积极承接“江西人游江西”活动，成功举办茶场开园节、渡头杨梅节、茶园诗会等活动。充分发挥九岭山脉“森林氧吧”独特优势，以生态优、空气好为卖点，培育桐林山宿、艾粟茶舍等星级民宿，打造石榴港、牛鼻孔等网红景点。

【现代农业不断发展】 建设高标准农田105.93公顷，播种粮食2333.33公顷，生猪出栏0.4万头，新宁现代农业产业园成功申报市级现代农业产业园。全面完成农村集体产权制度改革，在全县率先建立农村集体产权交易中心，成功推动竹湾二组、东园一组土地及水面流转等项目，流转土地16.67公顷，水面8公顷，切实盘活农村土地、水面等“沉睡”资源。创办石坪白茶基地、烟溪生态稻米基地、渡头杨梅基地等一批生态农产品供给基地，并积极探索开发“农业产业+旅游观光+

农产品销售”农旅融合模式的新路子。2020年村级集体经济平均收入达15.2万元，其中突破10万元的村有15个，村级集体经济发展呈结构优、增长快、后劲足的良好态势。

【推进人居环境整治三年行动】 高标准建成9个新农村点，3个污水处理点；无害化改厕545户，全镇普及率达96%。全面落实“万村码上通”5G+长效管护模式，安装人居环境整治摄像头38个，实现一类村庄全覆盖；安装垃圾箱溢满报警器8个，实现人口密集村垃圾箱溢满“远程”报警，确保及时清运；完成5个生活垃圾分类宣传站建设，购置1万余个分类垃圾桶。扎实推进森林抚育、森林防火、松材线虫防治等工作，完成森林抚育面积100公顷，杂林低改306.67公顷，清理松材线虫林17.33公顷，及时制止野外用火行为90余起。石坪村入选第一批国家森林乡村。

【打好疫情防控阻击战】 面对年初新冠肺炎疫情的严峻挑战，快速响应、全员发动，组建18支疫情防控志愿服务小分队，全面开展入户宣传，发放宣传单、公开信1.2万余份，张贴宣传单2500余张，排查电话号码1400余个，发动捐款捐物1000余人次，筹集捐款15万元，筑牢疫情防控“最后一公里”防线。

【打好防汛救灾保卫战】 面对百年难遇的大汛，镇、村干部闻“汛”而动，全力以赴、深入一线抓工作落实。明确水库安全“五个责任人”，及时整改30余处水库、地质灾害点的安全隐患。扎实开展灾后恢复工作，抢修被淹道路10余处，疏浚被阻水渠2000余米，筑牢防汛抗洪抢险救灾的安全“防线”。

【如期实现全面脱贫目标】 全面落实健康、教育、医疗等各项扶贫政策，实现688户建档立卡贫困户高质量脱贫。扎实推进“短中长”三类产业和“一领办三参与”的产业扶贫发展模式，创办黄埚、沙田等家政服务公司和夏柳脆桃基地等扶贫产业基地。设置公益性岗位124个，扶贫专岗48个，增强贫困户与2家扶贫龙头企业、10家专业合作社和5家扶贫车间的利益联结，带动贫困户入股或就业1065人。积极动员帮扶单位和爱心企业，优先采购扶贫农产品，全镇有14个农产品被认定为扶贫农产品，累计销售金额达975万元。

【民生实事建设稳步推进】 投入650余万元建成镇便民服务中心、儿童活动中心。投入600余万元建成新敬老院。创办竹湾、夏柳、斜滩等12个孤寡老人颐养中心。完成镇中心幼儿园的改造工程，解决300余名学龄前儿童学前教育问题。完成镇新农贸市场、青少年活动中心足球场建设和源口林场大港里、月田付家源、石坪石榴港农网改造工程。建成宋家党群活动中心、严阳石富里桥、东园自来水、南市李家堰水渠等一批为民办实事项目。

（刘丽）

附：2020年新宁镇领导名录

党委书记：夏润成
党委副书记、镇长：黄　洪（3月任）
　　段中韬（任至3月）
党委副书记：张苹苹（女，保留正科待遇）
人大主席：游继华
政协工作联络组组长：柯有英（女）
党委委员、常务副镇长：雷云贵
党委委员、纪委书记、监察室主任：吴　杨
党委委员、副镇长：刘　赟
党委委员、人武部部长：柯志洋
人大专职副主席：黄　亮
副镇长：刘志强、鄢路遥（女）、刘　超
综治办专职副主任：李　强

附：2020年行政村主要干部名单

沙田村
党支部书记、主任：陈公华

烟溪村
党支部书记：陈玉林
主任：郑梦琴

东坑村
党支部书记、主任：甘伦波

柳村村
党支部书记：黄耀华
主任：王定富

月田村
党支部书记：罗运梅
主任：田胜仁

凤口村
党支部书记：曹庭亮
主任：雷建新

斜滩村
党支部书记：刘国强
主　　任：王　斌

源口村
党支部书记
主　　任：宋新华

黄塅村
党支部书记：林业文
主　　任：范叶海

宋家村
党支部书记
主　　任：汪惠民

南市村
党支部书记：邱欣红
主　　任：罗　曼

团结畲族村
党支部书记：雷李宁
主　　任：杨　霖

石坪村
党支部书记：夏水斌
主　　任：付立民

林场社区
党支部书记
主　　任：卢邦辉

夏柳村
党支部书记：钟　明
主　　任：钟　明

东园村
党支部书记：刘　英
主　　任：盛　林

桐林村
党支部书记：肖高继
主　　任：曾小妹

渡头村
党支部书记：尹合新
主　　任：盛广安

花棚村
党支部书记
主　　任：林春富

茶场社区
党支部书记：潘希鸥
主　　任：汪能宜

竹湾村
党支部书记
主　　任：陈　勇

罗坪镇

【概况】　全镇总面积240.8平方千米，耕地面积675公顷，山林面积18133公顷，水域面积2840公顷，辖5个行政村，65个村民小组，共有5809户19008人。2020年，完成财税4139万元，固定资产投资8.3亿元。签约亿元以上项目2个，其中亿元以上工业项目1个，即金卫士金属制品加工项目；亿元以上服务业项目1个，即金色家园棉花山旅游项目；5000万元以上工业项目1个，即国璜环保节能设备生产项目。新项目进资2.05亿元，老项目进资2.11亿元。

【持续深化特色产业发展】　形成“一村一品”产业发展模式，洞坪村青蛙养殖、水果产业，长水村红心猕猴桃产业、金果梨产业，漾都村柑橘产业，东边村的苗木花卉、草莓秧产业，关山村红薯及加工、黄沙岭产业呈现良好态势，为村有经济发展提供有力支持。

【全力打造生态宜居村镇】　全面实施“七员合一”的生态管护模式，集中力量开展整治。拆除乱搭乱建，清理乱堆乱放，以集镇、棉花山景区、长水景区为试点，全面推行垃圾分类，建立垃圾分类兑换银行2个。投资500余万元历时5个月建成长水村美丽宜居示范村，长水公路沿线村庄美丽庭院整体推进。依托5G科技实现长效管护，安装污水监测设备，配备网格巡查APP，利用大数据分析功能，对农村人居环境实现全方位的巡查管护。9月，全省5G+长效管护现场会在长水村召开，全省各市、县（区）100余人参加会议。

【着力抓好生态保护】　扎实推进辖区内河流水域环境保护。保护森林资源，实施增绿工程，加强森林质量提升，严查严惩乱砍滥伐林木，滥占林地的行为，切实保护林业生态环境。2020年全镇共接待游客15万人次，旅游收入超1800万元。

【围绕民生办实事】　全面落实各项扶贫政策，所有贫困户实现“两不愁四保障”，全镇共有1个“一领办三参与”产业合作社、1个扶贫基地和2个扶贫车间，确保47户99人全部高质量顺利脱贫。投资1450万元的罗坪至长水公路改造工程“五一”假期前全线通车，投资100万元改造棉花山金色家园景区公路。借创建国家卫生乡镇、美丽宜居示范镇契机，全力推动厕所建设标准化、管理规范化，完成改厕637户。2020年城乡居民医疗保险缴费15625人，城乡居民养老保险参保缴费人数3705，发放养老金3210人。

（周平）

附：2020年罗坪镇领导名录

党　委　书　记：夏冬春
党委副书记、镇长：赵　钢
党　委　副　书　记：范海强

人 大 主 席：秦 峰（4月任）
政协工作联络组组长：徐新安
党委委员、常务副镇长：周 平
党委委员、纪委书记、监察室主任：刘金国（4月任）
陈 强（任至4月）
党委委员、副镇长：李春勤（4月任）
李建革（任至4月）
副 镇 长：杨 芳（女）
人大专职副主席：许丽萍（女，4月任）
李 赟（任至4月）
综治办专职副主任：张 来

附：2020年行政村主要干部名单

洞坪村
党支部书记：梅志枪
主 任：余水亮

关山村
党支部书记：徐荣贵

漾都畲族村
党支部书记：余静武
主 任：潘祝苟

长水村
党支部书记：余迭文
主 任：肖光成

东边村
党支部书记：王前荣
主 任：

杨洲乡

【概况】 杨洲乡总面积206平方千米，森林面积14933.3公顷，耕地面积406.67公顷，下辖6个行政村，52个村民小组，总人口10012人。2020年，始终坚持“生态优先、旅游立乡”的发展思路，克服疫情、洪灾等影响，奋力推进经济社会发展各项工作，着力打造生态美乡、旅游旺乡，努力建设秀美富裕幸福新杨洲。引进投资亿元以上的镭神光电、华澳光电等绿色光电主导产业项目2个、东泓科技熔喷布项目1个，引进黄龙源旅游产业项目1个。完成财税任务4909万元。

【村有经济不断增强】 整合各类资金100余万元作为村级集体经济发展资金，以前景可观的生态养渔业为切入点，通过入股投资大户的方式，发展产业，增强村级集体经济。建成霞庄村养蜂基地，新增养蜂500余箱，为村集体带来收益10.8万元。因地制宜推进界牌村养鱼基地、南屏村民宿资源整合、森峰村、江桥村出租村级资产，发展果业种植等项目，有效实现村有经济增收。江西诚宁农牧公司在杨洲村、森峰村、界牌村种植碧根果、葡萄等产业66.67公顷，经过多年的发展，成为“2020年农业产业化省级龙头企业”。

【成功创建康养小镇】 重点加强阳光照耀29度假区、神雾山、桃源谷、林云山居、申家坪乡村旅游点等的环境提升，进一步完善和提升桥头游客服务中心。成功创建江西省级旅游风情小镇—杨洲康养小镇。阳光照耀29度假区成功申报省级旅游度假区，孙中华荣获文旅部颁发的“2020年度乡村文化和旅游能人”称号。林云山居民宿被评选为九江“十佳最美民宿”。

【脱贫攻坚持续发力】 对照脱贫攻坚标准要求，坚持问题导向，梳理脱贫攻坚问题4类16项20条并全部整改。先后4次动态调整，确定贫困户293户813人，其中未脱贫户41户63人，确定边缘户8户18人、脱贫监测户2户7人，未脱贫41户中落实兜底脱贫31户。全面落实扶贫政策，完成危房改造并装修入住5户，完成易地搬迁入住武安锦城13户、大戏台15户。全乡33个集中供水点、7个分散供水点饮用水全部检测合格。引导315个贫困劳动力外出务工。建档立卡贫困户重度失能残疾居家照料项目11人。补报“雨露计划”对象1名，落实异地就读教育补贴学生45名，落实“情暖下一代”助学金6人。干职工购买贫困户农产品2.2万元。新建霞庄村白石埚养蜂基地1个，养蜂370箱，启动贫困户短平快产业奖补申报。

【全力维护秀美生态】 先后开展“村庄清洁行动春节战役”“战疫情环境整治攻坚行动”“环境整治攻坚月”等活动，清理卫生死角451处、垃圾282吨，整治违规摊点56个、户外广告牌8块，纠正占用公共用地种菜行为12起，清除垃圾小广告56处，维修路灯112盏，美化建筑外立面89栋、1896平方米，新增小广场和小游园6处、绿化面积2120平方米，新建和扩建停车场18个，投入30余万元改造升级了乡垃圾中转站，投入9万元购置分类垃圾桶500个，投入20万元改造提升杨洲桥头大型广告牌。深化“禁伐二十年，呵护原生态”，落实森林抚育面积80公顷、封山育林面积133.33公顷、天保林面积1333.33公顷，申报省级乡村森林公园项目1个。落实专职护林员队伍，配备专用装备设施，实行护林监管常态化。

（刘云梦）

附：2020年杨洲乡领导名录

党委书记：盛　伟（3月任）
党委副书记、乡长：周　昊
党委副书记：刘统嘉
人大主席：聂　海
党委委员、常务副乡长：邹卫华
党委委员、纪委书记、监察室主任：李　珊（女，4月任）
熊自兵（任至4月）
党委委员、副乡长：潘　茜（女，4月任，人大专职副主席任至4月）
潘朝林（任至4月）
党委委员、人武部部长：朱　锐（4月任）
副乡长：刘晓丹（女）
人大专职副主席：葛润卿（4月任）
综治办专职副主任：易　威

附：2020年行政村主要干部名单

界牌村
党支部书记：王剑党
主任：方　明

霞庄村
党支部书记：李　波
主任：吴道成

南屏村
党支部书记、主任：申乐云

森峰村
党支部书记：卢咸翥
主任：周　康

杨洲村
党支部书记：周伯水
主任：刘晓兰

江桥村
党支部书记、主任：郭帮映

豫宁街道

【概况】　豫宁街道区域面积8.93平方千米，下辖12个社区，常住人口52032人。街道办事处属武宁县人民政府派出机构。2020年，豫宁街道党工委带领广大党员干部和群众，努力创新，发展势头更加强劲，社区面貌更加靓丽，生态环境更加优美，社会发展更加和谐，居民生活更加富裕。

【积极开展疫情防控工作】　新冠肺炎疫情爆发以来，豫宁街道按照中央、省、市、县相关工作要求，对街道辖区内5万余人开展拉网式摸底排查，以小区为单位，设置入口岗哨，坚持24小时值守。依托大平台反馈数据，掌握重点疫区返乡人员信息，登记在册，并做好跟踪观察、居家隔离等工作。通过各种渠道筹集资金，给每个社区下拨10万元防疫资金，用于购买口罩、酒精、消毒剂、防护服等防疫物资，保障机关、社区干部和非封闭小区保洁人员的防疫需求。

【用心擦亮党的建设品牌】　秉持“一社区一特色，一支部一品牌”工作目标，深入开展“党建+平安社区”“党建+邻里”“党建+村有经济”“党建+便民服务”“党建+小区自治”“党建+135”等示范创建活动。创新党建活动方式，结合疫情防控、脱贫攻坚、精神文明建设等工作，推动各级党组织开展“春节送温暖”“疫情防控我争先”“我们的节日”“庆祝建党99周年系列活动”“垃圾分类”等主题党日活动，进一步增强党员的宗旨意识，密切党群关系。其中，竹岭村社区党委举办“七一”党章朗读会暨香樟树下的党课开讲仪式，把党课搬到香樟树下，送到老百姓的门口。

【积极加大招商引资力度】　通过采取驻点招商、叩门招商、以商招商等方式，在广东、浙江、重庆、安徽、南昌等地开展招商工作。外出招商50余次，对接客商52家，接待客商考察65批次。成功引进卓锐自动化包装项目及大健康医药配套项目等2个入园项目，投资总额6.2亿元。

【积极推进老旧小区改造】 投入7000余万元对老政府房改房小区、老财政局房改房旧小区、老人民医院房改房小区、豫宁市场周边小区、老被服厂周边小区及阳光新城等老旧小区进行改造。配合县拆迁办开展土地房屋征收工作，动员登高山、白石岭、古艾、太婆堰、竹岭村等5个社区，按要求完成80户房屋的征收工作。

【坚决打赢脱贫攻坚战役】 以每月动态监测为抓手，切实做到“应退尽退、应纳尽纳”，针对“两类人群”做到“及时发现、及时帮扶”，有效防止致贫和返贫。坚持“一户一表”，做到数据录入、数据比对和数据修正三个100%。开展消费扶贫、就业扶贫等系列活动，深入推进“六个增补”、农业保险、防贫保险“双保”等各项政策落地生根，支持扶贫经营主体恢复生产，确保贫困劳动力就业稳岗。2020年脱贫的31户52人，无一人返贫。

【社会保障】 全年新增低保户62户68人，为26户困难家庭申请临时救助。共受理城乡居民养老保险参保登记近1000人。

【创文创卫】 加强对辖区内宗教场所管理，制定《豫宁街道宗教场所的管理规定》，完善辖区内硬件设施，新建创文宣传栏，修补小区破损低洼路面近800平方米，补齐开放性小区应急楼道灯800个。以建设“优美环境、优良秩序、优质服务、群众满意”为目标，抓好文明单位创建，成功创建市级文明社区2个，县级文明社区6个。

【综合治理】 完善街道、社区综治中心实体化建设，按照“三室一窗口”标准建设到位，竹岭村、太婆堰、白石岭、九岭、豫宁等社区设立心理咨询室，设立网格账号50个，开通率100%，定期开展网格巡查。通过开展“双提升”走访、综治宣传月等活动，深入群众、了解民意、解决问题，切实提高居民满意度、安全感和幸福感。发放平安建设宣传资料5000余份，宣传车下社区20余次，悬挂综治宣传标语、宣传画报40余条（张），发表宣传文章10余篇。 （付欣宇）

附：2020年豫宁街道领导名录

党工委书记：饶宜忠
党工委副书记、主任：严德宁（3月任）
盛　伟（任至3月）
党工委副书记：林　光
县人大常委会驻豫宁街道联络处主任：
吴　伟（4月任）
韩　忠（任至4月）
政协工作联络组组长：陈绪文
党工委委员、常务副主任：夏　岚（女）
党工委委员、纪检监察工委会书记：
邵　勤
党工委委员、人武部部长：舒钟乾
街道办副主任：汪　斌、刘一思（女）
付欣宇（10月任）
张春晨（任至4月）
县人大常委会驻豫宁街道联络处专职副主任：
焦磊磊
综治办专职副主任：杨　希

附：2020年街道社区主要干部名单

登高山社区
党支部书记、主任：舒从船

豫宁社区
党支部书记、主任：方湫尘

太婆堰社区
党支部书记、主任：王月珠

古艾社区
党支部书记、主任：周　兰

西海社区
党支部书记、主任：陈　翔

东渡社区
党支部书记、主任：王司彬

九岭社区
党支部书记、主任：黄诗兰

白石岭社区
党支部书记、主任：吴　萍

观湖社区
党支部书记、主任：夏　敏

竹岭社区
党支部书记、主任：张小玉

樟树下社区
党支部书记、主任：徐晋琦

胜利社区
党支部书记、主任：杨　鎏

人物荣誉录

江西省劳动模范

刘　军　男，1976年9月出生，石门楼镇人，高中文化，武宁县康华灯业技术有限公司车间主任。刘军工作踏实，任劳任怨，尽职尽责，一批批的新员工在他的传、帮、带之下成为生产骨干，技术尖兵。每个环节，每道工序他都亲力亲为，在他的努力和指导下，该车间设备运转率达99%。从不计较个人得失，无私、耐心地传授徒弟，他所在车间连续获得劳动竞赛优胜单位，武宁县总工会授予的“工人先锋号”及公司“优秀班组”、全市“同舟共济保增长，建功立业促发展”劳动竞赛先进单位和全市“创建学习型组织，争做知识型职工”活动学习型组织先进班组，个人年年获得“优秀员工”光荣称号。2017年4月获江西省五一劳动奖章。

万里云　男，1974年12月出生，大专文化，罗坪镇长水村人。2000年，返乡创业成立长水希望之星红豆杉种植基地，开始探索人工培育红豆杉的道路。2007年，红豆杉培育技术攻关卡在了瓶颈处，在外打工的积蓄已经所剩无几。在这困难的一年，温家宝总理来到长水，肯定长水的林权改革，肯定红豆杉的价值，坚定万里云坚持探索红豆杉种植的决心。2013年，红豆杉事业发展良好，成立武宁县长水长寿红豆杉培育种植专业合作社，带领农户共同种植销售红豆杉，确保红豆杉成为村民们的“摇钱树”。2017年，渴望知识的万里云重返校园，入选江西“一村一名大学生”工程，探索振兴乡村的道路。他带领同学前往江苏考察农业，带回来黄蜀葵中药材并免费分发种子给贫困户，现场指导种植技术，保证贫困户们收益。当选第十五届九江市政协委员，先后被评为江西省一村一工程“十佳创业先锋”、九江市“双百双千”农村实用人才人、九江市“优秀党员”。

俞海宁　男，汉族，1969年12月出生，武宁县第五小学教师。他在教师岗位上工作31年，其中近20年在农村偏远地区任教，至今仍工作在教学第一线。他爱岗敬业，重德重艺，对学生关怀备至，贫困生、留守儿童更是悉心呵护，为学生的成长撑起一片蓝天，成为学生和家长信赖的“贴心人”。他应邀参加江西省教育厅安全处组织的《江西省中小学校学生安全提醒教育每日一播》编写活动，自费研发配套的打铃软件，该系统应用于全省中小学，惠及390多万中小学生。他热心科教公益事业，形成独具特色的创新教育方法，他指导的学生多次获得国家级、省级科技创新竞赛奖项，自己也成为全国优秀科技辅导员。2018年4月，被江西省总工会授予江西省五一劳动奖章；2018年12月，获九江市劳动模范称号；2020年10月，被授予江西省先进工作者称号。

武宁县劳动模范

冯承斌 男，1972年6月出生，大专学历，湖南株洲人，九江市公路管理局武宁分局株林道班班长。1995年参加工作以来，先后在公路机务、工程、养护等多个岗位上工作25年，以公路人的使命担当，用青春、汗水、忠诚谱写一曲公路人的奉献之歌。他钻研业务，精益求精，通过自学掌握各类机械维修保养技术，节约大量工程成本。2020年7月8日，武宁境内连日暴雨导致国道220线K1388处塌方达1万余立方米，国道交通中断。恰逢儿子高考的关键时刻，他带领职工连续奋战10余天，每天工作长达16个小时，清理塌方1万余立方米，一直到抢通公路才回家。

朱旭勤 男，1985年5月出生，中共党员，江西武宁人，本科学历，武宁县朗盛生态农业专业合作社理事长。他于2012年返乡创业，成立武宁县朗盛生态农业专业合作社，吸纳106户社员加入，包括16户建档立卡贫困户。合作社坚持生态种植理念，以种植水栀子、蓝莓以及蓝莓深加工产品蓝莓酒为主，在合作社的示范带动作用下，有机蓝莓的种植由当初的独家种植发展到十几户，面积由10多亩扩大至全县4个乡镇共计200多亩。他热心公益事业，出资7000元支持村组修建路灯，为贫困学生、抗疫、助力农产品活动捐款出力。先后荣获2019年度“江西省农村青年致富带头人”、2019年第五届“武宁县十大杰出青年”、2017年九江市“双百双千”农村实用人才等荣誉称号。

何超平 男，1968年8月出生，大专学历，江西武宁人，江西省新光山水开发有限公司副总经理。他学习刻苦，工作认真，在分管技术、项目、销售等工作中创造优异的业绩，使企业经济、社会、生态效益不断提升。与技术员工一道创建推广新品种11个，自主开发品种9个，推广新技术5个，自主开发技术2个，尤其在果业发展上推广新技术、引进新品种取得显著成效。积极组建销售队伍，在上海、杭州、温州、宁波、沈阳等地均建立销售网点和网站，为产品销售扩大市场，带动农户4106户，扶助建档立卡贫困农民25户，户均年增收15300元。公司被命名为“全国科普惠农兴村先进单位”。

张　兵 男，1970年9月出生，高中学历，江西武宁人，九江长运武宁公交公司驾驶员。“公交车就像我的家”，他爱护车辆，把乘客当成亲人，由于他和蔼可亲，公司选派开学生专线，他对学生关怀备至，认真负责地将每一位学生送到校、接回家。学生开心，家长放心。他拾金不昧，多次将乘客遗留在车上的钱物及时归还失主。

陈国良 男，1978年2月出生，大专学历，浙江桐乡人，江西耀润磁电科技有限公司总经理。江西耀润磁电有限公司自2011年以招商引资方式入驻武宁县以来，在他领导下，企业不断壮大，成为县工业园区龙头企业，创造就业岗位400个，上缴财政税收累计1500万元。他重视企业发展，积极为企业员工创造良好的工作环境，建设有公寓式标准宿舍、花园式厂区环境、员工福利待遇达到园区及周边较高水平。积极参加地方教育、扶贫及其他慈善事业，在抗击新冠肺炎疫情期间捐款10万元助力抗疫工作。

罗东海 男，1966年11月出生，高中学历，江西武宁人，县自来水公司工程管理员。自2011年入职县自来水公司以来，他始终保持着一颗爱岗敬业之心。他刻苦钻研业务，以娴熟的技术、热忱的服务，赢得公司和广大用户的尊敬和赞誉。多次被县自来水公司和县工业园区评为“先进工作者”和“先进个人”。

项鑫焱 男，1964年10月出生，大专学历，江西武宁人，甫田乡学校高级教师。自1980年参加教育工作以来，40年来一直扎根在边远山区的村小，教学点担任语数教学工作，他忠诚于教育事业，以优秀教师的标准严格要求自己，师德高尚，爱岗敬业，勤奋努力，深受学生的爱戴和家长的欢迎。他加强专业知识和理论知识的学习，提高教学水平。多年来带的班级学科成绩都排在全乡前列。几十年如一日在学校，既当教师，又当“保姆”，还当“炊事员”。在日常教学工作中取得优异成绩，多次受到县、乡表彰。2018年度被县教育体育局授予“优秀教师”荣誉称号，2015年被乡政府授予“先进工作者”荣誉称号，2015年—2019年连续五年被甫田学校授予“先进教师”荣誉称号。

项九娟 女，1968年4月出生，江西武宁人，初中学历，武宁县老北京羊蝎子酒店总经理。主要经营餐饮管理，正餐服务。企业员工30多人，年产值600多万元。她是一个富有同情心，有爱心，尊老敬老，乐善好施的“活雷锋”。从1998年到2021年，资助从小学到大学毕业学生共计16人。2019年12月，分别赞助武宁县澧溪镇牌楼村村委会和澧溪镇哨背村村委会各5000元。2020年春节，为武宁县城奋战在抗击新冠病毒疫情一线值勤人员赠送2000多份蛋糕和面包。从2016年起连续3年被市妇联授予“九江市优秀女企业家”荣誉称号。

柯芳芳 女，1982年12月出生，中共党员，本科，江西武宁人，武宁县发改委鄱湖办副主任，石渡乡柳山村驻村第一书记。她扎根柳山村，一待就是5年，全身心地扎根一线扶贫，即使怀孕期间仍坚持一线。2019年，因长期劳累，她进行腰椎手术，在住院期间也不曾落下工作，术后又重回驻村一线。她以村为家，将大女儿送到学校寄宿，带着小女儿长期住村工作。带领村“两委”发展村集体经济和扶贫产业，建成以嘉宝果、福橙、西瓜为主的特色果业扶贫基地。全村30户贫困户享受红利，吸纳贫困户长期务工10人。累计为柳山村争取到各级资金400余万元，全部用于该村民生工程。新建桥梁2座、维修桥梁1座，新修道路4350米、渠道3200米。帮助村部新建办公大楼，改善村里办公条件。连续多年被评为全县优秀第一书记，2020年荣获九江市扶贫之星称号。

雷李宁 男，1978年6月出生，中共党员，大专学历，浙江淳安人，新宁镇团结畲族村委会党支部书记。自2018年当选村支书以来，坚持把群众利益放在首位，把群众的小事当作大事来做，做实、做细、做好。大力弘扬和传承民族文化工作，促进民族团结。建设民俗文化馆及活动场所，改善畲民的生活环境和生活质量，2019年12月9日团结畲族村被国家民委命名为“第七批全国民族团结进步示范区（单位）”。他带领村支部健康有序地发展村有经济，带领群众发家致富。2018年团结畲族村村有经济在2017年的基础上提高4万元，达到17万元。2019年10月创办武宁县九安农业开发有限责任公司，累计为村集体增收27万元。他关心村民生活，推进民生工程，完成村民族文化中心建设、民族自来水建设和民族村庄的打造等项目，累计投入800多万元。先后获得新宁镇“先进工作者”、新宁镇“优秀党务工作者”称号。

先进个人

谭翊泉 男，汉族，1985年2月11日出生，中共党员，研究生学历，现任九江学院团委办公室主任、驻武宁县官莲乡东山村第一书记兼东山村党支部书记、村委会主任。

他是全国扶贫先进典型，扎根基层扶贫9年，担任第一书记6年，四次驻村三次留任，两次被全村党员挽留并全票推选为村党支部书记。在他的带领下，首创“三引三化”党建工作新模式，争取资金近3000万元推进整村美丽宜居示范村建设。流转全村土地90.3%，建立苗木、蔬菜、葛根等产业示范基地，实现产业组组全覆盖。开拓“生态＋旅游＋扶贫”的新路子，募集

18名乡贤资金5000万元、社会资金3亿元发展乡村生态旅游，带领全村实现从贫困村到全国脱贫攻坚先进集体和全国文明村的华丽转身。他的扶贫事迹先后被中央电视台、人民日报、人民周刊等省级以上媒体报道140余次。疫情期间，坚守扶贫岗位，被中共江西省委组织部通报表扬；曾获全国先进工作者、中国好人、全国脱贫攻坚演讲大赛金奖、全国向上向善好青年、江西省脱贫攻坚贡献奖、江西省定点帮扶先进个人、江西省五四青年奖章等多项荣誉。

冷秋红 女，出生于1971年9月，中共党员，县人民医院党总支书记。2017年5月任大洞乡彭坪村驻村第一书记，在她的带领下，彭坪村通过土地流转，创建槟榔芋、覆盆子产业种植基地，吸纳全村129户贫困户入股，每年每户分红500元，务工收入增加20万元。创办手工饰品，仿真绢花、口罩生产等3个扶贫车间，解决100余人就业，其中贫困户35人。打造蔬菜基地2个，占地100亩，其中贫困户种植蔬菜50亩。积极发动社会力量捐资助学。募集资金38000元，扶助贫困学生70余人。2017年底，彭坪村退出省级贫困村。2020年，全村129户534人实现脱贫。《江西日报》《九江日报》多次宣传报道她的扶贫事迹。先后荣获省、市、县优秀扶贫干部称号，2020年获江西省“最美扶贫干部”荣誉。

2020年度市级以上部门表彰先进个人

姓　名	工作单位	荣誉称号	授奖单位
杨　桦	县政府	国家全域旅游示范区创建先进个人	市委办公室 市政府办公室
黎高峰	县政协	国家全域旅游示范区创建先进个人	市委办公室 市政府办公室
汪燕娟	县政协	《江西政协报》2020年度优秀通讯员 《江西政协报》2020年度好新闻三等奖	省政协办公厅 省政协办公厅
许继亚	团县委	市优秀共青团干部	团市委
吴艳红	县妇联	第十二届九江市巾帼建功先进工作者	市妇联
封　成	县公安局	个人二等功	省公安厅
朱　亮	县公安局	2020年度全市公安机关网安工作成绩突出个人	市公安局
王义晶	县公安局	2020年度全市公安机关警务保障工作成绩突出个人	市公安局
陈丛海	县公安局	2020年度全市公安机关网安工作成绩突出个人	市公安局
崔　坤	县公安局	2020年度全市公安机关网安工作成绩突出个人	市公安局
戴向阳	县公安局	2020年度全市公安机关国内安全保卫工作成绩突出个人	市公安局
林晓波	县公安局	个人三等功	市公安局

姓 名	工作单位	荣誉称号	授奖单位
聂 伟	县公安局	个人三等功	市公安局
陈 魁	县公安局	个人三等功 2020 年度全市公安机关交通管理工作成绩突出个人	市公安局 市公安局
陈 烽	县公安局	个人三等功	市公安局
陈国良	县公安局	2020 年度全市公安机关指挥调度工作成绩突出个人	市公安局
熊 炜	县公安局	2020 年度全市公安机关情报研判工作成绩突出个人	市公安局
周 彬	县公安局	2020 年度全市公安机关食药环侦工作成绩突出个人	市公安局
聂浩峰	县公安局	2020 年度全市公安机关缉毒执法工作成绩突出个人	市公安局
余 有	县公安局	2020 年度全市公安机关治安管理工作成绩突出个人	市公安局
伍传兵	县公安局	2020 年度全市公安机关治安管理工作成绩突出个人	市公安局
王 俊	县公安局	2020 年度全市公安机关治安管理工作成绩突出个人	市公安局
李 健	县公安局	2020 年度全市公安机关交通管理工作成绩突出个人	市公安局
李 琳	县公安局	2020 年度全市公安机关交通管理工作成绩突出个人	市公安局
夏业成	县公安局	2020 年度全市公安机关交通管理工作成绩突出个人	市公安局
刘 勤	县公安局	2020 年度全市公安机关交通管理工作成绩突出个人	市公安局
叶德力	县公安局	2020 年度全市公安机关交通管理工作成绩突出个人	市公安局
许 勤	县公安局	2020 年度全市公安机关森林公安工作成绩突出个人	市公安局
李耀辉	县公安局	2020 年度全市公安机关森林公安工作成绩突出个人	市公安局
叶卫锋	县公安局	2020 年度全市公安机关森林公安工作成绩突出个人	市公安局
钟木春	县公安局	2020 年度全市公安机关特巡警工作成绩突出个人	市公安局
易 敏	县公安局	2020 年度全市公安机关科信系统工作成绩突出个人	市公安局
程 珑	县公安局	2020 年度全市公安法治工作成绩突出个人	市公安局
吉 力	县公安局	2020 年度全市公安机关出入境管理工作成绩突出个人	市公安局
熊兴国	县公安局	2020 年度全市水上公安工作成绩突出个人	市公安局

姓　名	工作单位	荣　誉　称　号	授　奖　单　位
龚声广	县公安局	2020 年度全市公安机关反恐怖工作成绩突出个人	市公安局
周吉玲	县公安局	2020 年度全市公安机关优化营商环境工作成绩突出个人	市公安局
罗　海	县公安局	2020 年度全市公安侦经工作成绩突出个人	市公安局
杨越林	县公安局	2020 年度全市公安机关办公系统工作成绩突出个人	市公安局
聂琴琴	县检察院	嘉奖	市人民检察院
李梦瑶	县检察院	通报表扬	市人民检察院
沈少平	县司法局	全国模范人民调解员	司法部
冷伍梅	县司法局	全省优秀公证员	省司法厅
邹　昡	县司法局	全省社区矫正工作表现突出个人	省司法厅
许　勤	县公安局森林分局	全市公安机关森林公安工作先进个人	市公安局政治部
李耀辉	县公安局森林分局	全市公安机关森林公安工作先进个人	市公安局政治部
叶卫锋	县公安局森林分局	全市公安机关森林公安工作先进个人	市公安局政治部
张延龙	县农业农村局	全国绿色食品标志监督管理优秀监管员 江西省农产品质量安全风险监测预警工作优秀个人	中国绿色食品发展中心 农业农村部农产品质量安全风险评估实验室(南昌)
冷绪华	县农业农村局	2020 年度生猪生产先进个人	省农业农村厅
柯祥军	县农业农村局	全省生猪生产先进个人	省农业农村厅
刘礼翼	县农业农村局	优秀乡镇植保员	市农业病虫害防控指挥部
卢新林	县农业农村局	植保植检综合工作先进工作者	市农业病虫害防控指挥部
陈　燚	县农业农村局	农药日常监管先进工作者	市农业病虫害防控指挥部
肖　兵	县林业局	国家全域旅游示范区创建先进个人	市委办公室 市政府办公室
付　周	县扶贫办	全省优秀共产党员 全市优秀共产党员 全市脱贫攻坚先进个人 全市 2020 扶贫之星	省委、省政府 市委、市政府 市委、市政府 市委组织部、市委宣传部、市扶贫办

姓名	工作单位	荣誉称号	授奖单位
卢乐平	县扶贫办	全市优秀共产党员	市委、市政府
段晶	县扶贫办	全市脱贫攻坚记功嘉奖	市委组织部、市委宣传部、市扶贫办
朋翰	县工业园区	2019年全市招商引资先进个人	市扩大开放领导小组办公室
冯承斌	武宁公路分局	九江市劳动模范	市委、市政府
黄江江	县财政局	九江市财政系统“能力提升标兵”	市财政局、九江市总工会
盛程安	县财政局	九江市财政系统“青年岗位能手”	团市委、市财政局
孙中华	花源谷公司	成功申报2020年度乡村文化和旅游能人支持项目	文化和旅游部办公厅
蒋德先	县文广新旅局	“最美基层文化人”称号	省委宣传部、省文化和旅游厅
熊晓文	县文广新旅局	国家全域旅游示范区创建先进个人 旅游重点品牌创建工作先进个人	九江市委办公室、市政府办公室 市委办公室、市政府办公室
黎维辉	县文广新旅局	国家AAAAA级旅游景区创建先进个人	市委办公室、市政府办公室
胡一帆	县文广新旅局	九江市文广新旅工作目标管理考评先进个人	市文化广电新闻出版旅游局
黄东华	县住建局	全市住房和城乡建设工作先进个人	市住房和城乡建设局
陈小宁	县住建局	全市住房和城乡建设工作先进个人	市住房和城乡建设局
焦俊	县水利局	采砂管理工作先进工作者	市采砂管理领导小组
李春鹏	县水利局	采砂管理工作先进工作者	采砂管理领导小组
张晓华	县卫健委	全省疫情防控先进个人 全市疫情防控先进个人	省委、省政府 市委组织部、市人社局、市卫健委
黎舫	县卫健委	九江市卫健系统2020年度“最美抗疫工作者”	市卫健委
袁小清	县卫健委	九江市卫健系统2020年度“最美抗疫工作者”	市卫健委
陈小辉	县卫健委	九江市卫健系统2020年度“最美抗疫工作者”	市卫健委
叶爱华	县中医院	九江市卫健系统2020年度“最美抗疫医师” 九江市“百名最美抗疫医师”	市卫健委 市委宣传部、市卫健委
丰守海	县中医院	九江市卫健系统2020年度“最美抗疫工作者”	市卫健委

姓名	工作单位	荣誉称号	授奖单位
石俭	县中医院	九江市卫健系统2020年度“最美抗疫工作者”	市卫健委
阮勇	豫宁社区	九江市卫健系统2020年度“最美抗疫工作者”	市卫健委
俞建林	洞坪村卫生室	九江市卫健系统2020年度“最美抗疫医师”	市卫健委
钱早富	新宁镇卫生院	九江市卫健系统2020年度“最美抗疫医师”	市卫健委
汪维坤	白沙村卫生室	九江市卫健系统2020年度“最美抗疫医师”	市卫健委
戴逢民	泉口镇中心卫生院	九江市卫健系统2020年度“最美抗疫医师”	市卫健委
全启芳	纽丝村卫生室	九江市卫健系统2020年度“最美抗疫医师”	市卫健委
冷绪石	鲁溪镇中心卫生院	九江市卫健系统2020年度“最美抗疫医师”	市卫健委
刘顺华	哨背村卫生室	九江市卫健系统2020年度“最美抗疫医师”	市卫健委
邹敏子	澧溪镇中心卫生院	九江市卫健系统2020年度“最美抗疫医师”	市卫健委
胡庆华	田铺村卫生室	九江市卫健系统2020年度“最美抗疫医师”	市卫健委
朱忠林	彭坪村卫生室	九江市卫健系统2020年度“最美抗疫医师”	市卫健委
聂小将	鲁溪镇中心卫生院	九江市卫健系统2020年度“最美抗疫工作者”	市卫健委
潘盛林	县疫控中心	死因登记工作突出贡献先进个人	中国疾病预防控制中心
张赣湘	县疫控中心	死因登记工作先进个人	中国疾病预防控制中心
聂余	县疫控中心	最美抗疫医师	市卫健委
肖绪玉	县疫控中心	最美抗疫医师	市卫健委
邹德政	县疫控中心	最美抗疫工作者	市卫健委
刘彦明	县疫控中心	最美抗疫工作者	市卫健委
何晓维	县人民医院	全省优秀共产党员 全省抗击新冠肺炎疫情先进个人 九江市疫情防控先进个人 疫情防控工作表现突出通报表扬	省委 省委、省政府 市委组织部 团市委
陈玉玲	县人民医院	全省抗击新冠肺炎疫情先进个人 九江市2020年百佳优秀抗疫护理工作者	省委、省政府 市卫健委

姓　名	工作单位	荣誉称号	授奖单位
王玉华	县人民医院	全省抗击新冠肺炎疫情先进个人	省委、省政府
冷秋红	县人民医院	九江市五一巾帼标兵	市总工会
刘　斌	县人民医院	疫情防控阻击战中表现突出嘉奖通报 优秀带教老师	市委组织部、市人社局 九江学院医学部
叶乐荣	县人民医院	优秀带教老师	九江学院医学部
郑丹丹	县人民医院	疫情防控工作表现突出通报表扬	团市委
盛美芳	县人民医院	疫情防控工作表现突出通报表扬	团市委
黄　静	县人民医院	疫情防控工作表现突出通报表扬	团市委
黄　坚	县人民医院	九江地区医疗责任险项目医疗纠纷管控“先进个人”	市医学会
朱轮华	县人民医院	记功奖励	市委组织部、市人社局、市卫健委
王艳超	县人民医院	九江市2020年百佳优秀抗疫护理工作者	市卫健委
郭潘姣	县人民医院	九江市2020年百佳优秀抗疫护理工作者	市卫健委
罗林云	县人民医院	九江市2020年百佳优秀抗疫护理工作者	市卫健委
瞿钰莹	县人民医院	九江市外周静脉输液治疗护理演讲优秀奖	市医疗质控中心
徐　洁	县人民医院	九江市卫健系统2020年度“最美抗疫医师”	市卫健委
李娟娟	县人民医院	九江市卫健系统2020年度“最美抗疫工作者”	市卫健委
陈水芳	县人民医院	九江市卫健系统2020年度“最美抗疫工作者”	市卫健委
张小倩	县人民医院	九江市卫健系统2020年度“最美抗疫工作者”	市卫健委
刘佳丽	县人民医院	九江市卫健系统2020年度“最美抗疫工作者”	市卫健委
汪　力	县人民医院	九江市“百名最美抗疫医师”	市委宣传部、市卫健委
汤明富	县人民医院	九江市“百名最美抗疫医师”	市委宣传部、市卫健委
江乐健	县人民医院	九江市“百名最美抗疫医师”	市委宣传部、市卫健委
徐　敏	县人民医院	九江市“百名最美抗疫医师”	市委宣传部、市卫健委
明智敏	县妇幼保健院	医务工作者“记功”先进个人	市委组织部、市人社局、市卫健委

姓名	工作单位	荣誉称号	授奖单位
孟碧澄	县妇幼保健院	九江市卫健系统2020年度“最美抗疫工作者”	市卫健委
曹　翼	县妇幼保健院	九江市卫健系统2020年度“最美抗疫工作者”	市卫健委
雷　军	县妇幼保健院	九江市卫健系统2020年度“最美抗疫医师”	市卫健委
张萍萍	县妇幼保健院	优秀抗疫护理工作者	市卫健委
刘　欣	武宁调查队	全省调查队系统抗击新冠肺炎疫情先进个人	国家统计局江西调查总队
黄　颋	大洞乡政府	全市抗洪救灾先进个人	市委办公室、市政府办公室
熊自安	鲁溪镇政府	全市目标管理先进个人	市委、市政府
陈　磊	官莲乡党委	国家AAAAA级旅游景区创建先进个人	市委办公室、市政府办公室
谭翊泉	官莲乡东山村	全国先进工作者 中国好人榜 江西省身边好人 江西省优秀共产党员	党中央、国务院 全国精神文明办 省文明办 省委宣传部
梅孔模	澧溪镇党委	国家全域旅游示范区创建先进个人	市委办公室、市政府办公室
刘子明	罗溪乡政府	优秀专武干部	九江军分区
夏润成	新宁镇党委	新时代赣鄱先锋	省委组织部
潘希鸥	茶场社区	九江市第二届最美退役军人	市退役军人事务局
夏冬春	罗坪镇党委	国家AAAAA级旅游景区创建先进个人	市委办公室、市政府办公室
盛　伟	杨洲乡党委	记一等功 国家AAAAA级旅游景区创建先进个人 疫情防控阻击战中表现突出给予嘉奖	省委、省政府 市委办公室、市政府办公室
钟小宁	豫宁街道办	全国经济普查先进个人	全国经济普查领导小组
张小玉	竹岭社区	九江市三八红旗手	市妇联
夏　敏	观湖社区	全市疫情防控先进个人	市委、市政府

全县工作获奖情况

2020 年度获奖情况

第二批国家全域旅游示范区(文化和旅游部颁发)

第四批国家生态文明建设示范县(生态环境部颁发)

全省外贸出口先进县(省扩大开放领导小组颁发)

中国候鸟旅养小城(博鳌国际康养文旅论坛组委会深圳候鸟之家健康旅居研究院颁发)

全省村(社区)残疾人协会改革试点县(省残联颁发)

2019 年度未及时通报的获奖情况

全省全面深化改革工作先进县(市、区)(省委全面深化改革委员会颁发)

全国村庄清洁行动先进县(中央农办、农业农村部颁发)

全省旅游产业发展先进县(省旅游产业发展领导小组办公室颁发)

全省公共机构节能先进县(省政府办公厅颁发)

全省首批美丽宜居示范县(省新农村建设暨农村人居环境整治办颁发)

全市改革工作先进县(市、区)(市委全面深化改革委员会办公室颁发)

全市全面依法治市考评优秀县(市委全面依法治市委员会办公室颁发)

全市社会治安综合治理工作目标管理考评先进县(市委政法委颁发)

2017—2019 全市平安县(市、区)(市委政法委颁发)

全市公共机构节能先进县(市政府办颁发)

2020 年度各部门各乡镇获奖情况

省部级单位表彰

县委统战部:全省第三届少数民族艺术节少数民族山歌一等奖《西海畲乡等你来》(省民族工作领导小组颁发)

县发改委:“多员合一”生态管护员制度入选《国家生态文明试验区改革举措和经验做法推广清单》(国家发改委颁发)

县统计局:江西省第四次经济普查先进单位(省第四次经济普查领导小组颁发)

县文广新旅局:全国乡村旅游重点村(罗坪长水村)(文化和旅游部、国家发改委颁发)

全省第三届少数民族艺术节少数民族山歌一等奖《西海畲乡等你来》(省民族工作领导小组颁发)

县卫健委:全省抗击新冠肺炎疫情先进集体(县人民医院)(省委、省政府颁发)

县公路分局:第六届全国文明单位(中央文明委颁发)

鲁　溪　镇：全省抗击新冠肺炎疫情先进集体（省委、省政府颁发）
全省先进基层党组织（省委颁发）

罗　坪　镇：全国乡村旅游重点村（罗坪长水村）（文化和旅游部、国家发改委颁发）

市厅级单位表彰

县政协机关：全省《江西政协报》读报用报先进单位（省政协办公厅颁发）
全市政协系统报刊征订工作先进集体（市政协颁发）

县总工会：全省工会新闻宣传工作先进单位（江西工人报颁发）

县　妇　联：全省妇联系统宣传舆论阵地建设先进单位（省妇联颁发）

县工商联：全省“千企帮千村”精准扶贫行动组织工作先进集体（省工商联、省扶贫办颁发）

县发改委：“十三五”美丽搬迁安置区（武安锦城梦想家园安置区）（国家发改委办公厅颁发）

县扶贫办：“十三五”美丽搬迁安置区（武安锦城梦想家园安置区）（国家发改委办公厅颁发）

县林业局：全省森防系统先进集体（省林业局颁发）

县文广新旅局：第八届全国服务农民、服务基层文化建设先进集体（中宣部办公厅、文化和旅游部办公厅、国家广电总局颁发）
第三批“绿水青山就是金山银山”省级实践创新基地（省生态环境厅、省文旅厅颁发）
全省旅游风情小镇（杨洲康养小镇）（省文旅厅颁发）
江西康养旅游打卡地（西海湾景区、阳光照耀29度假区）（省文旅厅颁发）
省级旅游度假区（逍遥岛旅游度假区）（省文旅厅颁发）
全省文化旅游创意产品大赛创意产品类优秀奖（布贴画作品《钟馗》）（省文旅厅颁发）
全省AAAA级乡村旅游点（澧溪镇柒彩长乐）（省文旅厅颁发）
九江市第八批市级非物质文化遗产代表性项目名录（传统美术类）——武宁布贴画、武宁木雕（市政府颁发）
九江市第八批市级非物质文化遗产代表性项目名录（传统医药类）——武宁饮片中药炮制技艺（市政府颁发）
九江市第八批市级非物质文化遗产代表性项目名录（民俗类）——武宁畲族稻草龙（市政府颁发）
全省文旅融合示范项目十佳（遇见武宁）（省文化产业协会颁发）
2020“百姓大舞台，大家一起来”大型公益性文化活动优秀组织奖（省文化馆颁发）
2020“百姓大舞台，大家一起来”大型公益性文化活动优秀节目奖《西海畲乡等你来》（省文化馆颁发）

县城管局：全省城管执法队伍“强基础、转作风、树形象”专项行动先进单位（省城市建设管理协会城管执法行业分会颁发）

县生态环境局：第三批“绿水青山就是金山银山”省级实践创新基地（省生态环境厅、省文旅厅颁发）
大　洞　乡：全省蜂蜜品质大赛银奖（大洞蓝天蜂业家庭农场）（省农业农村厅颁发）
泉　口　镇：江西省森林乡村（芭蕉村）（省林业局颁发）
鲁　溪　镇：全省老年体育示范乡镇（街道）（省老体协、省老年体育科学学会颁发）
九江市首届文明校园（鲁溪镇中心小学）（市文明委颁发）
官　莲　乡：全市脱贫攻坚先进集体（市委、市政府颁发）
宋　溪　镇：江西省森林乡村（堰下村）（省林业局颁发）
澧　溪　镇：全国全域土地综合整治试点（自然资源部办公厅颁发）
江西省森林乡村（大源村）（省林业局颁发）
全省第二批乡村旅游重点村（澧溪镇北湾村）（省文旅厅、省发改委颁发）；
全省 AAAA 级乡村旅游点（澧溪镇柒彩长乐）（省文旅厅颁发）
船　滩　镇：江西省森林乡村（易溪村）（省林业局颁发）
石 门 楼 镇：省级生态文明示范基地（武宁森林中药材厚朴生态产业园）（省发改委生态文明处颁发）
新　宁　镇：全省老年体育示范村（社区）（省老体协、省老年体育科学学会颁发）
罗　坪　镇：全省首批“五型”政府建设示范（乡）镇（省“五型”政府建设办颁发）
“中国天然氧吧”打卡目的地（长水村）（国家气象局公共气象服务中心颁发）
杨　洲　乡：全省旅游风情小镇（杨洲康养小镇）（省文旅厅颁发）
省级旅游度假区（逍遥岛旅游度假区）（省文旅厅颁发）
江西省森林乡村（南屏村）（省林业局颁发）
豫 宁 街 道：2019—2020 全省“绿色社区、美丽家园”创建活动示范社区（登高山社区）（省民政厅颁发）
县 工 业 园 区：“十三五”美丽搬迁安置区（武安锦城·梦想家园安置区）（国家发改委办公厅颁发）

市直部门（单位）表彰

县 委 组 织 部：全市党员教育电视片三等奖（市委组织部颁发）
县 委 宣 传 部：全市党报党刊发行工作先进单位（市委宣传部颁发）
县 委 政 法 委：全市上半年公众安全感第一名（市委政法委颁发）
县　人　社　局：第四届“中国创翼”创业创新大赛九江选拔赛优秀组织奖（市就业工作领导小组办公室颁发）
第四届“中国创翼”创业创新大赛九江选拔赛创业组优秀三等奖（市就业工作领导小组办公室颁发）
全市人社系统“法治人社与公共服务体系服务”练兵比武团体三等奖（市人社局颁发）
县应急管理局：全市专业森林消防队伍技能比武第二名（市森林防灭火指挥部办公室颁发）
县　林　业　局：九江市第十二届文明单位（2020 年度复查合格）（市文明办颁发）

县文广新旅局：国家 AAA 级景区（情缘谷、云水湾）（市文广新旅局颁发）
全省 AAA 级乡村旅游点（武宁县棉花山金色家园）（市文广新旅局颁发）
九江十佳最美民宿（悦山居、林云山居、天天惦记、桐林山宿、北湾人家）（市文广新旅局颁发）
全市公共图书馆“古籍和地方文献工作先进单位”（市文广新旅局颁发）

县 教 体 局：2019—2020 九江市“师德师风建设奖”（市委宣传部、市教育局颁发）
全市初中教学质量管理优胜单位（市教育局颁发）
全市高中教学质量管理综合优胜单位（市教育局颁发）
全市中小学幼儿园公共安全教师教学能力展示活动优秀组织奖（市教育局颁发）

县 卫 健 委：全市疫情防控先进集体（县人民医院）（市委办、市政府办颁发）

恒通村镇银行：全市普惠金融政策知识竞赛优秀组织奖（市银保监分局、市银行业协会、市保险行业协会颁发）
“九江银保之家”公众号建设三等奖（市银行业协会颁发）

鲁 溪 镇：全市疫情防控先进集体（市委办、市政府办颁发）

官 莲 乡：全市抗洪救灾先进集体（市委办、市政府办颁发）

甫 田 乡：全市第六批市级民主法治示范村（市司法局、市民政局颁发）

澧 溪 镇：国家 AAA 级景区（情缘谷）（市文广新旅局颁发）
九江十佳最美民宿（北湾人家）（市文广新旅局颁发）

杨 洲 乡：九江十佳最美民宿（林云山居）（市文广新旅局颁发）

豫 宁 街 道：第三届九江市优秀学雷锋志愿服务社区（豫宁社区、竹岭村社区）（市文明办、市志愿服务联合会颁发）
第六批“省级民主法治示范村（社区）”（豫宁社区）（市司法局、市民政局颁发）

2019 年度获奖情况（补充）

县 委 办：全省县级机要密码部门优秀单位（省委密码工作领导小组颁发）
九江市第十二届文明单位（2019 年度复查合格）（市文明办颁发）

县委统战部：第三批中国少数民族特色村寨（东林乡山头畲族村高畲雷家自然村）（国家民族事务委员会颁发）
全省民宗系统信息工作先进集体（省民宗局颁发）
全市统战工作高质量发展考核综合先进单位（市委统战部颁发）
全市统战工作实践创新成果奖（市委统战部颁发）

县 公 安 局：全市公安办公系统综合考评先进单位（市公安局颁发）
全市公安监管场所综合先进单位（市公安局颁发）

全市公安法治单项工作先进单位（市公安局颁发）
全市水上公安工作先进单位（市公安局颁发）
全市公安国内安全保卫工作先进单位（市公安局颁发）
全市公安派出所国保工作先进单位（市公安局颁发）
全市公安反恐怖工作先进单位（市公安局颁发）
全市优秀公安基层单位（市公安局颁发）
全市基层公安（分）局目标管理考评优秀单位（市公安局颁发）
全市公安机关派出所工作先进集体（市公安局颁发）
全市公安特巡警执法办案先进单位（市公安局颁发）
全市公安经侦打击涉税犯罪工作先进单位（市公安局颁发）
全市公安机关食药环犯罪侦查工作先进单位（市公安局颁发）
全市公安教育训练工作先进单位（市公安局颁发）
全市公安机关公安改革工作先进单位（市公安局颁发）
全市公安接处警调度工作先进单位（市公安局颁发）
全市公安出入境管理工作先进集体（市公安局颁发）
全市公安机关网安工作先进单位（市公安局颁发）
全市抗洪抢险维稳工作集体嘉奖（市公安局颁发）
全市“群众最满意派出所”（宋溪派出所）（市公安局颁发）
全市“群众最满意派出所接处警窗口”（宋溪派出所）（市公安局颁发）
九江市第十二届巾帼文明岗（市公安局颁发）

县检察院：全市检察机关“扫黑除恶专项斗争”先进集体（市检察院颁发）
全市检察机关“扫黑除恶专项斗争”集体三等功（市检察院颁发）

县法院：全市法院先进集体（市中级法院颁发）

县总工会：九江市第十二届文明单位（2019 年度复查合格）（市文明办颁发）

县妇联：九江市第十二届巾帼建功先进集体（市妇联颁发）

团县委：全市共青团改革工作先进单位（团市委颁发）

县信访局：全省信访系统“人民满意窗口”（省委信访局颁发）
全市办信工作突出单位（市信访工作联席会议颁发）

县医保局：九江市五一巾帼标兵岗（市总工会颁发）

县退役军人事务局：全市退役军人工作治理能力创新奖（市退役军人事务局颁发）

县审计局：全市审计机关优秀审计项目三等奖（市审计局颁发）

县民政局：全市关心下一代工作创“五好”先进集体（市关工委、市文明办颁发）

县工信局：全市工业目标任务完成优秀单位（市委、市政府颁发）
全市企业升规组织优秀单位（市委、市政府颁发）

县交通运输局：全市交通运输工作目标管理综合考评先进单位（市交通运输局颁发）
全市交通运输工作安全生产专项考评先进单位（市交通运输局颁发）
全市交通运输工作政务公开（新闻宣传）专项考评先进单位（市交通运输局颁发）
全市扫黑除恶专项斗争先进单位（市扫黑除恶专项斗争领导小组颁发）
县港航分局：全省港航安全生产工作先进集体（省港航管理局颁发）
县财政局：全市财政系统“财政先锋号”（市财政局、市总工会颁发）
全市财政系统“青年文明号”（团市委、市财政局颁发）
县税务局：全省五一巾帼标兵岗（省总工会颁发）
第十五届江西省文明单位（2019 年度复查合格）（省文明办颁发）
九江市第十二届文明单位（2019 年度复查合格）（市文明办颁发）
县农业农村局：全省实施乡村振兴战略实绩考核优秀单位（省委办公厅、省政府办公厅颁发）
全省城乡环境综合整治工作年度考评第二名（省城乡环境整治办颁发）
全省“五定包干”村庄环境长效管护考评第一名（省新农村建设暨农村人居环境整治办颁发）
全市城乡环境综合整治考核第一名（市城乡环境整治办颁发）
县林业局：第七次全省森林资源二类调查工作先进集体（省林业局颁发）
县气象局：九江市第十二届文明单位（2019 年度复查合格）（市文明办颁发）
县文广新旅局：全市文广新旅工作目标管理考评综合先进单位（市文广新旅局颁发）
县教体局：全国区县体彩工作表现突出机构（国家体育总局彩票管理中心颁发）
九江市第十二届文明单位（市委、市政府颁发）
全省教育系统“我和我的祖国”主题读书活动优秀单位（省教育厅颁发）
全市群众体育先进单位（市体育局颁发）
县卫健委：中国死因登记报告工作突出贡献先进集体奖（中国疾控中心慢性非传染性疾控中心颁发）
九江市医学会综合先进单位（市医学会颁发）
九江市第十二届巾帼文明岗（市妇联颁发）
县城管局：全市城市管理工作综合先进单位（市城管局颁发）
九江市第十二届文明单位（2019 年度复查合格）（市文明办颁发）
县住建局：全省城乡环境综合整治工作年度考评第二名（省城乡环境整治办颁发）
全市城乡环境综合整治考核第一名（市城乡环境整治办颁发）
全市住建工作综合先进单位（市住建局颁发）
九江市第十二届文明单位（2019 年度复查合格）（市文明办颁发）
县消防救援大队：全市五四红旗团支部（团市委颁发）
县调查队：全省调查队系统党建工作先进单位（国家统计局江西调查总队颁发）
全省调查队系统信息技术应用工作先进单位（国家统计局江西调查总队颁发）

全省调查队系统制度方法工作先进单位（国家统计局江西调查总队颁发）
全省调查队系统农民工监测工作先进单位（国家统计局江西调查总队颁发）
全省调查队系统服务零售结构调查工作先进单位（国家统计局江西调查总队颁发）

县司法局：全市法制政府建设优秀单位（市推进法治政府建设工作领导小组颁发）
“大排查、早调解、护稳定、迎国庆”专项活动表现突出集体罗坪镇人民调解委员会（司法部颁发）

县农商行：党建工作综合考评优胜单位（中共江西省农村信用社联合社委员会颁发）
全省农商银行业务经营绩效考评优秀单位（中共江西省农村信用社联合社委员会颁发）
全省农商银行先进基层团组织（共青团江西省农村信用社联合社委员会颁发）

鲁溪镇：国家森林乡村（双新村）（国家林业和草原局颁发）
江西省非物质文化遗产传播基地（鲁溪镇中心小学）（省文旅厅颁发）
先进民兵营（连）（九江军分区颁发）
全市现代农业示范园（市农业农村局颁发）

宋溪镇：国家森林乡村（南皋村）（国家林业和草原局颁发）
全市乡风文明示范村（田墩村）（市文明委颁发）

澧溪镇：国家森林乡村（太平村）（国家林业和草原局颁发）

船滩镇：九江市第十二届文明单位（2019年度复查合格）（市文明办颁发）

上汤乡：国家森林乡村（温汤村）（国家林业和草原局颁发）

清江乡：国家森林乡村（龙石村）（国家林业和草原局颁发）
先进民兵营（连）（九江军分区颁发）
全省林权流转乡级服务平台建设先进单位（省林业局深改办颁发）

石渡乡：先进民兵营（连）（九江军分区颁发）

罗溪乡：先进民兵营（连）（九江军分区颁发）
全市征兵工作先进单位（市政府征兵工作领导小组颁发）

新宁镇：国家森林乡村（石坪村）（国家林业和草原局颁发）
全国民族团结进步示范村（国家民族事务委员会颁发）
全市先进基层武装部（九江军分区颁发）
全市综合减灾示范社区（市减灾委、市应急管理局颁发）
九江市三八红旗集体（市妇联颁发）

罗坪镇：国家卫生乡镇（全国爱国卫生运动委员会颁发）
国家森林乡村（长水村）（国家林业和草原局颁发）
“大排查、早调解、护稳定、迎国庆”专项活动表现突出集体（司法部颁发）
全省离退休干部先进集体（省委组织部、省委老干部局颁发）
全市“双十示范乡镇（街道）”（市城乡环境整治办颁发）

杨　洲　乡：国家森林乡村（霞庄村）（国家林业和草原局颁发）
豫 宁 街 道：全省“绿色社区、美丽家园”创建活动示范社区（九岭社区、豫宁社区）（省民政厅颁发）
全市先进基层武装部（九江军分区颁发）
全市“双十示范乡镇（街道）”（市城乡环境整治办颁发）

（摘自中共武宁县委　武宁县人民政府《关于二〇二〇年度全县及各部门各乡镇获市级（含部门）以上表彰情况的通报》）

全县三干会表彰情况

全县内涵式高质量发展目标管理考评综合先进单位

乡　　　镇：鲁溪镇、罗坪镇、澧溪镇、清江乡、新宁镇、宋溪镇

县 直 单 位：县委办、县政府办、县人大机关、县政协机关、县扶贫办、县文广新旅局、工业园区、县委组织部、县纪委监委机关、县交通运输局、县人社局、县委宣传部、县委政法委、县委统战部

条 管 单 位：九江市武宁生态环境局、县自然资源局、县税务局、县气象局

国 有 企 业：县城投集团

赶超进位奖

官莲乡、石渡乡

党的建设工作先进单位

乡　　　镇：新宁镇、澧溪镇、罗坪镇、宋溪镇、鲁溪镇

县直及条管单位：街道办、工业园区、县发改委、县自然资源局、县税务局、县文广新旅局、县交通运输局、县扶贫办、县财政局、县人社局

绿色生态工作先进单位

乡　　　镇：罗坪镇、澧溪镇、杨洲乡

县直及条管单位：九江市武宁生态环境局、县农业农村局、县水利局

全域旅游工作先进单位

乡　　　镇：罗坪镇、杨洲乡、澧溪镇

县 直 单 位：县文广新旅局、县旅游产业开发公司、县交通运输局

城镇建设工作先进单位

乡　　　镇：罗坪镇、鲁溪镇、甫田乡

县 直 单 位：县城投集团、县住建局、街道办

招商引资工作先进单位

乡　　　镇：鲁溪镇、清江乡、石门楼镇、新宁镇、澧溪镇

县直及条管单位：县自然资源局、县政府办、县委办、县人大机关、县科技局、县政协机关、县扶贫办、县工信局、九江市武宁生态环境局、工业园区

新工业发展工作先进单位

鲁溪镇、宋溪镇、船滩镇

固定资产投资工作先进单位

澧溪镇、宋溪镇、罗坪镇

“四上”企业培育质量先进单位

乡　　　镇：鲁溪镇、宋溪镇、东林乡

县 直 单 位：县政府办

“三农”工作先进单位

鲁溪镇、罗坪镇、澧溪镇

脱贫攻坚工作先进单位

乡　　　镇：大洞乡、官莲乡、船滩镇、杨洲乡、石门楼镇

县直及条管单位：县委组织部、县财政局、县委宣传部、县农业农村局、县住建局、国家统计局武宁调查队、县民政局、县水利局

争资争项工作先进单位

乡　　　镇：鲁溪镇、新宁镇、清江乡

县 直 单 位：县扶贫办、县交通运输局、县教体局、县人社局、县民政局

财税收入质量工作先进单位

石门楼镇、宋溪镇、泉口镇

财税上台阶奖

石门楼镇、宋溪镇、官莲乡、罗溪乡

全面深化改革工作先进单位

乡　　　镇：罗坪镇、新宁镇、船滩镇

县 直 单 位：县农业农村局、县发改委、县文广新旅局、县医保局、县城投集团

招工工作先进单位

乡　　　镇：甫田乡、清江乡、大洞乡、上汤乡

县 直 单 位：县发改委、县人社局、县医保局、县商务局、县民政局

城乡环境综合整治工作先进单位

乡　　　镇：杨洲乡、宋溪镇、官莲乡

县 直 单 位：县委政法委、县纪委监委机关、县财政局

创建全国文明城市工作先进单位

乡　　　镇：宋溪镇、甫田乡

县直及条管单位：县教体局、县卫健委、县市监局、县商务局、县文广新旅局、县城投集团、县旅游产业开发公司、县农业农村局、国家统计局武宁调查队、县长运公司、县妇联、团县委

为民办实事工作先进单位

鲁溪镇、横路乡、杨洲乡

安商服务工作先进单位

乡　　　　镇：罗坪镇

县直及条管单位：街道办、县机关事务局、县行政服务中心、县供电公司、县住建局、县水利局、县应急管理局、县统计局、县城投集团

项目建设工作先进单位

乡　　　　镇：官莲乡、泉口镇、甫田乡、横路乡、宋溪镇、鲁溪镇、新宁镇、清江乡、罗溪乡

县直及条管单位：县林业局、县城投集团、县住建局、县教体局、县城管局、县自然资源局、街道办、县人社局、县水利局、县公安局、工业园区

平安建设优胜单位

乡　　　　镇：罗坪镇、宋溪镇、街道办、鲁溪镇、石门楼镇、清江乡、澧溪镇、新宁镇、船滩镇、横路乡

县直及条管单位：县财政局、县交通运输局、县扶贫办、县水利局、工业园区、县市监局、县文广新旅局、县总工会、县人社局、县教体局、县公路分局、九江市武宁生态环境局、县税务局、县港航分局

信访工作优胜单位

乡　　　　镇：罗坪镇、鲁溪镇、宋溪镇、清江乡、大洞乡、横路乡、罗溪乡

县　直　单　位：县公安局、县财政局、县人社局、县医保局、县机关事务局

服务中心工作先进单位

九江市武宁生态环境局、县税务局、县气象局、九江银行

金融机构支持地方经济建设工作先进单位

县农发行、中国银行、县人民银行、县人保财险公司

优化营商环境工作先进单位

县科技局、县人社局、县行政服务中心、县公安局、县商务局、县发改委、街道办、工业园区、县总工会、县建设银行

县长质量奖

江西林全胶囊有限公司、江西奇烽纺织实业有限公司

外贸出口先进企业奖

春迅电子（武宁）有限公司、江西生成卫生用品有限公司、武宁县宏辉新材料有限公司

优秀企业家奖

徐金标、蔡　伟、章顺茂、陈国良、高　超、吴　勇、李　亮、熊小鹏、余孟文、葛　丽

县劳模和先进工作者

冯承斌、朱旭勤、张　兵、陈国良、何超平、罗冬海、柯芳芳、项九娟、项鑫焱、雷李宁

全县内涵式高质量发展目标管理考评担当作为先进个人

综合考评先进个人

刘小明　鲁溪镇大桥村党支部书记
许丽萍　罗坪镇人大专职副主席
刘福建　澧溪镇党委委员、纪委书记、监察室主任
张暕昀　清江乡四级主任科员
雷云贵　新宁镇党委委员、常务副镇长、三级主任科员
王明蓁　宋溪镇党委委员、纪委书记、监察室主任
杨　希　县委办干部(副科级)
朱晓娜　县政府办四级主任科员
尹传胜　县人大机关四级主任科员
汤小勇　县政协党组成员、办公室主任
卢乐平　县扶贫办党组成员、副主任、二级主任科员
胡　歆　县文广新旅局党委委员、副局长
方诗锶　县工业园区党委委员
余美玲　县委组织部干部
王方方　县纪委监委机关干部
熊小平　县交通运输局党组书记、局长、一级主任科员
柯善海　县委宣传部干部
李瑾瑾　县委政法委干部
汪小云　县委统战部办公室主任
邹志强　九江市武宁生态环境局政务服务股负责人
熊自国　县自然资源局总规划师
罗　凯　县税务局纪检组长
何荣军　县气象局党务干部
刘元斌　清江乡综治办专职副主任

党建工作先进个人

邹　添　清江乡党委副书记
谭翊泉　官莲乡东山村党支部书记、九江学院驻东山村第一书记
段珊珊　石渡乡党委副书记(保留正科待遇)、组织委员
邹　燚　上汤乡四级主任科员、组织干事
杭　严　泉口镇党委委员、纪委书记、监察室主任
张小玉　豫宁街道竹岭村社区党委书记
徐晋琦　豫宁街道樟树下社区党委书记
桂新宇　县基层党建“三化”建设工作领导小组宣传组副组长
颜晓晨　县基层党建“三化”建设工作领导小组办公室干部
程　高　县公安局党委委员、政工监督室主任、一级警长
　　　　东渡社区“心连心”第一联合党支部书记
余　旺　县城管局党组书记
周　杰　县委办四级主任科员、党务干部
张吉均　县行政服务中心主任
罗为民　县中医院党支部书记
申国龙　县水利局党组书记、局长、四级调研员
李若淼　县卫健委党委委员、副主任(保留正科待遇)
余　勇　县纪委监委机关党务干部
徐　俊　县政府办四级主任科员、党务干部
卢育礼　县统计局党组书记、局长
葛明霞　九江市武宁生态环境局党总支委员
杜京声　县烟草专卖局党务干部
周春霞　县第四小学党支部书记、校长
陈春华　县人民医院党总支副书记、门诊党支部书记
叶　斌　县新联会党支部书记
周小龙　江西耀润磁电科技有限公司党支部书记

创建全国文明城市工作先进个人

黄金果　县文联一级科员
杨越林　县公安局指挥中心副主任
熊仁河　县发改委党组成员、副主任(保留正科待遇)
洪　梁　武宁宾馆人事部副经理
邹　引　县人民医院办公室副主任
邱顺然　县中医院办公室副主任
周小文　县文物管理所干部
叶存平　县第一小学校长
柯三元　县融媒体中心干部(县创文办干部)

开放型经济工作先进个人

熊自安 鲁溪镇党委书记、四级调研员
梅孔模 澧溪镇党委书记、四级调研员
盛 伟 杨洲乡党委书记、一级主任科员
夏润成 新宁镇党委书记、四级调研员
艾长春 石渡乡党委书记、一级主任科员
彭 笠 清江乡党委委员、人武部部长
王 飞 县委办二级主任科员
吴 熊 县政府办正科级督查专员
毕诗荣 县工业园区党委副书记、管委会主任
王 钧 县工业园区党委委员、常务副主任
汤普阳 宋溪镇一级科员
施月清 县政府党组成员、县工信局党组书记、局长
王洪江 县自然资源局办公室主任
聂道发 县委组织部副部长、县人社局党组书记、局长一级主任科员
谢守梅 县残联党组书记、理事长
赵友明 县市监局党委书记、局长

项目建设工作先进个人

艾云岗 县文广新旅局干部
张晓铧 九江市武宁生态环境局干部
徐一墁 石门楼镇一级科员
车学文 罗溪乡党委副书记、三级主任科员
周利民 澧溪镇党委副书记
段 晶 县水库移民规划监测评估中心主任
刘 鑫 县自然资源局国土空间用途管制股股长
李 翔 上汤乡党委委员、副乡长
杨晓杰 县住建局干部
李 磊 县市场和质量监管信息中心主任
李时前 县教体局校建办干部
余 勇 武宁中等专业学校副校长
熊剑彬 县城管局党组成员（保留副科待遇）
陈绪文 豫宁街道政协工作联络组组长、一级主任科员
彭贤红 县工业园区党委副书记

脱贫攻坚工作先进个人

冷秋红 县人民医院驻大洞乡彭坪村第一书记
宋泉金 县税务局驻泉口镇楼下村第一书记
熊自兵 横路乡党委副书记
谈小虎 鲁溪镇政府驻鲁溪镇南冲村第一书记
于超波 官莲乡政府驻官莲乡泉溪村第一书记
陈 强 宋溪镇党委副书记
邹 赟 甫田乡政府驻甫田乡外湖村第一书记
方 奕 县林业局驻澧溪镇曹坑村第一书记
陈 灿 船滩镇政府驻船滩镇长坪村第一书记
胡京飞 东林乡政府驻东林乡山头村第一书记
卢 震 上汤乡政府驻上汤乡九宫村第一书记
熊 元 清江乡政府驻清江乡大田村第一书记
陈 淼 石渡乡扶贫专干
赵婉如 县移动公司驻石门楼镇石门楼村第一书记
魏 励 罗溪乡政府驻罗溪乡坪港村工作队员
夏 凌 县委办驻罗坪镇漾都村第一书记
刘晓丹 杨洲乡政府驻杨洲乡杨洲村第一书记
游继华 新宁镇人大主席、一级主任科员
叶心强 新宁镇石坪村扶贫干部
叶志凌 豫宁街道东渡社区扶贫干部
陈家发 县脱贫攻坚办副主任、官莲乡人大主席
吴 昶 县委组织部四级主任科员
王平顺 县人社局干部
刘 勇 县教体局党委委员、副局长（保留正科待遇）
黎 舫 县卫健委干部
黄坤坤 县医保局干部
冷建杨 县残联残疾人就业服务站站长
洪汗钟 县脱贫攻坚办干部
杨 昌 县脱贫攻坚办干部

城乡环境综合整治工作先进个人

夏 笠 罗溪乡党委委员、纪委书记、监察室主任

汪　恒　石渡乡党委委员、常务副乡长
王　剑　澧溪镇党委委员、人武部部长
贺超超　县委办干部
张　武　县政协农业和农村委员会主任
陈　路　县农村农村局新农村建设和农村社会事业促进股股长
饶宜忠　豫宁街道党工委书记、一级主任科员
方漱尘　豫宁街道豫宁社区党委书记
龚　炜　县电信公司总经理助理

各乡镇（工业园区、街道办）先进个人

董东明　大洞乡党委委员、副乡长
陈继波　泉口镇纽丝村党支部书记
冷景竹　横路乡白杨村党支部书记
余细明　鲁溪镇荷洲村党支部书记
徐　武　官莲乡综治办专职副主任
叶　遥　宋溪镇党委委员、人武部部长
陈　丽　甫田乡人大专职副主席
张宇巍　澧溪镇党委副书记、镇长、一级主任科员
吴万俊　船滩镇副镇长
聂　明　东林乡一级科员
邹德明　上汤乡党委委员、人武部部长
付军荣　清江乡人大主席、一级主任科员、塘里村党支部书记
陈　韬　石渡乡党委副书记、乡长
吴金亮　石门楼镇人大主席
刘　钟　罗溪乡人大主席
刘　奕　罗坪镇一级科员
周　昊　杨洲乡党委副书记、乡长
张萃萃　新宁镇党委副书记（保留正科待遇）、一级主任科员
朱烈松　县工业园区党委委员、纪委书记
王司彬　豫宁街道东渡社区党委书记

（摘自中共武宁县委　武宁县人民政府《关于表彰二零二零年度全县内涵式高质量发展目标管理考评先进单位和先进个人的通报》）

2020年度具备高级专业技术资格人员名单

具备副主任医师资格（8人）

付庆林　明智敏　刘　斌　邓　蓉　黎　舫　刘　袆　柯保华　梁晓宝

具备高级教师资格（13人）

徐少华　李　峰　周联军　郑爱书　熊自林　李正福　李卫兵　胡克俭
成国凤　刘　勤　张　三　叶　平　刘伦毕

其他系列具备高级以上资格（3人）

黄春平　卢新林　冷先河

附　录

重要文件选编

中共武宁县委　武宁县人民政府

关于抓好“三农”领域重点工作确保如期实现全面小康的实施意见

武发〔2020〕1号

2020年，是脱贫攻坚决战决胜之年，是全面建成小康社会收官之年。做好2020年“三农”工作，要坚持以习近平新时代中国特色社会主义思想为指导，深入贯彻习近平总书记视察江西重要讲话精神，积极落实党中央、省、市关于“三农”工作的决策部署，对标对表全面建成小康社会目标任务，集中力量完成打赢脱贫攻坚战和补上全面小康“三农”短板两大重点任务，抓好农业稳产保供和农民增收，推进农业高质量跨越式发展，保持农村社会和谐稳定，提升农民群众获得感幸福感安全感，确保脱贫攻坚战圆满收官，确保与全国同步全面建成小康社会。

一、坚决打赢脱贫攻坚战

1. 如期完成脱贫攻坚任务。紧盯“两不愁三保障”脱贫标准，精准施策、重点攻坚，确保现行标准下全县剩余1755贫困人口全面脱贫。规范“一领办三参与”合作社和产业扶贫基地，完善产业扶贫利益联结机制。落实义务教育阶段贫困学生“零费用”就读。实现所有建档立卡贫困人口住院报销90%的适度要求。全面完成贫困户危房改造和饮水安全提升工作。不断压实脱贫攻坚主体责任，保持“第一书记”“驻村工作队”队伍稳定，强化部门及行业帮扶，以决战决胜之势打好脱贫攻坚战。（县扶贫办牵头，县扶贫开发领导小组成员单位按职责分工负责）

2. 着力巩固脱贫攻坚成果。深入开展“两摸底一核查”，健全完善监测预警机制，精准落实建档立卡动态管理，对返贫致贫人口及时实施帮扶。严格执行贫困退出标准和程序，坚决杜绝数字脱贫、虚假脱贫。把脱贫攻坚成效考核发现的问题和专项巡视“回头看”指出的问题整改落实到位。构筑社会扶贫工作格局，完善“公德银行＋公德超市”模式，鼓励扶贫济困、乐善好施的氛围。全面总结脱贫攻坚工作，宣传和展示脱贫攻坚成就。（县扶贫办牵头，县扶贫开发领导小组成员单位按职责分工负责）

3. 探索建立脱贫攻坚长效机制。探索加强扶弱助困、缩小发展差距的政策措施，推进相对贫困治理体系和治理能力现代化建设。深化扶贫扶志感恩自立教育、自强培育、自力激励、自尊治理“四项行动”和“三讲一评颂党恩”活动，激发群众自我发展动能。深化“党建＋”扶贫，推进创业致富带头人培育工程，打造“不走的扶贫工作队”。做好脱贫攻坚与实施乡村振兴战略有机衔接工作。（县扶贫办牵头，县扶贫开发领导小组成员单位按职责分工负责）

二、加快补上农村基础设施和公共服务短板

4. 加快推进农村公共基础设施建设。巩固提升“四好农村路”示范创建成果，加快县城至各乡镇主要连通公路改造，重点推进省道218宋店线罗溪至盘溪二级公路改造工程、株林至横路县道升级改造工程建设。实施35千伏泉口变电站扩建工程，新建及改造线路220公里、配变49台。全面完成农村饮水安全巩固提升工程。推进农村广播电视数字化、智能化、移动化接收，加快基层应急广播体系建设。推进重点乡镇5G覆盖。推进乡村应急管理能力提升，完善应急避难场所和应急物资储备。加强村级便民服务代办点建设，推动一体化在

线政务服务平台向农村延伸。（县交通运输局、县水利局、县应急管理局、县文广新旅局、县电力公司、中国电信武宁分公司、中国移动武宁分公司、中国联通武宁分公司等单位按职责分工负责）

5. 深入推进农村人居环境整治。全面完成农村人居环境整治三年行动目标，大力推进美丽宜居试点县创建，完成260余个新村点建设。深入推进农村生活垃圾治理，按照“源头减量，分类处理，资源利用”原则，逐步完善农村垃圾分类投放、分类收运、分类处理体系，健全完善垃圾收集处理设施，确保垃圾无害化处理率达到98%以上。有序推进农村生活污水治理，实施40个村庄农村生活污水处理设施建设，进一步提升农村生活污水处理能力。全面推进农村“厕所革命”，力争完成户用厕改造5400户，实现农村无害化卫生户厕普及率达92%以上目标。扎实推进村庄环境长效管护“五定包干”，优化“多员合一”生态管护员制度，全域覆盖、分类推进“物联网+长效管护”信息平台建设，探索长效管理武宁路径。（县农业农村局、县城管局、县自然资源局、县生态环境局、县住建局、县卫健委等单位按职责分工负责）

6. 提升农村公共服务水平。继续实施义务教育薄弱环节改善与能力提升项目，改善办学条件，提高教学质量。实施杨洲乡中心幼儿园等新建改建项目，推动农村寄宿制学校和小规模学校升级改造，实现教育资源提质升级。加强农村医疗卫生体系建设，完善重大疫情防控体制机制，建立健全农村公共卫生应急管理体系，提升农村常见病、多发病、传染病防控和诊疗救治能力。加大乡镇卫生院和村卫生室基础设施投入，改善服务条件和就医环境，提升公共卫生和家庭医生签约服务水平。稳步提高农村居民医疗保险待遇水平，合理提高农村低保、特困人员救助供养、残疾人补贴标准。推进农村互助养老服务设施建设，健全农村留守儿童和妇女、老年人关爱服务体系。改善农村公共文化服务，以“庆丰收、迎小康”为主题办好中国农民丰收节系列活动。（县教体局、县卫健委、县文广新旅局、县农业农村局、县发改委、县委编办、县财政局、县人社局、县民政局、县医保局、县妇联等单位按职责分工负责）

7. 保护农村生态环境。严格对标抓好上级环保督查反馈问题整改及巩固提升，全力打好蓝天、碧水、净土保卫战。建立城乡大气污染治理联动机制，推动乡镇环境空气质量自动监测站全覆盖。积极打造“河（湖）长制”升级版，大力实施庐山西海、沙田河等重点流域水污染防治。加强林业资源保护力度，实施防护林工程退化林修复、低产低效林改造和森林抚育工程，以“林长制”推动“林长治”。做好庐山西海重点水域禁捕退捕工作。深入开展农药化肥减量行动，加强农膜污染治理，推进秸秆综合利用。稳步推进农用地土壤污染管控和修复利用。严厉打击盗伐滥伐林木、乱捕滥猎野生动物、电力捕鱼等行为。（县生态环境局、县人社局、县自然资源局、县水利局、县农业农村局、县林业局等单位按职责分工负责）

三、推进现代农业高质量发展

8. 坚决做好农业稳产保供。高质量完成2020年2.8万亩高标准农田建设任务，确保建一块成一块。全面完成鲁溪、船滩、东林等3个乡镇防洪工程及10座新增小型水库除险加固工程建设，打牢防汛抗旱基础。严守耕地和永久基本农田保护红线，稳定粮食种植面积和产量。在符合环保要求的前提下有序推进生猪复产增养行动计划，发展生猪规模化标准化现代化养殖。加强市场监测和调控，做好猪肉保供稳价工作。做好非洲猪瘟、高致病性禽流感、草地贪夜蛾等动植物疫病防控。（县农业农村局、县发改委、县财政局、县自然资源局、县水利局、县人社局、县生态环境局、县商务局、县市场监管局等单位按职责分工负责）

9. 大力发展富民乡村产业。以“两茶两水三花”、林下经济和休闲农业等特色产业为重点，积极推进符合武宁土壤和气候条件的中草药种植，全面推进农业产业发展。加快现代农业示范园区建设，2020年创建省级示范园区2个，市级示范园区5个以上，剩余乡镇明年全部完成市级示范园创建。加大农业招商引资力度，大力引进生产、加工、物流、旅游等龙头企业，推动一二三产业融合发展。实施品牌战略，重点推进武宁野生茶、山茶油、中蜂蜜、鲁溪高山辣椒等地标产品做大做强，力争新增绿色食品、有机农产品6个，新增地理性标志2个，积极创建全省绿色有机农产品示范县。大力培育农民合作社、家庭农场、种养大户等新型农业经营主体，完善新型农业综合服务体系和利益联结机制，促进小农户与现代农业有机衔接。扩大电子商务进农村覆盖面，支持供销社、邮政快递企业等延伸乡村物流服务网络。多渠道促进农民转移就业，提高就业质量和收入水平。（县农业农村局、县商务局、县林业局、县文广新旅局、县供销社、县邮政分公司、县人社局等单位按职责分工负责）

10. 深入推进农业农村改革。全面完成农村集体产权制度改革试点任务，推行村党组织书记通过法定程序兼任村级集体经济组织负责人，建立健全村集体经济组织管理人员报酬与村集体经济效益挂钩的激励机制。选择宋溪镇田垴村和新宁镇竹湾村成立投资公司开展村集体资产资源统筹运营管理试点工作。通过盘活集体闲置土地、山林、房产、水面和资源开发收益等方式发展壮大村级集体经济，力争到年底，所有行政村集体经济收入达5万元以上，全面消除集体经济薄弱村。推进农村土地“三权分置”，严格农村宅基地管理。深化农业综合行政执法改革，完善执法体系，提高执法能力。（县农业农村局、县委组织部、县自然资源局、县委编办等单位按职责分工负责）

四、加强乡村治理能力

11. 健全乡村治理体系。贯彻落实《中国共产党农村基层组织工作条例》，持续整顿软弱涣散村党组织。完善村务监督机制，开展“听党话、感党恩、跟党走”宣讲活动。完成乡镇机构改革任务，整合审批、服务、执法等方面力量，建立健全统一管理服务平台。加快构建自治、法治、德治相结合的乡村治理体系。培育新乡贤文化，发挥新乡贤的示范引领作用。稳步推进绿色殡葬改革，加强殡葬设施建设管理，推进节地生态安葬，有序整治“三沿六区”散埋乱葬。（县委组织部、县纪委监委、县委宣传部、县农业农村局、县民政局、县司法局、县委编办等单位按职责分工负责）

12. 推进平安乡村建设。坚持和发展新时代“枫桥经验”，完善农村矛盾纠纷多元化解机制。健全农村治安防控体系，全面实施网格化管理和服务。推动扫黑除恶专项斗争向纵深推进，严厉打击非法侵占农村集体资产、扶贫惠农资金和侵犯农村妇女儿童人身权利等违法犯罪行为，推进反腐败斗争和基层“拍蝇”，建立防范和整治“村霸”长效机制。（县委政法委、县信访局、县纪委监委、县公安局、县农业农村局等单位按职责分工负责）

五、落实“三农”保障措施

13. 加强党对“三农”工作领导。深入学习贯彻习近平总书记关于“三农”工作的重要论述，落实农业农村优先发展要求。强化五级书记抓乡村振兴责任制，注重实绩考核评价和结果应用。发挥县委农村工作领导小组作用，完善县委农办机构设置和人员配备。大力培养懂农业、爱农村、爱农民“三农”工作队伍，落实关爱激励政策，提高农村干部待遇。将党的十九大以来“三农”政策贯彻落实情况作为对乡镇和相关部门巡察的重要内容，推动强农惠农政策落地生效。（县委组织部、县纪委监委、县委编办、县人社局、县农业农村局等单位按职责分工负责）

14. 加大“三农”投入力度。完善乡村振兴战略财力保障机制，统筹更多财力向“三农”倾斜，确保财政投入与补上完成全面小康任务“三农”短板相适应。切实提高土地出让收入投入农业农村比例，新增耕地指标和城乡建设用地增减挂钩节余指标跨区域调剂收益主要用于巩固脱贫攻坚成果和支持乡村振兴。通过村庄整治等方式节余的农村集体建设用地，优先用于发展乡村产业项目、壮大村级集体经济。新编县乡级国土空间规划应预留不少于10%的建设用地指标。年度新增建设用地计划应优先保障农村新产业新业态用地，并安排8%以上建设用地指标用于保障合理的农民建房需求。农村集体建设用地可以通过入股、租用等方式直接用于发展乡村产业。（县财政局、县农业农村局、县自然资源局等单位按职责分工负责）

15. 强化“三农”人才支持。加大农村实用人才培育，深入推进“一村一名大学生工程”，实施新型农业经营主体带头人轮训计划，推广“田教授”“土专家”等做法。建立城乡人才顺畅流动体制机制，支持大学生、退役军人、企业家等到农村干事创业。有组织地动员专业技术人才下乡服务。城区中小学教师、医生晋升高级职称前，原则上要有1年以上农村基层工作服务经历。（县农业农村局、县委组织部、县教体局、县人社局、县卫健委、县退役军人事务局等单位按职责分工负责）

中共武宁县委　武宁县人民政府
2020年4月14日

中共武宁县委　武宁县人民政府
关于印发《武宁县2020年开放型经济工作意见》的通知

武发〔2020〕9号

各乡镇党委、人民政府，工业园区、街道办，县委各部门、县直及条管各单位：

经县委、县政府研究同意，现将《武宁县2020年开放型经济工作意见》印发给你们，请认真遵照执行。

中共武宁县委　武宁县人民政府

2020年7月31日

武宁县2020年开放型经济工作意见

为进一步落实好“六稳”“六保”工作，实现开放型经济逆势上扬，现就2020年全县开放型经济工作提出如下意见：

一、指导思想

以习近平新时代中国特色社会主义思想为指导，深入贯彻落实党的十九大和十九届二中、三中、四中全会精神，全面落实省市“项目建设提速年”的工作要求，做好我县“服务项目见效年”相关工作，进一步强化招商引资“抢”的意识、“拼”的作风，全力以赴推进重大项目落户、建设，不断促进全县开放型经济提质增效。

二、工作目标

1. 稳住基本盘。2020年全县引进市外资金项目进资增长8.5%以上，达130.2亿元；实际利用外资增长6.5%以上，达1.3亿美元；完成外贸出口2.3亿美元；社会消费品零售总额增长10.5%，达63亿元。

2. 突出提速度。加快项目推进，注重项目落地见效，力争全年新签约项目履约率达90%以上，开工率达80%以上，投产率达60%以上。

3. 实现高质量。围绕“项目建设提速年”和“服务项目见效年”工作要求，确保全年引进内资项目80个（主导产业类项目占比达90%以上），其中亿元以上项目50个以上；5亿元以上项目10个以上；20亿元以上入园项目一个以上，外资现汇进资达3000万美元以上；生产型企业自营出口达3000万美元以上。

三、任务分解

19个乡镇、豫宁街道办作为单独招商主体，根据职能定位不同，将县直及条管75个单位划分为30个A类招商单位、8个B类招商单位、37个C类单位，分别下达招商任务：

1. 每个乡镇和街道办须引进1个亿元以上主导产业项目和1个3000万元以上的工业主导产业项目，新增项目进资5000万元，完成外资现汇进资120万美元。

2. 县直及条管A类招商单位须引进1个亿元以上主导产业项目，新增项目进资2000万元，完成外资现汇进资30万美元；县直及条管B类招商单位须引进1个3000万元以上的工业主导产业项目，新增项目进资1000万元；C类单位专职服务一家企业，对部分与企业发展相关联的职能单位增加差异化考核，鼓励新引进电商企业。将新引进一家在我县注册的电商企业且年度后台交易额达100万元以上作为C类单位年底评优评先的重要依据。

3. 县重点产业链按照链长制的工作要求，指导、协调好全县重点产业招商工作。

四、工作重点

1. 落实“50·20”项目。深入落实“项目建设提速年”和“服务项目见效年”活动部署，全力推进“50·20”项目攻坚行动，确保全年完成一个以上“50·20”入园项目，通过“50·20”项目落户，达到以点带面，做大做强园区效果，实现“50·20”项目“二季度全面落实、三季度全面开工”目标。

2. 抓好项目建设。强化“五个一”项目机制的落实，对今年新签约项目，从签约之日起就明确项目包挂责任领导、责任单位、责任人，建立项目台帐，实行清单管理，倒排工期，挂图作战，推动项目早开工、早竣工、早投产。

3. 打造产业集群。围绕中城新动能产业园标准厂房、中乌科创园、同拓电子产业园和灯饰城盘活，继续吸引高科技、高投入、高贡献优质主导产业项目入驻，努力实现“缺什么就招什么、少什么就引什么”的全产业链招商，加速打造绿色光电产业集群，培育园区经济新增长点。

4. 加速消费升级。为做好“六稳”“六保”工作，促进消费拉动经济，着力引进电商（包含跨境电商）、仓储物流、特色餐饮等平台企业，利用数字经济和电商平台，加速恢复消费市场活力。对现有的现代服务企业，引导其申限入统，做到应统尽统。对达到一定规模的服务业个体户，及时引导其个转企，从而最大限度做大消费总量。

五、工作措施

1. 量化任务考核。突出招商引资投入、产出、科技含量、企业形象、环保等要素考核。对各乡镇、街道办及县直、条管有招商任务单位专门下达主导产业招商任务，突出重点，精准招商。非主导产业项目原则上不入园，特殊项目须经“一事一议”方可入园。若引进非主导产业项目按同等投资规模主导产业项目的50%计分。

2. 服务项目建设。按照合同约定项目推进进度，加大对项目开工、投产时间节点考核，突出项目建设见效。涉及项目落户前期的证照办理，部门之间要高效、协同，项目推进的用工、水、电、天然气等要素相关单位要积极协调、快速落实。

3. 强化督查调度。落实“五环链接”机制，实行周报制、月通报、季排位、半年分析、年终总考评”工作机制，对乡镇、街道办及县直、条管A、B、C类单位每季度进行排位通报，每季排位第一的乡镇、街道办及县直、条管A、B类单位主要负责人在全县性大会上作进行典型发言，排位倒数第一的作表态发言，对连续两个季度排位倒数第一的单位由分管县领导对其主要负责人进行约谈。对连续三个季度排位倒数第一的单位由县纪委监委对其主要负责人进行诫勉谈话。

4. 严格项目认定

（1）项目分享说明。亿元以下项目不得分享，亿元以上项目分享不得超过2个单位。5亿元以上工业主导产业项目，若2个单位分享，项目形象好、进度快，计分是可视为每个单位引进一个亿元以上项目计分。重特大项目“一事一议”。

（2）“50 · 20”项目认定标准：通过省级部门认定即可。

（3）租赁项目认定标准。绿色照明项目引进主要针对LED、OLED产业和产业链配套项目，紧凑型节能灯产业及其他低端产业链项目原则上不引进，电子信息、大健康产业、新能源新材料、数字经济和其它科技创新类项目或高新技术企业项目为我县重点鼓励项目，可大力引进。租赁厂房项目分阶段考核计分，即前期固定资产实际投资和后期实际贡献分段计分考核。

（4）凡当年新引进在我县注册的电商企业后台交易额达2000万元以上的，可认定为1个3000万元主导产业项目。

（5）凡当年新引进现汇进资200万美元以上非工业项目可以认定为一个3000万元的工业项目；当年新引进的投资规模在认定标准以下，但当年实现自营出口达300万美元以上，可以认定为3000万元的项目。

（6）凡当年服务新增纳入消费升级限上企业，对服务单位给予适当奖分。

（7）凡当年现代服务业实体项目或达到一定贡献的现代服务业总部类项目可作为主导产业项目同等计分。

（8）投资规模5000万元以上且达到市认定标准的农旅融合项目可纳入考核。

（9）新购地及入驻中城新动能产业园项目要求。主导产业项目方可供地，要求容积率达1.0以上、投资强度达200万元/亩以上、达产后年税收贡献达5万元/亩；对入驻中城新动能产业园标准厂房项目年税收达10万元/千平方米。非主导产业项目原则上不供地，特殊项目供地须经“一事一议”。

（10）固定资产及贡献考核认定办法。项目规模以固定资产最终实际投资认定为准。固定资产实际投资根据企业提供的正规发票或结合审计部门审计确定，年税收或年产值自企业投产期满一年作为计算周期。

5. 严肃考核奖惩

（1）设立招商引资先进单位奖。根据全年招商引资工作考评结果，评选乡镇、街道办、县直及条管A、B、C类先进单位，奖励名额和标准按县当年开放型经济考评细则执行。若引资单位引进“50 · 20”项目并达到省级认定标准，则直接评定为招商引资先进单位奖。

（2）设立招商引资单项奖：安商服务先进单

位、利用外资先进单位、内贸流通优秀企业、外贸出口优秀企业、招商引资先进个人、安商服务先进个人。

（3）设立重特大项目贡献奖：对引进20亿元以上或世界500强、国内200强、民营100强或主板上市公司或央企、国企等大企业投资10亿元以上的重大项目，对引资单位或引荐人按照实际固定资产投资额一定比例给予重奖。

（4）凡荣获招商引资年度先进单位，对所属县管单位符合任职条件的有功人员，可作为提拔重用的主要依据；对招商年终考评不达标且分别位列乡镇和街道办、县直及条管A、B类招商单位、C类单位倒数第一名的，分别对所属单位主要负责人进行诫勉谈话。属条管单位的，向其上级主管部门通报。

（5）强化营商环境考核：将各招商单位及职能部门对落户企业的态度是否热情、申报是否及时、办事是否高效作为安商服务重要考核奖惩指标。

六、工作保障

1. 组织保障。全县招商引资工作情况由县工业和扩大开放推进组组织相关单位进行考核，并纳入年度经济目标管理考评，具体考评细则由县工业和扩大开放推进组另行制订。各乡镇、街道办及县直、条管A、B类单位明确一名专职信息员负责招商信息、项目材料报送，确保信息渠道畅通。

2. 经费保障。为进一步发挥产业招商新优势，从人员、经费上予以保障，县财政按每个产业产业链链长制年度经费不少于10万元标准纳入年度预算，从而保障专业招商队伍外出工作正常开展。

3. 纪律保障。为确保全县招商环境公平有序，严禁任何乡镇或县直单位在县级出台的产业发展扶持政策之外另行搞变通、自行以税收返还等更优惠政策吸引项目。对破坏招商引资秩序行为一经查实，除项目不予认定外，还要严肃追究相关领导责任。

附件：2020年招商任务单位

1. 乡镇类（19个）
2. 县直、条管A类（30个）
3. 县直、条管B类（8个）
4. C类单位帮扶企业安排表（37个）

附件

2020年招商任务单位

乡镇类	大洞乡	泉口镇	横路乡	鲁溪镇	官莲乡	宋溪镇	甫田乡	澧溪镇
	船滩镇	东林乡	上汤乡	清江乡	石渡乡	石门楼镇	罗溪乡	新宁镇
	罗坪镇	杨洲乡	街道办					
县直、条管A类	县委办	人大办	政府办	政协办	组织部	宣传部	统战部	
	民政局	发改委	扶贫办	财政局	农业农村局	水利局	教体局	
	市监局	商务局	人社局	审计局	交通局	自然资源局		
	工信局	应急管理局	住建局	城管局	林业局	退役军人事务局		
	卫健委	医疗保障局	文广新旅局	生态环境局				
县直、条管B类	总工会	税务局	工业园区	司法局				
	统计局	科技局	供销社	残　联				

中共武宁县委　武宁县人民政府

关于印发《武宁县贯彻〈新时代爱国主义教育实施纲要〉的若干措施》的通知

武发〔2020〕10 号

各乡镇党委、人民政府，工业园区、街道办，县委各部门、县直及条管各单位：

经县委、县政府研究同意，现将武宁县贯彻〈新时代爱国主义教育实施纲要〉的若干措施印发给你们，请认真遵照执行。

中共武宁县委　武宁县人民政府
2020 年 8 月 3 日

武宁县贯彻《新时代爱国主义教育实施纲要》的若干措施

为深入贯彻落实《中共中央、国务院关于印发〈新时代爱国主义教育实施纲要〉的通知》（中发〔2019〕45 号）和《中共江西省委、江西省人民政府关于印发〈江西省贯彻新时代爱国主义教育实施纲要的若干措施〉的通知》（赣发〔2020〕9 号）精神，大力加强新时代爱国主义教育，现结合我县实际，制定如下措施。

一、指导思想

以习近平新时代中国特色社会主义思想为指导，着眼培养担当民族复兴大任的时代新人，坚持把实现中华民族伟大复兴的中国梦作为鲜明主题，坚持爱党爱国爱社会主义相统一，坚持以维护祖国统一和民族团结为着力点，坚持以立为本、重在建设，坚持立足中国又面向世界，始终高扬爱国主义旗帜，着力培养爱国之情、砥砺强国之志、实践报国之行，使爱国主义成为全县人民的坚定信念、精神力量和自觉行动，为建设秀美富裕幸福的现代化山水武宁提供强大动力。

二、高扬精神旗帜，深刻把握新时代爱国主义教育丰富内涵

1. 坚持用习近平新时代中国特色社会主义思想武装教育全县人民。坚持把习近平新时代中国特色社会主义思想作为党委（党组）理论学习中心组学习主要内容，作为党校主课，教育引导全县党员、干部增强“四个意识”，坚定“四个自信”，做到“两个维护”。依托新时代文明实践中心，充分利用融媒体中心、“学习强国”学习平台，发挥专家宣讲团和百姓宣讲团的作用，通过专题学习、研讨交流、调研实践等形式，推动习近平新时代中国特色社会主义思想进企业、进农村、进机关、进校园、进社区、进网络，让党的创新理论“飞入寻常百姓家”。（责任单位：县委宣传部、县委办公室、县委组织部、县委党校、县教体局）

2. 深入开展中国特色社会主义和中国梦教育。高举中国特色社会主义伟大旗帜，广泛开展理想信念教育，开展主题党课、团课、队课，举办系列报告会、宣讲会，开展诵读“红色家书”等活动。深入开展中国梦教育，通过“中国梦·劳动美”“中国梦·我的梦”等主题教育实践活动，引导人们深刻认识中国梦是国家的梦、民族的梦、每个中国人的梦，争做新时代的奋斗者、追梦人。（责任单位：县委宣传部、县直机关工委、县教体局、县总工会、团县委、县妇联）

3. 广泛开展国情、县情和形势政策教育。紧密结合脱贫攻坚、乡村振兴等实践，举办“新时代的中国”国情教育系列讲座、社科大讲堂、脱贫攻坚成就展等，引导人们始终把握基本国情，在实现“两个一百年”奋斗目标、实现中华民族伟大复兴中国梦的新长征路上顽强拼搏、奋勇前进。组织编写县情教育读本，开展县情知识竞赛、主题征文、集中研讨、宣传宣讲等活动，不断激发武宁儿女热爱家乡建设家乡、热爱祖国建设祖国的巨大热情。落实领导干部、教学名师和社会各界知名人士到学校上思想政治理论课制度，培养担当民族复兴大任的时代新人。（责任单位：县委宣传部、县委办公室、县教体局、县扶贫办、县总工会、团县委）

4. 大力推进红色基因传承。培育和践行社会主义核心价值观，组织开展主题鲜明、形式多样的爱国主义、集体主义、社会主义教育，大力弘扬以爱国主义为核心的民族精神和以改革创新为核心的时代精神。加强全县红色文化资源保护利用整体规划，实施革命文物陈列展览精品工程、革命文物宣传传播工程等，实施传承红色基因教育培训计划。将党史、新中国史、改革开放史列入学习教育计划，引导人们深刻认识我们国家和民族从哪里来、

到哪里去，坚决反对历史虚无主义。大力宣传弘扬伟大创造精神、伟大奋斗精神、伟大团结精神、伟大梦想精神，生动展示武宁儿女在新时代的新实践、新业绩、新作为。（责任单位：县委宣传部、县委办公室、县委组织部、县委党校、县教体局、县文旅局、县总工会、团县委、县妇联）

5. 推进武宁优秀传统文化传承创新。深入挖掘打鼓歌、采茶戏等武宁优秀传统文化，大力实施武宁优秀传统文化保护与传承工程，扎实推进优秀传统文化创造性转化、创新性发展。积极组织开展优秀传统文化教育普及活动，引导人们树立和坚持正确的历史观、民族观、国家观、文化观。鼓励媒体打造弘扬武宁优秀传统文化的品牌栏目节目，加强优秀传统文化的全媒体传播，引导人们自觉延续文化基因，增强民族自尊心、自信心和自豪感。（责任单位：县委宣传部、县发改委、县教体局、县文旅局、县融媒体中心）

6. 拓展祖国统一教育和民族团结进步教育。广泛开展祖国统一教育和民族团结进步宣传教育活动，平等友好对待港澳台学生来我县就读，加强“一国两制”实践教育。培养选树宣传民族团结进步先进典型，打造民族团结进步教育示范基地，不断铸牢中华民族共同体意识。（责任单位：县委宣传部、县委统战部、县教体局）

7. 加强国家安全教育和国防教育。深入学习宣传习近平总书记关于总体国家安全观的重要论述，坚持举办“4·15”全民国家安全教育日活动，增强干部群众国家安全意识，自觉维护政治安全、国土安全、经济安全、社会安全、网络安全和外部安全。着力构建领导干部国防教育培训体系，开展国防教育基地创建活动，加大军事类革命纪念设施维修保护力度。广泛开展国防主题展览、文艺演出等国防教育活动，大力开展国防教育宣传，增强全民国防观念。把军事训练作为高中阶段学校学生的必修内容，不断提高学生综合国防素质。（责任单位：县委宣传部、县委办公室、县教体局、县人武部政工科）

三、聚焦重点群体，厚植武宁儿女爱国情怀

8. 加强青少年爱国主义教育实践。坚持从学校抓起、从娃娃抓起，把爱国主义教育有机融入到中小学各学科的教学和地方教材编写、考试评价全过程，纳入教育教学实践环节，推动爱国主义教育进课堂、进教材、进头脑。实施爱国主义教育课提质提效行动，支持和鼓励多种形式开发微课、微视频等教育资源和在线课程，开发体现爱国主义教育要求的音乐、美术、书法、舞蹈、戏剧作品等，进一步增强吸引力感染力。聚焦爱国主义教育主题，坚持办好“开学第一课”，以潜移默化的方式陶冶青少年爱国情怀。（责任单位：县委宣传部、县教体局、县文旅局、团县委）

9. 抓好学校思想政治理论课。各级各类学校要用好国家统编教材和《红色文化》等地方教材，开好思想政治理论必修课、增设选修课，引导学生把爱国情、强国志、报国行自觉融入实现中华民族伟大复兴的奋斗之中。推动思想政治理论课改革创新，不断增强思政教育的思想性、理论性和亲和力、针对性，给学生心灵埋下真善美的种子，引导学生扣好人生第一粒扣子。健全中小学思想政治理论课教师准入制度，实行不合格思想政治理论课教师退出机制。推动思想政治理论课实践教学与学生社会实践活动、志愿服务活动结合，形成协同推动思想政治理论课建设的合力。（责任单位：县委宣传部、县文明办、县教体局、县人社局、团县委）

10. 广泛组织开展主题教育实践活动。常态化开展“青春告白祖国”等爱国主义教育工作，把爱国主义教育融入主题班会、班队会以及各类主题教育活动之中，融入文明校园创建、校园文化活动，强化校训校歌校史的爱国主义教育功能。组织中小学生参观纪念馆、展览馆、博物馆、烈士纪念设施，参加军事训练、夏令营冬令营等，帮助学生更好地了解国情县情民情，强化责任担当。（责任单位：县委宣传部、县文明办、县教体局、县文旅局、县退役军人事务局）

11. 激发社会各界人士的爱国热情。深入开展“弘扬爱国奋斗精神、建功立业新时代”活动，引导非公有制经济人士和新的社会阶层人士，做爱国敬业的表率。深入开展职业精神职业道德教育，发挥行业和舆论监督作用，引导我县社会各界人士增强道德自律、履行社会责任。坚持我国宗教的中国化方向，倡导开展“国旗、宪法和法律法规、社会主义核心价值观、中华优秀传统文化进宗教场所”活动，积极引导宗教界人士和信教群众热爱祖国、拥护社会主义制度、拥护中国共产党的领导，遵守国家法律法规和方针政策。（责任单位：县委统战部、县总工会、县工商联）

四、丰富实践载体，打造武宁特色的爱国主义教育平台

12. 充分发挥爱国主义教育基地和国防教育基地功能。依托丰厚的红色文化资源，挖掘打造一批主题特色鲜明、功能设施配套、作用发挥明显的爱国主义教育基地和国防教育基地。实施爱国主义教育基地和国防教育基地展陈提升工程，利用数字化展示手段，融声音、图像、文字、视频、动画为一体，打造一批全县爱国主义教育基地网上展馆。实行爱国主义教育基地动态管理，完善落实免费开放政策和保障机制。依托军地资源，深入推进军民融合，建设一批特色鲜明、寓教于乐的国防教育基地。（责任单位：县委宣传部、县财政局、县教体局、县文旅局、县退役军人事务局、县人武部政工科）

13. 积极发挥仪式礼仪作用。组织开展国旗法、国徽法、国歌法学习宣传，规范国旗升挂、国徽使用和国歌奏唱等礼仪行为。在全县广泛开展“同升国旗、同唱国歌”活动，县电视台每天定时在主频道播放国歌。国庆期间，各级党政机关、人民团体、大型企事业单位、全县城乡社区和爱国主义教育基地等，要组织升国旗仪式并悬挂国旗。鼓励居民家庭在家门前适当位置悬挂国旗。认真组织实施宪法宣誓仪式、入党入团入队仪式、党员过“政治生日”等，强化国家意识和集体观念。（责任单位：县委组织部、县委统战部、县教体局、县总工会、团县委、县融媒体中心）

14. 组织开展重大纪念日、传统节日和现代节日的各项活动。在中国人民抗日战争胜利纪念日、烈士纪念日、南京大屠杀死难者国家公祭日、已故重要党史人物诞辰纪念日等期间，精心组织瞻仰纪念碑、祭扫烈士墓、走访慰问烈士遗属等活动。深入开展“我们的节日”主题活动，以春节、元宵、清明、端午、七夕、中秋和重阳为重点，组织开展具有武宁特色的民俗文化活动，引导人们特别是青少年感悟中华文化、增进家国情怀。结合元旦、国际妇女节、国际劳动节、青年节、国际儿童节和教师节等，开展各具特色的庆祝活动，激发人们的爱国主义和集体主义精神。办好杨梅节、高山辣椒节等乡村旅游节，助推全县乡村振兴发展。（责任单位：县委宣传部、县委办公室、县文明办、县教体局、县退役军人事务局、县文旅局、县总工会、团县委、县妇联、县人武部政工科）

15. 依托自然人文景观和重大工程开展教育。寓爱国主义教育于游览观光之中，推动全县文化和旅游融合发展，唱响“山水武宁”品牌，引导人们积极投身山水武宁建设。建立文物古迹、传统村落、民族村寨保护利用发展长效机制，举办全县非物质文化遗产宣传展示等活动，深入挖掘文化资源中蕴含的爱国主义内容。精心打造高品质红色旅游经典景区、精品线路、精彩活动，让游客在深度体验中接受爱国主义教育。实施“讲解词、讲解员”规范工程，定期举办讲解员、导游员培训班，坚持开展红色故事讲解员大赛和“五好”讲解员建设行动，坚持正确历史观和历史标准。（责任单位：县文旅局、县发改委、县教体局、县住建局）

五、加强正面引导，营造爱国报国的浓厚氛围

16. 构建立体宣传格局。充分利用报纸、电视、网络等主流媒体报道优势，加大正面宣传力度，使爱国主义宣传接地气、有生气、聚人气。充分依托县融媒体中心平台，讲好爱国主义故事，形成爱国主义宣传大合唱。加强公益宣传力度，制作刊播爱国主义优秀公益广告作品，在街头户外张贴悬挂展示标语口号、宣传挂图，生动形象做好爱国主义宣传，将正确舆论导向贯穿于全县爱国主义教育全过程。（责任单位：县委宣传部、县教体局、县融媒体中心）

17. 发挥先进典型示范引领作用。挖掘选树在脱贫攻坚、乡村振兴、生态文明等领域，以及应对重大突发事件和自然灾害中涌现出来的先进人物，组织时代楷模、道德模范、劳动模范和“最美人物”“新时代好少年”等评议评选，广泛开展向先进模范学习宣传活动，引导人们把敬仰和感动转化为干事创业、精忠报国的实际行动。建立健全先进模范人物褒扬和关爱机制，落实参观游览、医疗保健、公共交通、劳动就业等礼遇，营造崇尚英雄、学习英雄、捍卫英雄、关爱英雄的浓厚氛围。（责任单位：县委宣传部、县文明办、县教体局、县退役军人事务局、县总工会、团县委）

18. 实施文艺精品创作计划。聚焦“中国梦”时代主题，组织创作一批讴歌党、讴歌祖国、讴歌人民、讴歌劳动、讴歌英雄，具有武宁特色的文学、影视、戏剧、歌曲、图书等作品，引领广大文艺工作者为时代画像、为时代立传、为时代明德。广泛开展爱国歌曲大家唱、红色经典剧目展演、红色经典影视进万村等活动，唱响爱国主义正气歌。

把爱国主义作为文艺创作和评论评奖的鲜明导向。把爱国主义教育融入“书香武宁”全民阅读计划，广泛开展爱国主义教育读书和主题征文活动。加大农家书屋、职工书屋、社区书屋爱国主义图书供给配送力度,打造身边的爱国主义书屋。（责任单位：县委宣传部、县文旅局、县文联、县融媒体中心）

19. 建设网络爱国主义教育阵地。发挥“互联网+”作用，大力推介饱含爱国主义热忱的网络文章、动漫、纪录片、微电影等，让爱国主义充盈网络空间。运用互联网传播平台，创新传播载体手段，发挥网络代表人士作用，坚持开展新时代爱国主义网上主题宣传活动。依托新时代文明实践中心，用好“学习强国”学习平台，大力推进线上线下联动、小屏大屏联通，不断增强网络爱国主义教育实效。加强网上舆论引导，依法依规进行综合治理，营造风清气正的网络空间。（责任单位：县委宣传部、县文明办、县融媒体中心）

20. 强化制度和法治保障。广泛开展宪法、英雄烈士保护法、文物保护法、网络安全法等宣传教育活动，使普法过程成为爱国主义教育过程。在市民公约、村规民约、学生守则、行业规范、团体章程中充分体现弘扬爱国主义精神。综合运用行政、法律等手段，对不尊重国歌国旗国徽等国家象征与标志，对网络诽谤、政治谣言和侵害英雄烈士姓名、肖像、名誉、荣誉等行为，对破坏污损爱国主义教育场所设施，对宣扬、美化侵略战争和侵略行为等，依法依规进行严肃处理。依法严惩暴力恐怖、民族分裂等危害国家安全和社会稳定的犯罪行为。（责任单位：县委宣传部、县委政法委、县法院、县检察院、县公安局、县民政局、县司法局）

六、强化组织领导，形成爱国主义教育的强大合力

21. 切实履行主体责任。各级党委和政府要把爱国主义教育摆上重要日程，加强统筹谋划，加强阵地建设，抓好各项任务落实。建立健全党委统一领导、党政齐抓共管、宣传部门统筹协调、有关部门各负其责的工作格局。建立爱国主义教育联席会议制度，及时研究解决工作中的重要事项和存在问题。广大党员干部要不忘初心、牢记使命，以身作则、率先垂范，做爱国主义的坚定弘扬者和实践者，同违背爱国主义的言行作坚决斗争。（责任单位：县委宣传部、县委办公室、县政府办公室）

22. 坚持依靠人民群众。发挥群团组织的优势作用，面向所联系的领域和群体，有针对性地广泛开展爱国主义教育。组织动员老干部、老战士、老专家、老教师、老模范等到广大群众特别是青少年中开展爱国主义教育。把爱国主义教育融入到新时代文明实践、精神文明创建之中，使爱国主义成为武宁儿女的坚定信念、精神力量和自觉行动。（责任单位：县委宣传部、县文明办、县委统战部、县总工会、团县委、县妇联、县关工办）

23. 务求实效注重长效。各地各部门要高度重视爱国主义教育工作，压实工作责任，确保各项任务落到实处。将爱国主义教育纳入意识形态工作责任制，纳入文明城市、文明村镇、文明单位、文明家庭、文明校园考评范畴。完善常态化、长效化机制，建立爱国主义教育评价体系，把加强爱国主义教育抓在经常、融入日常，坚决反对形式主义、官僚主义。各级财政要加大对爱国主义教育工作的经费支持。（责任单位：县委宣传部、县文明办、县纪委监委、县财政局）

中共武宁县委　武宁县人民政府
关于印发《武宁县新时代公民道德建设实施方案》的通知

武发〔2020〕11号

各乡镇党委、人民政府，工业园区、街道办，县委各部门、县直及条管各单位：

经县委、县政府研究同意，现将《武宁县新时代公民道德建设实施方案》印发给你们，请认真遵照执行。

中共武宁县委　武宁县人民政府

2020年8月3日

武宁县新时代公民道德建设实施方案

为深入贯彻落实《中共中央、国务院关于印发〈新时代公民道德建设实施纲要〉的通知》（中发〔2019〕41号）和《中共江西省委、江西省人民政府关于印发〈江西省新时代公民道德建设实施方案〉的通知》（赣发〔2020〕10号），进一步加强我县新时代公民道德建设，现结合实际，制定如下实施方案。

一、总体要求

深入学习贯彻习近平新时代中国特色社会主义思想，坚持马克思主义道德观、社会主义道德观，坚持以社会主义核心价值观为引领，坚持在继承传统中创新发展，坚持提升道德认知与推动道德实践相结合，坚持发挥社会主义法治的促进和保障作用，坚持积极倡导与有效治理并举，着眼培养和造就担当民族复兴大任的时代新人，全面加强社会公德、职业道德、家庭美德、个人品德建设，不断提升公民道德素质，为建设秀美富裕幸福的现代化山水武宁提供精神力量和道德滋养。

二、重点任务

1. 深化理想信念教育。深入学习贯彻习近平新时代中国特色社会主义思想，增强“四个意识”、坚定“四个自信”、做到“两个维护”。深化社会主义和共产主义宣传教育，深化中国特色社会主义和中国梦宣传教育，常态化开展理想信念教育，引导广大干部群众把共产主义远大理想与中国特色社会主义共同理想统一起来，把实现个人理想融入实现国家富强、民族振兴、人民幸福的伟大梦想之中。（责任单位：县委宣传部、县委办公室、县委组织部）

2. 培育和践行社会主义核心价值观。广泛运用新闻媒体宣传、基层百姓宣讲、网上议题互动、公益广告刊播等多种形式，推动社会主义核心价值观入脑入心入行。把社会主义核心价值观融入思想道德教育、文化知识教育、社会实践教育各环节，贯穿于基础教育、职业教育、继续教育、社区教育各领域，引导人们把社会主义核心价值观作为明德修身、立德树人的根本遵循。以深化群众性精神文明创建活动为抓手，把社会主义核心价值观渗透到人们日常生产生活和工作学习当中，成为人们日用而不觉的道德规范和行为准则。进一步把社会主义核心价值观融入法治武宁建设，融入科学立法、严格执法、公正司法、全民守法各环节，以法治体现道德理念。（责任单位：县委宣传部、县文明办、县法院、县检察院、县教体局、县公安局、县司法局、县财政局）

3. 大力弘扬民族精神和时代精神。深化党史、新中国史、改革开放史教育，大力弘扬中国人民伟大创造精神、伟大奋斗精神、伟大团结精神、伟大梦想精神，构筑中华民族共有精神家园。深入宣传阐释井冈山精神、苏区精神和长征精神，传承红色基因，赓续精神谱系。广泛开展“读经典、诵经典、传经典”等文化教育活动，倡导“幸福源自奋斗”“成功在于奉献”“平凡孕育伟大”的理念，弘扬改革开放精神、劳动精神、劳模精神、工匠精神、优秀企业家精神、科学家精神，使全县人民保持昂扬向上、奋发有为的精神状态。（责任单位：县委宣传部、县直机关工委、县委办公室、县教体局、县文旅局、县总工会）

三、强化道德教育引导

1. 落实立德树人根本任务。坚持育人为本、德育为先，把思想品德修养作为学生核心素养纳入学业质量标准与评价，构建德智体美劳全面培养的教育体系。推动公民道德教育进教材、进课堂、进头脑。办好思想政治理论课，配齐建强思想政治理论课教师和辅导员队伍，建立完善教学名师上思想政治理论课的制度和机制。广泛开展社会实践活动，引导学生热爱劳动、尊重劳动。建立师德师风信用体系，推行师德考核负面清单制度。建设优良校风，广泛开展校风校训主题教育活动，营造有利于学生修德立身的良好氛围。（责任单位：县文明办、县教体局、县人社局、团县委）

2. 加强家庭家教家风建设。大力弘扬中华民族传统家庭美德，广泛开展文明家庭评选、“文明信用户”创建、寻找“最美家庭”等系列活动。深入挖掘“红色家风”，广泛开展“传家训、亮家训、评家训”系列活动，引导广大家庭重言传、重身教，自觉传承中华美德。党员干部要带好头、作表率，廉洁修身、廉洁齐家，做家庭美德和家庭文明的践行者、示范者。（责任单位：县委宣传部、县文明办、县教体局、县妇联）

3. 注重先进典型的示范引领。精心组织时代楷模、道德模范、劳动模范和“最美人物”“身边好人”“新时代好少年”等评选评议，广泛宣传典型人物的先进事迹和突出贡献。唱响“武宁好人文化”品牌，深入开展“武宁好人故事会”进新时代文明实践站（所）活动，用真人、真事讲述道德故事，弘扬真善美。建立健全先进模范关爱褒扬帮扶机制，维护先进人物和英雄模范的荣誉和形象，落实参观游览、医疗保健、公共交通、劳动就业等礼遇，形成德者有得、好人好报的价值导向。（责任单位：县委宣传部、县文明办、县教体局、县总工会）

4. 积极发挥舆论引导作用。充分发挥舆论成风化人、敦风化俗的重要作用，新闻宣传要把握正确政治方向、舆论导向、价值取向和道德要求。关注道德领域热点问题，全媒体打造品牌节目栏目，对违反社会道德、背离公序良俗的言行和现象，及时进行批评、驳斥，营造良好舆论环境。加强新闻单位和新闻从业人员管理，加强道德修养、强化道德自律，自觉履行社会责任。（责任单位：县委宣传部、县融媒体中心）

5. 以优秀文艺作品传递道德正能量。坚持以人民为中心的创作导向，努力推出一批讴歌党、讴歌祖国、讴歌人民、讴歌英雄的精品力作，弘扬崇高的道德理想和道德追求。广泛开展送欢乐下基层、“红色文艺轻骑兵”慰问演出、文化进万家等系列主题文艺实践活动。把社会主义道德作为文艺评论、评介、评奖的重要标准，全县文艺工作者要把崇德尚艺作为一生的功课，努力追求真才学、好德行、高品位，做到德艺双馨。（责任单位：县委宣传部、县文旅局、县文联）

6. 加强道德教育阵地建设。充分发挥新时代文明实践中心、融媒体中心、“学习强国”学习平台协调联动作用，广泛开展中国特色社会主义文化、社会主义思想道德学习教育实践活动。加强全县各级爱国主义教育基地和革命纪念设施建设保护利用。依托图书馆、文化馆、博物馆和村史馆、文化礼堂等公共文化设施，有针对性地开展道德教育实践活动。用好公益广告、宣传栏、显示屏、广告牌等宣传媒介，营造明德守礼的浓厚社会氛围。（责任单位：县委宣传部、县文明办、县文旅局、县退役军人事务局、县融媒体中心）

7. 突出抓好重点群体的道德引导。把思想道德建设纳入全县党员干部教育培训的重点内容，在道德建设中作出表率。完善家庭、学校、政府、社会相结合的思想道德教育体系，构建全社会关心、帮助、支持青少年成长发展的良好格局。发挥我县各行各业先进人才的示范引领作用，引导文化界、体育界、教育界、科技界人士以及企业家等承担社会责任，加强道德修养，注重道德自律。（责任单位：县委宣传部、县委组织部、县教体局、县科技局、县文旅局、县文联、县工商联）

四、注重道德实践养成

1. 实施弘扬时代新风行动。广泛开展文明交通公益活动，让文明出行的意识深入人心。深入开展“文明餐桌行动”，积极推广文明餐桌礼仪和文明用语，倡导“分餐制”“公勺制”“双筷制”，推动形成节约适度、健康卫生的生活方式。开展“乱扔垃圾”“随地吐痰”“不守秩序乱插队”等不文明行为整治活动。推广“文明旅游信用制”，倡导文明旅游。（责任单位：县文明办、县城管局、县交管大队、县文旅局、县卫健委、县市监局）

2. 深化群众性精神文明创建活动。全面推进文明城市创建工作，全面提高市民素质和社会文明程度。深化文明村镇创建，传播文明理念、涵育文明乡风。推动文明单位创建工作常态化、科学化，扎实推进结对帮建、联动创建工作。把家庭文明建设作为一项长期任务抓实抓好，聚焦涵育家庭美德，弘扬优良家风。深化文明校园创建，培养德智体美劳全面发展的社会主义建设者和接班人。（责任单位：县文明办、县教体局、县民政局、县农业农村局）

3. 完善诚信建设长效机制。继承发扬中华民族重信守诺的传统美德，推进个人诚信、政务诚信、商务诚信、科研诚信、社会诚信和司法公信建设，构建覆盖全县的征信体系。完善诚信教育体系，将诚信教育作为学生思想道德建设的重要内容融入学校教育。发布“诚信红黑榜”，办好“法媒银·失信被执行人曝光台”，健全守信联合激励和失信联合惩戒机制。广泛开展“诚信建设万里行”“诚信兴商宣传月”“诚信之星”评选等活动，增强诚信意识、树立诚信观念。（责任单位：县委宣传部、县文明办、县法院、县发改委、县教体局、县科技局、县民政局、县司法局、县商务局、县市监局、县融媒体中心、人行武宁支行）

4. 推进学雷锋志愿服务常态化。广泛开展“学雷锋月”“国际志愿者日”宣传教育活动，每年命名一批学雷锋活动示范点和岗位学雷锋标兵、树立一批学雷锋志愿服务“四个100”先进典型，大力弘扬雷锋精神和奉献、友爱、互助、进步的志愿精神。推动志愿服务进社区、进农村、进企业、进医院、进商场、进景区、进网络。做强武宁县志愿服务联合会，建立志愿者激励、回馈制度，使“我为人人、人人为我”蔚然成风。（责任单位：县委宣传部、县文明办、县民政局、团县委）

5. 深化移风易俗行动。围绕实施乡村振兴战略，抓好“推动移风易俗、促进乡风文明”行动。充分发挥村规民约、村民理事会、红白理事会等作用，大力抓好乡村环境综合整治、殡葬改革、禁赌禁毒等工作，倡导现代文明新风。反对封建迷信活动，抵制腐朽落后文化，防范极端宗教思想、非法宗教势力和各类邪教渗透。全面实施农村“法律明白人”培养工程，着力提高农民法治素养。开展“道德红黑榜”评议活动，在农村形成讲文明、做好事、树新风、促和谐的良好道德风尚。（责任单位：县委宣传部、县文明办、县委统战部、县民政局、县司法局、县农业农村局、县文旅局）

6. 注重礼仪礼节教化作用。规范开展升国旗、奏唱国歌、入党入团入队等仪式，增强人们对党和国家、对组织集体的认同感和归属感。在中国人民抗日战争胜利纪念日、烈士纪念日、南京大屠杀死难者国家公祭日、已故重要党史人物诞辰纪念日期间，精心组织瞻仰纪念碑、祭扫烈士墓等，激发爱国热情、凝聚奋进力量。在元旦、“三八”国际妇女节、“五一”国际劳动节、“五四”青年节、“六一”国际儿童节，开展道德教育主题实践活动。深入开展“我们的节日”主题活动，弘扬中华民族传统的文明新风。（责任单位：县委宣传部、县文明办、县教体局、县文旅局、县退役军人事务局）

五、推进网络道德建设

1. 弘扬网络道德主旋律。深入实施网络内容建设工程，发展积极向上的网络文化，让科学理论、正确舆论、优秀文化充盈网络空间。加强对网上热点话题和突发事件的正确引导、有效引导，让正确道德取向成为网络空间的主流。（责任单位：县委宣传部、县公安局、县文旅局、县融媒体中心）

2. 丰富网上道德实践。拓展“互联网＋公益”“互联网＋慈善”模式，推出一批扶贫攻坚、教育助学、养老助残等网络公益项目，使更多人参与公益。县内重点新闻网站和主要商业网站要在首页显著位置持续呈现公益广告，弘扬网络公益文化。加强网络公益规范化运行和管理，促进网络公益健康有序发展。（责任单位：县委宣传部、县政府信息办、县扶移办、县教体局、县残联）

3. 营造良好网络道德环境。建立健全网络综合治理体系，坚持依法治网管网，加强互联网领域执法，加强网络社交平台、各类公共账号等管理，维护网络道德秩序。开展治网专项行动，清理网络欺诈、造谣、诽谤、谩骂、歧视、色情、低俗等内容，反对网络暴力行为，依法惩治网络违法犯罪，促进网络空间日益清朗。倡导文明办网、文明上网，引导广大网民远离不良网站，防止网络沉迷，共同营造健康网络环境。（责任单位：县委宣传部、县公安局）

六、完善法律制度保障

1. 强化制度建设。推动出台社会诚信、见义勇为、志愿服务、生态保护等方面的文件规章。邀请法官、检察官、行政执法人员、律师等，通过在线访谈、新闻发布、编写读本等方式，阐释道德领域典型指导性司法案例，让人们从中感受到公平正义。加大法治宣传教育力度，广泛开展群众性法治文化活动，打造一批法治文化阵地，引导人们增强法治意识。（责任单位：县委宣传部、县文明办、县委政法委、县法院、县检察院、县公安局、县司法局）

2. 增强社会规范的引导约束。各地各行业结合实际，组织修订完善市民公约、村规民约、学生守则、行业规范、职业规则、团体章程等。开展规范守则教育实践活动，指导各类群众性组织建立健全以自律规约、信息公开、诚信服务、规范化建设为内容的自律与诚信工作体系，推动落实各项社会规范，共建共享与新时代相匹配的社会文明。（责任单位：县文明办、县教体局、县民政局、县总工会）

3. 加强道德领域突出问题专项治理。运用党纪、政纪、经济、法律、技术、行政和社会管理、舆论监督等各种手段，有力惩治失德败德、突破道德底线的行为。深入开展专项整治行动，着力解决诚信缺失、公德失范问题，让败德违法者受到惩戒、付出代价。（责任单位：县文明办、县纪委监委、县法院、县发改委、县公安局、县司法局、县市场监管局）

七、切实加强组织领导

1. 完善工作机制。各级党委和政府要加强统一领导，把公民道德建设摆上重要议事日程，纳入全局工作谋划推进，有机融入经济社会发展各方面。纪检监察机关和组织、统战、政法、宣传、经济、教育、科技、卫生健康、交通运输、民政、文化和旅游、民族宗教、农业农村、自然资源、生态环境等党政部门，工会、共青团、妇联等群团组织和工商联要加强协同配合，共同推动公民道德建设。

2. 加强督促指导。县文明委和县委宣传部要加强督促指导，将公民道德建设作为群众性精神文明创建的重要任务，纳入意识形态工作责任制考核，推动工作落实。将社会公德、职业道德、家庭美德和个人品德建设贯穿于群众性精神文明创建活动全过程。及时总结推广成功经验，推动形成公民道德建设蓬勃开展、深入发展的良好局面。

武宁县人民政府
关于印发《积极应对疫情支持企业发展稳定经济增长30条政策措施》的通知

武府发〔2020〕1号

各乡镇人民政府，工业园区管委会，豫宁街道办，县政府各部门及直属机构：

《关于积极应对疫情支持企业发展稳定经济增长30条政策措施》已经县政府研究同意，现印发给你们，请认真抓好落实。

2020年2月13日

关于积极应对疫情支持企业发展稳定经济增长30条政策措施

为深入贯彻落实习近平总书记关于坚决打赢疫情防控阻击战的重要指示精神，全面落实党中央、国务院和省委、省政府以及市委、市政府关于积极应对疫情、稳定经济增长的决策部署，全力防控疫情，支持企业稳定生产经营，促进全县经济社会稳定健康发展，在认真执行省政府《关于有效应对疫情稳定经济增长20条政策措施》和市政府《关于积极应对疫情支持企业发展稳定经济增长26条政策措施》的基础上，进一步强化举措、加大力度，特制定我县30条政策措施。

一、服务实体经济发展

1. 帮助企业复工复产。按照《九江市人民政府办公室关于有序组织全市工业企业复工复产的通知》（九府办字〔2020〕7号）文件精神，有序组织全县重点企业复工复产，着力协调解决用工、资金、运输等方面实际困难，确保企业在疫情防控达标前提下正常生产。（县工信局、工业园区牵头，县发改委、县人社局、县交通运输局、各乡镇、街道办等按职责分工负责）

2. 支持企业扩能改造。将疫情防控重点物资生产企业和受疫情影响的重点企业扩能改造项目优先纳入市级传统产业升级试点或市级企业技术改造项目给予支持。对扩大疫情防控重点物资产能的企业，经主管部门同意后，可先扩产再补办相关审批手续。（县工信局牵头，县发改委、县工业园区等按职责分工负责）

3. 保障生产要素供给。供水、供电、供气等公用事业服务单位要与疫情防控相关企业建立“一对一”对接制度，全力保障企业生产需求；对于疫情防控物资和生活必需品生产类、服务类企业以及受疫情影响的市民，要保障水、电、气的供应。（县发改委牵头，县市场监管局、县住建局配合，县自来水公司、县供电公司、县港华燃气公司等组织实施）

4. 自营出口企业奖励支持。2020年，凡我县自营出口企业，出口总量在2019年的基础上奖励标准提高一倍，增量在上年度的基础上提高50%。（县商务局牵头，县工业园区、县工信局配合）

5. 发挥国有企业中坚作用。对已与国有企业签订合同的中小企业，确因疫情影响，无法按时履行合同义务的，可以适当延长合同履行期限；国有企业要严格贯彻落实中央、省、市、县关于清理中小企业、民营企业账款工作要求，按照合同约定按时足额支付相关款项。（县财政局、县工信局牵头，县工业园区配合）

二、减轻企业负担

6. 减免企业房租。对承租国有资产类生产经营用房的企业或个体工商户（含创业园、孵化器、创业基地等载体），免收3个月租金；对减免小微企业租金的创业园、孵化器、创业基地等各类载体，在申报国家、省、市级项目和安排县级项目时予以优先支持；对租用其他经营用房的，鼓励业主（房东）为租户减免租金，对业主（房东）主动为租户减免的租金部分免征房产税。（县财政局、县税务局牵头，县工信局、县科技局、县商务局、县发改委、县人社局、县工业园区等按职责分工负责）

7. 实施税费优惠。自2020年1月1日起至国家规定截至日期，对疫情防控重点保障物资生产企业为扩大产能新购置的相关设备，允许一次性计入当期成本费用在企业所得税税前扣除；疫情防控重点保障物资生产企业可以按月向主管税务机关申请全额退还增值税增量留抵税额（指与2019年12月底相比新增加的期末留抵税额）；对纳税人运输疫情防控重点保障物资取得的收入，免征增值税。对疫情防控物资生产企业，根据企业实际需求保证发票供应，不受原发票核定量的限制。（县税务局、县财政局牵头，县工业园区配合）

8. 落实减税降费政策。进一步加大落实深化增值税改革、降低社会保险费率等减税降费政策的力度，落实落细全力支持小微企业发展、重点群体创业就业的各项政策措施，积极落实支持创新驱动、文化产业、生活服务业发展各项税费优惠政策，进一步提速出口企业的出口退税进度，为促进经济发展提供坚强支撑。（县税务局、县财政局牵头，县工业园区配合）

9. 拓宽减税降费渠道。受疫情影响较大的交通运输、餐饮、住宿、旅游（指旅行社及相关服务、游览景区管理两类）四大类困难行业企业，2020年度发生的亏损，最长结转年限由5年延长至8年。对受疫情影响较大的批发零售、住宿餐饮、物流运输、文化旅游等行业企业和未能及时充分复工的工业企业，及时辅导落实好小微企业普惠性减税等政策，帮助企业早日复工复产。对复工复产企业特别是小微企业，通过12366、电子税务局、主管税务机关等多种渠道，及时跟进收集其办税缴费的困难和问题，积极研究、分类处理，最大限度给予帮扶。企业因疫情导致发生重大经济损失，正常生产经营活动受到重大影响，缴纳房产税、城镇土地使用税确有困难的，可申请房产税、城镇土地使用税困难减免；发生的资产损失可依法在计算企业所得税应纳税所得额时申报扣除。规范进户执法，全面落实“双随机一公开”的监管机制，坚持“无风险不检查、无审批不进户、无违法不停票”的原则。（县税务局、县财政局牵头）

10. 降低企业用电成本。在疫情防控期间，采取支持性两部制电价政策，降低企业用电成本，支持企业共渡难关；对办理减容、暂停、减容恢复、暂停恢复的电力客户，不受“暂停用电不得小于15天”限制，按实际暂停天数免收基本电费；对因疫情防控需要新建、扩建医疗场所，免收高可靠性供电费；对电力客户办理基本电费计收方式变更、暂停、减容及其恢复等业务，实行“当日受理、次日办结”。（县发改委、县供电公司牵头，各乡镇、工业园区、街道办等按职责分工负责）

11. 给予保供稳价补贴。在疫情防控期间，对政府指定的在生活必需品保供稳价工作中主动让利的重点企业和商户，根据其规模大小，给予不超过50万元的一次性补助，并在项目安排等扶持政策上给予倾斜。（县财政局、县商务局、县发改委牵头，县市场监督管理局、县工业园区等按职责分工负责）

12. 稳定价格秩序。严格价格监管，稳定原材料价格，从严从快查处借疫情防控之机囤积居奇、捏造散布涨价信息、哄抬物价等扰乱市场价格秩序的违法行为。（县市场监督管理局牵头，县商务局、县发改委、县工信局等按职责分工负责）

13. 完善企业信用修复机制。企业因受疫情不可抗力因素影响，而发生的信用失信记录，不推送至信用江西（九江）。（县发改委牵头，县工信局、县市场监督管理局按职责分工负责）

三、加大对企业的金融扶持

14. 实施企业贷款财政贴息。对2020年新增的我县疫情防控重点保障企业专项再贷款，在中央财政贴息50%、省财政贴息25%的基础上，由受益财政再给予25%的贴息支持，贴息期限不超过1年。（县财政局牵头，县工信局、人民银行武宁县支行、县工业园区等按职责分工负责）

15. 强化企业信贷支持。各银行机构要建立疫情防控项目信贷审批绿色通道，对疫情防控重点企业优先受理、优先尽责、优先审批、优先发放审核；对疫情防控相关领域的重点企业新增贷款在原有贷款利率水平上下浮10%以上。对受疫情影响较大的批发零售、住宿餐饮、物流运输、文化旅游等行业领域，金融机构不得盲目抽贷、断贷、压贷；对受疫情影响暂时失去收入来源的企业，依调整后的还款安排，报送信用记录，免于信用惩戒。（武宁银保监组、人民银行武宁县支行、县金融办牵头，县工信局、各乡镇、工业园区、街道办等按职责分工负责）

16. 降低企业融资成本。金融机构适当压降成本费率，降低质押要求，增加信用贷款和中长期贷款额度，确保企业信贷余额不低于2019年同期、融资成本不高于2019年同期，力争全县普惠型小微企业贷款综合成本在2019年基础上再降0.5个百分点。（人民银行武宁县支行、武宁银保监组、

县金融办牵头，县工信局、县发改委、各乡镇、工业园区、街道办等按职责分工负责）

17. 发挥地方金融机构作用。积极引导企业通过江西省小微客户融资服务平台、一站式金融综合服务平台申请贷款。加大对“三农”领域信贷投放力度，确保菜篮子、米袋子等生活必需品保供稳价。（人民银行武宁县支行牵头，县金融办、武宁银保监组、县财政局、各乡镇、工业园区、街道办等按职责分工负责）

18. 加强基础金融服务保障。各银行机构应结合实际，及时对行内业务规则进行调整，放开各种与抗击疫情有关资金汇划业务的限制，适当增加每日汇划次数与金额限额，妥善处置应对突发状况。要充分运用电子化手段，减少纸质票证传递，在电子印鉴与预留印鉴一致的情况下，停止集中支付代理行传递纸质凭证办理清算业务。疫情防控期间，各银行机构对抗击疫情急需开立核准类账户的，可立即办理，待疫情稳定后再向人民银行武宁县支行报备并领取开户许可证；企业银行账户事后核查工作通过互联网加密方式传送办理。强化外汇服务对接。对受疫情影响较大的行业和企业，相关银行机构要通过“一企一策”提供外汇服务对接。（人民银行武宁县支行、武宁银保监组负责）

19. 设立专项倒贷基金。县本级安排3000万元，设立“疫情专项倒贷资金池”，对疫情防控相关企业进行倒贷业务支持，资金费率减半收取。（县财政局牵头，县金融办、人民银行武宁县支行、武宁银保监组、县各合作银行、县工业园区等按职责分工负责）

20. 提供专项担保服务。对从事疫情防控所需物资的科研、生产、购销及专用设施建设的企业的融资担保需求，适当降低担保条件，简化办理流程；对受疫情影响行业新发生的融资担保业务收取的年担保费率不超过1%，免收客户保证金，取消反担保要求。（县金融办、县财政局牵头，人民银行武宁县支行、武宁银保监组等按职责分工负责）

21. 发挥保险保障功能。各保险机构开通疫情理赔绿色通道，提供24小时报案受理服务，简化理赔手续；对确诊为新型冠状病毒感染的肺炎并与承保信息吻合的客户要优先理赔、主动预付、适当扩大责任范围，做到应赔尽赔、能赔快赔。（武宁银保监组牵头，各乡镇、工业园区、街道办等按职责分工负责）

四、积极推进项目建设

22. 实行项目审批网上办理。通过投资项目在线审批监管平台进行网上收件、网上审批、网上出件，项目单位应对提供的电子材料真实性负责。如确需现场办理的紧急或特殊事项，可事先预约，再视情到现场办理相关业务。对疫情防控相关的建设项目，原则上不组织专家评审，确需要评审的项目，尽量通过视频会议进行。（县发改委、县行政服务中心牵头，县工信局、县住建局、县自然资源局、县生态环境局、县交通运输局、县水利局、县应急管理局、县气象局、县人社局、各乡镇、工业园区、街道办等按职责分工负责）

23. 加快重大项目建设。坚持疫情防控和项目建设两手抓，充分利用智慧网络的现代手段，积极推广不见面招商。制定出台《武宁县“50·20”项目百日攻坚行动方案》，结合《关于对招商引资“三高”企业实行“一企一策”扶持推进的意见》，严格落实“项目建设提速年”活动方案，进一步强化项目建设“五个一”推进机制，确保完成重大项目建设目标任务。（县商务局、县发改委牵头，各项目责任单位、各乡镇、工业园区、街道办等按职责分工负责）

24. 抓好重大项目保障。将省、市重大项目建设管理、施工人员疫情防控、生活物资保障等工作按照属地原则纳入地方保供范围；对项目建设中确因受疫情影响或疫情防控工作需要不能按时履行合同的，允许合理延后合同执行期限，不作违约处理。（县工信局、县发改委、县住建局牵头，县卫健委、县商务局、县自然资源局、县城市管理局、各招商引资任务单位等按职责分工负责）

五、加大稳岗用工保障力度

25. 缓缴社会保险费。对受疫情影响的企业，未能按时办理社会保险费业务的，可延长至疫情解除后补办，相关补办手续在疫情解除后三个月内完成，逾期缴纳期间，免收滞纳金，不影响个人权益；对面临生产经营困难、确实无力足额缴纳社会保险费的中小企业，按规定确认为困难企业的，可延缓6个月缴纳养老保险、失业保险、工伤保险和医疗保险费，缓缴期间免收滞纳金，缓缴期满后，企业足额补缴缓缴的，不影响参保人员个人权益。（县人社局、县医保局牵头，县财政局、各乡镇、工业园区、街道办等按职责分工负责）

26. 延长业务办理期限。失业人员失业保险金申领时限由原来收到用人单位解除或终止劳动关系之日起60日内申请，延长至省重大突发公共卫生事件一级响应解除之后3个月内申请；职业资格证书或职业技能等级证书在疫情期间到期的，有效期延长至省重大突发公共卫生事件一级响应解除之后3个月内。（县人社局牵头，各乡镇、工业园区、街道办等按职责分工负责）

27. 鼓励稳岗就业。在利用好现有企业招工渠道的基础上，动员社会力量为企业送工。对成功输送县外劳动力到园区企业稳定就业的劳务中介机构，由受益财政（或招工单位）给予500元/人的就业服务补贴；当年新招建档立卡贫困劳动力，由受益财政（或招工单位）给予700元/人就业服务补贴；鼓励职业（技工）院校为园区企业定向培养技能人才，按规定给予院校每学年1000元/人的补贴。（县人社局牵头，县财政局、县工信局、县教体局、县人才办配合，各乡镇、工业园区、街道办等按职责分工负责）

28. 开展线上培训。鼓励有条件的职业院校和培训机构开展线上技能提升培训，对完成线上培训学习课程、取得相应学分的培训人员，在疫情解除后一年内，优先安排参加线下实地培训。支持企业开展职业技能培训，所需资金由职业技能培训专项资金予以解决。对受疫情影响暂时失去收入来源的个人和小微企业，各有关部门要在其申请创业担保贷款时优先给予支持。（县人社局牵头，县财政局、各乡镇、工业园区、街道办等按职责分工负责）

29. 支持企业招聘。鼓励企业自主开展线上招聘，吸引返乡人员就地就近就业。由受益财政为符合条件的园区企业发放3000—5000元/年的招工宣传补贴；当年新招县外员工，由招工单位给予500元/人的招工补贴；当年新招建档立卡贫困劳动力，由招工单位给予700元/人招工补贴；企业当年新招录毕业5年内高校毕业生，给予硕士1500元/月、本科1000元/月的就业生活补贴。（县人社局牵头，县财政局、县工信局、县教体局、各乡镇、工业园区、街道办等按职责分工负责）

30. 支持互联网＋教育发展

通过购买服务，支持广电网络、中国电信、中国移动、中国联通等通讯企业发展，发挥其网络链路和技术优势，为在线教育提供高速、快捷、稳定、安全的云服务环境。支持国内互联网企业参与线上教育教学资源网络平台建设。（县教体局牵头，各乡镇、工业园区、街道办按职责分工负责）

请各相关单位在本政策发布后3个工作日内制定政策兑现细则和流程，通过政府门户网站、微信公众号等方式公开联系人和联系电话，方便企业和群众进行政策咨询。本政策执行期为发布之日起3个月。中央、省、市出台相关支持政策，武宁县遵照执行。

武宁县人民政府
关于印发《武宁县科技创新奖励办法》的通知

武府字〔2020〕37号

各乡镇人民政府，工业园区管委会，豫宁街道办，县政府有关部门及直属机构：

经县政府同意，现将新修订的《武宁县科技创新奖励办法》印发给你们，请遵照执行。

2020年12月2日

武宁县科技创新奖励办法

第一章　总　则

第一条　为了加快实施创新驱动发展战略，大力推进“大众创业，万众创新”重大决策部署，鼓励和促进县内企业、单位和个人积极开展科技创新活动，不断增强县域经济的科技支撑力和创新驱动力，依照上级有关政策和要求，结合我县实际，制定本办法。

第二条　县政府每年设立武宁县科技创新奖励专项基金200万元，不足部分在下一年度进行追加。

第三条　成立武宁县科技创新奖励评审领导小组，负责对科技创新奖励项目和标准进行评审。

第四条　评审领导小组在对奖励项目进行评审时，应结合考虑奖励对象成果是否在当地转化、对当地财税贡献、产业发展水平提升、经济效益和社会效益等情况。

第二章　奖励范围

第五条　武宁县科技创新奖励范围包括科技创

新平台奖励、科技创新项目奖励、科技创新企业奖励、科技创新人才和团队奖励、科学技术进步奖励等五个方面。受奖励企业需是科技型企业，有明显信用失范行为造成恶劣影响的不予奖励。

第三章　科技创新平台奖励

第六条　科技创新平台奖励的奖励对象为在武宁县范围内注册，新认定的国家、省、市级重点实验室、工程技术研究中心，国家、省、市级科技企业孵化器、众创空间、星创天地等创新平台和载体的企业和单位。

第七条　科技创新平台奖励标准：

1. 列入国家级科技创新平台、载体的，分别奖励 50 万元、30 万元；

2. 列入省级科技创新平台、载体的，分别奖励 20 万元、10 万元；

3. 列入市级科技创新平台、载体的，分别奖励 5 万元、5 万元。

第四章　科技创新项目奖励

第八条　科技创新项目奖励的奖励对象为在武宁县范围内注册，列入国家、省、市级科技重大专项、重点新产品等科技计划项目的企业。

第九条　科技创新项目奖励标准：

1. 列入国家级、省级、市级科技重大专项的，分别奖励 20 万元、10 万元、5 万元；

2. 列入国家级、省级重点新产品科技计划项目，并通过重点新产品验收的分别奖励 10 万元、3 万元；

3. 同一企业同一项目在同一年度内以最高奖励标准奖励。

第五章　科技创新企业奖励

第十条　科技创新企业奖励的对象为在武宁县范围内注册，认定为高新技术企业、独角兽企业、潜在独角兽企业、种子独角兽企业、瞪羚企业、潜在瞪羚企业等科技型企业。

第十一条　科技创新企业奖励标准：首次认定为高新技术企业一次性奖励 10 万元，资格期满后重新认定通过的高新技术企业一次性奖励 3 万元。每通过认定 1 家高新技术企业，给予组织单位 1 万元奖励用于培育、辅导、培训。

第十二条　首次入选省级独角兽企业、潜在独角兽企业、种子独角兽企业、瞪羚企业、潜在瞪羚企业一次性分别奖励 50 万元、30 万元、20 万元、10 万元、5 万元。

第十三条　对经统计部门认定的规模以上工业、服务业及建筑企业年度研发投入经费支出，按企业实际票据投入认定金额给予 1‰的研发费用后补助，同时申请奖励资金的企业需建立研发投入辅助账。

第六章　科技创新人才和团队奖励

第十四条　科技创新人才和团队奖励的奖励对象为在本县科学技术活动中作出突出贡献的创新人才和团队。

第十五条　科技创新人才和团队奖励标准：

1. 获得“国家级人才”、省“双千计划”、市级“双百双千”人才工程项目（科技口人才项目）的，分别奖励 20 万、10 万、5 万元；

2. 获得省、市科技创新人才重点项目、主要学科学术和技术带头人资助项目的，分别奖励 5 万元、3 万元；

3. 获得省、市优势科技创新团队重点项目的，分别奖励 5 万元、3 万元；

4. 获得省、市优势科技创新团队项目的，分别奖励 3 万元、2 万元。

第七章　科学技术进步奖励

第十六条　科学技术进步奖励的奖励对象为在本县科学技术活动中作出突出贡献的个人、单位。

第十七条　科学技术进步奖励的奖励标准：

1. 获得国家级科学技术奖（指科学技术进步奖、自然科学奖、技术发明奖）的，奖励 50 万元；

2. 获得省级科学技术一、二、三等奖的，分别奖励 30 万元、20 万元、10 万元；

3. 获得市级科学技术一、二、三等奖的，分别奖励 10 万元、5 万元、3 万元。

第八章　奖励资金管理

第十八条　成立武宁县科技创新奖励评审领导小组，组长由县政府分管科技工作的副县长担任，副组长由县财政局局长、县科技局局长担任，成员由县财政局、科技局、工信局、发改委、商务局、市场监管局、审计局、税务局、工业园区分管领导担任。领导小组下设办公室，设在县科技局，主任由县科技局局长兼任。

第十九条　领导小组办公室负责对县科技创新

奖励项目的申报汇总和初审，领导小组负责对奖励项目和奖励资金的终审确定。

第二十条　奖励基金由财政局会同科技局按照职责分工共同管理，审计部门对基金使用情况进行监督检查。

第二十一条　奖励申报主体应当对申报材料的真实性负责，如发现弄虚作假，将取消其奖励资格，并全额追回奖励资金，同时三年内不得享受科技经费奖励或资助。

第九章　奖励申报和审批程序

第二十二条　申报主体需提出书面申请，填写《武宁县科技创新奖励申报表》，加盖单位公章，单位法人代表签字确认。同时提供相关批准文件、证书、企业营业执照、法人代表和经办人的身份证件等。

第二十三条　县评审领导小组办公室根据申报材料对申报情况进行汇总初审，会同县财政局提出奖励资金使用建议，按程序提请县科技创新奖励评审领导小组研究审核决定。

第二十四条　进入预算执行年度后，县财政局按预算安排和县科技创新奖励评审领导小组审核决定的项目和标准直接拨付资金。

第十章　附则

第二十五条　本办法由县科技局会同县财政局负责解释。

第二十六条　本办法自发文之日起施行。原《武宁县科技创新奖励办法（试行）》（武府字〔2017〕32 号）同时废止。

中共武宁县委办公室　武宁县人民政府办公室

印发《关于加强和改进生活无着的流浪乞讨人员救助管理工作的实施方案》的通知

武办发〔2020〕1 号

各乡镇党委、人民政府，工业园区，街道办，县委各部门，县直及条管各单位：

《关于加强和改进生活无着的流浪乞讨人员救助管理工作的实施方案》已经县委、县政府同意，现印发给你们，请抓好落实。

中共武宁县委办公室　武宁县人民政府办公室

2020 年 1 月 8 日

关于加强和改进生活无着的流浪乞讨人员救助管理工作的实施方案

为深入贯彻落实《中共中央办公厅、国务院办公厅印发〈关于加强和改进生活无着的流浪乞讨人员救助管理工作的意见〉的通知》（中办发〔2018〕53 号）《中共江西省委办公厅　江西省人民政府办公厅印发〈关于加强和改进生活无着的流浪乞讨人员救助管理工作的实施意见〉的通知》（赣办发〔2019〕8 号）精神，进一步加强和改进我县救助管理工作，结合我县实际，制定本实施方案。

一、强化工作措施

（一）压实领导管理责任。构建党委领导、政府负责、部门协作、社会参与的领导体制和工作机制，建立政府分管领导牵头的救助管理工作联席会议制度，将救助管理工作纳入综治工作（平安建设）考核评价指标体系，与社会保障、社会救助、综合治理、脱贫攻坚等工作统筹研究部署。

（二）落实监管责任。县民政局对其下设的救助管理机构承担主要监管责任，依法履行对流浪乞讨人员救助管理工作的行业安全管理职责；指导和督促救助管理机构落实法规政策，加强内部管理，及时整改存在问题，防范化解风险隐患；督促托养机构严格履行托养协议；建立负责人定点联系制度，定期深入救助管理机构、托养机构、合作医疗机构开展监督检查和业务指导。

（三）明确主体责任。救助管理机构应依规依法开展照料服务、身份查询、接送返回等救助工作，因失职渎职、滥用职权等导致受助人员权益受到严重侵害的，除有关人员承担直接责任外，救助管理机构负责人承担领导责任，其他工作人员按照岗位职责承担相应责任。托养机构要严格按照有关政策要求和托养协议为受助人员提供居住、饮食、照料、就医等救助服务，不得侵害受助人员合法权益；接受民政等行业主管部门、登记管理机构的监督管理和送托救助管理机构的监督检查；定期向送托救助管理机构报告托养人员基本情况；未按照托养协议提供救助服务的承担违约责任，违规违法的承担法律责任。

（四）强化站内管理。救助管理机构要建立 24 小时值班巡查制度，在救助公共区域安装具有存储功能且保存期不少于 3 个月的视频监控系统。配备必要的安全、卫生、消防等设施，对入站受助人员必须进行安全检查，要在24小时内将受助人员相关信息录入全国救助管理信息系统。严格实行分类分区管理，女性受助人员必须由女性工作人员负责管理，未成年人不得与成年人，精神障碍人员不得与残疾和智障人员混合居住、混合管理。严格离站手续办理，对亲属接领离站的，必须对接领人的身份以及与受助人员的关系进行核查。加强救助档案管理，确保档案完整、准确和安全。建立突发事件预防和应急处置工作机制，发生突发事件时采取有效措施予以处置。

（五）规范照料服务。救助管理机构要充分利用设施设备，在站内开展照料服务。工作人员不足的，可以通过政府购买服务等方式引入专业护理机构开展站内照料服务工作。暂无法提供站内照料服务的，民政部门应优先选择政府举办的社会福利、养老、精神康复等机构承接托养服务。托养机构应具备法人资格和从事所需托养服务的资质条件，有开展托养服务的固定场所，正常运营1年以上，有食品经营许可，建筑依法进行消防设计审核、消防验收或者备案抽查，并具备完善的内部管理、财务会计、档案管理、突发事件处置、信息报告等制度。各地要根据托养人员生活自理能力，参考特困人员基本生活标准和照料护理标准，综合考虑特殊人群的床位费、康复费等各类成本和托养机构合理收益，科学核算托养费用。医疗救治费用由救助管理机构据实结算。

（六）做好街面巡查。公安机关、城市管理部门和其他有关行政机关要按照职责分工履行街面巡查职责，发现流浪乞讨人员的，应告知其到救助管理机构接受救助。对其中的残疾人、未成年人、老年人和行动不便人员护送至救助管理机构，并履行书面交接手续，护送完全民事行为能力人的，应征得其同意。对突发急病人员，应立即通知急救机构，必要时可直接护送至医疗机构进行救治，并及时通知属地救助管理机构到医疗机构甄别其身份。对不愿接受救助的，应告知其救助管理机构联系方式和求助方式，并视情记录劝导情况。对违反治安管理、城市管理等规定的，要依规依法处理。

（七）推动身份查询。公安机关要加大流浪乞讨人员身份查询力度，护送流浪乞讨人员前往救助管理机构求助的，应利用移动警务通等方式对流浪乞讨人员进行身份查询。公安机关必须在收到救助管理机构协助核查申请1个月内，免费开展相关核查工作并反馈核查结果。救助管理机构要安排专人负责受助人员的身份查询工作，对经快速查询未能确认身份的受助人员，必须在24小时内将相关信息上传至全国救助寻亲网，必须在7个工作日内书面报请当地公安机关采集DNA，进行人像识别。救助管理机构应对交由托养机构照料或已纳入当地特困人员供养的受助人员，继续开展身份查询工作。

（八）做好落户安置。对滞留超过3个月仍无法查明身份信息的，由救助管理机构向所属民政部门提出安置申请，民政部门提出安置方案报请同级政府安置。公安机关要积极协助民政部门在社会福利机构集体户办理无户口人员落户。长期滞留人员的落户安置应选择公办福利机构或公办精神卫生福利机构，对已办理户籍登记、符合特困人员供养条件的，要及时将其纳入救助供养范围。

（九）创新源头治理。流出地党委和政府要建立党委领导、政府负责、部门协同、家庭尽责的流浪乞讨人员源头治理和回归稳固机制。对因遭受家庭暴力导致无家可归的受害人要积极运用家庭暴力告诫书、人身安全保护裁定、调解诉讼等法治手段，保障受害人人身安全。对缺乏或丧失劳动能力的返乡受助人员，要解决生产、生活困难。对长期流浪被注销户籍的受助人员，公安机关应查明情况并及时恢复其户籍。支持村（居）民委员会建立随访制度，对因家庭监护不力导致重复流浪的，教育和督促其监护人履行监护义务。对拒不履行监护责任、经反复教育不改的，按照《中华人民共和国民法总则》及相关规定，提出申请撤销其监护人资格，依法另行指定监护人。对遗弃、虐待残疾人、未成年人、老年人等违法犯罪行为，公安机关和司法机关要依法处置。

二、完善工作机制

（一）建立报告机制。各级民政部门、救助管理机构和托养机构要建立受助人员走失、死亡等报告机制。救助管理机构和托养机构上报的受助人员走失、死亡等方面的异常情况，当地民政部门应第一时间向本级政府、上级民政部门报告并妥善处置。对特别紧急的重大事项，可通过电话先行报告，并及时续报事件进展和处理结果。本辖区内的救助管理相关工作情况、数据、报表等按季度向上级民政部门报告。

（二）完善监管机制。各级民政、财政、卫生健康等部门加强救助管理工作日常监管。救助管理机构要按照谁送托、谁负责的原则，每月安排专人对托养机构照料服务情况进行监督检查。医疗机构、社会服务机构、救助管理机构、托养机构、社会福利机构及其工作人员在工作中发现受助人员疑似遭受虐待或不法侵害等情况的，必须及时向公安机关报告；社会公众发现上述情况的，鼓励其向有关部门举报。探索建立救助管理工作第三方监督委员会或特邀监督员制度，对救助管理机构和托养机构开展常态化、经常性的监督。定期委托专业机构对救助经费使用情况进行审计。

（三）推动协同机制。公安、司法机关要建立打击整治组织残疾人、未成年人乞讨和组织、强迫未成年人违法犯罪工作机制，依法处置强讨恶要、滋扰他人、扰乱公共秩序的流浪乞讨人员。教育行政部门要对家庭经济困难并符合条件的返乡未成年人就学按照规定予以资助或减免学费。交通部门要为救助管理机构购买乘车（船）凭证和接送流浪乞讨人员进出站及设立临时救助点等提供便利。卫生健康部门对其疾病防控和内设医疗机构提供的医疗服务、医疗康复及护理进行监管，根据需要确定定点医疗机构。人力资源社会保障部门要按照国家和省有关规定对救助管理机构教师、医生等开展职称评定。其他相关部门根据各自职责履行相关工作责任。

三、严格责任追究

（一）明确对各级党委和政府的追责情形。各级党委和政府存在未及时研究解决救助管理工作中出现的重大问题和突发事件；未建立源头治理和回归稳固机制且导致较多受助人员多次重复流浪；未按规定对长期滞留人员予以妥善安置以及其他严重违规违纪违法情形，并造成恶劣影响的，要依规依纪依法严肃追责。

（二）明确对相关部门的追责情形。民政和相关部门存在未依规依法履行部门工作职责和监管责任；对发现的重大问题、突发事件隐瞒不报；对发现的重大问题和风险隐患没有及时督促整改；对超出部门权限、本部门无法解决的重大问题，未及时协调相关部门履职或者未及时向党委和政府报告以及其他严重违规违纪违法情形，并造成恶劣影响的，要依规依纪依法严肃追责。

（三）明确对救助管理机构的追责情形。救助管理机构存在拒绝为符合条件的流浪乞讨人员提供救助服务；未按规定对受助人员进行安全检查；未按规定为受助人员安排分区居住、提供管理服务；对无法提供个人信息的受助人员，未在规定时限内发布寻亲公告、报请公安机关采集DNA、进行人像识别；对突发急病的受助人员未及时联系医疗急救机构或送医救治；对于查明身份的未满16周岁未成年人、行动不便的残疾人及其他特殊困难受助人员，未按规定办理交接手续、安排接送返回；未按规定落实消防安全、值班巡查等措施，导致发生火灾等安全责任事故；未按规定条件和程序性要求开展托养工作；未规范档案管理，导致档案安全事故；未按规定履行报告义务以及其他严重违规违纪违法情形，并造成严重后果的，要依规依纪依法严肃追责。

（四）明确对托养机构的追责情形。托养机构存在以冻饿、捆绑、殴打、关押等方式虐待受助人员；对突发急病的受助人员未及时联系医疗急救机构或送医救治，对传染病人未采取有效隔离措施；未按照托养工作有关政策要求和托养协议提供救助服务；未按规定履行报告义务以及其他严重违规违纪违法情形，并造成严重后果的，要依规依纪依法严肃追责。

（五）建立责任追究机制。各地要建立健全责任追究机制，夯实政府属地管理责任、民政等相关部门监管责任、救助管理机构和托养机构主体责任，对履职不力的有关人员视情节依规依纪依法追究责任；对涉嫌滥用职权、渎职、玩忽职守、挪用特定款物、虐待受助人员等构成犯罪的，依法追究刑事责任。救助管理领域出现重大责任事故，民政部门与承担主要责任的职能部门承担同等责任。

四、加强组织实施

（一）强化保障措施。各级党委和政府要帮助救助管理机构解决实际困难和问题，按照国家有关规定落实救助管理机构工作人员的工资倾斜政策，落实救助管理机构的教师、医务人员、护工、社会工作者等相关待遇。各级政府要将救助管理工作所需经费纳入当地财政预算予以足额保障。落实在事业单位公车改革中保留的救助工作用车，不受限行的规定。

（二）强化能力建设。各地要加强救助服务设施设备更新改造工作，重点对县救助管理站新建用房进行装修。救助管理机构可以通过政府购买服务，解决专业技能人员和工作车辆不足问题。

（三）强化社会参与。各地要加大宣传力度，通过各种媒体广泛宣传流浪乞讨人员救助管理的相关法规和政策，在全社会营造共同关心、帮助流浪乞讨人员的良好氛围。民政部门和救助管理机构对在发现报告、身份查询、救助帮扶等环节表现突出的个人予以适当奖励，对表现突出的社会组织、基层组织，可按相关规定予以表彰。每年6月19日，救助管理机构和托养机构要举办“开放日”活动，接受社会各界实地参观和监督。

中共武宁县委办公室　武宁县人民政府办公室
印发《关于建立健全长效常治机制纵深推进扫黑除恶专项斗争常态化的实施方案》的通知

武办发〔2020〕10号

各乡镇党委、人民政府，工业园区，街道办，县委各部门，县直及条管各单位：

现将《关于建立健全长效常治机制纵深推进扫黑除恶专项斗争常态化的实施方案》印发给你们，请结合实际认真抓好贯彻落实。

中共武宁县委办公室　武宁县人民政府办公室

2020年6月2日

关于建立健全长效常治机制纵深推进扫黑除恶专项斗争常态化的实施方案

为深入贯彻落实习近平总书记关于扫黑除恶的重要指示精神，不断巩固拓展专项斗争成果，建立健全扫黑除恶长效常治机制，根据省、市文件精神，结合我县实际，特制定如下实施方案。

一、指导思想

坚持以习近平新时代中国特色社会主义思想为指导，深入贯彻落实党中央关于扫黑除恶的决策部署，牢固树立以人民为中心的发展思想，紧紧围绕长效常治总目标，建立健全打击、整治、管理、建设的长效机制，切实增强人民群众获得感、幸福感、安全感，为加快建设更高水平的平安武宁、法治武宁，助推我县高质量、跨越式发展营造良好社会环境。

二、重点任务

（一）建立健全依法严惩长效机制。深入研究涉黑涉恶犯罪新动向，掌握黑恶势力涉足的新领域、采取的新手段、呈现的新形态，不断完善扫黑除恶思路举措。建立健全涉黑涉恶警情分析研判、公安派出所涉黑涉恶线索滚动排查、有奖举报、线索核查公安“三长”签字背书、政法机关会商研判、重大涉黑涉恶案件提前介入、涉黑涉恶人员管控预警、“打财断血”协作配合、扫黑除恶专业队伍建设等机制。贯彻宽严相济的刑事政策，落实认罪认罚从宽制度。严格把握法律政策界限，加强对涉黑涉恶案件办理情况的全程动态监控，确保每起案件都经得起法律和历史检验。［责任单位：县委政法委、县公安局、县法院、县检察院、县司法局等相关单位；完成时限：2020年9月底前］

（二）建立健全遏制涉黑涉恶腐败和“保护伞”问题滋生蔓延长效机制。完善落实公安机关与纪检监察机关线索双向移送反馈机制、纪检监察机关与政法机关协同办案工作机制、查处领导干部涉黑涉恶腐败和“保护伞”问题及时通报机制、扫黑除恶问责机制、黑恶案件“一案三查”机制等，保持惩腐“打伞”强大攻势。［责任单位：县纪委监委、县委组织部、县委政法委、县公安局、县法院、县检察院、县司法局等相关单位；完成时限：2020年9月底前］

（三）建立健全加强行业监管、堵塞监管漏洞长效机制。建立政府“一把手”担任行业乱象整治工作总负责人，各分管领导分工负责，牵头部门主动担责的重点行业专项整治工作机制。针对乱点乱象和监管漏洞，建立健全市场准入、规范管理、重点监控等加强行业领域监管的长效机制。

1. 社会治安领域。围绕整治操纵、经营“黄赌毒”场所，充当赌场、娱乐场所“靠山”“保护伞”收取“保护费”等违法犯罪；整治群众反映强烈的“盗抢骗”“食药环”等突出治安问题，健全长效常治机制。［责任单位：县公安局、县文广新旅局、县市场监管局等相关单位；完成时限：2020年9月底前］

2. 工程建设领域。围绕整治各行业领域工程项目建设招投标活动中存在的围标串标等违法违规违纪行为及强揽工程等问题；整治工程建设领域阻扰正常施工、暴力威胁搬迁、物业管理混乱等问题，建立健全招投标、房屋征收、城乡建设、物业管理、房地产市场管理等制度机制。［责任单位：县住建局、县交通运输局、县水利局、县公安局等相关单位；完成时限：2020 年 9 月底前］

3. 农业农村领域。围绕整治垄断、侵占、霸占集体山林等农村集体资源等问题；切实做好重点水域禁捕、退捕工作、侵吞村级集体资产等问题；农资市场欺行霸市、强买强卖、经销假冒伪劣农业投入品、虚假宣传等问题；农业项目开发建设、产业发展等领域乱点乱象，健全长效常治机制。［责任单位：县农业农村局、县自然资源局、县林业局、县市场监管局、县公安局等相关单位；完成时限：2020 年 9 月底前］

4. 水利资源领域。整治非法河道采砂、做好砂石资源由政府集中统一经营管理工作，整治非法侵占水域岸线、河道“清四乱”、破坏生态环境、水土保持等问题，建立健全水域生态保护的机制制度。［责任单位：县水利局、县城投集团、县公安局等相关单位；完成时限：2020 年 9 月底前］

5. 交通运输领域。围绕整治非法控制营运线路、非法从事出租车客运、非法道路客货运和强拉客源等问题，建立健全客运规范、治超执法等制度机制。［责任单位：县交通运输局、县市场监管局、县公安局等相关单位；完成时限：2020 年 9 月底前］

6. 教育领域。围绕整治学校周边治安混乱、校园欺凌、非法开办教育培训机构、“校园贷”“裸贷”等问题；整治黑恶势力拉拢、教唆和威逼利诱未成年人从事违法犯罪活动等问题，健全长效常治机制。［责任单位：县教体局、县委宣传部、县团委、县公安局等相关单位；完成时限：2020 年 9 月底前］

7. 文化和旅游领域。围绕整治网吧、娱乐场所、音像制品店、书店等文化市场存在“黄赌毒”等问题，整治旅游景区黑导游、宰客欺客、强买强卖、强迫消费、威胁辱骂游客、黄牛贩票等问题，健全长效常治机制。［责任单位：县文广新旅局、县市场监管局、县公安局等相关单位；完成时限：2020 年 9 月底前］

8. 卫生健康领域。围绕整治违法违规执业、医疗诈骗、虚假宣传、过度诊疗、骗保、乱收费、黑救护车、职业医闹、医托等问题，健全长效常治机制。［责任单位：县卫健委、县医保局、县市场监管局、县公安局等相关单位；完成时限：2020 年 9 月底前］

9. 自然资源领域。围绕整治垄断矿山资源、“矿霸”，非法倒卖、滥采、勘察、破坏资源；在国有建设用地使用权、探矿权、采矿权等出让、转让、出租过程中，恶意竞标围标、扰乱市场秩序等问题，健全长效常治机制。［责任单位：县自然资源局、县林业局、武宁生态环境局、县公安局等相关单位；完成时限：2020 年 9 月底前］

10. 生态环保领域。围绕整治生态环境领域企业违法排污、侵占破坏生态空间等问题，健全长效常治机制。［责任单位：武宁生态环境局、县公安局等相关单位；完成时限：2020 年 9 月底前］

11. 市场流通领域。围绕整治垄断市场、强买强卖、欺行霸市等问题；整治传销、商品混凝土、生猪私屠滥宰等行业非法经营问题，健全长效常治机制。［责任单位：县市场监管局、县商务局、县农业农村局、县公安局等相关单位；完成时限：2020 年 9 月底前］

12. 金融放贷领域。围绕整治非法民间借贷、地下钱庄、“套路贷”、非法催债、高利转贷及非法集资等问题，建立健全相关打击、金融管控等制度机制。［责任单位：县金融办、银保监组、人行武宁支行、县公安局、县法院等相关单位；完成时限：2020 年 9 月底前］

13. 基层建设领域。围绕整治把持基层政权、操纵破坏村（居）民委员会选举，以违规违法手段当选村（居）民委员会成员或扶植代理人；整治破坏村（居）基层民主协商、民主决策、民主管理、民主监督等制度，把持、干预、插手村级公共事务等问题，建立健全防范侵蚀基层政权、乡村文明治理等制度机制。［责任单位：县委组织部、县纪委监委、县民政局、县农业农村局、县公安局等相关单位；完成时限：2020 年 9 月底前］

14. 民政民生领域。围绕整治干预、插手低保审批、救助供养、困难帮扶、养老服务、孤儿收养、殡葬管理，恶意拖欠农民工工资等问题；整治基层群众性自治组织工作人员及民政系统公职人员中履职不力、监管缺失等问题，健全长效常治机制。［责任单位：县民政局、县委组织部、县人社局、县公安局等相关单位；完成时限：2020 年 9 月底前］

15. 信息网络领域。围绕整治在网络上恶意造谣诽谤、惹是生非、寻衅滋事等违法犯罪行为；整治利用自媒体或其他手段敲诈勒索，雇佣“水军”威胁、恐吓等违法犯罪活动，以及相关网络平台落实主体责任不力导致为黑恶违法犯罪活动提供网络服务等问题，健全长效常治机制。［责任单位：县公安局、县委宣传部等相关单位；完成时限：2020年9月底前］

（四）建立健全加强基层组织建设的长效机制。坚持把强基层、打基础作为治本之策、关键之举，压紧压实乡镇（街道办）党委主体责任，建立健全加强农村基层组织建设、防范和整治“村霸”问题长效机制、村“两委”换届候选人联审机制、村支部书记县级党委组织部门备案管理制度、软弱涣散村党组织预警机制、领导带头分片包村整顿软弱涣散村机制、村级集体经济有序发展机制、党组织领导下的村民自治机制等。［责任单位：县委组织部、县民政局、县农业农村局及各乡镇（街道办）等相关单位；完成时限：2020年9月底前］

（五）建立健全基层社会治理的长效机制。以加快推进社会治理现代化试点为契机，以综治中心实体化建设为切入点，充分发挥乡镇（街道办）综治中心、公安派出所、司法所、人民法庭等作用，建立健全党组织领导下的政治、法治、德治、自治、智治相结合的城乡基层治理体系，增强对涉黑涉恶问题的“防控力”，加快建设社会治理共同体。［责任单位：县委政法委、县公安局、县法院、县检察院、县司法局及各乡镇（街道办）等相关单位；完成时限：2020年9月底前］

（六）建立健全重点人群分级分类动态管控长效机制。完善刑满释放人员、吸毒人员、社区矫正人员的排查管控机制，扎实做好教育管理、心理疏导、技能培训、就业指导、困难帮扶等工作。完善青少年教育服务管理工作机制，防止被黑恶势力教唆、拉拢、利用。［责任单位：县司法局、县公安局、县教体局、县法院、县检察院、县团委及各乡镇（街道办）等相关单位；完成时限：2020年9月底前］

（七）建立健全加强部门联动的长效机制。完善行政执法与刑事司法“两法”衔接机制、行业部门执法检查发现线索及时移交机制，实现信息共享、打早打小、露头就打。建立健全“一案一整改”机制，在依法打击的同时，认真分析原因，跟进整改措施，填补管理真空，防止新的黑恶势力滋生。建立健全行业管理漏洞通报反馈机制，完善“四书一函两办”制度，纪委监委和公检法机关对办案中发现的行业漏洞，及时向行业监管部门发出《纪律检查建议书》《监察建议书》《司法建议书》《检察建议书》《风险提示函》等，通过交办督办、通报约谈、倒查责任等方式强化建议书（函）的刚性约束，做到以案促治、以案促建。［责任单位：县委政法委、县纪委监委、县公安局、县法院、县检察院、县司法局等相关单位；完成时限：2020年9月底前］

（八）建立健全宣传舆论引导的长效机制。坚持打击、宣传、普法同频共振，加大正面宣传、“以案说法”宣传教育力度，落实依法处置、舆论引导、社会面管控“三同步”工作机制，广泛宣传专项斗争的重大意义、重大部署、重大成果，讲好扫黑除恶英雄故事，抓好典型案例警示教育，善于运用群众语言宣讲黑恶势力的典型特征和举报方式，展示党委、政府扫黑除恶的坚强决心和坚定信心，进一步激发人民群众的斗争热情。［责任单位：县委宣传部、县委政法委、县公安局、县法院、县检察院等相关单位；完成时限：2020年9月底前］

（九）建立健全人民满意长效机制。坚持定性和定量相结合、专业与群众相结合、明察与暗访相结合，建立以人民群众获得感、幸福感、安全感为导向的评价体系，确保专项斗争始终顺应群众意愿，得到群众认可。持续开展“访民情、促和谐”三访活动，采取“政法单位县领导包片、政法单位科级干部包乡镇、政法干警进社区（村）”的方式，在全县范围内开展“访民情、促和谐”活动，深入乡镇、村（社区），通过召开座谈会、走访入户、回访案（事）件当事人、发放宣传物品等，收集群众对政法、扫黑除恶工作意见及建议，宣传政法及扫黑除恶工作成果，促进扫黑除恶群众知晓率、满意度“双提升”。促使专项斗争始终反映民意、汇聚民智、保护民利。［责任单位：县委政法委、县公安局、县法院、县检察院、县司法局等相关单位；完成时限：2020年9月底前］

（十）建立健全政法队伍建设长效机制。深入开展政法队伍教育整顿活动，研究建立警示教育和问题整改机制，健全完善履职保障、交流轮岗、表彰激励、倒查追责等配套机制，努力提高政法队伍素质和活力。推动重要岗位跨部门交流，把敢担当、善作为的领导干部选拔到关键岗位，着力从制度设计上为维护司法公正、铲除“伞”“网”滋生土壤提供组织保障。加大关爱优抚力度，建立政法干警依法履职保护、不实举报及时澄清机制、关爱扶助牺牲伤残干警家庭常态化机制。［责任单位：县委政法委、县公安局、县法院、县检察院、县司法局、县纪委监委、县委组织部等相关单位；完成时限：2020年9月底前］

三、工作要求

1．强化组织领导。全县各地各有关部门要提高政治站位，把建立健全扫黑除恶长效常治机制，作为纵深推进专项斗争的重要举措，及时谋划部署，明确责任领导和具体负责的工作人员，以坚决的态度、有力的行动、严格的要求推动工作落实落地。各地各有关部门主要负责人是第一责任人，对建立健全扫黑除恶长效机制工作要经常过问研究部署、亲自督促指导推动落实，确保工作扎实有效开展。

2．强化工作推进。各地各有关部门进一步强化主体意识，加强整体联动。要抓好长效机制操作执行，落实行业综合治理“四书一函两办”、定期通报等制度，完善行业主管部门与政法机关的线索移送、联合打击等制度，促进行政执法与刑事司法的有序衔接。要定期召开联席协商会，对涉及部门多、案情复杂、专业性强的突出问题，县扫黑办要组织公检法和行业部门召开联席协商会议，建立健全部门联动机制，形成“系统抓、抓系统”的工作格局。

3．强化督导检查。县委县政府将不定期对各地各有关部门建立健全“1＋N”长效常治机制工作开展督导检查，重点对行业乱象是否根治、涉黑涉恶突出问题是否消除、长效常治机制是否健全等进行督查，并纳入平安建设考核评价范围。对督查发现的问题，及时向有关部门反馈，督促限期整改到位；对监管责任缺失、不推不动的地方或部门，将实行挂牌督办，必要时约谈主要负责人；对敷衍塞责、应付了事的，将严肃追究相关人员责任。

中共武宁县委办公室　武宁县人民政府办公室

关于印发《武宁县推进城市功能与品质提升建设“最美小城”样板区工作方案》的通知

武办发〔2020〕11号

各乡镇党委、人民政府，工业园区，街道办，县委各部门，县直及条管各单位：

经县委、县政府研究决定，现将《武宁县推进城市功能与品质提升建设“最美小城”样板区工作方案》印发给你们，请遵照执行。

中共武宁县委办公室　武宁县人民政府办公室

2020年7月7日

武宁县推进城市功能与品质提升建设“最美小城”样板区工作方案

为深入贯彻省市决策部署，按照相关工作要求，在“一年有提升”实现良好开局的基础上，充分利用武宁生态优势和自然禀赋，围绕“治脏、治乱、治堵、功能修补、生态修复、特色彰显、美化亮化、治理创新”等八大行动，进一步加大强功能的力度，加快提品质的步伐，全方位纵深推进城市功能与品质提升暨“最美小城”样板区建设。现制定本工作方案。

一、工作目标

按照“精心规划、精致建设、精细管理、精美呈现”的总体要求，“一年有提升、两年创一流、三年成样板”的总体目标，着力治顽疾、补短板、强功能、提品质，全力打造整洁美丽文明、宜居宜业宜游“人在画中的城市”，充分彰显“山水武宁最美小城”生态美、环境美、风貌美、产业美、人文美，不断增强人民群众的获得感、幸福感、安全感。

二、工作内容

（一）推进“山水城”有机融合，彰显生态美

1．推进山体绿地提升。一是深入开展城镇园林绿化提升专项行动，积极推进各类公园绿地建设，按照居民出行“300米见绿，500米见园”的要求。城区严格实施城市绿线管理制度，加强古树名木保护，继续实施城区绿化改造提升，开展增绿补绿行动。完成绿线划定并向社会公示，城区建成区内裸露土地90%绿化美化，主要道路树池100%绿化或软覆盖。二是编制城区绿地专项规划，因地制宜采取科学工程、生物措施，全面开展城区受损山体修复工作，恢复山体自然形态，消除安全隐患。加强山体原有植被保护，种植乡土适生植物，恢复乡土植被群落。结合山体修复工程，推进城区及城乡结合部公园建设。三是有效实施城镇绿道绿廊建设计划，新建一批城市型、郊野型、山地型绿道，2020年底，每平方公里城市建成区绿道里程达0.7公里以上。[责任单位：县林业局、县生态环境局、县自然资源局、县住建局、县城管局、县城投集团、新宁镇、宋溪镇]

2. 推进水域岸线提升。实施城区水环境修复工程，将海绵城市建设理念贯穿到城市建设与改造的全过程，城区20%以上的面积达到海绵城市建设要求，完善海绵城市建设管理体制机制，将海绵城市建设纳入城市建设项目审批内容。全面落实河湖长制，持续开展清河行动，积极推进城区滨水空间改造，打造最美西海岸线、最美修河岸线，启动城东最美岸线、豫宁西护岸及湖滨西路景观提升工程，完成尚书桥生态湿地工程，实现"河畅、水清、岸绿、景美"。[责任单位：县水利局、县自然资源局、县生态环境局、县城管局、县住建局、县城投集团、县林业局、县旅游产业开发公司、新宁镇、宋溪镇]

3. 抓好城区污染治理。大力治理河湖岸线垃圾死角，全面规范城乡垃圾处理一体化，推进城区生活垃圾强制分类试点工作。紧扣"三个基本消除"的目标，推进污水处理提质增效，建立完善污水排入排水设施许可制度。完成曙光路、金沙湾小区沿山边一线污水管网改造。加快推进以污水截流、清污分流、雨污混接改造、清淤堵漏等为重点的污水管网建设和改造，不断提高生活污水收集能力。2020年底前全面完成生活污水厂一级A提标改造工程，启动工业污水处理厂扩容和生活污水厂扩容工程，深化"四尘三烟三气"治理工程，确保全县PM2.5年均浓度稳定达到24μg/立方米并持续改善。[责任单位：县住建局、县城管局、县交通运输局、县生态环境局、县水利局、县文广新旅局、县交管大队、新宁镇、宋溪镇、工业园区、豫宁街道办]

（二）抓好"脏乱堵"全域治理，彰显环境美

1. 开展"治脏"行动。一是完善日常保洁巡查、检查管理机制，健全沿街建筑立面定期保洁机制，强化临街商店落实"门前三包、门内达标"责任制。逐步提高城市道路清扫保洁机械化、专业化、标准化水平，实现城区道路机扫率90%以上。确保城区道路见本色，临街建筑见底色，背街小巷干净整洁，无垃圾死角。二是强化物业服务属地管理责任，新建住宅小区100%实行专业化物业管理，具备基本物业管理条件的老旧小区，全部落实物业管理，非封闭小区全面组建业主委员会。完善物业企业监管机制，深入开展住宅小区环境整治，全面清除违规种菜及绿化带内的陈年垃圾，清理楼道、地下室等区域的乱搭乱建和乱堆乱放。按照住建部《物业管理示范住宅小区标准及评分细则》有关要求，创建一批国内省内一流的示范小区。三是加强城乡接合部、城中村集中整治，全面消除"脏乱差"现象。四是加强城乡结合部空闲地块的管控力度，全面消除结合部垃圾死角。[责任单位：县城管局、县住建局、县自然资源局、县城投集团、新宁镇、宋溪镇、豫宁街道办]

2. 开展"治乱"行动。深入开展"乱拉线""乱张贴""乱占道""乱建设""乱施工"等五乱治理工程。一是2020年底前全面完成主次干道"线乱拉"整治。二是全面清理"牛皮癣"小广告，并对"乱贴乱画、乱拉乱挂"现象进行长效管控。三是对城区农贸市场、主次干道、学校、车站、公园、广场等重点场所占道及店外经营行为进行重点整治，全面消除占道经营现象，全面清理规范各类占道亭棚。2020年底完成货运停车场建设，解决城区大型车辆停放难问题。加快实施东门市场和豫宁市场改造提升工程。四是分步推进建成区违法建设治理，对新增违法建设"零容忍"。五是建立健全城区道路开挖审批制度，规范道路开挖行为。加强对道路挖掘工程审批管理，规范城市道路挖掘、修复等施工活动，消除"拉链马路"，打击违章开挖道路行为。[责任单位：县城管局、县住建局、县市监局、县公安局、县交管大队、县交通

运输局、县自然资源局、县教体局、县城投集团、新宁镇、宋溪镇、豫宁街道办、各管线单位]

3. 开展"治堵"行动。一是加快推进滨湖生态新城路网工程、老农民街道路改造工程，打通建宁路与凤凰山路连接的"断头路"，对城区存在安全隐患的桥梁进行维修加固，推进道路交叉口渠化建设，打造"畅通城市"。二是按照标准化、智能化要求，合理布局新建43个公交停车场站，并对老旧公交站台进行升级改造。三是结合"智慧武宁"建设，推进城区智能交通管理系统建设，逐步完善城区道路交通状况电子显示牌、诱导屏、交通标线、标识、标牌等设置。四是利用棚户区改造、老旧小区改造腾空地块等措施，新建、改建一批公共停车场，逐步完善智能停车诱导系统和智能自动收费系统；结合老旧小区改造建设一批新能源汽车充电设施。设置一批夜间限时间歇停车城市支路及开放一批机关事业单位停车场夜间停车。[责任单位：县住建局、县城管局、县交管大队、县交通运输局、县自然资源局、县城投集团、新宁镇、宋溪镇、豫宁街道办]

（三）开展城市设计和美化亮化，彰显风貌美

1. 精心开展城市设计。在高标准完成城市总体设计的基础上，优化国土空间总体规划，落实"多规合一"要求，统筹生态、农业、城镇三类空间，发挥自然资源和空间规划管理合一的体制优势，实现城乡国土空间规划管理全域覆盖。继续完善老城区及滨湖生态新城控制性详细规划，完成城区绿化和环卫基础设施专项规划，启动城区商业业态专项规划，框定城市总体景观结构，明确城市特色景观风貌，控制好景观视线廊道范围内建筑高度、建筑色彩和建筑风貌。[责任单位：县自然资源局、县城管局、县商务局、县文广新旅局]

2. 抓好建筑风貌治理。加强建筑风格管控，加大历史建筑的保护和管控力度，持续实施沿街立面、建筑屋顶、老旧小区、城中村和背街小巷等改造提升工程。2020年底，完成工业园区万福大道两侧外立面改造；高质量完成老政府宿舍、老被服厂周边、古艾城市花园等7个老旧小区改造提升工程，形成一批风格协调、特色鲜明的改造小区样板，稳步推进棚户区改造80户项目，支持符合条件的住宅启动加装电梯工作，形成一批加装电梯示范点；结合老旧小区改造和沿街立面改造工程，全面提升建筑屋顶风貌风格；按照彰显特色思路启动完成小康村等2个城中村改造提升工程；完成一批背街小巷改造提升工程。[责任单位：县住建局、县城管局、县自然资源局、县城投集团、新宁镇、宋溪镇、豫宁街道办、相关业主单位]

3. 实施城市细部美化。建立完善城区照明智能管理系统，提高照明管理水平，继续完善特色广场、河湖水系两岸等夜景亮化工程，逐步推进城区LED照明改造。确保城内大街小巷装灯率100%，亮灯率达96%以上。继续建设一批精美的城市小品和雕塑，不断提升城市雕塑、标识标牌、"街道家具"内涵和美学美感。改善城市道路步行、骑行环境，提升人行道板、盲道、牙石铺设标准，增设绿化带人行步石和林荫道座椅。继续实施"绿加彩"美化行动，增加一批街头巷尾的景观靓点。以古艾路沿线街区及周边建筑物为范围，完善提升相关农贸市场、小游园等设施建设，创建市容整洁、环境优美、设施齐全、功能完备的"示范街区"。[责任单位：县住建局、县城管局、县自然资源局、县市监局、县商务局、县交管大队、县民政局、县城投集团、豫宁街道办、县旅游产业开发公司、县供电公司、各管线单位]

（四）统筹景区园区商贸区业态布局，彰显产业美

1. 推进景区提升。进一步完善西海湾景区的旅游业态，补齐一批旅游配套设施短板，初步形成"吃、喝、游、乐、购"一条龙的产业链。对景区范围内停车泊位施划不到位、景观灯维修不及时、水面垃圾清理不彻底等现象进行全面整治。[责任单位：县旅游产业开发公司、县城管局]

2. 抓好划行规市。继续巩固建材大市场、邦纳石材城、富安铝材一条街等划行规市工作成果，完成货运停车场建设工程，推进城区快递、物流、夜宵、汽车和电动车销售及维修等划行规市工作，启动旅游特色商品步行街打造，形成一批布局合理、管理规范、井然有序的专业特色市场。[责任单位：县城管局、县交管大队、县邮政分公司、县商务局、县城投集团、县旅游产业开发公司]

3. 完善园区功能。理顺园区和新宁镇的管理职责，将工业园区环境卫生、市政市容、基础设施、公共服务设施等纳入城区统一管理、统一标准，大力优化园区宜业宜居环境，完善园区雨污管网、道路交通标线、公交站台等功能设施短板。［责任单位：工业园区、新宁镇、县城管局、县住建局、县自然资源局］

（五）构建共建共治共享治理机制，彰显人文美

1. 全力推进文明城市创建。以创建全国文明城市为契机，强化文明市民教育，发挥市民公约作用，促进市民自我教育、自我提升，强化市民公德意识。加强义务教育阶段文明素质教育。建立对不文明行为的惩戒制度，落实对不文明行为的惩戒措施，促进城市公共场所文明有序。建立“共谋、共建、共管、共评、共享”的城市治理机制，发挥市民参与城市管理的积极性和创造性，培育义工、志愿者、义务监督员等社会力量。［责任单位：县文明办、县总工会、团县委、县妇联、县教体局、县文广新旅局、县城管局、县住建局、豫宁街道办、新宁镇、宋溪镇、其它成员单位］

2. 着力完善公共服务设施。依照公共服务各领域专业规划和建设标准，新建一批教育、体育、医疗、文化、养老、应急等公共服务设施，优化城市公共服务功能布局。实施第三幼儿园、一中黄墩校区改扩建、人民医院康养项目等工程，新建一批城市社区综合服务中心（站），完善社区服务设施，基本形成15分钟步行便民社区服务圈。加快推进“智慧武宁”建设，大力推进智慧小区建设，推行新建商品房小区100%配备智能化停车、充电桩等系统，老旧改造小区实施出入口人脸识别、电子监控等安防设施建设。加快推进城市生活垃圾强制分类试点工作，推进城区垃圾中转站提升改造、环卫设施提升改造等工程，完成“厕所革命”年度任务，建设一批具有综合便民服务功能的“城市驿站”。［责任单位：县城管局、县住建局、县教体局、县卫健委、县自然资源局、县文广新旅局、县公安局、县民政局、县政府信息办、豫宁街道办］

3. 推进城市管理制度创新。按照职能分工，落实属地原则，健全责任主体机制，继续实行“网格包干”机制，完善监督检查评估考核及调度通报宣传曝光机制，从源头上落实长效管理。形成“属地为主、部门联动、网格包干”相结合的综合整治机制体系。完善固化“城管+公安”模式，增强城管执法力度。建立完善农贸市场、物业管理、非封闭小区、“乱占道”、“乱拉线”、建筑屋顶、店招牌匾等长效管控机制，进一步明确各相关单位责任。［责任单位：县提升办、县城管局、县住建局、县市监局、县商务局、县融媒体中心、豫宁街道办、相关属地单位］

三、工作要求

（一）强化组织领导。县城市功能与品质提升领导小组办公室负责日常督查、考核评价、定期通报，建立相应的统筹协调机制，制定目标、问题、任务、责任“四张清单”，层层压实工作责任，切实把品质提升工作抓紧抓实抓出成效。

（二）狠抓协调推进。进一步理顺管理体制、健全推进机制，注重协调会商、分工协作、信息互通、边界联动，形成齐抓共推的强大合力。建立健全项目推进机制，依法全面落实项目法人制、招投标制、合同管理制、工程监理制、竣工验收备案制和工程质量、安全生产责任制等，以项目的提速增效，推动城市功能完善、品质提升。

（三）强化督查考核。将城市功能与品质提升工作纳入县高质量发展考核评价体系。制定2020年度考核办法，按照“一季一调度、年中一督查、年末一考核”的要求，加强对相关单位提升工作的督查、考核和通报，对任务落实不力的单位予以通报。

（四）加强宣传引导。要加大宣传力度，多渠道宣传城市功能与品质提升工作成效和做法，不断提升城市功能与品质提升在群众中的知晓度、认可度、支持度，营造全社会重视、支持和参与品质提升工作的浓厚氛围，加快推动品质提升工作取得新突破新成效。

中共武宁县委办公室　武宁县人民政府办公室

印发《关于加快县域经济高质量发展三年赶超倍增行动方案》的通知

武办发〔2020〕17号

各乡镇党委、人民政府，工业园区，街道办，县委各部门，县直及条管各单位：

《关于加快县域经济高质量发展三年赶超倍增行动方案》已经县委、县政府同意，现印发给你们，请结合实际认真贯彻落实。

中共武宁县委办公室　武宁县人民政府办公室
2020年9月26日

关于加快县域经济高质量发展三年赶超倍增行动方案

（2021—2023年）

为贯彻落实九江市委办公室、市政府办公室《关于加快县域经济高质量发展三年赶超倍增行动方案（2021—2023年）》（九办发〔2020〕7号）文件精神，进一步推动我县经济扩总量、扬优势、补短板、强弱项，努力实现三年赶超倍增目标，加快全县经济高质量跨越式发展。特制定如下实施意见。

一、指导思想

以习近平新时代中国特色社会主义思想为指导，深入贯彻党的十九大和十九届二中、三中、四中全会以及习近平总书记视察江西重要讲话精神，全面落实省委十四届十一次全体（扩大）会和市委十一届十一次全体（扩大）会精神，着眼加快县域经济高质量发展，聚焦“五个奋勇争先”更高要求，因地制宜，因县施策，扬优补短。举全县之力，力争通过三年努力，做大县域经济总量，优化县域经济结构，提升县域经济质量，加快形成“特色鲜明、优势明显、实力强劲”的县域经济发展格局，努力实现县域经济三年赶超倍增，为推动全县高质量跨越式发展，打造区域率先发展战略高地构筑坚实支撑。

二、总体目标

力争通过三年（2021—2023年）努力，引导我县在产业集群上再壮大、在改革开放上再深化、在营商环境上再提升、在民生福祉上再发力，逐步形成以国内大循环为主体、国内国际双循环相互促进的新发展格局，力争实现“产业规模持续壮大、经济实力持续增强、人民生活持续改善”的总体目标。

产业规模持续壮大。坚持龙头引领、专业配套、区域联动、产供销一体化发展思路，打造一批产业链畅通完善、产业配套齐全的产业集群。实施产业规模突破工程，到2023年，绿色光电产业营业收入力争过200亿元；建成辐射带动力强的大健康产业重大项目20个以上、示范引领明显的大健康产业示范基地10个以上、有品牌影响力的大健康产业龙头企业5个以上；矿业产业总产值力争突破100亿；新能源新材料产业主营业务收入力争突破22亿元；文化旅游营业收入突破80亿元；数字经济增加值达到152亿元。

经济实力持续增强。力争到2023年，县域经济实力明显增强，总量明显扩大。全县经济总量2023年在全省100个县区排位上跃居前四十。

人民生活持续改善。民生福祉进一步增强，全面小康得到进一步巩固，人民群众获得感、幸福感逐年攀升，城镇、农村居民人均可支配收入大幅提高，力争在2020年全省排位的基础上前移5位以上；社会消费品零售总额在全省排位的基础上前移5位以上。

三、发展路径

通过优产业结构、强产业支撑、抓项目建设、大招商突破、大创新驱动、挖改革潜力等有力措施，全面推动县域经济高质量跨越式发展。

（一）坚持优产业结构

始终坚持“一产抓特色、二产抓升级、三产抓突破”的路径，扎实推进产业结构优化调整，完善现代化产业体系，构筑县域经济三年赶超倍增发展的四梁八柱。

1. 一产保根本抓特色。按“传统农业稳增长、特色产业促增收”发展要求。一是稳定大宗农产品保供给。深入实施“藏粮于地、藏粮于技”战略，落实耕地保护制度和质量提升行动，推进土地流转，稳定粮食作物43.7万亩、总产16.5万吨的目标任务，确保粮食安全。二是调优产业结构布局促增收。以“两茶两水三花”、林下经济和休闲农业等特色产业作为发展重点，突出主导产业发展，乘势抢抓全省“四绿一红”整合品牌扶持政策，做大做强“武宁蜂蜜”、“武宁宁红”规模与品牌；完善农产品质量安全监管体系，大力推广绿色、有机农产品种植，全县茶叶面积力争达到5万亩，蔬菜面积达到10万亩，设施蔬菜达到3000

亩；大力发展毛竹、油茶、森林中药材、特色水果等林业经济，力争全县高产油茶面积达 12 万亩；积极开展农业项目招商引资，力争引进一批农产品精深加工企业，完善农产品加工上下游产业链条；积极推进“一乡一园”建设，力争未来 3 年实现市级现代农业示范园全覆盖和再创 2 个以上省级示范园的总体目标，丰富完善国省道沿线产业化示范带，力争新建 100 亩以上特色产业基地 30 个。（牵头单位：县农业农村局；配合单位：县水利局、县林业局、县科技局、县市监局）

2. 二产强优势抓升级。做大做强优势产业，突出引领性、全局性、主导性产业，以绿色光电、大健康、矿业经济、新能源新材料、文化旅游、数字经济等 6 个产业为重点，以产业高端化、智能化、服务化为目标，聚力打好产业基础高级化、产业链现代化攻坚战，大力推动六大重点产业链纵深发展，深入开展延链、补链、强链、联链、融链工程，坚持传统产业优化升级和战略性新兴产业倍增两手抓，提升传统优势产业、培育新优势产业，增强产业基础能力、产业现代化水平和行业竞争力。力争通过 3 年左右时间，围绕绿色光电等优势产业，着力打造省级绿色光电产业基地，推动奥普照明、恒益电子、耀润磁电等重点企业转型升级，迈向中高端。（牵头单位：县工信局；配合单位：县科技局、县商务局、县发改委、工业园区、县农业农村局）

3. 三产增活力抓突破。重点推动旅游、物流、金融等第三产业加快发展。全域旅游方面：以创建“国家全域旅游示范区”为目标，积极转变旅游发展思路，推动旅游从“景点旅游”向“全域旅游”转变。努力践行“各行各业 + 旅游”的融合发展理念，推动“产业围绕旅游转、功能围绕旅游配、形象围绕旅游树”，积极打造“山岳武宁、水上武宁、夜色武宁、乡村武宁、康养武宁、空中武宁”六条风景线。推动欢乐湾小镇、华夏国际旅游度假区、鲁溪洞、长水综合改造提升、神雾山改造提升、庐山西海网球中心等项目建成运营。推行“+旅游”、“旅游 +”新型旅游模式，利用好“文化 + 旅游”、“体育 + 旅游”等载体，推动旅游业与一二三产业融合发展。依托“中国艺术装饰之乡”优势，在全国 4000 多家武宁人创办的装饰公司开展“我为武宁代言”活动，唱响“山水武宁”品牌。通过不断完善旅游产业链，加速构建全域旅游发展新格局，逐步将我县打造为全国著名精品旅游目的地。到 2023 年，实现旅游接待突破 1000 万人次，旅游综合收入 80 亿元以上。现代物流方面：建立健全城乡一体、双向流通、安全高效、成本合理的县乡村三级城乡配送网络；大力发展冷链物流，推广产地预冷、先进冷藏保鲜、冷链运输、全程温控、多温层配送等相关技术，确保农产品冷链物流不断链；全面整合社会物流资源，尽快构建现代化的物流基础设施、公共信息平台，培育发展一批具有较强竞争力的现代物流企业，形成多层次、社会化和专业化的现代物流网络体系。现代金融方面：积极对接多层次资本市场，深度开展与国家政策性银行的战略合作。加大引进“险资”力度，提升保险服务的广度深度。加快推进绿色金融、普惠金融、科技金融等融合发展，大力推广财园信贷通、财政惠农信贷通等金融产品，增加先进制造业中长期融资，着力纾解民营企业、小微企业和科技型企业融资难融资贵问题。大力推进企业上市“映山红行动”，力争到 2023 年，实现我县企业在国内主板（中小板、创业板）上市零突破。（牵头单位：县文广新旅局、县商务局、县金融办；配合单位：县发改委、县交通运输局、县供销社、县财政局、县科技局、武宁银保监组、人行武宁支行）

（二）坚持强产业支撑

始终坚持产业发展的核心地位，通过培育壮大战略性新兴产业、做强做大现代服务业、打造重点产业集聚集群，实现全县产业发展层级向中高端跨越，不断强化县域经济三年赶超倍增发展的主引擎。

1. 培育壮大新兴产业。以提质提效提速为方向，以高新高端高智为引领，以集聚集群集约为手段，大力推进战略性新兴产业倍增发展。按照“培植增长点，打造引爆点，强化支撑点”的思路，瞄准技术前沿和产业前端，引进培育龙头骨干企业，引导企业增品种、提品质、创品牌，壮大新材料、电子信息等产业。推动新兴产业补缺口，紧盯国内外新兴产业发展前沿，突出扶优引强，积极发展高端装备制造、电子信息、新业态、新动能、新模式等战略性新兴产业。推进全县战略性新兴产业工业增加值占全县规上工业比重每年提升2个百分点以上，力争到2023年，占比达到全市平均水平。（牵头单位：县工信局；配合单位：县科技局、县商务局、县发改委、工业园区）

2. 做强做大现代服务业。大力推进现代物流业、科技服务业、商务服务业等服务业行业发展，实施一批服务业重大项目，构建资源集约、区域集聚、服务业集成的现代服务业集聚发展体系，重点建设和培育一批规模大、市场竞争力强的重大项目和龙头骨干企业，发挥服务业集聚区的辐射带动和示范推动作用。加快形成生产性服务业和生活性服务业并驾齐驱，先进制造业与现代服务业“双轮驱动”局面。（牵头单位：县发改委；配合单位：县商务局、县科技局、县市监局、县文广新旅局、县教体局、县卫健委、县民政局、县工信局、县住建局）

3. 打造产业集聚集群。围绕主导产业龙头企业，突出协同攻关，按照打造产业链、提升价值链、完善供应链的总体思路，以企业和企业家为主体，组织打好产业基础高级化、产业链条现代化的攻坚战，不断提升产业基础能力和产业链水平，促进主导产业集群集聚。大健康产业，要整合大健康和绿色食品产业资源，加快推进昂泰大健康一体化生产、天然饮用水生产、九岭云溪小镇等项目建设，促进医疗医药产业、绿色食品种植加工业和健康管理服务业全面发展。矿业经济，要继续支持大湖塘钨矿、华源锑矿、新华丽矿业等企业做优做强，延长产业链，提高附加值，放大资源优势。重点围绕大理石、地热等资源开展整合提升，形成新的矿业经济增长点。新能源新材料产业，要抢抓国家新能源新材料产业快速发展机遇，以香港鼎峰投资公司的动力新能源锂离子电池、5G新材料研发应用生产及配套产业链项目为龙头，推进新能源新材料产业快速发展。数字经济，要深入实施数字经济发展三年行动计划，重点抓好一平方公里科创园建设，加快推进数字产业化、产业数字化。利用5G、物联网、大数据及人工智能技术，加快推进先行探索与污染监控治理、旅游消费和部分制造业等领域深度融合，形成经济新增长点。（牵头单位：县工信局；配合单位：县发改委、县商务局、工业园区、县农业农村局、县科技局）

（三）坚持抓项目建设

牢固树立“项目为王、品质为上”的理念，狠抓重大项目的谋划、生成、争取、推进、建设，深入实施一批符合我县产业定位的引领性、全局性、决定性的大项目，夯实县域经济三年赶超倍增发展的潜力支撑。

1. 深入挖潜项目资源。围绕我县主导产业和优势企业，充分挖潜项目资源。从主导产业中挖掘一批产业链上下游延伸项目，从优势龙头企业裂变中挖掘一批集群衍生项目，从龙头骨干企业发展中挖掘一批协作配套项目，从科技型中小企业中挖掘一批科技创新项目。同时，加快“僵尸企业”清理，实施腾笼换鸟、二次招商，提高园区土地、环境容量等要素集约节约利用水平，鼓励和引导存量企业采用先进技术和装备进行技术改造，加快扩能增效、提档升级，实施“机器换人”工程，县级财政要充分利用工业发展方面专项资金，对企业技术改造项目进行扶持，促进我县工业存量提升。（牵头单位：县工信局；配合单位：县科技局、县发改委、县商务局、工业园区、县财政局）

2. 强力推进项目建设。实施项目推进支撑行动，一是强化项目谋划，深入研究产业政策，精准对接产业导向，争取更多项目纳入“十四五”国家及省市项目计划。围绕我县绿色光电主导产业和优势企业，招引一批产业链上下游延伸项目、协作配套项目，充分挖潜项目资源。二是强化项目推进，狠抓项目开工率、资金到位率和入库入统率，促进项目早竣工、早投产、早见效。强化服务保障，协调解决原料、资金、能源、土地、用工等要素供应畅通，保障产业链企业发展和项目建设要素需求。（牵头单位：县发改委、县工信局；配合单位：县统计局、县财政局）

3. 做好做优项目服务。用心用情用力做好项目服务，优质高效为企业排忧解难，加强对落户的重大项目跟踪服务，推动项目尽快履约、尽快落地，确保项目引得来、落得下、安得住。按照“六个一”项目服务机制，项目责任领导要不定期调度、梳理项目推进中的突出问题，及时抓好项目建设中遇到问题的协调解决。深入开展工程建设项目审批制度改革，积极落实投资项目“容缺审批+承诺制”办理模式，进一步压缩审批时限，优化审批流程，提高审批效率。按照“要素跟着项目走”的原则，相关职能部门要优先保障重大项目供地、供水、供电等，确保落户项目及时推进启动建设。根据招引项目需求，落实好“轻资产”招商政策，让企业真正实现“拎包入驻”。（牵头单位：县商务局；配合单位：县发改委、县行政服务中心、县市监局、县工信局、县自然资源局、县生态环境局、县林业局、县财政局、工业园区）

（四）坚持大招商突破

紧紧盯住我县主导产业项目招商，坚持把招商引资作为推动县域经济发展的重要抓手，强化招商工作的针对性、实效性，提升招商引资的水平和质量，不断增强县域经济三年赶超倍增发展的后劲动力。

1. 创新方式招商引资。突出“轻资产重资本”招商，灵活运用产业基金招商、标准厂房招商、产业链招商和市场资源招商等方法，充分发挥我县招商队伍的作用，紧盯重点产业，敢于无中生有、筑巢引凤，全力招引项目、资金、人才，充分发扬“钉钉子精神”，对认准的项目持之以恒、紧盯不放，确保招商项目落地见效。（牵头单位：县商务局；配合单位：县工信局、工业园区）

2. 聚焦产业精准招商。围绕我县主导产业，绘制产业链图、区域分布图，做好重点区域信息摸排，开展产业延链、补链、强链招商。以已落户企业和产业链项目为载体，及时捕捉产业链有关信息，切实做好招引项目的调查摸底、对接洽谈和跟踪服务等工作，力促我县产业发展迈上新台阶。（牵头单位：县商务局；配合单位：县工信局、工业园区）

3. 倾注真情以商招商。采取“走出去”和“请进来”的工作方式，内培外引，通过企业招引企业。通过不断优化营商环境，深入了解企业在发展生产方面的实际困难和具体问题，切实为企业排忧解难，让已落户企业得到实实在在的优惠，形成好口碑。同时加强与武宁在外商会的联系，搭建好“以商”与“招商”之间的桥梁，向外地宣传推介武宁，吸引更多同类型或相关产业链的企业前来落户，自然达成以商招商的效果。（牵头单位：县商务局；配合单位：县工信局、县营商办、县工商联）

（五）坚持大创新驱动

深入贯彻“创新是引领发展的第一动力”的理念，进一步推动以要素驱动为主的外延式增长向以创新驱动为主的内涵式增长转变，突出企业在技术创新中的主体地位，不断提升科技创新助推县域经济发展的支撑力。

1. 加快创新平台建设。以建设武宁县科创园为契机，依托我县特色产业领域、优势科技企业，围绕产业链发展需求，鼓励企业和科研院所对接联姻，加大海智计划工作站、众创空间、博士工作站、企业技术中心、技术创新中心、工程技术研究中心、科技企业孵化器等科创载体的引进与培育力度，创建更多省、市级科创载体，力争到2023年，新增市级以上科创平台载体5家。（牵头单位：县科技局；配合单位：县工信局、县人社局、工业园区、县科协）

2. 加大科技创新力度。加大与省、市相关部门沟通对接，积极争取科技创新政策与资金支持，同时发挥县本级100万元科技创新奖励基金的作用，充分调动企业积极性，引导企业自主创新，鼓励企业加大研发投入，引进高新技术人才，积极向“高新尖”转变，确保全县R&D每年不低于20%的增幅，2023年达到全市平均水平，逐步形成企业竞相加大科技投入、强化科技创新赋能的良好局面。（牵头单位：县科技局；配合单位：县财政局、县统计局、县工信局、县商务局、工业园区、县人社局）

3. 提升创新能力水平。完善以企业为主体、市场为导向、产学研结合的技术创新体系，支持传统龙头企业加快技术创新、产业升级步伐，支持科技型企业与科研机构、大专院校加强创新合作。大力推进科创平台、孵化平台、成果转化平台和创新创业平台的投资建设，强化与省、市重点计划项目的对接，提高知识产权运用，使创新成果在我县更多、更快转化为现实生产力。（牵头单位：县科技局；配合单位：县工信局、工业园区）

（六）坚持挖改革潜力

持续深化改革，深挖改革潜力，进一步推进简政放权、放管结合、优化服务、提升效能，打造“四最”营商环境，全面激发市场发展活力，奏响县域经济三年赶超倍增发展的主旋律。

1. 推进重大改革落地。紧紧围绕中央、省委、市委改革部署要求，扎实推进国家级、省级、市级改革试点项目，扎实推进国资国企、农业农村、财税金融、事业单位等重点领域改革。着力推出一批小切口、见效快的探索创新，积极做好经济发达镇行政管理体制改革等特色亮点复制推广，打造武宁改革特色品牌，进一步释放改革红利。（牵头单位：县委改革办；配合单位：县农业农村局、县财政局、县委编办）

2. 创新投融资体制机制。深入开展降低企业获得信贷难度和成本行动，进一步完善政银企投融资长效服务机制，全力搭建产融对接平台，推进政银企对接常态化，引导鼓励金融机构加大对我县重点产业和重大项目，特别是绿色光电、大健康、矿业经济、新能源新材料、数字经济、文化旅游等六大产业链的金融支持。（牵头单位：县金融办、人行武宁支行、武宁银保监组；配合单位：县财政局）

3. 持续优化营商环境。围绕打造“四最”营商环境目标，大力开展“优化营商环境系列年”活动，纵深推动“放管服”改革，完善优化营商环境工作推进机制，积极落实国务院优化营商环境36项改革举措，切实抓好减税降费、“降成本优环境”、挂企帮扶等工作，扎实开展“入园区、进企业、解难题”活动，以点对点、实打实的帮扶举措为企业松绑减负。实现行政审批“一窗式受理、一站式办结、一条龙服务”；建设“12345”统一政务服务热线平台和统一网上中介服务超市，推广运行“赣服通”3.0升级版。进一步完善延时错时预约政务服务，全面实行政务服务“好差评”和营商环境评价，全力推进武宁营商环境在全市全省作示范。（牵头单位：县行政服务中心；配合单位：县发改委、县商务局、县市监局）

四、保障措施

1. 强化组织领导。成立由县委、县政府主要领导为双组长、相关县领导为副组长、机关单位主要负责同志为成员的县域经济高质量发展三年赶超倍增行动领导小组，办公室设在县发改委，实施县领导包挂联系机制，高位推动全县县域经济赶超跨越、三年倍增。办公室要加强组织领导和统筹协调，强化调度，推进落实。

2. 压实主体责任。要根据自身县情，认真研究几年来在全市的排位，对标对表，找准定位，自我加压，加快发展。同时，要在省内和周边地区挑选学习和追赶的标杆县，深入剖析存在的差距和不足以及产生原因，成立组织机构，健全推进机制，制定具体措施，细化分年目标，确保三年赶超倍增目标如期实现。

3. 强化政策支持。各单位各部门要进一步解放思想，转变观念，增强服务意识，在管理上放权，机制上放活，政策上放宽，立足单位职责，针对县域经济发展实际需要，强化相关政策支持，在基础设施、公共服务、优势特色产业、中小微企业、财政税收、建设用地、金融服务、人才保障等方面出台政策措施，保障各项任务有力有序推进、全面落实到位。

中共武宁县委办公室　武宁县人民政府办公室

关于印发《武宁县生态产品价值实现机制试点实施方案》的通知

武办字〔2020〕19号

各乡镇党委、人民政府，工业园，街道办，县委各部门，县直及条管各单位：

经县委、县政府研究同意，现将《武宁县生态产品价值实现机制试点实施方案》印发给你们，请认真贯彻执行。

中共武宁县委办公室　武宁县人民政府办公室

2020年4月28日

武宁县生态产品价值实现机制试点实施方案

习近平总书记指出：要积极探索推广绿水青山转化为金山银山的路径，选择具备条件的地区开展生态产品价值实现机制试点，探索政府主导、企业和社会各界参与、市场化运作、可持续的生态产品价值实现路径。江西省生态文明建设领导小组办公室根据地方自然禀赋、全省明确了7个试点县，武宁因生态条件优良、试点基础扎实，试点意愿强烈，成功入围试点县。为顺利实施生态产品价值实现机制试点工作，特制定本方案。

一、总体要求

（一）指导思想

以习近平生态文明思想为引领，全面落实习近平总书记“绿水青山就是金山银山”理论，紧扣“提供更多优质生态产品以满足人民日益增长的优美生态环境需要”主线，围绕我县构建“五大生态”、打造“三个示范”发展思路，探索生态产品价值实现路径，为建设美丽中国和富裕美丽幸福现代化江西贡献“武宁经验”。

（二）基本原则

保护为本，安全为要。牢固树立和践行“两山”理论，统筹推进山水林田湖草系统治理，通过保护与恢复生态环境，增值生态资产，提升生态产品供给能力。在确保生态安全的前提下，探索生态产品价值实现有效路径，使绿水青山真正变成真金白银。

政府主导，社会参与。强化政府在政策引领、机制保障、行业监管中的主导作用，不断健全市场机制。通过科学高效的行政行为，建设和培育市场，引导多元主体参与。

改革创新，协同发展。始终把改革创新贯穿到各领域各环节，聚焦重点难点问题，大胆探索、先行先试，不断深化体制机制创新，严格环境标准，提升生态环境治理的系统性、整体性、协同性。

公平有序，共建共享。创新绿水青山供给者受益、使用者付费的体制机制，调动全社会保护生态环境的积极性，实现生态文明社会共建，生态红利社会共享。

达成共识，合力共为。全县上下围绕试点改革同心同向，同频共振，营造良好的试点改革氛围和环境。

（三）试点目标

2021 年年底前，通过试点探索实现以下目标：

—完善生态产品价值实现积势蓄能机制。通过统筹推进山水林田湖草综合治理，持续实施生态保护与修复系列工程，完善大气、水、土壤管控等措施，建立生态资源产品多员、供给丰富、永续发展的机制，力争生态资源生态效益、经济效益和社会效益最大化。

—创新生态产品价值实现路径转化机制。探索“生态 +”“旅游 +”“品牌 +”等多业融合模式，聚焦生态旅游、现代农业、生态康养、民宿经济、“山水武宁”品牌等内容，探索出独具武宁特色的生态产品价值实现路径。

—健全生态产品价值实现支撑保障机制。通过建立基础设施、产权保障、生态补偿、投融资、考核评价等机制，形成交易顺畅、市场高效、公平合理，独具特色的生态产品保障体系，为全省生态产品价值实现贡献“武宁方案”。

—绿色生态经济综合实力显著增强。通过探索实施积势蓄能、转化路径、支撑保障等三大机制，实现生态环境质量和居民收入双提升，生态系统生产总值（GEP）和地区生产总值（GDP）双增长。到 2021 年，GEP 的价值转化率达到较高水平，百姓生活水平显著提高。到 2023 年，形成比较成熟的生态产品价值实现机制并在全省普遍推广，为全国生态产品价值实现提供有益借鉴。

二、重点任务

（一）完善生态产品价值实现积势蓄能机制

一是持续推进青山工程。全面保护森林资源。深入推进“林长制”“生态管护员”“禁伐二十年、呵护原生态”“异地搬迁”等制度。开展非国有林森林赎买、协议封育试点。加大古树名木保护以及乡村风景林建设力度，完善古树名木电子信息管理系统。强化天然林和公益林管护。加强森林灾害防控。编制全县森林经营规划，优化和调整森林结构，提高林地生产力；建立严格的湿地红线管控机制。建立健全湿地生态系统保护、恢复与补偿制度。开展湿地占补平衡试点。实施城乡饮用水源地保护行动。全面落实《庐山西海生态渔业发展规划》，实行“放鱼养水，人放天养”的清水渔业模式。实施耕地河湖休养生息制度。推出耕地河湖休养生息长效机制。大力实施退耕还林等生态工程；严守生态保护红线，建立生态保护红线信息系统管理平台，推动红线管制措施落地生效。实行生态保护党政同责，一岗双责。落实自然资源资产领导干部离任审计制度。开展宜居村庄整治，建设一批三产融合发展试点。组建生态环境综合执法大队，完善联动执法机制。继续推进行政执法和刑事司法的有效衔接。完善生态环境监测网络，重点加快乡镇（街道）空气、水环境质量监测站点建设。

二是持续推进碧水工程。推进河湖污染源治理，落实项目联审机制。建立污水污染源清单、健全管理机制。加强重点污染源监测，配合上级部门建成覆盖全流域重点污染源、排污口的在线监测系统并联网运行。严格落实庐山西海水域船舶污染物接收、转运和处置；严格生态环境综合治理。推行生态环境路长制。实施土壤污染防治行动计划，开展污染地块治理与修复。科学编制矿山生态修复方案，督促矿山企业依法设立矿山修复基金账户。实施农药化肥“负增长”行动。加快绿色防控技术推广。探索畜禽养殖废弃物资源化利用；深入推进城乡环境综合整治。开展“清洁家庭”“清洁单位”“清洁学校”等创建活动。建立垃圾分类收运回收处理体系，启动垃圾强制分类试点工作。推进县级医院、各乡镇卫生院医疗废物站点建设，实现医疗废物收集处理规范有序。编制绿色水产养殖规划，完善水生生物增殖放流。

三是持续推进蓝天工程。严格管控大气污染，制定全面推进秸秆露天禁烧措施，促进秸秆四化综合利用；实施餐饮企业规范化、标准化建设；全面推行公交优先、绿色出行；建立跨区域大气污染联防联动机制；开展建筑扬尘治理工作达标专项评价，出台《城区建筑垃圾和扬尘管理办法》；持续开展黄标车淘汰报废专项整治，采取划定禁行区域，逐步淘汰黄标车和老旧车辆，实现到 2021 年底，基本淘汰 2006 年底前注册营运的黄标车，加强在用机动车年度检验；开展餐饮业油烟整治；完成全县燃煤锅炉和工业窑炉现有除尘设施升级改造工作；加强大气污染防治执法监管，建立大气污染监测平台。

（二）创新生态产品价值实现路径转化机制

一是创立“山水武宁”公用品牌。成立品牌运营机构，积极创建“山水武宁”为主的地域特色公用品牌体系，组建品牌运营公司，确定品牌定位、理念、符号等标识体系，明确品牌产权、归属权，制定详细的发展规划与方案；加强品牌经营管理，围绕“山水武宁”核心品牌，引导示范企业积极参与标准制定，开展人才培养等交流合作，制定生态产品质量认证管理办法，培育“山水武宁”公用品牌的第三方产品质量认证机构。创建覆盖全区域、全产业、全品类的区域公用品牌，建立产品和企业数据信息系统，加强质量控制和授权使用管理，建立企业信用体系和进入、退出机制；建立品牌支撑体系，支持筹建“山水武宁”品牌研究院，升级农产品溯源体系，壮大“山水武宁”生态农产品全产业链创新服务综合体。

二是发展特色优势产业。做强全域旅游生态品牌，紧盯创建“全域旅游示范县”战略目标，围绕旅游品牌景区，开展品牌建设，培育一批龙头精品景区，加快 AAAAA 级旅游景区、AAAA 级景区创建。做好“旅游 + 农业、工业、文化、体育、商贸”等全产业链融合。不断丰富“山岳武宁、水上武宁、夜色武宁、乡村武宁、康养武宁、空中武宁”六条风景线，形成全域旅游生态品牌；做优全域旅游生态产品，全力推进“山、水、城、乡、文”联动，丰富旅游线路与景区景点；开发温泉度假、主题游乐、会议休闲、体育健身等全季节体验类旅游项目；做足全域旅游配套设施，加快提升全县旅游接待服务水平。继续完善旅游公路、特色村庄旅游示范路、旅游厕所、旅游标识等配套设施。积极发展智慧旅游，健全旅游信息服务体系。大力打造旅游购物中心，加强旅游购物规范化管理；做热全域旅游生态宣传，持续强化旅游宣传热度，加强与江西高速传媒、江西航空的合作。探索建立与庐山、庐山西海游客资源共享机制。扩大旅游宣传，提升景区人气、集聚景区商气；树立现代绿色农业标杆，优化调整县域生态农业产业布局，确保实现“一核四园”生态农业产业，在全县培育形成 1—2 个有区域特色的生态农业主导产业；大力发展观光农业，依托武宁县茶文化、红色文化、民俗文化及古村落文化等打造一批以文化传承为主题的特色休闲农业品牌，申报国家级休闲农业示范点、生态农业示范观光区。到 2021 年实现新增省、市级休闲农业示范点 30 个；积极创建农业品牌，以创建“绿色有机农产品示范县”为目标，引导和支持农业经营主体积极申报“三品一标”认证。大力发展特色农业、精致农业、品牌农业、智慧农业，抓好绿色有机食品认证和无公害农产品产地认定，注册“武宁白树”“武宁宁红茶”“武宁蜂蜜”“武宁有机鱼”等地理标志商标，创建一批“三品一标”、国家地理标志原产地保护产品；加快农业项目落地，以绿色食品加工、设施农业、绿色食品产业基地等项目为重点，着力引进一批规模大、科技含量高的生态农业产业项目；建立农产品可追溯体系，积极推进无害化生产技术、安全加工、贮运技术、有害物检测技术等的运用。引进互联网和二维码技术，通过扫码可获得产品产地、生产、运输、销售等全过程信息，建立起农产品全环节的可追溯体系，实现“源头能控制，过程可追溯，质量有保证”的总体要求；推进生态文化品牌融合创新，围绕“山水武宁”“最美小城”建设要求，探索培育“培训中心、运动中心、演艺中心”武宁文化大品牌。充分发挥“旅游+文化”“旅游+历史”“旅游+体育”的融合功能，加快文化旅游资产整合，提升旅游演艺产品质量，大力引进培育若干有规模、有知名度、有成效的特色文创产业基地、产业园，推动文创产业与城市建设、相关产业深度融合、跨界发展，形成武宁文创产业的集聚效应；深化生态文化品牌内涵，深化与清华大学、省委党校、九江学院等高校合作，打造全省乃至全国生态文明建设培训的样板示范平台。提升《遇见武宁》大型实景演出大舞台，力争建成全省生态文化演艺中心。设计生产具有武宁特色和纪念意义的旅游文创产品，形成文创产业，推动特色旅游商品规模化、品牌化。

三是发展民宿经济与康养产业。打造中国特色民宿基地，营造民宿经济环境，组织开展民宿经济发展培训班，要求各村至少培养1—2名具有民宿建设、经营、管理的产业带头人。完善民宿产业政策，结合各地民宿的建设标准、经营模式、经营期限、入住率、多元经营情况，制定《武宁县民宿产业扶持暂行办法》。丰富民宿产业产品，探索开发满足不同需求的民宿产品。与国内外知名人士合作，探索发展“名人（能人）经济”，创设庐山西海“院士岛”“企业家岛”“艺术家岛”等民宿岛屿，形成独具特色，体现武宁元素的名宿产品。健全民宿产业支撑，加强农村房屋租赁管理，创新农村房屋租赁方式。创新民宿产业经营模式，鼓励“农户自主经营”“公司+农户”“合作社+农户”发展模式。创设中国特色康养小镇，完善康养设施，充分利用现有巡护管理房屋和建设用地，改造建设成森林康复中心、森林疗养场所、森林浴、森林氧吧等服务设施。积极争取政策支持，将康养产业发展的公共基础设施、医疗健康设施等设施建设纳入国民经济发展规划体系。创设康养基地，依据林业、健康、卫生、养老等法律法规和政策规定，建立健全森林康养基地建设标准，推进森林康养基地建设。丰富康养产品，依托武宁山水生态优势，紧扣医、药、养、游、食要素，满足多层次的市场需求，丰富康养服务项目及原生态产品。

四是发展低碳循环工业。紧紧围绕“1+3”主导产业，实施生态化、智能化、标准化、园区化改造，支持一批骨干龙头企业创新驱动、转型升级。扎实推动清洁生产，推广使用清洁能源和原料，支持企业实施清洁生产技术改造。协同推进工业园区、小微企业创业园、旅游商品产业园发展。制定企业生产生态指标体系，严把企业入园绿色环保关，对驻园企业进行动态管理。重点支持战略性新兴产业发展。推动重大循环经济项目建设，构建资源高效循环利用产业链。培育和壮大绿色光电首位产业、大健康产业、矿产品精深加、战略性新兴产业。推进绿色光电产业集群建设。加快推进新材料、新能源、生物医药、数字经济等战略新兴产业发展。

五是发展绿色生态服务业。加快推进服务业集聚示范区建设，打造县域品质生活区和产业引领区，形成规模适中、特色显著、功能完善、结构合理的现代服务业发展体系。研究开展服务业清洁生产审计试点，加强贸易市场、百货商场、旅馆饭店、运输企业等服务业主体清洁生产审计工作。加快清理整顿不符合清洁生产的服务业企业行为。探索构建覆盖现代服务业各领域的绿色供应链，规范绿色设计、绿色材料选择、绿色制造工艺、绿色包装、绿色消费、绿色回收，推动服务业全过程生态化发展。以“划行归市”为抓手，加快培育专业市场，深化生产性服务业和生活性服务业、新兴服务业和传统服务业绿色化提升。加大旅游市场综合监管和联合执法力度，健全旅游市场联合执法调度中心管理和工作机制，探索组建旅游综合执法局。建立文明诚信旅游长效机制。

（三）健全生态产品价值实现支撑保障机制

一是完善基础设施支撑保障。构建完备的现代交通网络，支持武宁通用机场、道路改造升级等建设，进一步改善区域对外交通条件，构架开放型经济交通大动脉。建好“四好农村路”，打通县域经济的分支末节和毛细血管。做好“交通+产业”“交通+旅游”文章，发挥交通服务经济社会发展，满足人民群众对便捷高效出行的需要。支持西海燕码头至柳山旅游观光带综合开发、鲁溪洞景区综合开发、西海湾景区综合改造提升、神雾山改造提升等重点工程，实现生态资源得到有效合理的利用。发挥交通在乡村振兴、全域旅游中的连接作用。开展5G通信网络基础设施建设，拓展5G网络运用。

二是健全自然资源产权保障机制。出台落实自然资源统一确权登记办法细则，界定水流、森林、荒地、滩涂、湿地等产权主体，制定产权主体权利清单，明确各类自然资源资产的产权主体权利。完成农村集体土地、农村宅基地、林地确权登记发证。推进水、土地、林木等主要自然资源资产统计和价值核算。探索建立自然资源产权流转与交易机制。积极探索建立排污权交易制度、碳排放权交易市场体系、水权交易制度、用能权交易制度。

三是探索市场化的生态补偿机制。以水质净化、水源涵养为试点类型，开展水资源有偿使用和生态补偿。建立多元化多渠道的补偿资金筹措机制；制定补偿资金分配办法，根据断面水质监测结果和变化情况、水资源使用量和使用效率，结合生态产品价值核算结果，确定资金补偿标准。开展横向和纵向生态调节服务补偿。

四是创新生态产品投融资机制。创新多元化生态产品、自然资源质押融资方式，扩大抵押担保范围。提高林权及土地承包权、经营权等融资比例。推动建立银行绿色信贷业绩评价机制，积极推进发行绿色金融债券和绿色信贷资产证券化，鼓励银行等金融机构将信贷资金投放于环保、节能等绿色产业。出台农村自然资源集体资产、生态环境空间价值股份化实施方案，发挥集体经济组织自然资源管理、开发、服务等方面优势，提高生态产品资本化效率。

五是建立生态产品价值转化考核评价机制。建立生态产品价值富民指标体系，按照评价资源、资产、资本、收益的逻辑次序，建立生态产品价值转化结果评价体系，体现富民程度。探索生态资源存量指数、县域经济绿色发展指数、家庭生态经济发展水平指数、人类生态发展指数、民宿经济支持指数、生态产业首位度、生态产品价值转化指数等指标作为评价生态产品价值转化、富民的考核指标体系；开展生态产品价值实现的考核评价，根据《武宁生态产品富民指标体系》，以乡（镇）、村（组）、个人（家庭）为单位进行评价，分析生态产品价值实现的情况，并将结果纳入全县目标管理考核体系中；建立指标评价结果考核应用机制，摸索建立生态产品价值转化的市场应用机制，将生态产品价值情况作为市场融资或生态补偿的主要依据。探索建立生态产品价值实现年度目标考核制度，对领导干部在任职期间管辖范围内生态价值变化情况进行审计，建立将生态产品价值实现富民指标体系作为领导干部考核指标的考评体系。

推动生态产品价值实现，既是一项改革创新工作，又是一项系统实践工程，需要创新引领、协同作战、合力共为。各地、各单位要在县委、县政府的统一领导下，加强组织领导，大胆探索创新，保障必要投入，营造浓厚氛围，及时总结经验，确保各项试点工作任务落地见效。

武宁县人民政府办公室
关于印发《武宁县城镇老旧小区改造实施方案》的通知

武府办发〔2020〕9 号

各乡镇人民政府，工业园区管委会，豫宁街道办，县政府各部门及直属机构：

《武宁县城镇老旧小区改造实施方案》已经县政府同意，现印发给你们，请认真贯彻执行。

2020 年 4 月 15 日

武宁县城镇老旧小区改造实施方案

为全面贯彻习近平新时代中国特色社会主义思想和党的十九大精神，顺应人民群众对幸福生活和美好环境的新期待，不断改善城乡人居环境，进一步提升老旧小区居住品质。根据省委办公厅、省政府办公厅《关于印发江西省城市功能与品质提升三年行动方案的通知》（赣办字〔2018〕55 号）有关工作部署，住房城乡建设部、发改委、财政部《关于做好 2019 年老旧小区改造工作的通知》（建办城函〔2019〕243 号）和省住建厅、省发改委、省财政厅《关于推进全省城镇老旧小区改造有关工作的指导意见》（赣建城〔2019〕26 号）及市政府办公室《关于印发九江市城镇老旧小区改造实施方案的通知》（九府办字〔2019〕132 号）有关要求，结合我县实际，制订以下实施方案。

一、总体要求

坚持以习近平新时代中国特色社会主义思想为指导，深入贯彻落实习近平总书记视察江西重要讲话精神，按照省委、省政府政策部署，努力提高保障和改善民生水平，将老旧小区改造纳入保障性安居工程，切实解决老旧小区建筑物和配套设施破损老化、市政设施不完善、环境脏乱差、管理机制不健全等问题，实现改造后的小区道路平整、设施配套、干净整洁、安全有序、管理规范、和谐宜居的目标，使老旧小区居民的居住条件和生活品质得到明显提升，社区治理体系日趋完善，群众的获得感、幸福感、安全感显著增强。

二、基本原则

（一）政府主导，居民参与。按照改善民生“人人尽责，人人享有”的原则，既发挥政府的组织引导作用，又坚持以居民为主体，在尊重群众意愿的前提下，充分激发居民支持、参与老旧小区改造的热情，形成“政府主导、居民参与、规范运作、统筹推进”的工作机制。

（二）以人为本，惠民利民。坚持人民城市为人民，把补短板、惠民生作为老旧小区改造的出发点和落脚点。顺应群众期盼，重点解决严重影响居住安全和居住功能等群众反映迫切的问题；以完善老旧小区市政配套设施为切入点，坚持群众主体地位，服务群众需求，对小区建筑物本体和周边环境进行适度改造提升。

（三）因地制宜，政策扶持。科学制定并优化老旧小区改造方案，力求设计方案精细化，充分体现小区人文特点，充分发挥补助资金的杠杆作用，推动全县老旧小区改造工作。

（四）创新机制，治管并举。充分发挥街道（乡镇）、社区基层组织作用，积极组织居民参与，充分反映居民需求、汇集民众智慧，创新老旧小区自治管理模式，实现小区后续管理的正常化、专业化，形成长效机制。

（五）尽力而为，量力而行。按照实施一批、谋划一批、储备一批的原则，区分轻重缓急，统筹安排符合条件老旧小区的改造时序，科学编制年度老旧小区改造规划和年度计划，合理确定年度改造任务。优先安排群众改造意愿强烈，各类基础设施缺失或失养严重，特别是水、电、路、气等必要基础设施亟需更新的老旧小区设施改造。

三、主要任务

（一）明确老旧小区认定范围，并调查摸底建立项目库。按照国家有关文件，老旧小区是指城市、县城（城关镇）建成于2000年以前、公共设施落后影响居民基本生活、居民改造意愿强烈的住宅小区。已纳入城镇棚改计划、拟通过拆除新建（改建、扩建、翻建）实施改造的棚户区（居民住宅），以及居民自建房为主的区域和城中村等，不属于老旧小区范畴。具体认定标准按照省住建厅会同省发改委、省财政厅制定标准为准。

按照属地原则，对老旧小区进行全面调查摸底，摸清符合认定标准的老旧小区数量及相应的户数、建筑面积、产权性质、建成时间等基本情况，并登记造册，确保调查范围内的老旧小区不重不漏，调查数据真实、完整、可靠，并建立老旧小区改造项目库，为总体谋划推进老旧小区改造奠定基础。按照上述原则标准，一是建立2000年以前建成的老旧小区改造项目库；二是对2000—2005年建成的基础配套落后、居住环境差、居民改造意愿强烈的老旧小区进行摸底，建立改造项目储备库；三是对2006—2008年建成的基础配套落后、居住环境差、业主委员会改造意愿强烈（申请书上业主签字率需达小区入住户数90%及以上）的老旧小区进行摸底登记，如列入年度改造任务，改造资金由县政府本级资金进行奖补。

（二）明确改造内容，把握改造标准。结合城市品质提升和城乡环境整治的要求和标准，按照小区面貌改观、房屋功能改善、基础设施改造及居住环境改优四个方面要求。达到路面平整、绿化提质、灯光明亮、排水通畅、燃气入户、车辆有序、管线规整、拆除违建、设施齐全的标准，从安全问题、环境治理及居住功能等三个方面因地制宜实施“345”工程（即“三清四改五提升”），开展老旧小区改造工作。

“三清”即清楼道乱堆杂物、清违建、清“牛皮癣”；

“四改”即改管线（管线下地）、改防盗窗（建筑外防盗窗全面拆除，可安装内置式防盗窗或隐形防盗网）、改管网（化粪池及配套管网、自来水管网、雨污分流）、改道路（小区内道路及与小区直接相关的城市道路）；

“五提升”即提升功能设施、提升绿化景观、提升美化外立面（含屋顶、墙面防水防漏）、提升文化品位、提升安全保障系统。

1. 提升功能设施：修复破损的屋面、墙面、屋檐、台阶、楼梯扶手、雨棚、小区内的道路、围墙、清掏化粪池等；修复和更新老化严重的供电、供水、供气管线（具备条件的使用管道天然气）；修复和安装楼道灯、庭院路灯；配套（建设）停车设施、设置停车泊位，自行车、电瓶车棚并配置充电设施；改造环卫设施，取消垃圾池，居民生活垃圾实行分类。

2. 提升绿化景观：改造和整治公共绿地，补栽花草树木，完善小区绿化设施。

3. 提升美化外立面（含屋顶、墙面防水防漏）：全面实施房屋外立面改造，空调外机、外墙落水管、线缆等规整，屋顶、窗阳台、墙面防水补漏及破损修复等。

4. 提升文化品位：配套建设体育健身场所及器材，建设小区游园、增设休闲座椅；配套物业管理（机构、用房）及配建文化宣传场所。

5. 提升安全保障系统：配套建设智能安防设施、养老抚幼及无障碍设施；配套公共服务（家政、快递、便利市场）等设施。

根据上述内容，结合各项目实际情况，制定具体的改造内容清单和可操作的改造标准，并报县老旧小区改造领导小组办公室备案。

纳入中央补助支持老旧小区改造计划的项目，改造内容须包括对水、电、路、气等 4 项设施中至少更新 2 项；或者虽未对水、电、路、气设施更新，但包括加装电梯（按自愿自筹和政府补助原则，鼓励符合条件的小区及楼栋加装电梯）。

（三）加强资金筹措，规范资金使用。结合实际，建立健全居民合理分担、单位投资、市场运作、财政奖补等多渠道可持续资金筹措机制。按照“谁受益，谁出资”原则，明确居民的出资责任，探索居民出资部分通过住宅专项维修资金、公共收益等方式筹集。鼓励探索政府、原产权单位、居民个人出资、捐资、捐物，参与老旧小区改造。管线单位要落实责任，通过直接投资、落实资产收益等方式参与老旧小区改造。引导水、电、气、通信运营企业开展小区内以及与小区相关的供水、供电、供气、通信等基础设施的改造提升。积极探索通过政府采购、新增设施有偿使用等方式，引入专业机构、社会资本参与老旧小区改造。

组织完善资金监管机制，确保改造计划与财政承受能力匹配，确保项目改造范围、内容、标准符合有关要求，防止将不符合条件的小区及无关建设内容“搭车”申报、套取中央补助资金，确保资金用到实处。同时，要将老旧小区综合改造纳入年度财政预算，积极争取中央、省资金和政策性贷款，有条件的吸引社会资本投入，确保配套资金到位。

四、管理机制

改造前的老旧小区所在街道办事处或社区要积极推动成立业主大会、业主委员会或业主自治小组，未成立业主自治组织的，由辖区社区代行业主委员会职责。改造后的小区管理和维护应由业主自行负责，鼓励和指导引入物业管理或建立自治管理，保障老旧小区改造后的效果，实现政府治理和社会调节、居民自治的良性互动，打造共建共治共享的社会治理格局。对未建立住宅专项维修资金机制的老旧小区，引导业主补交住宅专项维修资金。

五、组织实施

改造项目实施，应坚持以居民为主体，鼓励社会力量积极参与，特别是要调动小区相关关联单位的积极性，形成各方力量共同参与老旧小区改造的良好氛围，实现决策共谋、发展共建、建设共管、效果共评、成果共享。坚持标准化、规范化、专业化原则，科学制定改造方案，强化统筹，形成科学的施工流程和管理机制，严格组织竣工验收，各方责任主体依法依规承担质量责任，确保改造项目质量。

（一）制定方案和改造计划。根据老旧小区基础设施状况，由政府主导，结合小区居民意愿，商定改造内容、资金来源，科学规范地委托有资质的设计单位编制改造方案（含资金概算）。对改造方案进行公示并征询居民意见，经小区业主委员会或自管组织确认；明确计划完成时间，严格按计划完成改造工作。

（二）明确实施主体和要求。小区改造方案，由县政府组织实施，并落实项目实施单位。同时明确每个小区改造责任单位，制定科学合理的施工流程，提高改造施工效率。列入年度改造计划的老旧小区改造项目原则上要在当年年底完工。

（三）竣工验收。施工期间要落实工程监理制度，把好工程质量关，项目完工后由县政府确定的实施单位组织街道办事处、社区居委会、业主委员会（或业主代表）、设计单位、施工单位和监理等单位，按照老旧小区改造标准共同验收。

（四）评估完善。积极借鉴外地经验，边实施、边总结，对存在的问题及时进行分析，查找原因，寻求解决办法，保证老旧小区改造工作优质、稳妥推进。

六、保障措施

老旧小区改造坚持“政府主导”原则，成立相应的领导机构负责此项工作。

（一）成立工作领导小组。为加强城镇老旧小区改造工作的组织和领导，决定成立武宁县老旧小区改造推进小组（简称“老旧小区改造推进小组”），由县政府主要负责同志任组长，县政府分管领导任副组长，县委宣传部、县住建局、县财政局、县发改委、县自然资源局、县城管局、县文广新旅局、县消防大队、县交管大队、县公安局、县园林所、豫宁街道办、新宁镇、县城投公司、县供电公司及各管线单位等部门主要负责人为成员（见附件）。下设武宁县老旧小区改造推进办公室（简称“老旧小区改造推进办公室”），办公室设在县住建局，主任由县住建局局长担任，具体负责日常协调、督查、考核、通报工作。

（二）明确主体责任。各小区改造的责任单位是老旧小区改造的实施主体，必须切实履行责任，按程序招聘有资质的监理公司或监理人员负责对项目实施全过程进行监督，严格按改造方案抓好项目推进，按标准要求完成小区改造，并负责做好工程对比影像资料采集工作；豫宁街道办负责做好居民思想工作，使居民全力支持配合小区改造，确保老旧小区改造工作顺利进行；小区改造办公室明确专人对接，负责综合协调、资料汇总，确保按质、按量、按时完成。

责任单位在小区改造完成后应及时将市政、园林工程的竣工图报县住建局备案存档；县住建局和豫宁街道办（乡镇）负责落实长效管理制度，充分发挥小区业主委员会的作用。封闭小区由住建局和豫宁街道办（乡镇）负责指导小区业委会聘请有资质的物业公司进驻管理；非封闭小区由街道办或属地乡镇负责指导所在社区，聘请有资质的物业公司或采取居民自治的方式实施长效管理。

（三）加强宣传引导。充分利用各种媒体，全方位、多角度宣传老旧小区改造工作的重要意义、方法步骤和改造成效，宣传“共同缔造”理念，广泛发动群众参与，充分发挥街道（乡镇）的属地管理职能，坚持党建引领，加强基层组织建设，为推动老旧小区改造工程提供坚实的政治保障。

文件选目

中共武宁县委、武宁县人民政府文件选目

武发〔2020〕8 号　关于印发《关于进一步深入推进习近平新时代中国特色社会主义思想学习宣传工作方案》的通知

武字〔2020〕11 号　关于转发《中共江西省委组织部关于印发〈村党组织书记县级党委组织部门备案管理办法（试行）〉的通知》的通知

武字〔2020〕20 号　关于印发《武宁县 2020 年度内涵式高质量发展目标管理考评实施方案》的通知

中共武宁县委办公室、武宁县人民政府办公室文件选目

武办发〔2020〕1 号　印发《关于加强和改进生活无着的流浪乞讨人员救助管理工作的实施方案》的通知

武办发〔2020〕6 号　关于印发《武宁县残疾人联合会改革方案》的通知

武府办发〔2020〕26 号　关于印发《武宁县地理标志商标培育申报三年行动方案》的通知

武府办字〔2020〕43 号　关于印发《关于县属国有企业采购实施办法（试行）》的通知

统计资料选辑

武宁县社会经济基本情况

指标名称	计量单位	数量
一、基本情况	-	-
行政区域面积	平方公里	3504.0
乡	个	11
镇	个	8
街道办事处	个	1
二、人口与就业	-	-
户籍户数	户	122614
户籍人口	人	407620
第一产业从业人员	人	93796
第二产业从业人员	人	40098
第三产业从业人员	人	82234
三、综合经济	-	-
（一）地区生产总值	万元	1750900.0
第一产业增加值	万元	222600.0
第二产业增加值	万元	741200.0
第三产业增加值	万元	787100.0
（二）财政、金融	-	-
地方一般公共预算收入	万元	148100.0
地方一般公共预算支出	万元	275900.0
年末金融机构各项存款余额	万元	1974200.0
其中：住户储蓄存款余额	万元	1409236.0
年末金融机构各项贷款余额	万元	1413800.0
四、农业	-	-
（一）生产条件	-	-
耕地面积	公顷	23611.0
设施农业种植占地面积	公顷	1574.0
设施林业经营占地面积	公顷	50.0
设施畜牧养殖占地面积	公顷	32.0

指标名称	计量单位	数量
设施水产养殖占地（水面）面积	公顷	0.0
耕地灌溉面积	公顷	18108.6
高标准农田面积	公顷	7667.0
（二）农作物播种面积	公顷	44652.0
粮食作物播种面积	公顷	29350.0
其中：稻谷	公顷	20700.0
小麦	公顷	500.0
玉米	公顷	2300.0
大豆	公顷	1200.0
油料播种面积	公顷	9550.0
棉花播种面积	公顷	105.0
糖料播种面积	公顷	59.3
蔬菜播种面积	公顷	3903.0
（三）农产品产量	-	-
粮食总产量	吨	154641.0
其中：稻谷	吨	119580.0
小麦	吨	1890.0
玉米	吨	12773.0
大豆	吨	2805.0
油料产量	吨	15280.0
棉花产量	吨	193.0
糖料产量	吨	1422.0
园林水果产量	吨	8540.0
肉类总产量	吨	10875.0
其中：猪肉	吨	9927.0
牛肉	吨	172.0
羊肉	吨	26.0
禽肉	吨	706.0
禽蛋产量	吨	1785.0
奶类产量	吨	0.0
蔬菜产量	吨	93789.0
水产品产量	吨	39343.0

指标名称	计量单位	数量
（四）农产品质量	–	
“三品一标”农产品	个	65
“三品一标”农产品基地面积	公顷	11930.0
五、工业	–	–
规模以上工业企业	个	114
规模以上工业总产值	万元	2705993.0
其中：农产品加工业产值	万元	366719.0
六、交通、通信	–	–
公路里程	公里	3164
固定电话用户	户	33471
移动电话用户	户	228502
互联网宽带接入用户	户	41370
七、贸易、外经	–	–
社会消费品零售总额	万元	795300.0
其中：限额以上消费品零售额	万元	123700.0
亿元及以上商品交易市场	个	0
出口总额	万元	174234.0
八、固定资产投资	–	–
固定资产投资	万元	1360451.0
房地产开发投资	万元	72568.0
九、教育、科技、文化、卫生	–	–
普通中学	所	25
小学校	所	57
普通中学专任教师	人	1225
小学专任教师	人	1724
普通中学在校学生	人	20663
小学在校学生	人	30113
全年专利授权	件	847
公共图书馆图书藏量	千册	277.0
剧场、影剧院	个	7
体育场馆	个	26

指标名称	计量单位	数量
医疗卫生机构床位	床	1841
医疗卫生机构技术人员	人	2657
其中：执业（助理）医师	人	788
十、居民生活	–	–
居民人均可支配收入	元	28369
城镇居民人均可支配收入	元	37861
农村居民人均可支配收入	元	18086
农村居民人均消费支出	元	13686
其中：食品烟酒消费支出	元	4923
教育文化娱乐消费支出	元	853
农村居民每百户年末家用汽车拥有量	辆	36
十一、社会保障	–	–
提供住宿的社会工作机构	个	25
提供住宿的社会工作机构床位	床	1974
城镇职工基本养老保险参保人数	人	59246
城乡居民基本养老保险参保人数	人	214200
基本医疗保险参保人数	人	360078
其中：城乡居民基本医疗保险参保人数	人	
失业保险参保人数	人	14913
城市居民最低生活保障人数	人	2632
农村居民最低生活保障人数	人	9419
十二、附记指标	–	–
森林面积	公顷	277157.0
自然保护区面积	公顷	25875.0
污水处理厂	座	11
垃圾处理站	个	10
草原综合植被盖度	%	1.0
畜禽粪污综合利用率	%	96.1
农田灌溉水有效利用系数	–	0.54
农村义务教育专任教师本科及以上学历比例	%	63.0
涉农产业园区	个	13

索　　引

说明

本索引依照国家标准《索引编制规则（总则）》GB/T22466—2008 的相关规则进行编制。本索引为主题索引，按主题词首字汉语拼音字母（同音字按声调）顺序排列。主题后的阿拉伯数字表示该词所在页码，数字后的英文字母 a、b 分别表示该页文字的左、右栏。同一主题的内容在文中多处出现的，在其主题词后用不同的页码标明。对特载、大事记、专记、人物、附录、杂记等类目不作主题索引。

数字和字母

A

B

C

D

E

F

K

L

M

N

P

Q

责任编辑：郑双虎　陈修宁
图片设计：徐高峰
图片拍摄：徐高峰　王　瑧

《**武宁年鉴**》（2021）
中共武宁县委　武宁县人民政府主办
《武宁年鉴》编纂委员会编
武宁县史志办公室承编
